中国旅游资源学

（第二版）

陈福义　范保宁 主编

中国旅游出版社

责任编辑：刘志龙
责任印制：冯冬青
封面设计：吴　涛

图书在版编目（CIP）数据

中国旅游资源学/陈福义，范保宁主编．－北京：中国旅游出版社，2003.4（2019.7重印）

ISBN 7－5032－2158－5

Ⅰ．中…　Ⅱ．①陈…②范…　Ⅲ．旅游资源－中国　Ⅳ．F592

中国版本图书馆CIP数据核字（2003）第012593号

书　　名：中国旅游资源学（第二版）

作　　者：陈福义　范保宁主编
出版发行：中国旅游出版社
（北京建国门内大街甲9号　邮编：100005）
http：//www.cttp.net.cn　E-mail：cttp@mct.gov.cn
营销中心电话：010－85166536
排　　版：北京中文天地文化艺术有限公司
经　　销：全国各地新华书店
印　　刷：三河市灵山芝兰印刷有限公司
版　　次：2005年8月第2版　2019年7月第7次印刷
开　　本：850毫米×1168毫米　1/32
印　　张：13.5
字　　数：320千
印　　数：20001－21000册
地图审批号：（2003）021号
定　　价：32.00元
I S B N：978－7－5032－2158－3

前 言

旅游资源是旅游业赖以发展的物质基础，科学的旅游规划是实施可持续旅游的基本依据，合理的旅游开发对旅游业的健康发展有着巨大的促进作用，有效的旅游资源保护对旅游业的可持续发展具有决定性的意义。所以，在我国旅游业蓬勃发展的今天，对中国旅游资源学的教学和学习越来越引起人们的重视。我们编写《中国旅游资源学》这本教材，意在希望能进一步丰富这方面的读物。但限于我们的水平，这个目的可能难以充分实现。然而，只要人们能从书本中得到一点收获，我们就足以自慰了。

写作本书过程中，我们得到中国旅游出版社黄金山总编和第二编辑室副主任殷钰副编审的大力支持和热情帮助。在此，我们致以衷心的谢忱。

编写本书的过程中，我们参阅了许多同志的论著、文献、资料、消息报道，查阅了大量的统计资料，除去书后开列的参考书目外，还有其他许多参阅的文献、资料，恕不一一列出。在此，我们向所有这些论著的作者表示真诚的谢意。

限于我们的学术水平和实践经验，书中的错漏在所难免，诚恳欢迎各位同仁批评赐教。

陈福义　范保宁

2002 年 10 月

目 录

第一章　绪　论

【学习目的】　要求掌握中国旅游资源学的研究对象，正确理解其内涵；了解中国旅游资源学的研究内容；正确认识旅游资源学与相邻学科的关系。

【基本内容】
- **研究对象**
- **研究内容**

  旅游资源的成因；旅游资源的功能；旅游资源的特点；旅游规划的理论；旅游资源的保护。
- **与相关学科的关系**

  与旅游学及其分支学科的关系；与资源学及其分支学科的关系；与地理学及其分支学科的关系；与其他相邻学科的关系。

第一节　研究对象

中国旅游资源学是随着中国旅游业的发展而兴起的一门新的学科。但是，有关中国旅游资源知识的记载，可以上溯到人类文明的早期。中国古代有关旅游资源知识的记载是源远流长的。中国古代旅游资源学所积累的资料是十分丰富的。

随着人类社会由原始社会进入奴隶社会，生产力的发展所带来的劳动剩余物归奴隶主占有，他们已不再满足生活起居上的享受，而开始了以巡视、巡游为名义的享乐游行。于是有关名山秀水、风土人情、文化古迹等旅游资源知识的记载开始出现。到了封建社会，经济的进一步发展和交通条件的改善，除帝王将相的巡游外，还出现了士人、学子的漫游，以求学为目的的教育旅行、以宗教活动为目的的宗教文化旅行、以保健为目的的疗养旅行、以探险为目的的航海旅行和以经商为目的的跨国旅行等很快地发展了起来，有关旅游资源知识的著述开始浩繁起来。例如，成书于春秋时期的《山海经》和写作于战国时期的《尚书·禹贡》，就是其中最有代表的作品。《尚书·禹贡》以简洁的文字，从山河、资源、物产、民族、贡品、道路的地域分布，到交通线路和运输工具的选择，都做了描述，成为中国古代记述旅游资源的开拓篇章。《山海经》记载了各地的山川形势，指出山有“游乐之山”和“游戏之山”的差别。《论语·雍也》记载了孔子周游列国游览名山大川的情况，还总结出高山与流水的不同美学效果。汉代《史记》中生动地记述了司马迁的两次游历及对长江中下游、黄河中下游以至川滇等地的山川形势、历史古迹、风情物产的考察所得。明末徐弘祖的《徐霞客游记》一书，对中国旅游资源的记载更是丰富多彩。中国古代文献《庄子》、《诗经》、《穆天子传》、《战国策》中，都有许多旅游资源知识的记载。然而，在漫长的封建社会里，虽然中国旅游资源学的研究得到了不断的发展，但由于长期封建生产关系的束缚，中国旅游资源学始终未能提高到近代科学的水平。

鸦片战争后，中国沦为半封建、半殖民地的社会，资本主义商品经济在不同地区有了不同程度的发展，自然经济开始受到冲击，商品经济趋于活跃，沿海地区一些大中城市和自然条件好的长江三角洲、珠江三角洲等地区经济有所发展，旅游业也得到一定的发展，从而出现了近代旅游资源学早期的著作。

但是，在中华人民共和国成立前的漫长时期中，中国旅游资源学的研究，在我国浩瀚的历史古籍中虽有所涉，然而作为现代科学的中国旅游资源学的研究，却始终未能摆脱对被研究客体的描述性质的窠臼，对于基础理论的研究则是十分薄弱的。同时，还须指出，由于长期以来，在科学的资源学研究中，对旅游资源学的研究是十分不够的，因而它是一个很不被重视的学科，从而也就谈不上什么理论建树了。

中国共产党和人民政府在发展工农业生产的同时，十分重视旅游资源的开发、利用和保护工作。五十多年的建设，使得自然风光更加雄伟秀丽，历史古迹更加辉煌灿烂，民族风情更加绰约多姿。1978 年党的十一届三中全会以来，随着中国国际旅游市场的不断开拓发展，国内旅游市场的迅速发展，中国旅游资源的开发、利用和保护工作进入了一个新的发展阶段，中国资源学的研究也被提到议事日程上来。

如何使中国旅游资源学的研究沿着正确的方向不断引向深入？如何把中国旅游资源学的基础理论研究提高到一个应有的水平？这是广大旅游资源学研究人员所关心的问题。为此，必须认真探讨中国旅游资源学的研究对象。

科学研究是根据科学对象所具有的矛盾性区分的。因此，对于某一现象的领域所特有的某一矛盾的研究，就构成某一门科学的对象。从资源学的发展过程来看，旅游资源学是资源学从萌芽之时起就已有的重要组成部分。从今天的科学领域来看，旅游资源学只不过是构成资源学的一部分，是一门部门资源学。所以说，旅游资源学与资源学有着科学史上的血缘关系。众所周知，资源科学及其分支学科的发展是具有历史的继承性的。资源科学体系的基本对象，对于各分支学科的对象及其发展趋向，也是具有规定性与制约性的。那么，旅游资源学作为资源学的一个分支，可以不断发展，不断完善理论体系，但无论如何也绝不能跳出资源学的范畴。既然如此，资源学的对象就必然地要制约、甚至规定着旅游资源学的研究对象。不过，旅游资源学既然已经成为资源学的一个分支，它的研究对象毫无疑问地应该具有自己的特点。毛泽东同志说过："科学研究的区分，就是根据科学对象所具有的特殊的矛盾性。因此，对于某一现象的领域所特有的某一种矛盾的研究，就构成某一门科学的对象。"（《毛泽东选集》第一卷第309页）。据此，我们认为，按照资源学是研究各种资源现象，即研究地球表面人类经济活动与资源要素相互关系的科学的观点，就不难理解，旅游资源学应是研究旅游资源现象，即研究地球表面人类旅游经济活动与旅游资源要素相互关系的学科。简言之，旅游资源学是一门研究各国各地区旅游经济活动与旅游资源关系的科学。旅游资源学的研究对象是旅游经济活动与旅游资源的关系。中国旅游资源学则是一门研究中国旅游经济活动与旅游资源关系的学科。中国旅游资源学的研究对象是中国旅游经济活动与旅游资源的关系。旅游资源学正是以其所研究的旅游资源与旅游活动这一特殊矛盾，而区别于其他部门资源学科（如农业资源学、工业资源学等），又以其固有的旅游资源地理性、区域性而区别于其他经济学科（如旅游经济学、农业经济学、工业经济学等）和技术学科，而成为一门独立的学科。

旅游资源学研究的核心是旅游资源，研究的重点是旅游资源的三个基本点，即一大属性（具有作为现代旅游活动的客体的基本属性）和两大功能（吸引功能、效益功能）。它既要研究旅游资源的静态特征，又要研究旅游资源的动态特征；既要研究各地区旅游资源的地域差异，又要研究各地区间旅游资源的地域组合关系，即研究旅游资源一大属性和两大功能在空间上的差异和在时间上的变化。

旅游资源是发展旅游业的物质基础，对旅游业具有决定性的意义。旅游资源是构成旅游产品的核心要素，旅游产品的诸多特征是由旅游资源的特征所影响的。然而，旅游资源的范畴本身是极为广泛的，它涉及自然的和人文的众多的方面。旅游资源在地球表面是普遍存在的，但并不是所有的旅游资源都值得开发或都适合于现在开发，所有的旅游资源都采取几种固定的开发模式或都为了满足所有旅游者的需求。为此，深入研究和正确认识旅游资源的属性和旅游资源的范畴，目的是为指导旅游资源的合理开发、利用和有效保护，以求得最佳的经济效益、社会效益和生态效益，确保旅游资源的高效利用和旅游业的可持续发展。

旅游资源的吸引功能是旅游资源区别于其他资源的最为根本的特征，也是旅游资源的核心所在。旅游资源吸引功能的实质在于旅游资源本身所具有的独到特色和美学特征。旅游资源吸引功能的强弱是决定旅游资源开发序位的主要依据。旅游资源吸引功能评价，是旅游开发和规划的基本前提。正是由于旅游资源的吸引功能，才把现代旅游活动的三大要素紧密地联系起来，也正是旅游资源所具有吸引力，才把旅游者从常住地吸引到旅游资源所在地，旅游业正是利用旅游资源的吸引力吸引游客进行旅游活动，从而在发挥旅游资源吸引功能的同时发挥旅游资源的效益功能，使旅游企业取得经济效益。所以，坚持从“三大价值”（风景历史文化价值、艺术观赏价值和科学考察价值）、“三大效益”（经济效益、社会效益、环境效益）和“六个条件”（区位及可进入性、景象景点地域组合度、景区旅游容量、市场客源、旅游环境结构、自然条件），开展旅游资源的双向评价，深入研究旅游资源的吸引功能，是旅游资源学的重要研究方向。其研究重点内容如下：

第一，评价旅游资源的显性吸引力，揭示旅游资源“物理特性”在区域空间上的向量集，理解自然旅游资源和人文旅游资源的内涵（物质形态方面的客观物质性因素和超物质形态方面的主观感应性因素）与外延（基本因素和推进因素），客观评价旅游资源的容量、密度、丰度、知名度、魅力度、观赏时量度和交通畅达度，评估旅游资源的吸引力、开发潜力和在旅游地开发中的地位，明确旅游地的性质（类型），拟订未来的旅游地中旅游资源的结构（主次关系）和新的旅游资源的开发计划，明晰区域旅游资源开发意识。

第二，评价旅游资源的隐性吸引力，揭示旅游者对旅游资源空间偏好和环境感应的空间分布规律，通过旅游者对区域旅游资源的真实行为表现及心理感应程度，反映旅游资源的“行为特性”和“心理特性”，评价区域旅游资源的开发潜力。可见，研究旅游资源的吸引功能的目的就是为了充分发挥旅游资源的最大效益功能。

旅游资源属性和旅游资源吸引功能的研究，目的在于发挥旅游资源的最大效益功能。所以，旅游资源效益功能的研究是旅游资源学研究的焦点所在。不过，在旅游资源功能研究的同时，必然地要涉及经济、社会和生态三大效益协调发展的研究。只有这样，旅游资源才能做到合理开发，得以永续利用，旅游业才能得到可持续发展。

第二节　研究内容

研究旅游资源的目的在于更好地开发利用和有效保护旅游资源。所以，旅游资源学的研究内容主要包括旅游资源的认识研究、旅游资源的开发研究和旅游资源的保护研究。旅游资源的认识研究，主要集中在对旅游资源的形成、特点、分类、范畴等方面的研究，着重从理论上探讨旅游资源的范畴和吸引旅游者的内在特色。旅游资源的开发研究，主要集中在旅游资源的调查评价和旅游资源的开发规划等方面，着重探讨旅游资源调查分析的方法、旅游资源评价的理论和旅游资源开发规划的原理。旅游资源

的保护研究，主要集中在旅游资源保护、旅游环境保护和旅游资源保护方法等方面，着重提出旅游资源保护的对策和具体措施。具体地说，旅游资源学的研究内容主要包括以下几个方面。

一、旅游资源的成因

旅游资源的开发，必须从旅游资源的形成机制入手。不同类型的旅游资源，其形成原因各不相同，就是同一类型的旅游资源，在不同地区或不同时间，其形成原因也是不尽相同的。自然旅游资源是在各种自然因素相互作用、长期演化的结果。例如，同是山岳旅游资源，就会表现出不同的地质、地貌形成特点。同是湖泊旅游资源，就有地壳运动产生断裂凹陷形成的构造湖；火山口熔岩的喷口形成的火山口湖；冰川作用形成的冰蚀（碛）湖；山崩、熔岩流或冰川阻塞河谷形成的堰塞湖和干旱地区风蚀空地积水形成的风蚀湖等。人文旅游资源则是特定社会环境与历史条件下的产物。例如，不同时代的古城帝都、寺观佛塔、楼台亭榭和不同地区的园林，都表现出不同特色。不同成因的旅游资源具有不同的观赏价值和文化内涵，对不同类型的游客具有不同的吸引功能。研究旅游资源形成的自然环境、社会条件和历史背景，可以更好地认识旅游资源的科学价值，更明确旅游资源的开发方向。旅游资源的认识研究，应对蕴藏着自然和人类智慧奥秘的旅游资源的形成机制进行系统研究，以便让人们系统地认识旅游资源，为因地制宜地合理开发旅游资源提供理论依据，使旅游景区（点）开发能满足不同旅游者的不同需求。

二、旅游资源的功能

旅游资源吸引功能评价，是旅游开发和规划的基本前提。区域旅游资源禀赋（硬资源）和资源区位条件（软资源）是旅游资源吸引力的核心。旅游者对旅游资源所表现出的空间偏好程度和心理感应程度，是旅游资源吸引力的反映。由于旅游资源只有在资源的感应“和谐”或与人的需求“相融”时，在人的感应耦合下才具有吸引功能。所以，只有通过对旅游资源（旅游客体）“物理特性”的显性吸引力和旅游者（旅游主体）“行为特性”、“心理特性”的隐性吸引力的客观评价，才能较好地反映区域旅游资源的价值与旅游者感应的综合性，体现旅游资源供求双方的关系，全面衡量区域旅游资源的吸引功能，准确确定开发规划和开发方向，规范区域旅游开发行为。

旅游开发规模必须以旅游容量（在一定的时间条件下，一定空间范围内的旅游活动容纳能力）为标准。旅游业的综合性规定着旅游极限容量受资源容量（旅游地实际容纳游客的数量）、生态环境容量（旅游地在其生态资源免受破坏条件下所能容纳旅客的数量）、人们心理容量（当地居民心理上所能接受游客的数量和游客在心理上所能容忍一定拥挤程度的游客数量）、经济发展容量和社会地域容量等多种因素的影响。旅游开发必须充分考虑旅游资源的极限容量和不同群体对极限容量感知的差异。因此，旅游资源容量是旅游资源学的重要研究内容。

旅游密度是度量旅游资源特性、规模和旅游接待的社会经济条件的重要指标之一。旅游密度按其内容可分为资源密度（在一定地域上旅游资源的集中程度）、空间密度（在一定时间内旅游地所接待或可能接待的游客量与其空间面积的比值）、人口密度（在一定时间内旅游地所接待或可能接待的游客量与其接待地人口的比值）和经济密度（接待游客活动量与接待地社会经济条件和旅游开发水平之间的比值）。旅游开发必须以一定的资源丰度、密度和观赏时量度为基础。一定地域空间上旅游资源密度越大，游客在单位时间内能游览的景点就越多，对游客的吸引力就越大，开发的价值就越高。区域旅游资源观赏时量度越大，容时量就越大，游客滞留时间就越长，旅游消费量也就越大。旅游资源丰度、密度、观赏时量度大的景区（点）应该优先开发。反之，则切不可盲目开发。可见，旅游资源密度研究，是旅游资源学研究的基本内容。

旅游资源开发的等级和序位，要以资源知名度和魅力度为标尺。旅游资源的知名度和魅力度，在很大程度上决定着景区（点）对游客的吸引力。旅游资源对游客心理的感知欲望和力度越大，吸引的游客就越多，市场就越广。自然旅游资源和人文旅游资源的兼容性、互补性好，以及核心资源与卫星资源集群性、协调性、地域组合性好的旅游资源，其魅力度就越大。资源的独特性、稀有性、无可替代性和游客认同性越高，其知名度就越大。只有具备一定知名度和魅力度的旅游资源才具有开发的价值。区域性明显的低魅力度和低知名度的旅游资源，难以构成旅游者的追求目标，一般不宜开发。可见，旅游资源的知名度和魅力度的研究，应该成为旅游资源学研究的核心内容。

三、旅游资源的特点

在认识旅游资源形成机制普遍规律的基础上，科学地划分旅游资源类型，寻找各类旅游资源之间的差异，揭示不同类型旅游资源的特点（旅游资源的鲜明个性和“特殊本质”），才能根据不同类型、不同特点的旅游资源对不同游客的吸引力的差异，开发不同类型的旅游产品，展示不同的特色，满足不同游客的需求。

随着社会的发展、科技的进步、旅游资源内涵的延伸，旅游资源的种类与数量越来越多。对旅游资源作出合理的科学分类，是认识与研究旅游资源的前提与条件。旅游资源吸引旅游者的根源在于其内在的特色，旅游资源特色的强弱则决定了其吸引功能的大小，特色越明显、越强烈，对旅游者的吸引力越大。“特色”是旅游资源的灵魂所在。对繁多的旅游资源进行分门别类的分类研究，可以系统地认识旅游资源，为因地制宜合理开发旅游资源

提出理论依据。对吸引旅游者的旅游资源特色和美学特征进行研究，才能指导旅游资源开发利用的方向。政府部门可以根据本地旅游资源的特点和比较优势，正确选择旅游业的发展战略，制定和实施有利于旅游业发展的产业政策和相关配套政策。

四、旅游规划的理论

旅游规划是旅游发展的纲领和蓝图，是实施可持续旅游的基本依据。随着旅游资源的开发利用、旅游设施的建设、旅游地和旅游景区（点）的形成，旅游发展的各个方面都需要有一个结构合理和彼此相互协调的旅游规划。旅游规划明确提出旅游发展的方向、规模、速度和目标，以及实现目标的对策和措施，对旅游业的发展具有战略性的指导意义。因此，研究旅游规划的目的、特点、原则、要求、方法等，是旅游资源学重要的研究内容之一。

区域旅游规划是一个涉及多学科、多部门、多行业的综合性的系统规划，既包含宏观层面上的内容，又包括微观层面上的内容，既要从战略的高度来认识和思考，又要针对每一个具体项目和内容加以系统、周密的调查与研究，需要多学科、多部门、多行业各种专业人才的协调配合才能完成。现代型的区域旅游发展规划除了要涉及传统型规划的基本内容外，还要侧重旅游产品开发（旅游产品的结构、旅游产品的转化、旅游产品项目库的建立、旅游产品体系的建设）、旅游形象策划（开发主题的确定、主题形象的加工与包装、主题形象的转化、主题体系的建设）、旅游客源市场开发（市场需求、重点客源市场、重点客源层面、市场开发策略、产品销售计划等）、旅游文化建设（旅游行业文化建设、旅游企业文化建设、旅游产品文化建设，旅游地居民文化建设等）、旅游网络组织（旅游产品网络、市场营销网络、交通网络、服务网络等）、旅游环境与生态保护（景区内“三废”的处理、景区日常环境卫生管理、环境保护措施等）等内容。

旅游规划既包括总体规划，又包括分区规划和小区详细规划及项目规划等。但无论是哪个类型的旅游规划，其所规划目标是依据有关基础条件和发展政策，对旅游发展的未来可能性所做的状态和位置抉择。旅游规划的指标是对该规划目标所确定的方位进一步量化所形成的一系列可度量的技术标准。旅游规划目标的制定与实施，通常须借助旅游规划指标这一工具，来实现对旅游发展实时状态或预测状态的度量。科学的旅游发展规划，是规范旅游业发展方向，实现旅游业可持续发展的关键。从旅游业可持续发展的思想实质来看，旅游发展规划制定的前提是：区域旅游发展在特定的时空尺度上的发展潜力，即区域单项和综合旅游资源的潜在保障力（包括旅游资源的丰度、容量度、魅力度、区位便捷度等因素共同组成的潜力系统。它从旅游资源对旅游发展的作用方向上反映了区域旅游可持续发展潜力）、区域社会经济的潜在支撑力（以人的能力、经济条件、技术水平等人为条件为基础，从社会经济对旅游发展的作用方向上反映了区域旅游可持续发展潜力）、区域环境容量的潜在承载力（即在不对旅游资源产生永久性破坏前提下所能容纳的旅游活动的最高限量，它从自然环境和人文环境对旅游发展的作用方向上反映了区域旅游可持续发展潜力）、生态承载力（地区环境问题产生的限度）和心理承载力（游客对旅游地期望得到最低的满意程度）。其根本是：要充分考虑旅游发展的区域性、空间性、时序性和约束性特点。其关键是：应体现新世纪、新体制、新形势、新机遇的特征，体现大力培育旅游业新经济增长点的主题，体现综合性、全局性、前瞻性和科学性的统一，体现规划思想、内容、形式和方法的创新，突出宏观性、战略性和政策性。

五、旅游资源的保护

旅游资源和旅游环境是现代旅游活动的对象，是发展旅游业的基本条件，保护、优化旅游资源和旅游环境是旅游业可持续发展的基础。只有得到精心保护，处在良性循环状态的旅游资源和旅游环境，才能促进人们将旅游愿望转化为现实的旅游需求。所以，旅游资源及旅游环境的保护对策研究是极其重要的。旅游业可持续发展的思想，强调旅游资源开发要与旅游资源保护相协调，旅游经济发展速度要与发展质量相协调，旅游发展规模要与自然承载能力相协调，旅游经济效益要与生态效益相协调，强调旅游资源的开发规模和旅游业的发展速度必须与现有旅游资源和生态环境相适应，实现“生态—经济—社会”三维复合系统整体的良性互动和可持续发展。其核心问题是：人们的旅游经济活动与旅游经济发展不能超越区域旅游资源的潜在保障力、区域生态承载力和区域环境容量潜在承载力，使我们取得的旅游经济发展既满足当代人的需要，又不危害子孙后代满足他们自己需求；既满足局部地区利益，又符合全球利益；既满足旅游者的需求，又满足旅游地居民的需求。

旅游资源学研究旅游资源及旅游环境的保护对策，旨在规范人们旅游资源开发的行为，强化人们旅游生态意识和共同美化环境意识，切实做到合理开发、利用、美化旅游资源环境，切实保护目前和未来旅游发展赖以生存的旅游生态环境质量，促进自然美的深化和自然美与人工美的完美结合，高层次地实现人类与自然界的共同进化，确保旅游资源的永续利用（旅游资源的开发利用必须在旅游生态环境容量许可范围内）和旅游经济产业高效运转与持续发展。

第三节　与相关学科的关系

从旅游资源学的研究对象和研究内容可以看出，旅游资源学是一门介于旅游学与资源学之间，又涉及众多相关学科的综合性应用学科，与旅游学、资源学、地理学及其一些分支学科以及历史学、宗教学、民族学、民俗学、园林学、生态学、地质学、规划学、美学、考古学、建筑学等都有着密切的关系。

一、与旅游学及其分支学科的关系

旅游资源学是介于旅游学与资源学之间的边缘学科，与旅游学及其分支学科的关系极其密切。

旅游学研究的是旅游活动的产生、发展及其活动的最一般规律的科学。正因为旅游活动是一个综合性的社会现象，它涉及自然的、经济的、社会的、法律的诸多因素。所以，旅游学研究的范围很广，涉及多种学科，如经济学、管理学、社会学、心理学、法学、美学等等。其中每一种学科的理论同旅游学的结合，便形成了旅游经济学、旅游管理学、旅游社会学、旅游心理学、旅游法学、旅游美学等等。这些学科分别从经济、管理、社会、地理、心理、法律、美学角度去研究旅游活动，即各自以不同的侧面阐述现代旅游活动这一复杂的社会现象，分别从旅游活动的不同侧面探讨旅游与有关学科结合的特点和规律，都属于旅游学的分支学科，也属于平行学科。这些学科虽然很年轻，但从各自的研究对象和研究内容来看，旅游资源学与它们有着千丝万缕的联系。例如，旅游经济学是研究旅游经济活动的运行及其运行过程中所产生的经济现象、经济关系和经济规律的科学。它是从经济这个侧面研究旅游活动的科学，即运用经济学的基本原理研究旅游活动中的经济现象、经济关系和经济规律，从而促使旅游活动的研究进一步深化。旅游社会学是研究旅游者的动机与行为及接待地居民对旅游者的相关反应规律的科学，着重揭示旅游活动中人际或人、物间的关系。旅游心理学是研究旅游活动中人的心理活动和行为规律的科学，主要研究旅游消费心理、旅游服务心理和旅游企业员工心理。旅游资源学研究人类旅游活动与旅游资源要素的相互关系，或多或少都要涉及上述内容。

二、与资源学及其分支学科的关系

旅游资源学是一门资源应用学，与工业资源学、农业资源学等同属资源学的平行分支学科。但由于旅游者精神需求涉及面很广，所以旅游资源学研究的这一资源客体的范畴比农业资源学、林业资源学、工业资源学研究的资源范畴要广得多，既有自然资源，也有人文资源，就是农业资源、林业资源、工业资源中的某些资源，都可以开发成为旅游资源。上述各学科都是以资源作为其研究的重点，但又是从不同的侧面去研究资源的。农业资源学、林业资源学、工业资源学分别从农业经济活动、林业经济活动、工业经济活动与农业资源、林业资源、工业资源要素的相互关系去研究相关资源，而旅游资源学则是研究旅游经济活动与旅游资源要素的相互关系，都离不开对相关资源的研究，却又是为不同经济活动服务的。

三、与地理学及其分支学科的关系

旅游资源学与地理学及其自然地理学、经济地理学等分支学科的关系是十分密切的。旅游资源学与旅游地理学的关系就更为密切了，可以说，旅游资源学是在旅游地理学的摇篮中长大成熟的。旅游地理学除了解研究旅游资源外，还研究其他的内容，而旅游资源学则专门研究旅游资源，其研究的深度和广度在旅游资源的开发利用实践活动推动下得以拓展和升华。旅游地理学一般将旅游学、建筑学、园林学等与地理学结合起来进行研究，阐述旅游资源与旅游规划等一系列问题。旅游地理学也极为重视对旅游资源的研究，在旅游资源的成因、特点、分类、区划、调查评价、开发规划乃至资源保护方面也进行一些基础性的研究。旅游

资源的研究在旅游地理学中占有重要的地位。在这方面，旅游地理学的一些研究成果可以为旅游资源学所参考和利用。

四、与其他相邻学科的关系

由于旅游资源涉及自然的、人文的众多资源，是一个庞大的资源体系，而且必须通过规划开发后才能真正成为有较大吸引功能的旅游资源，并为旅游企业所利用。因而，旅游资源学的内容涉及很多相关学科的知识，如地质学、气候学、气象学、地理学、园林学、建筑学、民俗学、历史学、规划学、生态学、宗教学、文学等学科的知识，学习旅游资源学需要掌握这些相关学科的基本知识，具备这些相关学科的比较坚实的基础理论。

思考与练习

1. 如何理解旅游资源学是一门研究各国各地区旅游经济活动与旅游资源关系的学科，旅游资源学的研究对象是旅游经济活动与旅游资源的关系。其他同类教材是如何表述的，请你对旅游资源学的研究对象提出更科学的概念。
2. 中国旅游资源学的研究内容是什么？请你在大量阅读课外论著后，提出更完整的内容。
3. 为什么说旅游资源学研究的核心是旅游资源，研究的重点是旅游资源的三个基本点？你有何新观点？
4. 为什么说旅游资源学是一门介于旅游学与资源学之间，又涉及众多相关学科的综合性应用学科？你有何新的见解。

第二章 中国旅游资源的分类

【学习目的】 要求了解旅游资源的含义和内涵，熟悉旅游资源的特点，掌握旅游资源分类的原则和依据，认识几种主要的旅游资源的分类方案。

【基本内容】 • **概念论述**

旅游资源的含义、内涵。

• **旅游资源的特点**

广域性和地域性；多样性和综合性；季节性和时代性；永续性和共享性；原生性和萌生性；发展变化性和特殊效用性。

• **旅游资源的类型**

分类的原则和依据；旅游资源分类方案。

第一节 概念论述

一、旅游资源的含义

目前我国学术界对旅游资源定义表述纷纭，尚无公认的说法。但在某些方面有着一致的理解。主要表现在以下几个方面。

（一）强调旅游资源的吸引功能

一致认为没有吸引功能的事物和现象，就不可能形成旅游活

动，也就不能算是旅游资源。由此可见，旅游吸引功能是确定旅游资源概念的前提条件。

（二）强调旅游资源的作用对象

旅游资源是与旅游者直接联系的，它们能激起旅游者的旅游动机，是旅游者旅游活动的对象物，能满足旅游者的需要。旅游资源不同于其他资源，其作用对象是特定的，是被吸引的旅游者。而不像其他资源那样为一个国家或一个地区全体成员所共有，与每一个成员息息相关。也不像农业资源、工业资源那样，主要分别为农业发展、工业发展所必需。

（三）指明旅游资源的基本内容

旅游资源有自然界形成的，也有社会界创造的，其存在是客观的。旅游资源的内容包括有吸引功能的自然资源和人文资源。

（四）旅游资源是与旅游业直接相联系的

旅游资源的出现是与人们的旅游活动紧密相连的，旅游资源是可以被旅游业开发利用的。但在不同的历史发展阶段和不同的条件下，作为旅游资源开发的主体是不同的。不同的旅游经营者与旅游资源的密切程度是不同的。总之，旅游资源是旅游业发展的基础和凭借。

对旅游资源认识有争议的方面，主要是对旅游资源的具体内容的概括与表述的差异。在这方面，随着旅游业的发展和旅游理论研究的深入，人们对旅游资源的认识将会不断明晰，关于旅游资源的概念将会取得较为一致的认识。

作为一个科学概念的定义，应该体现其基本属性与内容，表述准确，语言简练。基于上述要求和学术界对旅游资源概念认识的一些共同点，我们认为旅游资源是指客观地存在于一定地域空间，具有审美、愉悦价值和旅游功能，能够吸引人们产生旅游动机，并可能被利用来开展旅游活动的所有自然要素（自然存在）和人文要素（历史文化遗产或社会现象）。旅游资源的最大特点就是对人们具有旅游吸引力，能够吸引人们并使其产生旅游欲望。但旅游资源必须开发成旅游产品才能更好地满足人们的旅游需求。

二、旅游资源的内涵

为了更好地理解旅游资源的含义，应该对以下几个问题进行深入的分析。

（一）必须具有旅游吸引功能和旅游价值

自然禀赋的、历史遗存的和人工创造的客观实体多种多样，文化的、艺术的和教育的非物质形态的因素更是名目繁多。但并非都是旅游资源，只有那些可以向旅游者提供审美和愉悦，对旅游者具有旅游吸引力的，并可能被旅游企业所利用的内容才算是旅游资源，不具有这种吸引力的任何资源形式都不是也不可能成为旅游资源，对于这一点是不争的共同认识。例如，自然资源具有自然美的形态、绚丽的色彩、声响动态美感；具有休养、避暑、避寒等功能；能够提供娱乐消遣、探险、猎奇、游泳、登山、滑雪、泛舟、垂钓、狩猎等场所和条件，能够使游客感受到大自然的壮美、神奇，丰富人们的情感，开阔视野，增长知识。

根据上述认识，旅游从业人员或其他人员在旅游景区（点）内的劳务活动是否都属于旅游资源，就有了明确的答案，即那些在旅游活动中仅仅起着媒介作用的旅游从业人员和旅游劳务（如一般的导游员、服务员、司机、经营管理人员的劳务活动），并不是吸引游客前来旅游的对象，因而不能属于旅游资源范畴，不过这些优质的旅游劳务活动从某个意义上说可以增强旅游资源的吸引力。但在某些特殊情况下的劳务活动，例如著名艺术家、书画家和旅游酒店高级厨师等在旅游景区（点）内的创作过程，不仅他们的作品或产品为旅游者所欣赏或享受，而且他们的劳务过程也可吸引游客前来旅游，这些劳务活动已与旅游资源结合为一个整体，可以视为旅游资源。此外，人文旅游资源中，如戏曲、歌曲、杂技、舞蹈、体育、武术等，都需要人的活动参与表演，才能反映它们的真正内涵。目前流行的在重大的节目或活动过程中，通过举办大型歌舞活动及各种表演来招揽游客，就属这一情况。因此，这一部分的劳务活动应属于旅游资源范畴。

旅游资源是资源的一部分，应该具有“资源”的共性，即在旅游业发展中具有可利用的价值，并作为重要的基础。它主要体现在对游客的吸引力。旅游资源具有对游客的吸引力不仅体现了旅游资源的基础性，而且成为旅游资源的重要属性。这就明确地规定了旅游资源应存在于旅游目的地，而不是从客源地到旅游目的地间的其他地方。不过，这里应该明确指出，所谓旅游资源对游客的吸引力，是指对社会旅游者的群体（至少应对相当一部分人有吸引力），而不是以个别人的爱好为标准。

（二）必须包括未开发和已开发的内容

旅游资源完全因其他目的而生成或存在，只是由于人们价值观的缘故，而在一定历史时期才成为旅游资源。作为一种资源形态，旅游资源主要存在于一种潜在的待开发的状态，同时也包括已开发但尚未耗竭其旅游价值的那一部分资源。作为能激发人们旅游动机、吸引人们前往旅游的要素，无论开发与否，都应该称之为旅游资源，因为开发与否并不能改变旅游资源的状态、性质、结构和成分，没有产生实质性的变化。未开发利用的那些能对游客产生吸引力的客观实体或因素，经过开发后可以为发展旅游业所利用，起到“原材料”的作用，理所当然地属于旅游资源。已开发利用的客观实体或因素，由于它们既可被看做是加工后的旅游产品，同时又可作为继续开发的对象（确实存在一个再开发的问题），不断地加工提高，深度开发，重复使用。因此，已开发利用的那些客体或因素，仍然可以视为旅游资源。不过，那些虽曾有过旅游价值或虽曾被开发利用过，但目前已丧失其价值并已被旅游者所抛弃的旅游资源，便不再是旅游资源了。

（三）必须包括物质的、有形的内容以及形态的、行为的内容

物质的、有形的旅游客观实体（如名山、秀水、溶洞、瀑布、湖泊、古遗址、古建筑、珍稀动植物等），看得见，摸得着，易为人们所认可，这是旅游资源中重要的一部分。然而，那些无形的、非物质的旅游资源（如文化艺术、文学、科技、技艺、神话故事等），却不易被人们理解与认可。实际上，这些非物质的、精神的旅游资源，是在物质的基础上产生的，总是与一定的物质基础相联系，并依附于一定的物质而存在，人们通过想像可以感受到（如历史记载、文学作品等能给人以充分的想像）。不过，这种想像一般需要较高的文化修养和宽广的知识面以及丰富的想像力，非一般旅游者所能接受。但是，这种无形的旅游资源一旦转化成有形的旅游资源，就更具有吸引力。

（四）必须包括原生的内容和人造的内容

多数作为旅游资源的自然存在、历史文化遗产，都不是出自为满足旅游者需要的缘故而将它们生产出来并出卖出去，它们之所以成为旅游资源，主要是自然的无意志造化或人类因其他功利性目的而创造的成果，是先旅游而客观存在着的自然或人文因素。因而自然的禀赋、历史遗存的自然旅游资源和人文旅游资源，这是人们容易理解的。那么，那些人造模拟景观，是不是旅游资源的讨论，争论却是很热烈的。应该承认，人造模拟景观是旅游开发的一大趋势，它依靠资金和智力，更多地融入了现代高技术，或模仿，或创造，或二者兼而有之，把世界上已经存在的知名度很高的旅游资源移到他地，弥补了当地旅游资源的不足，充实了旅游的内容，只要立意正确，富有观赏性和娱乐性，具有旅游吸引力，就应该属于旅游资源的范畴。

（五）旅游资源的范畴在不断扩大

知识经济带来了新的社会经济模式、新的社会生活模式和新的社会消费模式，同时也带来了新的旅游需求和新的旅游产品。

随着社会的进步、经济的发展、科技水平的提高、人们生活水平的提高、空闲时间的增加、眼界的开阔、知识的增加和兴趣的转移，他们已经不满足于现有的传统的旅游方式和传统的旅游消费，而去寻找一些新奇的旅游方式和旅游空间。人们旅游需求的多样化和个性化，要求旅游资源的范畴不断加以扩大。旅游活动已不再局限在地面上，开始向空中、水下发展；不再局限在山水观光，更多地向参与性专项旅游发展；不再局限于自然风光，更多地向生态旅游、特色旅游发展，工业旅游、探险旅游、都市旅游、农家乐旅游、科考旅游、农业旅游、休闲度假旅游迅速兴起，集优美环境、现代高科技、深厚文化内涵于一体的大型综合性旅游景点与游乐场所，人造乐园与微缩集锦式的公园等，深受人们的青睐。今后旅游资源的范围还将继续扩大，可以预计，有些现在看来不是旅游资源的客体或因素，很可能以后会成为新的旅游资源。

第二节　旅游资源的特点

正确认识旅游资源的特点，对于合理开发、充分利用旅游资源，促进旅游业发展具有重要作用。旅游资源是自然、历史、社会等因素共同作用而形成的，是一种复杂的综合性的极为特殊的资源，具有明显的双重属性（物质的属性和寓于其中的精神属性），既有一般资源的共性，又有自己的许多特性：作为地理环境的一部分，它具有地理环境组成要素所具有的时空分布特征和动态分布特征；作为旅游活动的客体，社会、经济、文化因素，又使它具有历史人文的特征和经济的特征。

一、广域性和地域性

旅游资源不管是以单体或复合体的形式存在，都依托于一定的地域空间，从而表现出旅游资源空间分布，既表现出广域性特点，又表现出地域性特点。旅游资源在地球上的每个区域几乎都有。地上有名山秀水、流泉瀑布、历史古迹、民俗风情等众多的自然景观和人文景观；地下有溶洞、暗河、温泉等；天空有瞬息万变的天象、气象景观；海洋有美丽的礁岛怪石、迷人的浅海沙滩、奇特的海洋生物和神秘的海底世界；城市有现代建筑、先进的科技园、现代化工厂等；乡村有美丽的田园风光、浓郁的乡村风情。在广阔的大地上旅游资源到处都有。

然而，旅游资源不管是以单体或复合体的形式存在，都依托于一定的地域空间。正因旅游资源的分布是极为广泛的，因而地域上的差异性必然引起旅游资源特色的差异性。由于自然条件的差异和人为因素作用程度的不同，各旅游区甚至同一旅游区内的各个旅游点的旅游资源因其自然和人文等因素的影响，更具有其地域差异性，而且这种差异性是十分复杂和无章可循的。各类旅游资源总是分布在一定的地理环境或一定的区域中。由于各个地区地理环境的差异性，必然导致旅游资源空间分布的差异，即具有明显的地域性。特别是自然地理环境的复杂性、多样性、地带性的特点，必然会反映在自然旅游资源的各个方面，因而自然旅游资源也具有地带性和多样性的特点。比如，炎热地区高山旅游景区夏季的冷爽气候，可使其成为夏季避暑胜地，高纬度地区的旅游景区可以成为避暑胜地，而低纬度地区的风景区可以成为避寒胜地。旅游资源的地域性决定了不同地区的旅游资源具有不同的特色（差异性、独特性）。例如我国南方园林、北方园林和岭南园林景观的差异性；高纬度地区和高山地区的冰天雪地、林海雪原、高山冰川资源；赤道地区的热带雨林、椰林竹楼景观；广阔的草原、偏僻的山区、一望无垠的荒沙上的原始、纯朴的自然风光和自然山水方面的“北雄、南秀、西旷、东密”的景观特色和植物、动物旅游资源类型特征分布的地带性特点等，无不与不同地区的地理环境有关。旅游资源区域性特点使得许多具有重要价值的旅游资源居于不可替代的地位。不仅自然旅游资源有着明显的地域性，而且人文旅游资源一样表现出地域性特点。例如我国黄土高原的窑洞、牧区的帐篷与毡房、西南地区亚热带的“竹楼”、华北地区的四合院等民居建筑风格的差异；地处不同地区的汉族与少数民族都有民俗风情的差异（明显的地方的和民族的特点），都与一定的自然环境的区域差异密切相关。特别要指出的四点是：第一，即使是同一种旅游资源，在不同的地区也会表现出明显的差异；第二，不同地区旅游资源的数量和分布密度不同，会表现出明显的“旅游资源丰富区”和“旅游资源贫乏区”；第三，相近的景物，位于不同的区域，其旅游价值可能是大不相同的；第四，主体自然旅游资源的不可移植特性，可以保障其在旅游业发展中的绝对垄断地位。正是旅游资源空间分布上的区域性特征，形成了中国千差万别的旅游区，从而从根本上决定了旅游者的空间流动。

二、多样性和综合性

我国国土幅员辽阔，历史源远流长，文化光辉灿烂，名人英杰层出不穷，名胜古迹珍奇瑰丽，山水风光雄伟秀美，革命圣地驰名中外，民俗风情古朴淳厚，旅游资源丰富，种类繁多。尽管目前还没有一个真正被普遍认同的分类方案，但根据《中国旅游资源普查规范》（国家旅游局资源开发司和中国科学院地理研究所主编，1992 年）提出的分类法，我国旅游资源分为 6 类 74 种基本类型。每个基本类型的旅游资源都十分丰富。随着人类社会经济文化和科学技术的发展，旅游资源的范围将不断扩大，内容将不断丰富。

然而，各类旅游资源在内容上并非是单纯的、独立的，而是相互包含、相互渗透、相互烘托、互为补充的，从而使旅游资源更具有吸引力。每个旅游区都是由多种基本类型的旅游资源组成，而且自然旅游资源和人文旅游资源配合越好，自然景观与人文景观兼容互补性就越强，因而会融为一体，使核心资源与卫星资源彼此呼应。地域组合度和类型组合度越好，资源要素种类越多，比例越协调，联系越紧密，对旅游者吸引力就越大。景观要素非常单一的情况比较少见，而孤立的景物要素很难形成具有吸引力的旅游资源。旅游资源组成要素的多样性和综合性，为我国旅游业发展提供了厚实的基础，为旅游活动组织者和旅游开发者提供了广阔的思路和有利条件。

三、季节性和时代性

许多自然旅游资源要素呈现出时间变化性，有的表现为周期变化特征，有的表现为随机变化特征。由于受地理纬度、地形地势和气候条件等因素的影响，在不同的季节、不同的气候条件下，旅游地的旅游景观（特别是自然景观）常常会表现出明显的季节性，对旅客旅游兴趣的吸引力也各不相同。正是因为旅游资源在时间向度上呈现出一定的变化性，并形成和具有一定的韵律，才使得自然景色只有在特定的季节和时间里才会出现。旅游资源季节性通常有两个方面的表现：其一是，自然旅游资源所处环境的季节性，对旅游者的出游动机会产生不同的影响，从而使人们有意地选择最佳的季节出游。人文旅游资源本身没有季节性变化，但受环境季节性变化的影响，也会出现游客量的季节性变化。旅游资源的这一特点，会使得一些旅游目的地出现旺季和淡季之分。其二是，自然旅游资源本身具有季节性变化，使得旅游者的出游多选择在其最佳的观赏季节。如漂流活动多在夏季；赏雪滑冰（如看雾凇、雨凇、冰雪景）多在冬季；钱塘江观潮只能在特定的时间段内；赏花只能在花开时；避暑胜地只有在夏季才游人云集，冬季游人就寥寥无几了。认识旅游资源的季节性特点，有利于不同旅游景区（点）适时调整旅游活动内容，制定不同季节的旅游价格，有效地解决旺季和淡季可能出现的问题，确保旅游业的健康发展。

人文旅游资源的形成与社会历史密切相关，深深地打上了社会时代的烙印。由于不同的历史阶段、不同制度的国家和不同的民族，生产水平、科学技术、审美观点、道德规范不同，其人文景观的建造水平、风格、性质也就不同。我国历史上遗留下来的各种古建筑、古墓群、古典园林、文物古迹等，都反映了当时的社会经济水平和科学技术水平，人文旅游资源的时代性特点十分明显。它清楚无误地告诉人们，人文旅游资源的年代越久远，完好性越好，其旅游吸引力就越大，旅游价值就越高。所以，人文旅游资源的有效保护就显得格外重要。

四、永续性和共享性

在有效保护的前提下，绝大多数旅游资源都具有长期重复使用的价值。例如山水风光、都市风貌、园林建筑、文物古迹、宗教文化等旅游资源所形成的旅游产品，可以长期供旅游者参观游览，甚至可以永久地开发利用。但必须指出，旅游资源开发使用的永续性并非是绝对的，它是以有效保护为前提的。景区（点）接待过量、游客不文明的旅游行为、不负责任的盲目开发造成"建设性破坏"、人们的无知行为等人为的破坏和自然的破坏，都会使旅游资源遭受破坏，从而使旅游资源无法永续利用。旅游资源一旦遭到破坏，又存在着不可再生性的一面。如对自然景观的过度开发利用，超过其环境的承载力，则会使得资源质量下降，无法为今后的旅游者提供同样高品质的风景；许多历史文物、人文古迹是由特定的历史条件塑造形成的，很多具有惟一性，一旦破坏，即使进行人工修复，也难现昔日风采。所以，采取有效措施，加强生态环境保护，遏制旅游资源的破坏性开发、旅游项目的低水平重复建设，避免人为破坏，把青山、绿水、蓝天留给子孙后代，延长旅游资源重复使用的期限。也就是说，只有得到精心保护、处于良性循环状态的自然旅游资源和人文旅游资源，才能实现永续使用。

旅游资源是全人类的共同财富，可以供全人类共同享受，人人都有享用旅游资源的权利。旅游资源的这一特性可以吸引任何喜欢它的人前来旅游，任何旅游开发商都可以将其作为自己销售的旅游产品的一部分。发展旅游业是全人类的共同利益和共同需求，保护旅游资源应是全人类的共同责任。

五、原生性和萌生性

自然旅游资源是天然赋存的，是自然界形成的，而不是人为的。自然旅游资源的形成、发展、分布及特点，主要受自然因素的影响和自然规律的制约。正因为自然旅游资源的原生性特点，才给人以天然、朴实的原始美的感受。也正是自然旅游资源的原生性特点，使其表现出位置的不可移动性（如泰山、华山、恒山、嵩山、衡山等名山是不可移动的），旅游者要领略这些旅游资源，必须亲自前往旅游资源所在地。自然旅游资源的这种自然属性，决定了自然旅游资源的开发利用，要特别注意尊重自然规律。原生性、不可再生性的旅游资源一旦遭受破坏，则将造成无法弥补的损失。就是那些可以再造的旅游资源，遭破坏后的仿造品，其旅游价值也大大降低。

人文旅游资源是人类在其发展过程中自身创造的，不是天然固有的。它是人类自身发展过程中科学、历史、文化、经济、艺术的结晶，是宝贵的财富。因此，人文旅游资源今后还会不断地创造出来。不过，不同的历史阶段、不同制度的国家、不同的民族，由于生产水平、科技水平、审美情趣、道德规范的不同，其人文景观的建造水平、风格特征也就不同，表现出明显的时代性和民族性。尽管人文旅游资源的形成与人为活动息息相关，但许多人文景观则是在自然环境基础上建立的，人们以自然环境为背景，充分发挥人为的创造性，把自然美与人工景观美结合在一起，融为一体，更增添了人文景观的美感。

绝大多数旅游资源的产生和存在不是以旅游经济为目的的。但现代旅游发展中，一些地区和旅游开发商出于盈利的目的，为了弥补当地旅游资源的不足，充实旅游景观内容，不惜投巨资，利用现代高科技手段，建设人造模拟景观，取得较好的效果。可见，一些无形的旅游资源和人文旅游资源是可以人造的，也是可以移动的。不过，这种人造模拟景观也是参照原有的旅游资源进行仿造，其旅游价值显然不如原有的。如未能把原有的灵气、韵味充分展示出来，其人造模拟景观就将失去旅游价值。

六、发展变化性和特殊效用性

旅游资源是发展变化的。随着社会经济的发展、科学技术的进步、旅游消费的不断多样化和人们在社会领域中活动范围的扩大和活动内容的增多，人们认识自然和利用自然的能力不断增强，开发利用旅游资源的水平也在不断提高，因而，不但可被利用作为旅游者对象物的旅游资源的数量将不断增加，而且旅游资源的内涵和质量也会不断变化。正是由于人们视野的不断开阔、兴趣的不断变化和旅游消费的日益多样化、个性化需求，对旅游资源范畴的认识也在不断地扩展。所以，过去不认为是旅游资源的，今后则可能成为人们感兴趣的对象，而现在的旅游资源，将来有可能被人们抛弃。一些现在尚无法成为旅游景观的东西，将来随着科技水平的发展，将逐步被开发为旅游产品，一些创意新颖、特色鲜明、富有挑战性的旅游项目将受到欢迎。

旅游资源作为旅游业的凭借和旅游者参观游览的对象物，具有美学特征和观赏性（美学特征越突出，观赏性越强，知名度越高，对旅游者的吸引力也就越大），还具有科学价值和文化价值，能唤起旅游者的旅游动机并诱发出旅游者的旅游活动。旅游资源对旅游者具有吸引功能和特殊效用。旅游资源是多种多样的，不同的旅游资源的吸引功能和效用也是不同的，或者是不完全相同的。就是同一种旅游资源，也往往具有多种效用，但对不同的旅游者的吸引功能则是不一样的。

此外，自然旅游资源还具有不可移植性、物质实体性、时间变化性，而人文旅游资源具有精神文化性、可移植性、历史性、民族性、可创造性和参与性等个性特征。

第三节　旅游资源的类型

旅游资源分类是研究、认识旅游资源及开发利用旅游资源的重要基础，具有重要的理论意义和实践意义。旅游资源的分类过程，实际上是人们加深对旅游资源属性的认识过程。旅游资源分类的目的，在于将众多繁杂的旅游资源条理化、系统化，通过各种分类系统的建立，加深对旅游资源整体或区域旅游资源属性的认识，掌握其特点和规律，为进一步开发、利用、保护及科学研究旅游资源服务。

一、分类的原则和依据

（一）分类的原则

所谓旅游资源分类，就是根据旅游资源的同质性和差异性，按一定的目的和需要将旅游资源进行集合归类。旅游资源分类是以比较为基础，通过比较、认识、归纳，识别出旅游资源之间的相似点和差异点，并根据其相似点归并出较大的类型，再根据其差异点将每个大的类划分为较小的类，从而将五花八门的旅游资源区分为具有一定从属关系的不同等级类别的系统。例如，根据旅游资源成因的相似性把旅游资源区分为自然旅游资源（它们均是天然赋存的，自然界形成的）与人文旅游资源（它们均是人为作用下形成的）两大类别。然后再分别根据自然旅游资源与人文旅游资源各自内部的差异性，分别进一步划分出次一级类型（如自然旅游资源又可分为地质、地貌、水体、气象气候与天象、生物等次一级自然旅游资源类型；人文旅游资源又可分为历史古迹、古建筑、陵墓、园林、宗教文化、民俗风情、文学艺术等次一级人文旅游资源类型），从而分别形成具有一定从属关系的不同等级的自然旅游资源和人文旅游资源的类别系统。

旅游资源分类的原则是旅游资源分类的依据，旅游资源分类只有遵循旅游资源分类的原则，才能保证旅游资源分类的科学性和实用性。为此，旅游资源分类必须遵循以下原则。

1. 同质性原则

旅游资源的分类，首先应该根据其同质性区分出较大的类别，即把具有共同属性的旅游资源划归一类，同一级同一类型的旅游资源应该具有一定的共同点（或相似性）。如上所述，自然旅游资源这一大类中各种旅游资源具有相似性，人文旅游资源这一大类中各种旅游资源同样具有相似性，但自然旅游资源和人文旅游资源却存在明显的差异性。

2. 差异性原则

较大类别的旅游资源中，必然存在一定的差异性，既然有差异性，就可以再划分为不同的类型，如何划分不同的类型，又要根据它们的相似性。例如，自然旅游资源大类中，地质、地貌、水体等又存在着明显的差异性，可以再划分出次一级的类型。而在划分次一级旅游资源类型时，依然要根据它们的相似性进行划分，如根据岩石、化石、地层、构造遗迹、地震灾害遗迹等成因的相似性划入自然旅游资源中次一级的地质旅游资源类。同理，把佛教文化、道教文化、伊斯兰教文化、基督教文化划入人文旅游资源中次一级的宗教文化旅游资源类。但这里必须切实注意，所划分出的次一级类型的旅游资源，必须完全对应于上一级类型的旅游资源，而且次一级旅游资源的类型数必须大于相对应的上一级旅游资源类型数，更不能出现次一级旅游资源类型与上一级旅游资源类型的错位。

3. 递次性原则

旅游资源是一个复杂的系统，它可以分为若干个不同层次的类型。所以，在分类时应该逐级进行，先根据同质性把旅游资源分为高一级的类型，再在某一高级的类型中根据各种资源的差异性分出次一级的类型，在划分次一级类型时同样必须根据它们的相似性进行。照此类推，继续划分更低一级的类型。也就是说，从不同角度将旅游资源的基本架构分解为几大类，而几大类整合在一起仍能够保持旅游资源基本架构的整体性与完整性。然而，几大类相互之间应该是独立的，不会出现相互包容或重叠的情况。不过，应该特别指出，不同级别的旅游资源的划分应该采用不同的准则，而同一类型直接划分次一级类型，则应该采用相同的准则，以避免出现分类的重叠。

（二）分类的依据

旅游资源的分类既要遵循一定的原则，又要有一定的科学依据。由于旅游资源的属性、特点不同，因而分类的依据也就不同。按照不同的依据，又有不同的分类方法。但总的看来，旅游资源分类的主要依据如下：

1. 按照旅游资源的成因分类

按成因分类，可分为自然赋存形成的旅游资源、人类历史形成的旅游资源、天然与人工相结合的旅游资源和人工创造的旅游资源四种类型。旅游资源形成的基本原因，是旅游资源分类的重要依据。目前，被学术界广泛接受的自然旅游资源和人文旅游资源的划分，就是根据其自然界赋存的或是人为的这个依据来划分的。在自然旅游资源大类中，水体旅游资源类中的湖泊旅游资源类，就是根据各自的成因，又分为构造湖、火山口湖、堰塞湖、喀斯特湖、冰川湖、河迹湖、海迹湖、风蚀湖、人工湖等几类。

2. 按照旅游资源的功能分类

根据旅游资源能够满足开展旅游活动需求的作用的不同，可以把旅游资源区分为观光游览型（以自然风光、园林建筑、古建筑、城镇风貌、珍稀动植物为主，以供旅游者观光游览）、文化知识型（以历史古迹、古建筑、宗教文化、文学艺术、社会风情和富有文化科学内涵的各类博物展览为主，使旅游者获得一定的科学文化知识，开阔眼界，陶冶情操，增长阅历）、参与体验型（以漂流、攀岩、狩猎、民俗风情、节庆活动、宗教朝觐等为主，使旅游者可以置身其中，得到切身体验，以乐在其中，乐在其身）、购物型（以纪念品、土特产为主，可供旅游者购物）、情感型（以名人故居、名人陵墓、各类纪念地为主，可供开展祭祖、探亲访友、怀古、传统教育等旅游活动，以表达旅游者思古、怀念、敬仰等感情）、康乐疗养型（以温泉、海滩、度假村、康乐保健中心为主，使旅游者从中得到休闲、娱乐、疗养和保健）等不同类型的旅游资源。有的旅游资源能够满足开展多种旅游活动的需求，具有多种旅游功能，因而可以属于几种不同的类型。依据旅游功能分类，目的在于认识和充分发挥各种旅游资源的作用，为开展多种形式的旅游活动服务。

3. 按照旅游资源的属性分类

根据旅游资源的性质、特点、状态和存在形式的不同，可以将旅游资源分为不同的类型。如自然旅游资源可分为原始自然型和风景型两种；人文旅游资源可分为固态型、动态型和劳务型三种。又如人文旅游资源可分为历史古迹、园林、宗教文化、古建筑、社会风情、文学艺术等不同的基本类型；自然旅游资源可分为地质旅游资源、地貌旅游资源、水体旅游资源、生物旅游资源和气象、气候与天象旅游资源等。

4. 按照旅游者的旅游动机分类

从旅游者旅游动机的不同，可以把旅游资源分为心理方面、精神方面、健身方面、政治方面、经济方面的旅游资源。

5. 旅游资源的结构

根据旅游资源的结构，可将旅游资源分为旅游景观资源和旅游经营资源。旅游景观资源又可分为自然旅游景观资源、人文旅游景观资源、社会民俗资源，旅游经营资源又可分为旅游用品工业资源、旅游食用资源、旅游食品资源等。

此外，人们还可以依据旅游资源开发利用的变化特征，并结合资源的性质、成因等，把旅游资源分为原生性旅游资源（具有相对稳定特点的自然、人文景观和因素，如传统民族习俗和风情、山川风光、气候资源、文物古迹等）和萌生性旅游资源（具有变化特征的自然、人文景观和因素）；依据旅游资源形成时间的不同，将旅游资源区分为不同的类别。例如依据时间因素可把建筑旅游资源区分为古代建筑和现代建筑；依据旅游资源的价值及管理级别可分为国家级、省（市）级、县级旅游资源；按照旅游资源的增长情况可分为可再生、不可再生、可更新旅游资源；依据旅游资源的利用现状可分为已开发利用、正在开发利用、未开发利用（或称潜在的）旅游资源。

二、旅游资源分类方案

由于分类的目的、要求、依据不同，形成了多种分类方案。以下主要介绍三种分类方案。

（一）《中国旅游资源普查规范》中的分类法

国家旅游局资源开发司和中国科学院地理研究所主编的《中

国旅游资源普查规范》（试行稿）一书中，提出了一种以旅游资源普查为目的的应用性分类方案。该方案主要依据旅游资源的性质和状态、旅游资源特征和功能指标的相似性、类型之间明显的差异性等原则进行分类，将旅游资源分为 6 大类 74 种基本类（见表 2-1）。

表 2-1　《中国旅游资源普查规范》中的分类表（1992）

类	基本类型（74 种）
地文景观类（13 种）	典型地质构造、标准地层剖面、生物化石点、自然灾害遗迹、名山、火山、熔岩景观、蚀余景观与象形山石、沙（砾）石风景、沙（砾石）滩、小型岛屿、洞穴、其他地文景观
水域风光类（7 种）	风景河段、漂流河段、湖泊、瀑布、泉、现代冰川、其他水域风光
生物景观类（6 种）	树木、古树名木、奇花异草、草原、野生动物栖息地、其他生物景观
古迹和建筑类（32 种）	人类文化遗址、社会经济文化遗址、军事遗址、古城和古城遗址、长城、宫廷建筑群、宗教建筑和礼制建筑群、殿（厅）堂、楼阁、塔、牌坊、碑碣、建筑小品、园林、景观建筑、桥、雕塑、陵寝陵园、墓、石窟、摩崖字画、水工建筑、厂矿、农林牧渔场、特色城镇与村落、港口、广场、乡土建筑、民俗街区、纪念地、观景地、其他建筑或其他古迹
休闲求知健身类（11 种）	科学教育文化设施、休疗养和社会福利设施、动物园、植物园、公园、体育中心、运动场馆、游乐场所、节日庆典活动、文艺团体、其他休闲求知健康活动
购物类（5 种）	市场与购物中心、庙会、著名店铺、地方产品、其他特产

（二）《中国旅游资源普查分类表》中的分类法

中国科学院地理所 1990 年发表的《中国旅游资源普查分类表》中，将旅游资源分为 8 大类，107 个小类（见表 2-2）。

表 2－2　《中国旅游资源普查分类表》中的分类法

类	基本类型	
(1)地表类	类型地质构造	丹霞景观
	标准地层剖面	火山风光
	古生物化石点	黄土景观
	自然灾变遗址	沙漠景观
	观赏岩洞	戈壁景观
	名山风光	风蚀风光
	峡谷风光	海蚀风光
	峰林景观	沙滩
	石林风景	岛屿风光
	土林风景	其他
(2)水体类	湖泊风光	漂流河段
	瀑布风光	冰川风景
	名泉风光	浪潮景观
	风景河段	游览海域
(3)生物类	森林风光	特殊物候景观
	草原风光	野生动物栖居地
	古树名木	典型的自然生态景观
	珍稀植物群落	
(4)气候与天象类	避暑胜地	冰雪风景
	避寒胜地	树挂奇观
	雾海	天象胜景
(5)历史类	古人类遗迹	古代宫殿建筑
	古城遗址	古园林
	古工矿遗址	古代宗教建筑
	古作坊遗址	独立古塔或塔林
	历史交通贸易遗址	历史祭祀建筑
	古代文化、科学、教育遗址	石窟造像

续表

类	基本类型	
(5)历史类	历代军事遗址 历史纪念地 名人故里 古墓葬 帝王陵寝 古代水利工程 古桥梁	摩崖石刻 岩画 古宅院 古衙署 传统街区 古城镇 其他古代建筑
(6)近现代类	地方标志建筑 地方代表性建筑 现代城市风貌 工矿设施 水电工程 车站 港口 桥梁 其他水工交通设施 农、林场 养殖场	农林业试验基地 科教设施 社会福利设施 休疗养设施 城市著名雕塑 纪念陵园 名人故居 名人陵寝墓地 其他纪念性建筑 仿古建筑
(7)文化游乐体育类胜地	动物园 植物园 其他类型公园 游乐场所	狩猎场 文化设施 著名体育运动场馆
(8)风情胜地类	特色城镇 商业闹市街区 民俗街区 购物中心 乡土建筑 典型民族村寨	城乡盛会 节庆活动 民间艺术 地方特产 名菜名食 特殊医疗

(三) 三分法分类法

三分法分类法将旅游资源分为自然旅游资源、人文旅游资源、社会旅游资源3个大类，再分19个基本类，分类如下：

1. 自然旅游资源

(1) 地质旅游资源

(2) 地貌旅游资源

(3) 气象、气候旅游资源

(4) 水文旅游资源

(5) 生物旅游资源

(6) 太空旅游资源

2. 人文旅游资源

(1) 历史文化名城旅游资源

(2) 古迹旅游资源（含地面和地下的历史遗存、古迹等）

(3) 宗教文化旅游资源（含各类宗教建筑、宗教园林、宗教艺术、宗教文化现象等）

(4) 交通旅游资源（含古交通及现代交通旅游资源）

(5) 建筑与园林旅游资源（含古代与近现代建筑、园林及现代人造建筑）

(6) 文学艺术旅游资源

3. 社会旅游资源

(1) 民俗风情旅游资源

(2) 购物旅游资源

(3) 城市景观旅游资源

(4) 会议旅游资源

(5) 商务旅游资源

(6) 体育保健旅游资源

(7) 娱乐旅游资源

(四) 两分法分类法

两分法是目前最常见、应用广泛的一种分类方法。该方法

首先把旅游资源分为自然旅游资源和人文旅游资源两大类，再依据各种旅游资源之间的相似点和差异点，遵循分类原则，把两大类分别继续划分出各种基本类型和各种类型。但由于认识上的差异及所采取的依据不同，对自然旅游资源和人文旅游资源的进一步细分结果有所不同。因此，目前尚没有一个真正被普遍认同的两分法分类方法。不过，人们在研究两分法方法时，许多学者都将旅游资源先分为自然旅游资源和人文旅游资源两大类，再把自然旅游资源分为地质、地貌、水体、气象气候与天象、动植物、综合景观 6 个基本类型，把人文旅游资源分为历史古迹、古建筑、陵墓、园林、宗教文化、城镇、社会风情、文学艺术 8 个基本类型，最后把 14 个基本类型再划分为 63 个类型（见表 2－3）。

（五）十一分法分类法

根据旅游资源性质和成因分类方案，通常把旅游资源分为地质地貌、水体、生物、气象气候与天象、历史遗迹、古建筑、古代陵墓、城镇、古典园林、宗教文化、社会风情等 11 个大类，再细分为 50 个基本类（见表 2－4）。

（六）七分法分类法

专家学者们根据已有研究成果，考虑到一些新的旅游资源类型的出现，提出了七分法分类法。先将旅游资源分为七类，再分为 77 个基本类（见表 2－5）。

表 2－3　旅游资源两分法分类法

大类	基本类型	类　型	大类	基本类型	类　型
自然旅游资源	地质	岩石 化石 地层 构造遗迹 地震灾害遗迹	人文旅游资源	历史古迹	古人类遗址 古战场遗址 名人遗址 重要史迹 其他古迹

续表

大类	基本类型	类型	大类	基本类型	类型
自然旅游资源	地貌	山地 峡谷 喀斯特 风蚀风积景观 冰川遗迹 火山熔岩 黄土景观	人文旅游资源	古建筑	防御工程 宫殿 水利工程 交通工程 瞭望观赏建筑 起居建筑 其他建筑
		丹霞地貌 海岸与岛礁 其他地貌		陵墓	帝王陵墓 名人陵墓 其他陵墓
	水体	河川 湖泊 瀑布 泉 海洋 其他水体		园林	皇家园林 私家园林 寺观园林 公共游憩园林
	气象气候与天象	气象 气候 天象		宗教文化	佛教文化 道教文化 伊斯兰教文化 基督教文化
	动植物	植物 动物 动植物园		城镇	历史文化名城 现代都市 特色城镇
				社会风情	民俗 购物
	综合景观	自然保护区 田园风光 其他综合景观		文学艺术	游记、诗词 楹联、题刻 神话传说 影视、戏曲 书法、绘画

表 2－4　旅游资源十一分法分类法

大　类	基本类型	大　类	基本类型
地质地貌　类	岩石 化石 地层 构造遗迹 地震灾害遗迹 山岳峡谷 火山 岩溶 海岸与岛礁 干旱区景观 冰川	古　建筑　类	长城、城墙、宫殿、坛庙、亭、台、楼、阁、厅、堂、榭舫、廊桥、运河、堰、堤防、古民居、坊、阙、经幢
		古代陵墓　类	帝王陵墓 纪念性陵墓 崖墓与悬棺葬
水体类	风景河段 漂流河段 湖泊 瀑布 泉 潮汐	城镇类	历史文化名城 小城镇 现代化都市
生物类	植物 动物 自然保护区 动、植物园及田园风光	古典园林　类	帝王苑囿 士大夫私家园林 寺观园林
气象气候与天象　类	气象 气候 天象	宗教文化　类	佛教文化 道教文化 伊斯兰教和基督教文化
历史遗迹　类	古人类遗址 古都 古战场遗址 名人遗迹 近现代重要史迹	社会风情　类	民俗 丝绸、陶瓷和工艺品 饮食文化

表 2-5　旅游资源七分法分类法

大　类	基　本　类　型	
(1) 地文景观类	典型地质构造 标准地质剖面 生物化石 自然灾变遗址 名山 火山岩溶景观 蚀余景观	奇特与象形山石 沙(砾)地风景 沙(砾石)滩 小型岛屿 洞穴 其他地文景观
(2) 水域风光类	风景河段 漂流河段 湖泊 瀑布	泉 现代冰川 奇特水域景观
(3) 生物景观类	树林 古树名木 奇花异草	草原 野生动物栖息地 其他生物景观
(4) 古迹与建筑类	人类文化遗址 社会经济文化遗址 军事遗址 古城和古城遗址 长城 宫廷建筑群 宗教与礼制建筑群 殿(厅)堂 楼阁 塔 牌坊 碑碣 建筑小品 园林 景观建筑 桥	雕塑 陵寝、陵园 墓 石窟 摩崖字画 水工建筑 厂矿 农场(略) 特色城镇、渔村落 港口 广场 乡土建筑 民俗街区 纪念地 观景地 其他建筑与古迹
(5) 休闲求知健身类	科学教育文化设施 休、疗养和福利设施 动物园 植物园 公园 体育中心	运动场馆 游乐场所 节日庆典活动 文艺团体 其他
(6) 购物类	市场与购物中心 庙会 著名店铺	地方产品 其他物产
(7) 产业类	农业(农林渔牧场) 工业	其他

（七）本教材分类法

本教材根据前人的研究成果，结合我国旅游业的发展实际，将旅游资源分为自然旅游资源和人文旅游资源两大类，再分别将自然旅游资源分为地质、地貌、风景水体、风景气象气候与天象、观赏生物旅游资源等5个基本类型，人文旅游资源分为历史文物古迹、民族民俗风情、文学艺术、城镇类旅游资源等4个基本类型（见表2－6）。

表2－6　本教材旅游资源分类法

大类	基本类型	类　　型	大类	基本类型	类　　型
自然旅游资源	地质旅游资源	典型地质构造 典型的标准层型地质剖面 观赏岩石、矿物 火山地震遗迹 海蚀和海积遗迹 典型冰川活动遗迹 古生物化石	人文旅游资源	民族民俗风情类旅游资源	物质民俗旅游资源 社会民俗旅游资源 精神民俗旅游资源
	地貌旅游资源	山岳旅游资源 特殊地貌旅游资源 其他地貌		历史文物古迹旅游资源	人类历史文化遗址 古代建筑 文物遗存 古代文学艺术 古代风俗
	风景水体旅游资源	风景河段 风景湖泊 风景瀑布 观赏泉 风景海域		文学艺术类旅游资源	文学 艺术
	风景气象气候与天象旅游资源	云雾景 雨景 冰雪景 霞景 旭日夕阳景 雾凇雨凇景 蜃景 宝光景		城镇类旅游资源	历史文化名城 特色小城镇
	观赏生物旅游资源	观赏植物 观赏动物			

思考与练习

1. 请你说明旅游资源的含义和内涵。
2. 旅游资源有什么特点?
3. 旅游资源分类应遵循哪些原则?
4. 旅游资源分类的主要依据是什么?
5. 请说出你所在地或附近地区旅游资源属哪几种类型?以哪种类型旅游资源为主?
6. 请你提出旅游资源的分类方案。

第三章　中国地质旅游资源

【学习目的】　要求了解地质旅游资源的含义，理解地质旅游资源的形成原因，熟悉地质旅游资源的基本类型及地区分布。

【基本内容】
- **概念论述**

  地质旅游资源的含义、形成。
- **类型归纳及地区分布**

  典型的地质构造旅游资源；典型的标准层型地质剖面旅游资源；观赏岩石、矿物旅游资源；古生物化石旅游资源；火山、地震遗迹旅游资源；海蚀、海积遗迹旅游资源；典型的冰川活动遗迹旅游资源。

第一节　概念论述

一、地质旅游资源的含义

地球的地壳是由许多具有大小和形态的三度空间岩石及矿床的实体所构成，这种实体在地学上称为地质体。它包括成层状的地层、不同形状的火成岩体、各种性质的沉积物和各种类型的矿床等。由于这些地质体拥有各自独特的三维空间格局及造型功能，所以它们在观赏及科学研究方面具有某些吸引力。如独特壮观的地质构造，体现地球史的地质剖面，神秘的化石，各种神奇的、体现地球本身及大自然鬼斧神工的火山、地震遗迹，以及以地质体为骨架基础的各种地貌、水体景观等。因此，人们把具有观赏价值、科学考察价值等旅游吸引功能的地质体（构造、岩性、地层、矿床等）形成的自然景观统称为地质旅游资源。

二、地质旅游资源的形成

地球自形成以来，从未停止其变化和发展。地球上没有一块岩石始终停留在原来的地方，更没有一种地貌保持着始终如一的形态，形成地壳的物质及地表形态永远处于变化之中，只是有些变化极其缓慢，在短时间内不易被人们所觉察。这种由于自然动力所引起地壳物质组成、地质构造和地表形态不断变化、发展的作用叫地质作用。地质作用（外营力地质作用和内营力地质作用）是地质旅游资源形成的根本原因。

（一）内营力地质作用

内营力地质作用包括地壳运动、岩浆活动、变质作用和地震等。

地壳运动主要表现形式有垂直运动（升降运动）和水平运动两种。虽然这种运动在短时间内难以为人们所觉察，但在长久时间内运动却是激烈的、大规模的。例如，从晚第三纪以来（2500万年以前），喜马拉雅山从古地中海升起（上升幅度达8000米左右，现在仍然以每年18.2毫米的速度上升），而江汉平原地区却在缓慢下降（沉积了近1000米厚的沉积层）；第四纪以来秦岭太白山上升了约3000米，而渭河关中盆地却缓慢下降，同期堆积了厚达1000米的松散沉积物；东非大裂谷2500万年以来，宽度平均扩展了65公里，如果依此速度继续加宽，大裂谷以东的陆地将会与非洲大陆分离，隔水相望。地壳不同部位受到强烈挤压、拉伸或扭动，会产生褶皱、断裂或扭曲，从而塑造出各种造型的地质地貌景观，对游人具有明显的吸引力。如我国长江三峡、黄山、昆明石林等，都是由区域褶皱断裂作用、断层抬升沉降及地表外力的刻蚀、雕塑等外力作用共同形成的地质骨架所决定的。每个景区又因其不同的构造和岩性，而呈现出不同的景观类型。

岩浆活动（岩浆顺着地壳脆弱地带侵入上部，或沿构造裂隙喷出地表的运动，称为岩浆活动）主要表现为侵入作用和喷发作用（称火山活动）。岩浆上升到地壳一定位置停留下来，冷凝后形成岩石（称为侵入岩）；岩浆冲破上覆岩层喷出地表，冷凝后形成火山岩。各种不同的岩石，由于自身性质的差异，往往构成各种奇特的造型景观。如流纹岩富于变幻造就了雁荡山诸景。火山喷发后因岩浆冷却或岩浆源空虚而成火山口塌陷，变成了火山湖（如白头山天池）；火山喷发后所形成独特的锥形山体；火山喷发后岩浆冷却过程中垂直形态不一的表面所形成的柱状节理，则可造成如吉林伊通火山群中的“擎天柱”、“孔雀开屏”等奇特景观。

由变质作用（由于环境的改变，使地壳中原已形成的岩石的矿物成分和结构、构造发生变化，重新固结成岩，这种变化称为变质作用）形成的变质岩，多具有许多奇特的成分和有价值的成分。如在高温和富铝缺硅条件下形成的变质矿物，往往就有人们喜爱的红宝石和蓝宝石。

地震是一种经常发生的灾害性自然现象。地壳岩层在无法承受地应力（地球的运动变化，所产生的作用于地壳的巨大能量称为地应力）作用的情况下，会突然破裂或断裂错动，同时将受力时积累起来的巨大能量骤然释放出来，产生地震，留下地震遗迹，从而形成某种地质旅游资源。

(二) 外营力地质作用

外营力地质作用主要表现为风化作用、剥蚀作用、搬运作用、沉积作用和成岩作用等。

风化（有物理风化、化学风化、生物风化）作用十分普遍，造就了许多天然奇观和典型的地质景观。

剥蚀（有风蚀、水蚀、冰蚀、湖蚀、海蚀等）作用与搬运作用是由同种营力进行的，它们之间没有一个明显的分界，所以是紧密相连的过程，其作用面是十分广阔的，形成的地质景观是多种多样的。由于地表水和地下水在可溶性岩区的溶蚀、沉淀作用，造就了诸如桂林山水和昆明石林等喀斯特观赏景观。由于地表水的强烈冲蚀、切蚀、磨蚀等侵蚀作用，形成了诸如峡谷等有价值的景观。由于海水冲蚀作用，形成了海滩、海蚀崖、海蚀柱、海蚀洞穴等海滨旅游胜地。“美人礁”、“太湖石”等都是海蚀、湖蚀作用的绝妙佳作。雪山上的冰塔林、高山上的冰川湖和沙漠戈壁上的“蘑菇石”、“鬼城”、沙海绿洲等，都是冰川剥蚀、消融和风蚀作用所铸造的特殊景观。

沉积作用与成岩作用也是无法截然分开的。不过，它们所能形成的地质旅游资源的种类是相当有限的。

第二节　类型归纳及地区分布

一、典型的地质构造旅游资源

地质构造景观主要受地球内力作用所致，典型独特的构造形迹，不仅具有重要的科学研究价值，而且具有很高的观赏价值。地质构造景观从规模上可以划分为三级：第一级为陆海构造（大

陆与海洋景观）；第二级为大地构造（山地、平原、盆地和高原景观）；第三级为小型褶皱和断裂。第一级和第二级地质构造景观规模较大，一般情况下旅游者难以观赏全貌，旅游者尚较少。所以，下面主要介绍第三级地质构造旅游资源。

（一）断裂构造遗迹旅游资源

断裂是岩层受力达到一定程度时发生破裂、甚至沿破裂面发生错动，是连续性受到破坏的地质构造。地壳岩石受力后发生变形，形成节理和断层两种断裂构造。

1. 节理（裂隙）

节理是岩层发生破坏后，破裂面两边岩石没有发生明显位移的断裂构造。节理的存在，可以加速各种外营力和侵蚀过程，是形成地貌旅游资源的关键。我国的张家界砂岩峰林和云南昆明石林等，就是沿垂直节理侵蚀的产物。

2. 断层

断层是岩层因断裂而变动位置，一部分升起，一部分降落，突出于两个陷落间的地块叫“地垒”，两地垒间的陷落地带叫“地堑”。大的断层可形成巨大的裂谷。规模较大的断层一般都具有陡峭、雄伟的断崖，极具旅游美学特征，如云南西山滇池风景区，就是断层作用所形成的湖盆及断层山；泰山、华山等都是地壳断裂隆起作用形成的。台湾花莲县清水断崖，是我国最大、最险、也是惟一的海岸断崖，属世界第二大断崖，具有奇特、壮观的美学特征。宁夏银川西北红果子沟和苏峪口断层崖，台湾太鲁阁公园内的锥麓大断崖都具有很高的观赏价值。

（二）褶皱构造遗迹旅游资源

褶皱是指岩层受横向压力过程中所产生的连续弯曲构造。它主要有两种基本类型：背斜和向斜。背斜是岩层向上弯曲的构造；向斜是岩层向下弯曲的构造。在未经外力作用的情况下，一般是“背斜成山，向斜成谷”。褶皱构造的规模一般很大，对风景地貌的形成往往起着控制性的作用。喜马拉雅山就是巨型褶皱带。

二、典型的标准层型地质剖面旅游资源

标准层型地质剖面旅游资源是地质旅游资源的重要组成部分，具有地质旅游、科学考察价值和科普知识教育的功能，对于研究某个特定时期的地质发展史、探索生命的起源以及与生物有关的矿产有着重要的意义，在科学研究及地学旅游方面均有较大的开发价值。云南昆明晋宁梅树村前寒武纪地层剖面被誉为我国第一个国际地层剖面。长江三峡保存着从震旦纪至第三纪的地层剖面和丰富的古生物化石，西陵峡莲沱附近的下古生代震旦纪地质剖面被列为世界典型剖面之一。北京地区十三陵盆地元古界剖面，被誉为“天然地质博物馆”。天津蓟县前寒武纪陆相剖面，是一个反映地球早期 19 亿年至 8.5 亿年漫长历史的地质剖面，在这里可以看到连续 10 亿年的沉积物，出露完整，厚达 9200 米，为世界所罕见。在这里找到了 10 亿年前的动物遗迹，古孢子及微体古植物，还发现了距今 18 亿年的藻类真核生物化石，为生命科学研究提供了极其宝贵的资料。该剖面经国务院批准，已列入国家级地质自然保护区。

此外，云南昆明晋宁梅树村前寒武系—寒武系剖面，辽宁大连金石滩震旦纪、寒武纪沉积岩剖面，陕西东秦岭岩相剖面、洛川黄土剖面，内蒙古东胜区三叠系—中侏罗统剖面、萨拉乌素组河湖相沉积剖面，宁夏六盘山地质剖面，四川江油龙门山泥盆系剖面，江苏长兴二迭系剖面，河北原阳泥河湾地层剖面等，都是具有科学考察价值和观赏价值的旅游资源。

三、观赏岩石、矿物旅游资源

（一）观赏岩石旅游资源

岩石是地壳中由地质作用所形成的。根据成因岩石可分为岩

浆岩（也称火成岩，岩浆活动所形成）、沉积岩（外力作用所形成）和变质岩（变质作用所形成）三大类。但只有具有观赏价值的岩石旅游资源才能真正吸引旅游者。

1. 岩浆岩

岩浆岩中分布最为广泛的是花岗岩。花岗岩一般构成山地的核心，成为显著的隆起地形，多形成奇特的造型，具有较高的观赏性。泰山、华山、崂山、三清山（江西）、千山（辽宁）、黄山、九华山、衡山、大小兴安岭、祁连山等风景名山皆为花岗岩山体，有的形成悬崖峭壁，有的山顶较平圆，有的孤峰耸立，具有雄伟高大的美学特征（以“险”和“雄”闻名天下）。特别是黄山的“仙桃石”、“龟鱼石”、“金龟望月石”、“飞来石”、“猴子观海”，普陀山的“磐陀石”、“云扶石”，海南岛的“天涯海角”，九华山的“观音峰”等，具有很高的观赏价值。此外，还有厦门鼓浪屿——万石山、浙江普陀山、海南天涯海角等花岗岩名丘，景观也十分秀美。

2. 沉积岩

沉积岩是原有岩石被破坏后，矿物质重新积聚堆积起来，或是由动植物遗体堆积而成的岩石。沉积岩中最具有观赏性的是太湖石，它们在一定的气候条件下可形成岩溶地貌。红色砂岩层很厚的地方可形成丹霞地貌。武夷山（福建）、龙虎山（江西）、齐云山（安徽）等均属丹霞地貌景观。

石灰岩是一种可溶性岩石，在高温多雨的气候条件下，由于流水切割和化学风化作用，沿着断层、节理会形成线条曲折柔和、形象真实感强、玲珑精细的造型景观。石灰岩天然造型极为丰富，最常见、最典型、最有观赏价值的石灰岩景观主要有峰林、孤峰、石林、天生桥、地下河以及各种神奇的溶洞等。云南昆明石林县石林和广西的桂林是最为典型的石灰岩景区，旅游价值很大。

石英砂岩层理清晰，层层叠叠给人以强烈的节奏感。我国最典型的石英砂岩，就是以“奇”而著称天下的张家界武陵源风景区。区内峰高体窄，突兀尖耸，近看嶙峋古怪，拔地参天，有鬼斧神工之奇妙；远望山峰林立，气势磅礴，有如诗如画之美感。

3. 变质岩

常见的变质岩有大理岩、石英岩、片麻岩和板岩等。石英岩多形成陡峭的山峰，如庐山、五台山等名山。

（二）观赏矿物旅游资源

有些观赏矿物资源可以用做装饰材料（如大理石等），有些观赏矿物可作为微观观赏的对象，同时具有较强的装饰性和较高的收藏价值，既可作为观赏资源，又可作为旅游商品，如萤石、宝石、水晶、玛瑙（雨花石）、碧玉、金刚石、翡翠、光卤石、寿山石，以及锑矿、锡矿等结晶好的矿石，都具有极好的观赏价值和科学价值。

四、古生物化石旅游资源

古生物化石是指保存在地层中的地质时期的生物遗体、遗骸及其生物活动的遗迹、遗物的总称。生物遗体包括动物的骨骼、贝壳、牙齿和植物的根、茎、叶、花、种子等。生物遗物包括古人类使用过的石器、骨器和动物粪便等。生物遗迹主要指虫迹、足迹、外壳形成的印模、人类祖先用火留下的灰烬等。古生物化石按其保存特点，可分为未变实体化石、变化实体化石、模铸化石、遗迹化石和化学化石五类。由于化石是地质时期留下来的，年代久远，反映了当时的生物及环境状况，对现代人来说具有一定的神秘感，也具有一定的科学研究价值，同时也是进行生物演化、环境变化等科普教育的活教材，因而具有较强的吸引力。

我国具有观赏价值的化石很多，大多都收藏在自然博物馆、地质博物馆和古生物博物馆中。北京地质及自然博物馆、山东山旺古生物化石博物馆、四川自贡恐龙博物馆等都是我国著名的古生物化石博物馆。山东临朐山旺村保存有距今1200万～2500万年前的大量动植物化石标本（有动物化石400多种，植物化石130多种，如苔藻、蕨类、裸子植物和被子植物，昆虫、鱼、鸟、两栖、爬行和哺乳动物等化石），是我国乃至东南亚地区最大的中新生代动植物化石群，被人们称为“天然化石博物馆”、“世界遗产之最”，具有很高的观赏价值和科学研究价值，已建立了我国第一个化石保护区。

我国恐龙化石产地很多。四川自贡恐龙化石种属多（有陆生、水生、两栖和空中飞的古脊椎动物，包括大型长颈椎蜥脚龙，短颈椎蜥脚龙，凶猛的肉食性恐龙，身躯细小的鸟脚龙，比较原始的剑龙等），埋藏集中，保存完好。黑龙江嘉阴、山东诸城、内蒙古二连浩特盐池和查干诺尔、广东南雄、山西天镇、河南西峡、新疆准噶尔盆地等，均有恐龙化石。

云南澄江动物群化石，是目前世界上发现最古老、保存最完整的软动物化石群，有海绵、腔肠、蠕虫、节肢、腕足等40多个动物门类，80多种动物，对研究5.3亿年前的寒武纪早期生物演化提供了重要依据，已被联合国科教文组织列为世界级化石宝库。

此外，辽宁朝阳鸟类化石，甘肃合水板桥“黄河剑齿象”化石，新疆吐鲁番藏犀化石，内蒙古扎赉诺尔松花江猛犸象化石等，都具有重要的科学研究价值和旅游观赏价值。

五、火山、地震遗迹旅游资源

（一）火山遗迹旅游资源

火山遗迹是由火山喷发留下的各种遗迹，如火山湖、堰塞湖、火山锥、熔岩洞穴等，是吸引旅游者的重要旅游资源。我国有许多以火山喷发景象和火山活动遗留物为景点的旅游胜地。黑龙江的五大连池和吉林长白山天池是我国最著名的火山遗迹奇观，素有“火山博物馆”之称。云南腾冲火山口温泉群是著名火山温泉群，有大小火山、火山口、火山锥 20 处，周围有温泉群 80 多处。火山活动给中华大地留下了不少奇景。最令人感兴趣的要算“地下森林”。在黑龙江省宁安境内的张广岭上，有不少第四纪火山喷发的遗迹，其中的七个火山口，内壁因长期风化而剥落。由风力和动物粪便带来的植物种子，散落在火山剥离物形成的肥沃土壤中，发芽生根发育成茂密的森林。这里山高路险，人迹罕至，森林完好地保留至今。高 20 米至 40 米的大树，巧妙地生长在火山口的“肚子”里，成为奇特的“地下森林”。

（二）地震遗迹旅游资源

地震遗迹旅游资源是一种独特的地质旅游资源。它是由破坏性的地震作用，以突然爆发的形式造成的具有旅游吸引功能的自然遗迹景观。地震遗迹旅游资源作为景点，其基本旅游功能是以地震科学考察为主，通过考察、参观获得有关地震的知识。由于地震原因的多样性，使震迹旅游资源形成具有多样性、复杂性的特点。地震旅游资源从其类型可分为陷落型（琼州海底村庄）、现代建筑遗址型（唐山地震后留下的各种地震遗址）、古建筑遗址型、河流堰塞型和山地构造断裂型地震旅游资源。

六、海蚀、海积遗迹旅游资源

海蚀、海积是在地壳升降运动过程中引起的沉降和隆起所形成的各式各样的古海岸遗迹。海蚀、海积遗迹不但具有古地理学研究价值，而且是发展观赏性旅游的重要旅游资源。

（一）海蚀遗迹旅游资源

在海岬等海岸突出部位，因为岸陡水深，波浪幅聚，波能增强，在海浪常年冲击下，多出现海蚀地形。海蚀地形主要可分为海蚀崖（如旅顺口外的峭壁，山东成山头的海蚀崖等）、海蚀柱

（如大连的黑石礁等）、海蚀洞（如普陀山的潮音洞、梵音洞等）、海蚀拱桥（如福建笏石半岛和练岛的海拱石）、海蚀穴、海蚀蘑菇等六种，都富有观赏价值。台湾东海岸太鲁阁一带高达200多米的陡崖及其嶙峋的怪石举世闻名，以其奇丽的海蚀景观与典型的地质现象令人称绝。

（二）海积遗迹旅游资源

在海湾处，由于波浪扩散，波能减弱，湾顶多形成海积沙滩、沙坝、连岛坝等海积地形。沙坝将海岸与岛屿连结起来，形成由沙滩地陆地相连的陆连岛（如山东烟台的芝罘岛、广东汕头的达濠岛等），具有独特性，富有观赏性，还有研究价值。河北北戴河、辽宁大连、广西北海、山东青岛、海南三亚湾等地沙质细软、海水清澈、阳光充足、无污染的海滨沙滩，都是著名的海滨旅游胜地。

七、典型的冰川活动遗迹旅游资源

冰川本身是地面上具有特殊运动方式的物体。在高纬度及高山地区，气候严寒，大气降水以固体形式为主。雪线（山峰上，当年降雪刚好能全部融化完的高度线叫做雪线）以上的积雪终年不化，经过积压和融化作用成为粒雪，粒雪重新结冰变成可塑性的冰川冰。冰川冰具有一定的层次，当它达到一定的厚度时，在压力和重力作用下沿着斜坡做缓慢运动，这种运动的冰体就叫做冰川。冰川，瑰丽壮观，千姿百态，别具风采。有的冰川气势磅礴，挺拔玉立；有的冰川恬静而卧，若有所思，而最为瑰丽的要属冰塔冰林景观。有幸攀上中华西部险峰的人，无不为天工巧制的冰雪奇观而惊叹！

根据冰川所处纬度位置、形状和规模，可分为大陆冰川和山岳冰川两种。冰川活动遗迹主要表现为冰蚀地貌形态（冰斗、角峰、刃脊、冰川槽谷、峡湾、羊背石等）和冰碛地貌形态（冰碛丘陵、冰碛堤、冰砾扇等)。此外，冰体融化所形成的冰桌、冰桥、冰兽、冰蘑菇等也有较高的观赏价值。我国的现代冰川几乎全部是山岳冰川，典型的冰川遗迹旅游景点有西藏珠穆朗玛峰麓冰塔林、四川泸定海螺沟冰川公园、新疆阿尔泰山的哈纳斯冰川湖、天山的扎木尔峰、湖北神农架、江西、庐山、浙江天目山等。珠穆朗玛峰和希夏邦马峰地区既是世界上冰塔林最发育的地区，也是冰洞、冰湖、冰河、冰钟乳等各种最奇特、最瑰丽的冰川景观所在。海螺沟是贡嘎山高峰东坡下的一条长达 30 公里的冰川峡谷。这里由于冰川运动和融冻作用，形成了众多的冰洞、冰川桥、冰桌、冰面湖、冰面河，冰瀑布等，风景奇特，自然景观中外罕见，已开辟为冰川森林公园。其中最具有观赏价值的是冰川上部的大冰瀑布，宽 1100 米，落差 1080 米，仅次于加拿大国家冰川公园内落差 1100 米的冰瀑布，居世界第二位。

八、地质公园

地质遗迹是地球 46 亿年演化历史的重要证据，是属于全人类不可再生的宝贵财富。继承和珍惜这些遗产是全世界人民共同的责任。为了有效地保护地质遗产，联合国教科文组织第 29 次大会决定在全球范围内选择地质有特色、景观优美、又有一定历史文化内涵的地质遗址区（点）建立世界地质公园，并将世界地质公园与世界遗产、人与生物圈一并纳入联合国教科文组织的管理网络。

地质公园融自然景观和人文景观为一体，并具有生态、自然和文化三重内涵，为人们提供较高品位的观赏游览、度假休闲、保健疗养、文化娱乐的场所，同时也是地质科学研究的基地和地质科学知识普及、教育、启智的最好课堂。我国是世界上地质结构最多样的国家，已批准的世界地质公园、国家地质公园，向人类展示着独特的地质景观魅力。

（一）世界地质公园

目前我国有以下 8 处世界地质公园：安徽黄山地质公园、江西庐山地质公园、云南昆明石林地质公园、河南云台山地质公园、广东丹霞山地质公园、湖南张家界地质公园、黑龙江五大连池地质公园、河南嵩山地质公园。

（二）国家地质公园

我国已经公布三批共计 85 个国家地质公园。国土资源部第一批审定批准的最具特色的 11 个国家地质公园是：云南昆明石林国家地质公园、湖南张家界砂岩峰林国家地质公园、河南嵩山地质构造国家地质公园、江西庐山第四世纪冰川国家地质公园、云南澄江动物化石群落生物国家地质公园、黑龙江五大连池火山熔岩地貌国家地质公园、四川自贡恐龙古生物国家地质公园、福建漳州火头山地貌国家地质公园、陕西翠山山崩地质灾害国家地质公园、四川龙门山地质构造国家地质公园、江西龙虎山丹霞地貌国家地质公园。

第二批、第三批中国国家地质公园详见附录。

思考与练习

1. 简述地质旅游资源的含义和地质旅游资源的成因。
2. 说明内营力地质作用与地质旅游资源的关系。
3. 中国地质旅游资源一共分为哪些类型？试说明 2～3 个类型地质旅游资源的分布。
4. 在科普旅游活动中，古生物化石旅游资源有何教育意义？

第四章　中国地貌旅游资源

【学习目的】　要求认识地貌旅游资源的含义，了解地貌旅游资源的形成，熟悉地貌旅游资源的特点和旅游功能掌握地貌旅游资源的类型和地区分布。

【基本内容】
- **概念论述**
  地貌旅游资源的含义；地貌旅游资源的形成；地貌与旅游的关系。
- **特点分析及旅游功能**
  地貌旅游资源的特点；地貌旅游资源的旅游功能。
- **类型归纳及地区分布**
  山岳旅游资源；特殊地貌旅游资源。

第一节　概念论述

一、地貌旅游资源的含义

地貌是地球的内力和外力相互作用于地表物质的结果，是地球上各种地表形态的总称。地貌是自然地理的基本要素之一，它与自然界的其他要素（如气候、水文、土壤、植被等）密切联系，相互制约，形成千姿百态的地貌景观。地貌是构成区域风景总特征的基本条件，每一类风景总是与富有特定地貌形态的地域联系在一起（如峡谷、瀑布之类的地貌风景多出现在具有流水地貌特征的地域上；沙丘、雅丹之类的风景则多分布在具有干旱地貌特征的地域上），各种地貌景观总是分布于具有不同分异性的地域上。正是因为自然条件的地域差异，才引起居住在不同地区的旅游者产生外出旅游的动机。

在自然环境中，地貌既可以直接影响风景的总特征，又可以影响地表水，改变风景区的分布体系，还可以影响生物和气候，形成独特的风景气候和生物景观。地貌在很大程度上决定了旅游项目的兴建和选择。地貌不同，适于开展的旅游项目也有所不同。

综上所述，地貌旅游资源是具有观赏价值和一定吸引功能的地表形态的总称。

二、地貌旅游资源的形成

地貌是指地球表面的各种形态。地球表面千姿百态的形态，是在地球内营力和外营力相互作用下形成和不断发展变化的。由于内、外营力在各地区及不同时间内的组合、作用强度和表现形式不同，各地区的地质构造、岩性不同，因而形成千差万别的地貌形态。按其成因可分为构造地貌、流水地貌、岩溶地貌、干旱风沙区地貌、冰川冰缘地貌、湖成地貌、熔岩地貌等；按其基本形态可分为平原、台地、丘陵和山地（山地又可按海拔高度区分为低山、中山、高山、极高山）；按其规模可分为大尺度地貌、中尺度地貌和小尺度地貌。不管按哪种依据分类，不同地区的地貌存在明显差异的，都具有自己的特点，从而形成不同类型的地貌旅游资源。

三、地貌与旅游的关系

地貌条件不仅是环境的重要组成部分，影响到其他旅游资源的形成，而且对某些人文旅游资源的形成也有一定的影响，更重要的是直接提供了丰富的地貌旅游资源。因此，地貌与旅游有着密切的关系。

（一）地貌条件是自然景观存在的基础和前提

绝大部分的自然景观（除部分气象气候景观外）总是孕育、诞生于特定的地貌环境中，并和富有特色的地貌联系在一起。一方面，地貌是一个自然风景区的构成骨架，是自然景区中的基本要素，起着十分重要的作用。如砂岩峰林地貌造就了武陵源景区迷人的风光，岩溶峰林地貌奠定了桂林山水溶洞奇观的基础，就是气象气候旅游资源有的也要依赖于地貌条件（如黄山云海，就依托于广阔的山谷空间）。另一方面，地貌形态又是许多自然旅游资源形成的必要条件。如华山、泰山、黄山等奇特的景观是在典型的山岳地貌条件下形成，自然瀑布的形成是与特殊的河床地貌直接相关。

（二）地貌可以单独构景，直接形成旅游资源

自然界许多奇异的地貌形态，对旅游者具有强烈的吸引力，从而成为有价值的旅游资源。有些地貌形态直接构成绚丽的景观，有些甚至成为景区的主景。如新疆将军戈壁上的“魔鬼城”，就是地表在强烈的风蚀作用下所雕塑成的各种奇形怪状的形态（如石蘑菇、石笋、石兽、石亭、楼阁等）；丹霞景观、山岳景观、黄土景观、戈壁景观、峡谷景观、峰林景观等均是如此。长江三峡、黄山、武陵源、桂林漓江等景区，地貌更是成为了景区的主景。

（三）通过地貌的配景可以增加景区的美感

一些以人文景观为主体的景区，如果有奇特的地貌景观的烘托，不但可以丰富景区的内容，而且可以强化主景的美学特征，使主景与配景相互辉映，相得益彰。如一些以历史古迹、帝王陵墓、历史文化名城、宗教文化、文学艺术、民俗风情为主题的人文旅游景区，若有山水风光相衬托，必然会把情与景、境与意融为一体，形成一种思想感情和自然风景相互交融的艺术境界，从而形成不同意境，提升景区品位，使之锦上添花。

第二节 特点分析及旅游功能

一、地貌旅游资源的特点

（一）地貌旅游资源是其他旅游资源的构成基础

一个区域的风景总面貌、总格局是由该区域的地貌总骨架构成的。绝大多数的旅游资源都必须落实到一定的地域空间上，地球表面千姿百态的形态所形成的复杂多样、千差万别的地貌旅游资源，就必然会对其产生深刻的影响。

（二）地貌旅游资源是构成自然风景区总特征的基本骨架

以自然旅游资源为主要特征的各旅游风景区，一般是以地貌旅游资源为基本骨架的，这一点是无可争议的。因为以地质、气候、水文、生物旅游资源为主体的风景区，都与地貌旅游资源有着密切的关系。地质旅游资源有些表现形态与地貌旅游资源有所相似，因而地貌必然地会对水文、生物、气候旅游资源产生影响。所以，地貌旅游资源对以地质、气候、水文、生物旅游资源为主的风景区必然产生根本性的影响。

（三）地貌旅游资源对人文旅游区有着深刻的影响

一切人文景观都必须植根于一定的地貌基础上，既受其影响，又必须与之相协调。由于我国幅员广阔，地貌形态在各个地区表现出明显的差异，同样的人文景观在不同的地区也会有各自的特点。况且，以人文景观为主体的景区，若有优美的山水风光相烘托，必定会提高旅游区的品位，增强对游客的吸引力。

（四）地貌旅游资源具有观赏和科学研究双重价值

地貌旅游资源的观赏性能是众所周知的。人们经常所说的“游山玩水”，实际上在很大程度上都集中在地貌旅游资源为主的风景区或与地貌旅游资源密切相关的风景区，就是在人文旅游资源为主的旅游景区内，一般也少不了地貌旅游资源形成的景观。地貌旅游资源在科学上具有典型的研究价值，适合开发成科学考察或探险专项旅游项目，符合旅游业发展的方向，能满足旅游者多样化和个性化消费的需要。

（五）地貌旅游资源大多具有不可再造性

地貌旅游资源是大自然禀赋的，是经过漫长的地质构造运动形成的，具有不可再造性，一旦破坏难以弥补，必须特别注意保护。

二、地貌旅游资源的旅游功能

（一）地貌旅游资源具有形态美，可以开展观赏性旅游活动

地貌旅游资源种类多。按资源形态可分为山岳旅游资源、平原旅游资源、高原旅游资源和盆地旅游资源；按资源岩石性质可分为花岗岩地貌旅游资源、丹霞地貌旅游资源、流纹岩地貌旅游资源、岩溶地貌旅游资源；按资源的规模可分为大尺度地貌旅游资源，中尺度地貌旅游资源、小尺度地貌旅游资源。无论是哪种类型的地貌旅游资源都表现出千姿百态的形态，具有很高的美学价值，表现出突出的美学观赏性。从大尺度地貌旅游资源来看，盆地旅游资源（按盆地形成可分为构造盆地、风蚀盆地、溶蚀盆地等）大都具有山地、丘陵、台地、阶地等地貌类型，景观结构完整，观赏景观丰富；平原旅游资源（按成因可分为冲积平原、侵蚀平原、湖成平原、海岸平原和冰蚀平原等）以城市风光、园林建筑、历史文物和自然景观为主，人文景观更为突出，著名的旅游区和旅游城市多分布于此；高原旅游资源各具特色：青藏高原集中世界上大部分 2000 米以上的高峰，现代冰川面积大，是

登山运动爱好者、探险者和科考人员向往的地方；内蒙古高原的“天苍苍，野茫茫，风吹草低见牛羊”的牧区风光和“蓝蓝的天上白云飘，白云下面马儿跑”的诗情画境，能给人以无限美好的享受；黄土高原以塬、梁、峁、沟等形式出现的自然景观和以黄土窑洞景观出现的人文景观引人入胜；云贵高原山岭逶迤，山高谷深，石灰岩地貌发育，石林洞穴奇特，是一个独特的旅游区。从小尺度地貌旅游资源来看，山峰、洞穴、峡谷峰林更是美不胜收。山岳景观的雄伟美、奇特美、险峻美，峡谷景观的幽静美，平原、戈壁、高原的畅旷美，都可以供游人观赏，开展观赏性旅游活动，使游人在观赏中获得多种形态美的感受。

（二）地貌旅游资源具有文化性，可开展科考性旅游

各种地貌形态的形成、发生和发展，都有一定的规律性，有一定的哲理。有的已被人们所认识，有的至今尚未被认识，有待于人们去探索。

关于地球表面的基本形态及其成因，流水地貌、风沙地貌、冰川地貌、喀斯特地貌、黄土地貌、海岸地貌等基本类型、特征及形成，都有了一定的认识和了解。人们在观光游览的过程中，可以结合实际认识有关地貌现象，学习有关科学知识，满足人们求知的需要。如游路南石林和桂林山水，不仅可以享受喀斯特地貌所形成的奇观之美，还可以从中学习到这些特殊地貌形成的科学道理；登华山不仅能体验“天下险”，还可以了解华山为什么以险著称，险是如何形成的。

然而，地球表面还有许多人迹未到之处，还有许多埋藏在深闺人未识的地貌旅游资源，有待人们去考察，去了解；有许多高山、深谷、溶洞有待人们去探险；更有许多虽有一定的了解，但还未完全认识的地貌现象，有待人们进一步去探索。这些问题必然引起有关专业人员和爱好者的兴趣。因此，有必要开展科学考察探险、科学研究等旅游活动。

（三）地貌旅游资源具有空间性，可以开展康乐性旅游

有特殊的地貌作为空间载体，便于开展一些专项旅游活动。如高山可以开展登山旅游活动，陡崖可以开展攀岩活动，广阔优质的海滨沙滩和良好的海湾可以开展沙滩体育运动、游泳，风景优美的名山可以开展观光旅游和休闲度假，许多溶洞都可以开展科考旅游，高山峡谷景区是理想的观光旅游地，等等。

第三节　类型归纳及地区分布

我国地貌旅游资源类型众多（居世界首位，第二、三、四位分别是俄罗斯、美国和巴西）。

地貌旅游资源的类型可以从不同的角度进行划分。本教材不拘泥于分类的约束，而重点介绍山岳旅游资源和特殊地貌旅游资源。

一、山岳旅游资源

山地群山巍巍，悬崖嶙峋，争姿露态，古木竞秀，葱郁青翠，莽莽丛林，涛涛苍黛，云海翻腾，迷雾飘渺，神奇飘逸，景象万千。多姿多彩的秀峰山群如潮，千姿百态，争翠斗奇，妩媚诱人，能给人以探胜、寻幽、避暑、攀登和滑雪之利，在不同的时间，山岳能给人以不同的感受。山岳一般具有特殊的气候、地貌和生物条件，景色瑰丽，气候宜人，空气新鲜，人们身处其中，可以充分领略大自然的恩泽，从而获得多种美感，得到极大的精神享受，使人心旷神怡。山岳既是人们领略美学艺术的集结点，是赏美、育美的理想之地，是人类“共享空间”的乐园，又可提供人们作为登山探险的基地，在登山锻炼体魄、磨砺意志的过程中，同时观赏奇峰异石、流泉飞瀑、云雾变幻、奇花异草和寺庙、宫观、摩崖、石刻等，充分享受美的愉悦和文化的熏陶。

我国山岳旅游资源数量占世界第一位（美国、欧洲、南美洲分别居第二、三、四位）。山岳旅游资源按其高度可分为：极高山旅游资源（海拔在5000米以上）、高山旅游资源（海拔在3500～5000米）、中山旅游资源（海拔在1000～3500米）、低山旅游资源（海拔在500～1000米）和极低山旅游资源（海拔在500米以下）五种类型；按其岩性可分为：花岗岩山岳旅游资源（如华山、黄山、泰山、崂山、大兴安岭、九华山、贡嘎山、莫干山、天台山、贺兰山、六盘山、祁连山、天柱山、普陀山、衡山等）、变质岩山岳旅游资源（如庐山、五台山等）、沙岩山岳旅游资源（如张家界沙岩峰林等）、玄武岩山岳旅游资源（如长白山等）、流纹岩山岳旅游资源（如雁荡山、天目山等）、丹霞山岳旅游资源（如福建的武夷山、江西贵溪的龙虎山、湖南新宁的崀山、广东仁化的丹霞山等）、喀斯特山岳旅游资源（如桂林峰丛、峰林等）；按其旅游功能可分为：观赏型山岳旅游资源和登山探险型山岳旅游资源。

（一）观赏型山岳旅游资源

我国观赏型山岳旅游资源遍布全国各地，富有奇特的形态、优美的风光、悠久的历史和丰富的人文景观，具有明显的特征。千姿百态的山岳，或雄奇浩荡，或险峻巍峨，或清新秀丽，或幽古神秘，各有其动人心魄之处。“五岳”在中华名山中最负盛名，“集天下名”的黄山更有“黄山归来不看岳”的美称。雄踞西部的天山、昆仑山、喜马拉雅山与秀甲南国的武夷山、雁荡山、张家界等相互呼应，以优美的景色召唤着八方的游客。

观赏型山岳旅游资源具有以下四个明显特征。

1. 富有绚丽的自然景观

风景名山，群山峥嵘，群峰争艳，交相辉映，表现出各具特色的山岳胜境，但都集青山、秀水、峡谷、峰林、奇岩、怪石、流泉、飞瀑、古树、名木、奇花、异草、珍禽于一地，神奇、钟秀、雄浑、原始、清新于一体，组成“幽、野、神、奇、险、秀”为特色的自然风光，表现出原汁原味、奔放不羁的野性美，向游人展示一幅毓秀天成、神奇秀丽、诗境画意的山水风景画卷，能令人心摇神荡，流连忘返。山岳名山多具有形象美（总体形态和空间形态美），表现出雄伟（高大挺拔，正如杜甫形容泰山的诗句所说的那样“会当凌绝顶，一览众山小”）、奇特（山体形态幻怪离奇，石峰造型奇特）、险峻（悬崖绝壁，地势惊险）、秀丽（山水交融、植被葱茏，花草竞丽，山体优美）、幽深（景深、幽静，迂回曲折）、宽旷（山体高大，气势恢弘、视野开阔坦荡）等特征，既是各种基本形象的空间综合体，又具有独特的总体形象特征，如泰山之雄、华山之险、黄山之奇、嵩山之峻、衡山之秀、恒山之幽、雁荡山之雅和庐山之美，以及九华山、峨眉山、武夷山、九嶷山、五指山等千姿百态，妩媚诱人。风景名山还具有动态美（涓涓溪流、清泉飞瀑、漫天云雾等）、色彩美（花卉、植物、阴晴雨雾、朝霞晚霞等）、听觉美（小溪潺潺、泉水丁冬、鸟鸣蝉叫等）。风景名山是自然美的典型山岳景观和渗透着人文景观美的山地空间综合体，风景优美，古迹众多，历史文化灿烂，是人们观光游览、度假避暑、“游山玩水”的最佳去处。

2. 拥有丰富的历史文物古迹

众多名山集天然美景和历史文化古迹于一体，文化遗产十分丰富，所以山地自古就是幽美的风景区，且多被开辟为游览、避暑旅游胜地。名山开发历史悠久，保留了众多人类活动的遗迹，大多反映出一定的历史文化渊源。山岳旅游应该说是从原始社会上古时代的崇山、祭山逐步发展起来的。我国五岳“封禅”活动起源于战国时代的齐、鲁，至秦汉时已逐步臻于完善，距今已有近 3000 年的历史，留下了大量的文化旅游景观和历史古迹（如宗教和其他建筑、文物、摩崖题刻、碑碣、诗画、历史名人活动遗迹和遗存物等)，并拥有丰富的史料，为风景名山增添了丰富的文化氛围，许多风景名山又被誉为“历史文化艺术宝库”，具有重要的社会历史文化价值和学术研究价值。

3. 具有典型的科学研究价值

名山多是在漫长的历史时期中，在地质作用下形成的典型地貌旅游资源类型。有些名山因地层丰富而被称为“天然地质博物馆”；有些名山不但地质地貌形态多样，而且植物种类繁多，有“植物王国”之称，其典型的研究价值深刻地反映和渗透于研究与认识地球发展史、地质变迁、自然地理规律等学科领域中，具有多方面的学术研究价值。

4. 具有自然景观和人文景观的和谐美

风景名山不仅有绚丽的自然景观，而且还有文化底蕴很深的人文景观。名山形成多以优美的自然景观为基础，此后为了不同的目的，人们不断地建造人文景观，从而逐渐形成人文景观与自然景观相融合，主景、辅景和谐，浑为一体的完整风景地域。名山之美既在自然景观，又在人文景观，我国古代人民很早就认识到这一点。有景（优美的风景）则名，有僧则名（天下名山僧侣多，寺庙多)，有史则名（传说、故事、神话等)，有宝则名（名贵树木、珍稀动物、特殊矿产等)，这些都是对具有自然景观美和人文景观美的名山的十分形象的解说。如黄山文风昌盛，源远流长，有着丰富的文化积淀，遍布风景区内的崖刻碑刻、楼舍亭阁和磴道古桥等，为黄山的千年历史留下了光辉灿烂的文化遗迹，它们渗透在雄奇秀美的自然山水之中，成为黄山旅游资源的重要组成部分。又如泰山雄伟壮丽的自然风光与悠久灿烂的历史文化融为一体，以古建筑和石刻为代表的极为丰富的人文景观，形成了中华民族历史文化的缩影，成为全人类的珍贵遗产。

观赏型山岳旅游资源作为一种重要的旅游资源，具有极强的美学价值、历史文化价值、科学价值和经济价值。名山更是一份具有美学、科学、历史、文化、经济等多种价值的宝贵遗产，是上承几千年、下传千万代的“传家宝”。

我国名山可分为历史文化名山、宗教文化名山、风景名山等。我国绝大多数的风景名山，都已成为著名的旅游景区。

(1) 历史文化名山　历史文化名山可分为传说中的名山(“三山五岳”中的蓬莱、瀛洲、方丈三山)，能激发人们的想像力；古代历史文化名山（如著名的“五岳”，东岳泰山，西岳华山、北岳恒山、南岳衡山、中岳嵩山）（见《中国部分名山分布示意图》)，能激发人们思古之幽情，能丰富人们历史文化知识；近现代历史名山（如井冈山等)，是人们缅怀革命先辈的场所。

(2) 宗教文化名山　佛教、道教在其教义、教规的发展中，都讲求一种修炼，都需要寻找一些远离尘世、山水优美、环境幽静的场所出家修行。如道教对自然的崇尚和返璞归真的追求，使名山胜地成为道士们所崇奉和向往的去处。他们多选择清净优美的山岳建立寺观，修身养性，以寻求得道成仙，并把这些地方称之为神仙居所，由此形成了十六洞天、三十六小洞天和七十二福地等一大批道教名山，最有影响的是湖北的武当山、安徽的齐云山、四川的青城山和江西的龙虎山四大道教名山。山东崂山（全真道第二大丛林，随山派祖庭)、广东罗浮山（为道教第七洞天，第三十四福地，是岭南道教圣地)、江苏茅山（为道教第八洞天，第一福地，第三十二小洞天，为上清派祖庭)、陕西终南山（山内楼观为道教发祥地之一，有“道观之祖”美誉)，也是道教名山。重阳宫与北京白云观（全真派第一大丛林）和山西芮城永乐宫并称全真派三大祖庭。佛教多选择风景秀丽的名山建造巨刹，供僧侣修持和信徒礼佛，最著名的四大佛教名山是：山西的五台山、四川的峨眉山、浙江的普陀山和安徽的九华山。云南鸡足山(第五大佛教名山，迦什道场，有祝圣寺、开香寺等)、浙江天台

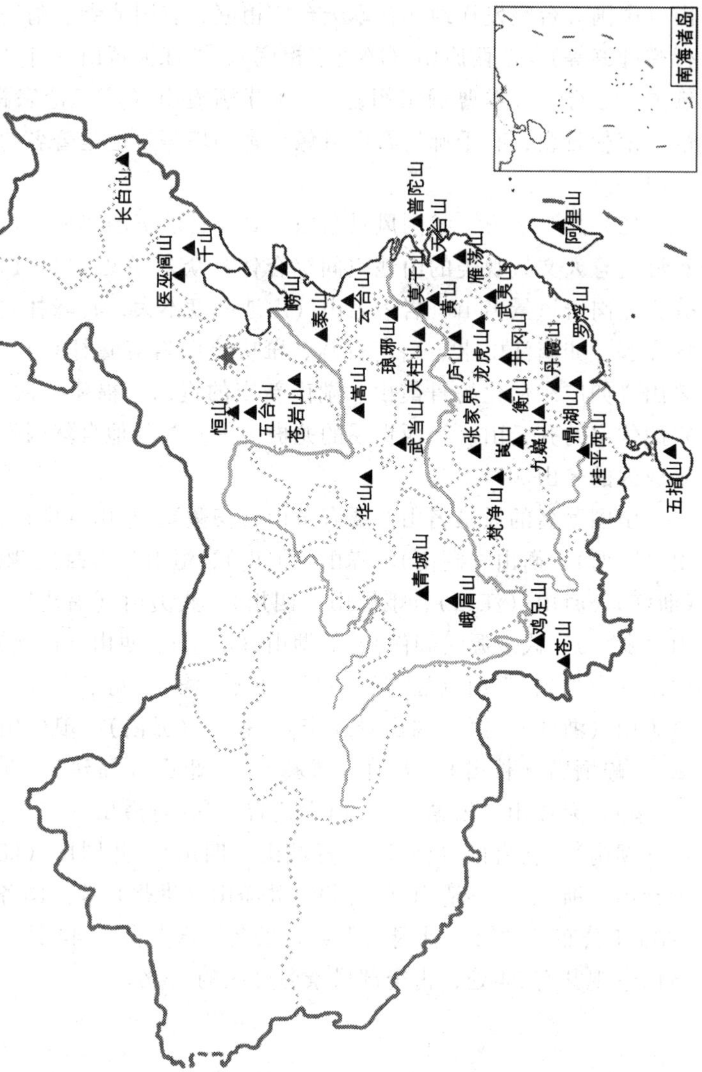

我国部分名山分布示意图

山（中国天台宗发祥地，日本天台宗祖庭，有国清寺、隋塔、一行禅师墓等）、江西庐山（净土宗祖庭）、浙江天童山（有“东南佛国”之誉，日本曹洞宗祖庭）、江苏栖霞山（是三论宗祖庭、惟一南朝石窟，有千佛岩石窟造像、舍利塔等）也是著名的佛教名山。

（3）风景名山　我国风景名山（具有自然美的典型山岳景观和渗透着人文景观美的山地空间综合体）众多（见表4－1），可分为花岗岩风景名山、岩溶名山（山地高度不大，石峰林立或孤峰突起，如漓江山水、路南石林、肇庆星湖岩溶峰林等）、丹霞名山（如广东仁化的丹霞山、湖南新宁的崀山、福建的武夷山、安徽休宁的齐云山、江西贵溪的龙虎山等）和其他自然因素为主要成因的名山。

中国著名的风景名山主要有黄山（安徽）、泰山（山东）、华山（陕西）、衡山（湖南）、嵩山（河南）、恒山（山西）、雁荡山（浙江）、庐山（江西）、峨眉山（四川）、武夷山（福建）、天目山（浙江）、武陵源（湖南）、鼎湖山（广东）、西山（广西）、长白山（吉林）、千山（辽宁）、阿里山（台湾）、九华山（安徽）、莫干山（浙江）、医巫闾山（辽宁）、苍山（云南）、琅玡山（安徽）、崆峒山（甘肃）、天山（新疆）、太姥山（福建）、五指山（海南）、天柱山（安徽）、长白山（吉林）、丹霞山（广东）、崀山（湖南）、苍岩山（河北）、青城山（四川）、井冈山（江西）、天台山（浙江）、三清山（江西）、梵净山（贵州）等。国务院于1983年公布的“第一批国家重点风景名胜区”共计44处，其中名山景观共有24处，占全部风景名胜区的55%。

表 4-1　我国部分风景名山景观特点和主要景点

山地名称	所在位置	景观特点	主要景点
泰山	山东泰安市	泰山自古被封为神山，是帝王所祭的圣山，被誉为“五岳之首”。泰山巍峨挺拔，以雄著称，具有“一览众山小”的高旷气势。自然景观雄秀神奇，具有奇、险、秀、幽、奥、旷等六大自然美的特色和旭日东升、云海玉盘、雾凇雨凇、泰山佛光、晚霞夕照五大奇观	泰山有古建筑群多处，历史文物遗迹 2000 多处，还有大量历史名人赞颂泰山的石刻、碑记。岱南、岱宗坊、王母池、关帝庙、斗母宫、壶天阁、中天门、五松亭、碧霞祠、仙人桥、南天门、无极庙、庙子崖、灵岩寺、普照寺、十八盘等著名景点
黄山	安徽黄山市	黄山以其奇松、怪石、云海、温泉“四绝”著称于世，博采名山之长，号称“天下第一奇山”。黄山拥有魅力无穷的黄山文化、源远流长的宗教文化和精品荟萃的黄山艺术。黄山是中国著名山水画派的发祥地。黄山拥有奇异的峰林地貌、丰富的生物宝库和绝妙的山水景观	黄山自然景光绝美，人文景观灿若星河，著名的景点主要有：云谷寺、百丈瀑、九龙瀑、慈光阁、翡翠谷、人字瀑、半山寺、飞来石、光明顶、梦笔生花、始信峰、鳌鱼峰、莲花峰、天都峰、玉屏峰、迎客松、步云桥、百步云梯、猴子观海、神仙洞、喜鹊登梅、清凉台、松谷庵、醉石等
峨眉山	四川峨眉山市	峨眉山丰富的历史文化遗存和佛教文物，在我国各大风景名山中是罕见的。峨眉山素有“植物王国”、“地质博物馆”、“佛国仙山”之称，“峨眉天下秀”的赞誉，拥有“雄、秀、神、奇”的特色和佛光、云海、日出、圣灯四大自然奇观	峨眉山山山有奇景，十里不同天，形成了罗峰晴云、圣积晚钟、双桥清音、洪椿晓雨、白水秋风、九老仙府、象池月夜、灵岩叠翠、大坪霁雪、金顶祥光十大胜景。主要景点有报国寺、伏虎寺、万年寺、清音阁、仙峰寺、洗象池、洪椿坪、金顶、雷音寺、牛心寺、纯阳殿、圣水阁、中峰寺、“一线天”栈道、华严顶、接引殿、华藏寺等

续表

山地名称	所在位置	景观特点	主要景点
武夷山	福建武夷山市	武夷山拥有碧水丹山的自然景观和历史悠久的古越文化，拥有“碧水丹山古文化，武夷奇秀甲天下”之称誉，享有“奇秀甲东南”之美称。武夷山集道、佛、儒教于一身，是一座历史悠久的文化名山	武夷山有“三三”九曲水，“六六”三十六峰以及七十二川、九十九岩、一百零八景点。主要景点有天游峰、武夷宫、桃源阁、天心、水帘洞、一线天、虎啸岩、鹰嘴岩、九曲溪、武夷船棺、云寓、紫阳书院、武夷精舍、玉女峰、大王峰、永乐禅寺等
华山	陕西华阴市	华山山崖陡峭，以险著称，拥有“自古华山路一条”、“奇险天下第一山”之称誉	华山著名景点主要有：青柯坪、千尺幢 、擦耳崖、苍龙岭、长空栈、百尺峡、玉泉院、五里关、回心石、云岩峰、玉女峰、仙掌崖、朝阳峰、落雁峰、莲花峰、仙姑观等
衡山	湖南衡阳市	衡山挺拔秀丽，有“五岳独秀”之誉。祝融峰之高，藏经殿之秀、方广寺之深、水帘洞之奇为衡山四绝	衡山著名景点主要有：南岳大庙、祝融殿、祝融峰、方广寺、水帘洞、藏经殿、福严寺、南台寺、上封寺、南天门、磨镜台、忠烈祠、半山寺、邺侯书院、黄庭观、麻姑仙境、高台寺等
恒山	山西浑源县	恒山山势雄伟，奇峰壁立，万石争奇，苍松翠柏掩映着楼台殿宇，以幽著称	恒山有悬空寺、朝殿、会仙府、九天宫、琴棋台、出云洞、紫芝峪、天峰岭、翠屏峰、金龙峡、姑嫂崖、飞石窟、千佛岭等胜景

续表

山地名称	所在位置	景观特点	主要景点
嵩山	河南登封市	嵩山群峰耸立,层峦叠嶂,以峻著称。嵩山地处古都汴、洛之间,自古为文人荟萃之地,名胜古迹丰富	嵩山著名的景点主要有:中岳庙、嵩阳书院、嵩岳寺塔、少林寺、观星台、莲花寺、会善寺、清凉寺、永春寺、初祖庵、南天门、法王寺、三极圣母宫、天谷庙、峻极宫、嵩山涧、摩崖题化、二祖庵、周公测景台等
雁荡山	浙江乐清县	雁荡山以峰、石、涧、瀑为特色,以雅著称,大龙秋、灵峰、灵岩为其三绝,雁茗、香鱼、观音竹、金星草、山乐官(鸟)世称雁荡五珍	雁荡山胜景集中在东南部的“一龙二灵”(即大龙湫瀑布、灵峰和灵岩景区),古洞石室、古刹、寺院、亭台众多,如灵峰寺、上灵寺、能仁寺、普明寺、罗汉寺、普照寺、真济寺等
盘山	天津蓟县	盘山有“东五台”(山峰 5 座)、“三盘之胜”(上盘之松、中盘之石、下盘之水),被誉为“京东第一山”	盘山历史悠久,现存古寺庙、古碑刻、摩崖石刻等多处历史古迹,如天成寺、唐代石幢、辽塔、明朝碑记、报国寺、天成寺、万松寺、多宝佛塔、少林寺、上方寺、盘古寺等
苍岩山	河北井陉县	苍岩山群峦壮观,林泉秀美,享有“五岳奇秀揽一山,太行群峰唯苍岩”的盛名	苍岩有碧涧灵潭、桥殿飞虹、虚阁藏幽、说法危台等 16 景,虎影仙境、白鹤泉、观日峰、孤石古柏等 72 观,有千佛洞石窟寺,宋、金时代墓群壁画、福庆寺等

续表

山地名称	所在位置	景观特点	主要景点
云台山	江苏连云港市	云台山以神话故事《西游记》中的花果山、水帘洞最为著名,誉称“东海胜景”	云台山有千奇百态的海浪石、海蚀洞及壮丽的石海胜景,有三元宫、照海亭、阿育王塔、延福观、孔望山摩崖造像、将军崖岩画、石棚山石刻、龙头村摩崖石刻、万寿山摩崖石刻、太白涧摩崖石刻、龙潭涧摩崖石刻等
天柱山	安徽潜山县	古称皖山,汉时曾被尊为“南岳”。有 42 峰、25 洞、7 关寨、2 寺观	天柱山著名景点有:唐佛光寺、南梁山谷寺、觉寂塔、渡仙桥、天柱桥、飞来峰、司元洞等
千山	辽宁鞍山市	千山有“东北明珠”之称。无峰不奇,无石不峭、无寺不古	千山有无量观、祖越寺、龙泉寺、五佛顶、仙人台、秀岩寺、大安寺、中会寺、葛公塔、玉皇阁、五龙宫、朝阳宫、九重天、七重天、天外天、一线天、太安宫等胜景
凤凰山	辽宁丹东市	凤凰山集雄、险、幽、奇、秀于一身,有“自然盆景”之美誉,为辽东名山	凤凰山以雄伟险峻、泉洞清幽、花木奇异的自然之美著称。有“老牛背”、“天下绝”、“箭眼峰”、“凤凰洞”、三官庙大殿以及碑碣、摩崖石刻等 100 多处景点
阿里山	台湾省嘉义县	森林、云海、日出、晚霞被称为阿里山四大奇观,是台湾最著名的山地森林避暑胜地	阿里山有 3000 多年树龄的红松,树高 50 多米,粗 20 多米,被称为“神木”;有“三代同堂”的红松,实为世上罕见;有大塔山断崖及姊妹潭、慈云寺等名胜

（二）登山探险型山岳旅游资源

登山探险型山岳，主要是指为体育登山活动开放的高大山峰，一般海拔较高，山体险峻峭拔，有许多终年积雪。那里一般是游人较难涉足的高山冰峰，却是专项体育探险登山和科学考察旅游的理想去处。雄伟峻拔的喜马拉雅山、昆仑山、喀喇昆仑山、天山、贡嘎山、四姑娘山等是此类旅游资源中的典型代表。这里高山冰雪世界和冰川地貌的奇异景象是世间难得的景观，珍贵的地质资料是沧海桑田的见证，对人们具有极大的吸引力。我国目前还有不少高峰因坡陡、有冰山雪槽之险，至今尚未有人涉足，是各类探险、科学考察人员向往的理想场所。旅游登山是由体育登山的诱发而迅速发展起来的。由于登山可以锻炼体魄，磨炼意志，陶冶情趣，启迪心灵，抒发情怀，培养美感，所以，近代登山旅游逐步大众化、娱乐化，成为回归自然的一个重要组成部分。名山作为登山、探险、科学考察的对象，同样备受现代旅游者的青睐。

二、特殊地貌旅游资源

特殊地貌旅游资源以岩溶地貌旅游资源和干旱风沙地貌旅游资源最具吸引力。

（一）岩溶地貌旅游资源

岩溶地貌（又称喀斯特地貌）主要发育在碳酸岩类岩石（主要是石灰岩、白云岩等）地区，可溶性岩石在以富含二氧化碳的地表水和地下水的溶蚀作用下形成的地貌。岩溶地貌的基本特征是：地表有石林、溶解谷与天然桥、溶沟或石芽、漏斗与落水洞；地下有溶洞、地下河等。

我国岩溶地貌分布很广，数量很大，居世界第二位（欧洲、美国、南美洲分别居第一、三、四位）。广西、贵州和云南东部最为广泛和典型，粤西、鄂西、湘西、川南、重庆、苏南、浙西、辽中以及北京、山东、河北、河南等地也有分布。特别是云贵高原地面广布厚层的石灰岩被切割成地面崎岖、峰岭重叠的山地，形成危岩陡峻、峭壁嵯峨的群山；绝壁悬崖，万丈深渊的峡谷；奇峰异洞、石林瀑布和千姿百态的怪异地形，成为世界上典型的岩溶地貌和岩溶风景区。岩溶地区多成为旅游胜地，岩溶地貌作为旅游资源具有很高的吸引力。岩溶景观有地上、地下景观之分，常见的具有旅游价值的地表形态主要有石芽与溶沟、落水洞、竖井、岩溶漏斗、岩溶洼地、岩溶残丘、天生桥、峰林、峰丛、孤峰等，四川黄龙、广西桂林、云南石林等是地上岩溶景观的典型代表；地下岩溶形态有溶洞、地下河、地下廊道、洞穴堆积、钟乳石、石花、石边坝、石笋、石幔等，贵州安顺的织金洞、广西南宁的伊岭岩、湖南张家界黄龙洞等是地下岩溶景观的典型代表。

石芽、溶沟与石林景观，以号称“天下第一奇观”的云南昆明石林最为典型，最为壮观。四川兴文石林、福建永安石林等也颇具特色。

漏斗、溶水洞与竖井景观主要有重庆市奉节小寨天坑、云阳天坑、兴文天泉洞后洞大漏斗等。

天生桥景观最著名的有贵州黎平天生桥（高 78.8 米、宽 112 米、拱高 38.8 米、跨度 118.9 米，是世界最大的天生桥）、贵阳花溪天生桥、江西贵溪仙人桥、河北涞水野三坡海棠峪天生桥和云南九乡溶洞叠虹桥（多层天生桥上下重叠）等。

峰丛、峰林与孤峰景观以广西桂林、大化和贵州安顺最为典型。桂林的独秀峰、象鼻山、穿山、骆驼山等都是典型的孤峰地貌。石灰岩峰丛、峰林典型分布地，常形成“平地涌千峰”和“群峰倒影山浮水”的奇丽景观。分布于河边的孤峰，山水相映成景，清丽动人。广西桂林—阳朔漓江之所以成为举世闻名的旅游胜地，皆源于那里岩溶地貌发育极为典型，峰丛、峰林、孤峰奇特。

溶洞、洞穴堆积景观奇特，溶洞内有钟乳石、石笋、石柱、石幔、石瀑布、石花等多种形态，有的洞内还有地下河、地下湖，有的洞内还有题刻、壁书、古建筑、人类活动遗迹等人文景观，具有奇、险、幽等美感特征，可供开展游览观赏、科学考察、探险等旅游活动。广西桂林的芦笛岩、柳州的白莲洞、南宁的伊岭岩，广东肇庆的七星岩，贵州的织金洞、龙宫、犀牛洞，辽宁本溪水旱二洞，湖南桑植的九天洞、张家界的黄龙洞、冷水江的波月洞，湖北宜昌的三游洞，重庆武隆的芙蓉洞，四川兴文的天泉洞、神风洞，云南建水的燕子洞，江苏宜兴的三洞，北京的云水洞，江西萍乡的孽龙洞，九江的狮子洞，浙江桐庐瑶琳仙境等，都是具有较大旅游吸引力的岩溶洞穴。

（二）干旱风沙地貌旅游资源

我国沙漠景观在世界居第二位（非洲、澳大利亚、西亚分别居第一、三、四位）。我国干旱风沙地貌旅游资源主要分布在西北和内蒙古等省区，常见的具有旅游价值的景观类型主要有沙漠景观、戈壁景观和雅丹景观。浩瀚的沙漠，广袤千里，新月形沙丘、纵沙垅、格状沙丘、鱼鳞状沙丘、金字塔沙丘等，各种形态的沙丘风姿绰约，奇特的沙生植物，埋没其间的古文化遗址，更给荒凉的沙漠赋予迷人的魅力。近年来兴起的沙疗、沙浴也引人注目，沙漠探险、沙漠科学考察等旅游活动日趋增温，开发短距离的沙漠观光旅游资源，具有一定潜在市场。塔克拉玛干沙漠和巴丹吉林沙漠均有大量新月形沙丘和金字塔沙丘分布。内蒙古鄂尔多斯市的银肯、宁夏中卫的沙坡头、甘肃敦煌的鸣沙山，均有鸣沙现象。新疆罗布泊洼地、乌尔禾“魔鬼城”有典型的雅丹地貌（河湖相岩层经风力“雕琢”后形成的大片险峻崎岖地区）。

思考与练习

1. 阐述地貌旅游资源的含义和形成。
2. 说明地貌与旅游的关系。
3. 地貌旅游资源有何特点？具有哪些旅游功能？
4. 我国观赏型山岳旅游资源有哪些特点？
5. 我国有哪些主要历史文化名山、宗教文化名山和风景名山。
6. 我国岩溶景观中有哪些具有较高的旅游价值？主要分布在哪里？

第五章　中国风景水体旅游资源

【学习目的】　要求了解水体旅游资源的含义和特点，理解水体旅游资源的构景要素和旅游功能，熟悉风景水体旅游资源的分类，掌握五种风景水体旅游资源的特点、旅游功能和分布情况。

【基本内容】 • **概念论述**

风景水体旅游资源的含义，特点。

• **构景要素和旅游功能**

风景水体旅游资源的构景要素；风景水体旅游资源的旅游功能。

• **类型归纳及地区分布**

风景河段；风景湖泊；风景瀑布；风景泉；风景海域。

第一节　概念论述

一、风景水体旅游资源的含义

水域景观是大自然风景的重要组成部分，它作为旅游资源是构景的基本要素，是“灵气”之所在。它不仅能独立成景，而且能点缀与映照周围旅游区景象，使山得水而活，林得水而秀，天得水而神，相映成趣，构成优美的自然风景。

水在地质、地貌、气候、植物及人类活动等因素的配合下，形成不同类型的水体景观。水与山，水与动植物，水与气候，水与建筑物相互辉映，共同组合构成奇妙多彩、文雅别致的风景名胜。我国许多著名的景区都是水景、山景浑为一体的典范。烟波浩渺的大海，碧波粼粼的流水，飞流直下的瀑布，清澈透明的湖水……构成了千妩百媚的“水体”景观。水不愧是最宝贵的旅游资源之一。所以，凡能吸引旅游者进行旅游，并产生经济、社会、环境效益的水体及水文现象，都可视为风景水体旅游资源。

二、风景水体旅游资源的特点

风景水体旅游资源具有鲜明的特征，其表现如下：

（一）风景水体旅游资源是存在形式最广泛的一种旅游资源

风景水体旅游资源以液态的海洋水、江河水、湖泊水、水库水、地下水、涌泉、瀑布和固态的冰川水、积雪水及气态的云雾水等不同形式存在于大自然之中，构成不同的美学特征。如浩瀚无垠、汹涌澎湃的海洋，轻柔幽静、静谧如镜的湖泊，一泻千里、奔腾不息的江流，白练当空、飘落九天的瀑布，喷珠洒玉、秀美清丽的涌泉，都是有形、色、声、态变化的多样性的美感。它们在永恒的动态中发出美妙的音响：或哗哗流淌，伴人高歌，或轰鸣落响，器乐和弦，或丁冬有致，空谷回音；展示出迷人的色彩：有的晶莹碧透，倒映风物，有的一片汪洋，深邃叵测。它们以美的形象，美的色彩，美的音色，使人心驰神往，浩气激荡，人们置身其中，能充分享受到风景水体旅游资源带来的无限愉悦之情。

（二）风景水体旅游资源既可单独构景，又可与其他旅游资源组合成景

瀑布、泉景、风景湖泊、风景河段等，以其自身优美的景

色，可以单独形成极有价值的风景名胜区或成为风景名胜区的主景。如黄果树瀑布、壶口瀑布等都是独立构景的典型；杭州西湖则构成西湖风景名胜区的主景。然而，风景水体的构景功能主要还是表现在山水的结合上。古人云："山得水而活，水得山而媚"，"因山而峻，因水而秀"。壮丽的长江三峡风光就是江河奔腾、青山夹峙的山水组合的杰作；秀丽的桂林风光正是清澈碧透的漓江与形态优美的石灰岩山峰和四周的塔寺亭廊等多种建筑及花草树木构成的"人间天堂"。武陵源风光、黄山风光、武夷山风光和富春江—千岛湖风光等，都是水景与山景浑为一体的典范。风景水体与其他旅游资源的结合，可以共同组合成景色多变、风采各异的水体风景名胜区，产生更大的旅游吸引力。

（三）风景水体旅游资源是各类景区的重要构景因素

有风景水体的旅游景区，才富有生气，才更有活力。自然风景区大多以有水景为佳。流泉飞瀑可以使山岳景观变得更加多姿多彩，媚美壮观；流云漫雾可以使群山时隐时现，更现飘渺朦胧之美。所以，人们以对风景水体在景区构成中的作用给予很高的评价，称水为"风景的血脉"、"风景的灵气"。

风景水体在人文旅游景区中的利用，也早就引起人们的高度重视。古往今来，无论是皇家园林，还是私家园林，都十分注意采用"引水注入"、"引泉凿池"的方法，多以水景为中心进行布局，突出水体在构景中的地位和作用。

（四）风景水体旅游资源可以开展丰富多彩的体验性旅游活动，满足人们参与性旅游的要求

风景水体旅游资源既可观赏，又可体验，既适合开展度假、避暑、休闲、疗养旅游，又可以利用广阔的水面或湍急的水流开发多种康乐体育专项旅游活动，如游泳、划船、赛艇、驶帆、划水、冲浪、漂流、潜水、垂钓、舢板、滑冰、滑雪、雪橇等体验性旅游活动。还可以利用水上农业，水产养殖，开展水上农业观光，捕鱼尝鲜，采莲摘藕等农作物参与性旅游活动。

第二节　构景要素和旅游功能

一、风景水体旅游资源的构景要素

风景水体旅游资源开发价值的大小，主要取决于其构景要素的吸引功能。风景水体旅游资源的构景要素，主要有水形、水声、水态、水色、水味和水影等。

（一）水形

地球上水的分布多以各种不同形状的地理实体表现出来，海洋、河流、湖泊、涧溪瀑布和泉水，形态各异。如气势磅礴的江河，波澜壮阔的海洋，蜿蜒曲折的小溪，一平如镜的湖泊，喷珠溅玉的瀑布，澄碧晶莹的泉水等，以其各自的水色美构成形状独特的景观，以其多姿多彩的形态风韵吸引游人。当然，无论是哪种形状的水体，水不在深，贵在弯曲。弯曲才显得多姿，富有自然天趣，给人以“曲径通幽”的感觉。

（二）水声

瀑布的轰鸣声，泉流的淙淙声，溪流的涓涓声，潮水的拍岸声，江河的奔腾声，各自弹出了不同声域的乐章，形成奇妙的听觉美，既给人以强烈的动感，又给人以悦耳动听的音乐美的享受，如叠层瀑布，层层飘落，空谷回响，既有水击岩石声，又有水落深潭声，既有高落差冲击声，又有低落差冲击声，既徐缓抒情，又抑扬顿挫，恰如一部节奏多变韵律生动的乐章。

（三）水态

液态水体有动态和静态之分。静态水常以湖泊、池塘等形式出现，给人以幽静、朴实之感。动态水常以河、泉、瀑、溪等形式出现，给人以活力和欢快之感。因此，平湖如镜、清泉喷涌、溪水奔流、飞瀑倾泻、汪洋激浪，千姿百态，各有其美的哲理深度和美学价值。

（四）水色

水本来是无色透明的，但在不同地理环境中，由于所含矿物质及洁净程度的不同，或受天色及周围自然景物的影响，可产生丰富的色彩。如四川九寨沟的美景，美就美在水的清澈、水的晶莹和水的多彩。桂林漓江水清澈碧透，泛舟漓江上，可一睹“群峰倒影山浮水”、“曲水长流花月妍”的妖娆美景。大海则是以其无限的蔚蓝吸引旅游者。

（五）水味

常言道，“清冽甘美，爽人可口。”林间小溪，山中飞瀑，地上涌泉等，清冽甘甜，富有味觉美，能给人以清心、静心和养心的享受，具有较强的吸引力。

（六）水影

万物落入清澈透明的水体中都会映出倒影，形成水上水下，岸上岸下，桥上桥下等实物虚影彼此辉映的景观，构成美不胜收的图画。在微动中，水波闪烁晃动，倒影摇动，更是锦上添花，美不胜收。

水面和水量的大小，以及水温的高低，在构景中也具有一定的影响。

二、风景水体旅游资源的旅游功能

风景水体旅游资源具有审美功能、康乐功能和品茗功能。

（一）审美功能

风景水体具有雄壮之美、秀丽之美和奇特之美。高山大河有汹涌澎湃之势，山涧小溪有潺潺之音，平原河流有蜿蜒流淌之态，大湖泊有烟波浩淼之美，小湖面有秀丽娇艳之姿。湖面微风涟漪使人感到宁静素雅，江河奔腾使人感到生机勃勃。瀑落深潭，声震数里，泉涌如珠，生机盎然，能给人愉悦的感受。汹涌澎湃的海涛，飞流直下的瀑布，惊涛拍岸、排山倒海之势的钱塘潮，其雄壮之势令人震惊和振奋。潺潺的流水，幽曲的溪流，“如情似梦”的漓江，“淡妆浓抹总相宜”的杭州西湖，诗情画意的富春江，秀丽之美令人赞叹。黄山奇云如锦似缎，变幻无穷，云海的奇特之美和人字瀑、百丈泉、九龙瀑的奇特景象叫人赞不绝口。喷泉、间歇泉、喊泉、珍珠泉、笑泉，景观奇特，妙不可言。另外，水的色彩美、动态美和听觉美都能给游客留下不同的美感享受。

（二）康乐功能

温泉、矿泉具有疗疾健身功能，清澈的江河，碧波荡漾的湖泊，夏日的海滨，都具有极丰富多彩的娱乐健身功能。如夏日海滨可以开展海水浴、驶船、帆板、冲浪、潜水、观景等体育运动和娱乐活动，江河湖泊可以开展游泳、垂钓、滑水、水球、赏荷采莲活动等。

（三）品茗功能

我国几千年的传统饮食习惯，使人们既重视茶叶的质量，更重视水的质量。名茶必须用好水，已成为人们的共识。水质清醇的泉水既可供品茗，也可供酿造。我国的许多名酒佳酿，使用的都是优质的水体。旅游区利用优质泉水和名茶、名酒，能够更好地吸引游客。

第三节　类型归纳及地区分布

中国风景水体旅游资源气象万千，有奔流万里、横贯东西的长江、黄河；有涌潮奇绝的钱塘江；有被古人比为美女西施的杭州西湖；有如“瑶池明镜”的天山天池；有奇峰秀水的漓江；有喷玉溅珠的清泉；有壮观奇美的飞瀑；有诗情画意的海滨景观，处处似鬼斧神工，令人赞叹不已。

中国风景水体旅游资源按其水体性质和自然界水色的基本形态，可分为风景河段、风景湖泊、风景瀑布、风景泉和风景海域等五种类型。

一、风景河段

河川是一种具有多种功能的地理实体。人类旅游离不开它营造的美好景观。风景河段旅游按其所处的旅游位置可分为：河口旅游、河滨旅游、河源旅游、水上旅游、地下河旅游等；按游览性质和功能可分为：水上运动、乘舟旅行、港口考察、急流探险、源头探秘、风物观览等。

风景河段旅游的意义在于：风景河段地区经济发达，历史悠久，人物荟萃，古迹众多，人文景观丰富，对旅游者具有极大的诱惑力；风景河段是山水相映、交错出现的风景走廊。自然景色与人文景观配合和谐，现代景观与古代景观相融合，山水结合、游乐结合和古今结合，自然是最具观赏游览的地方之一，最易激发游兴，产生意境；风景河段以水景为主体，但一般其他各类旅游资源也很丰富，风景河段旅游可以漂流泛舟、划船、游泳，也可以观赏各种河川风景地貌、文物古迹、滨水建筑等景物；风景河段一般交通便利，可进入性好，景点密集，物产丰富，文物景观丰富多彩，能够满足旅游者支出少、行程短和见识多等方面的要求；风景河段可以为发展特殊专项旅游提供条件，如河川漂流、源头探险、地下河探险等，对旅游者有一种神秘的吸引力。

我国是一个山高水长，河流众多，风景江河旅游资源十分丰富的国家（江河景观数量居世界第一位，巴西、美国、挪威分别居第二、三、四位)。目前，已列入国家级重点风景名胜区的江河有：长江（三峡段)、漓江、富春江—新安江、鸭绿江、楠溪江、丽江、瑞丽江、雅砻河、沅阳河等，被列为地方级风景名胜区的江河就更多了。不同的江河由于所处的地理条件的差异，上中下游各河段也会表现出不同的景观；同一江河的同一河段，因为季节的不同，也会表现出不同的景象。例如江河上中下游河段景色各异，给人以移步换景的乐趣：上游河段，流经高原山地，河道迂回曲折，两岸奇峰耸立，山重水复，幽深莫测，山光水影，景物成双，富有意境美；下游河段流经平原谷地，水面宽展，水流平缓，沙洲浅滩，视野开阔。例如漓江上游河段“几程漓江水，万点桂山尖”的“人间仙境”。钱塘江上游的富春江，江水清澈澄碧，两岸奇峰插云，怪石凌空，景色奇秀。

(一) 江河风景河段

1. 长江风景河段

江河风景河段地区一般是人类文明发展较早的地方，开发历史悠久，不但自然风光秀美，而且沿江河历史文化名城和现代都市密布。长江、黄河、江南运河、钱塘江、湘江、赣江、珠江、漓江、汉江、松花江等都属此类。

长江是我国第一大河，素有黄金水道之称，大江上下自然景观和人文景观都很丰富，可以观赏雄伟秀丽的虎跳峡和长江三峡及大宁河小三峡风光；探访巴、楚古国遗址和古战场遗址；还可以游览河网密集，湖荡棋布的水乡泽国、鱼米之乡，不失为我国一条黄金旅游线。

长江沿江分布着数十座大中城市，其中有著名的历史文化名城和现代都市风景名城上海、南京、南通、镇江、芜湖、铜陵、安庆、黄石、武汉、岳阳、沙市、宜昌、秭归、巫山、万县、重庆、泸州等。长江两岸青山叠翠，风景如画，但长江风光以上游和中游河段最胜。上游河段既有神秘诱人的江源风光和雄伟幽深的急流峡谷风光，又有殷商旧墟、巴国遗物、秦时栈道、蜀汉古城、白帝城、古栈道遗迹、巴人悬棺、丰都城、黄陵庙、三游洞、屈原故里、昭君旧居，以及其他楚汉文化、三国遗迹和众多的神话、传说、典故等人文景观，还有雄伟壮观的长江三峡水利枢纽工程等现代工程。最典型的景观资源集中于三峡地区，堪称四百里天然画廊。长江中游河段河道曲折，江湖相连，两岸田园居舍如织锦，有三大名楼、荆州古城、赤壁市赤壁、楚汉古墓和葛洲坝水利工程等，古遗迹、古战场等文化景观丰富。

2. 黄河风景河段

黄河是中华民族的摇篮。黄河流域是中华民族的发祥地。它哺育了中华民族的文明，沿岸有曾显赫鼎盛一时的历史古都咸阳、西安、洛阳、开封，有现代兴起的著名都市兰州、银川、包头、郑州、济南等，还分布着2000多处原始村落遗址、仰韶文化和龙山文化遗迹，以及古代都城遗址、帝都园林、帝王陵墓、古代文化遗存、宗教建筑、古代艺术瑰宝。既有大量的风光胜迹，又聚集着现代都市风情，还保存着众多的古代文明遗址。

黄河像一条金色的巨龙，奔腾在祖国的中原大地上，历来是文人墨客讴歌赞颂的对象。唐代大诗人李白“君不见黄河之水天上来，奔流到海不复回”，刘禹锡“九曲黄河万里沙，浪淘风簸自天涯。如今直上银河去，同到牵牛织女家”和王之涣“黄河远上白云间”等优美的诗句，写出了黄河波涛汹涌，源远流长的壮观景色。黄河景观以中游最奇。黄河中游从河口镇到孟津，有龙门、壶口和三门三大峡谷，峡谷地段壁立千仞，流急涛大，自然景色动人。壶口瀑布、龙门天险等无不奇丽险峻。

3. 漓江风景河段

漓江酷似一条青罗带，蜿蜒于万点奇峰之间。两岸秀峰亭亭玉立，漓水银带环绕，碧水青山相依，风景如诗如画。沿江风光旖旎，碧水萦回，奇峰倒影，深潭喷泉，飞瀑参差，“江作青罗带，山如碧玉簪”，构成一幅绚丽多彩的画卷，人称“百里漓江，百里画卷”，这里是桂林山水风光的精华，早已闻名遐迩，著称于世。

4. 钱塘江风景河段

钱塘江以富春江最胜。富春江似碧玉带，山如青螺髻，清秀雅洁，绚丽奇秀，古迹众多（如鹳山、桐君山、严子陵钓台、天子冈、葫芦瀑布、双塔凌云、谢翱墓等胜迹），层峦叠嶂，迎山送水，移步换景，如入画中。富春江两岸重山复岭，环境屏峙，或亭峰插云，或岩石奇峭，青崖翠发，江水澄深，云影岚光上下一色，绿水青山交相辉映，以“水送山迎入富春，一川如画晚晴新”等名章佳句而令人神往。

5. 大运河风景河段

江南运河流经太湖流域，沿河有历史文化名城和旅游名城杭州、苏州、无锡、镇江、嘉兴等，都是游客向往的地方。

此外，珠江、松花江、鸭绿江、雅鲁藏布江、闽江、韩江、瓯江、楠溪江、雅砻河、怒江、澜沧江、瑞丽江—大盈江等一些著名的风景河段，景色佳丽迷人，也是人们心驰神往的游览胜地。

江河风景河段景观中极受游客青睐的景观是峡谷景观。峡谷以雄、奇、险、壮的气势和景色为旅游者所青睐。我国著名的峡谷有长江三峡（瞿塘峡、巫峡、西陵峡）、黄河三峡（三门峡、龙门峡、壶口峡）、大宁河小三峡（滴翠峡、巴雾峡、龙门峡）、嘉陵江小三峡（沥鼻峡、温塘峡、观音峡）、岷江小三峡（平羌峡、背峨峡、犁头峡）、西江小三峡（大鼎峡、三榕峡、羚羊峡）、北江小三峡（育子峡、香炉峡、飞来峡）、长江虎跳峡、雅鲁藏布峡等（见《中国主要风景水体分布示意图》）。这些峡谷曲折幽深，碧水青山相依，满谷神秘、险绝、幽静，两岸自然风光壮丽秀美，文物古迹珍奇瑰丽，风景如诗如画，犹如迂回画廊。

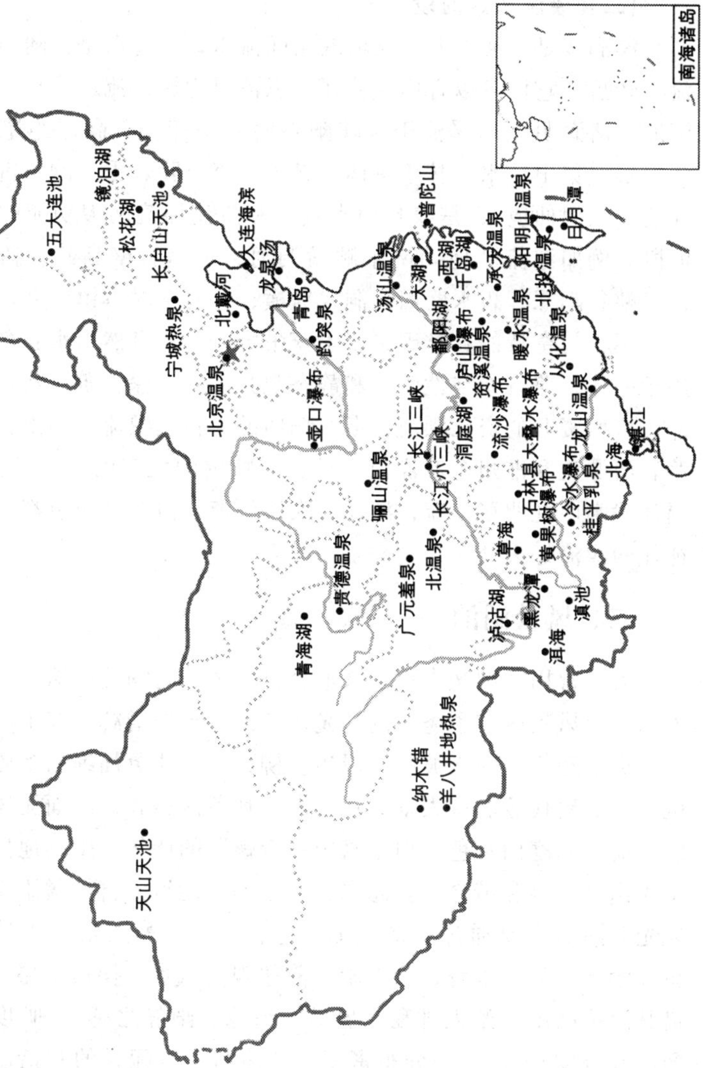

我国主要风景水体分布示意图

五大连池
镜泊湖
松花湖
长白山天池
宁城热泉
大连海滨
龙泉汤
北戴河
北京温泉
青岛
趵突泉
壶口瀑布
汤山温泉
太湖
西湖
千岛湖
普陀山
承天温泉
阳明山温泉
日月潭
北投温泉
从化温泉
暖水温泉
鄱阳湖
庐山瀑布
资溪温泉
长江三峡
洞庭湖
流沙瀑布
大叠水瀑布
龙山温泉
漓江
北海
冷水瀑布
桂平乳泉
石林县
黄果树瀑布
草海
长江小三峡
骊山温泉
北温泉
贵德温泉
广元羞泉
滇池
黑龙潭
泸沽湖
洱海
青海湖
纳木错
羊八井地热泉
天山天池
南海诸岛

（二）溪涧风景河段

溪涧多是江河上源、支流或山间流水，其特点是：随山势径流、转折。它们多以青山为依托，以清泉为源，流水清碧，水质清凉。清澈明亮的溪流于深峡幽谷潺潺荡漾，于高崖绝壁上飞泻，形成集山、水、林于一体，融雄、奇、险、秀、幽、古于一地的“人间仙境”，是兼具山水观光和急流漂流两大功能的优美河段。例如漂流胜地湖南永顺猛洞河，沿途石壁高耸，树林茂盛，峡谷幽深，碧水萦回，洞穴纵横，并有王村古镇，老司城遗址，不二门奇特的石林碑刻，土家吊脚楼，集自然山水和名胜古迹于一体，兼备参与性活动和静态观光内容，深受游人欢迎。此外，广西资源的资江漂流，浙江桐庐的天目溪漂流，湖南张家界茅岩河漂流和郴州东江漂流，长江三峡内的大宁河小三峡漂流，福建武夷山九曲溪漂流，湖北神农溪漂流，清江漂流也都是游人神往的漂流好去处。

二、风景湖泊

人们常用“湖光山色”来形容自然风光的幽美静谧、妩媚动人。一个风景区有了秀丽的湖光才使山色更加增辉；有了山清水秀，绿水环绕，湖光波影，岸边垂柳，风景才更加绚丽多姿，生机盎然。唐代著名诗人刘禹锡“湖光秋色两相和，潭面无风镜未磨。遥望洞庭山水色，白银盘中一青螺”的诗句，生动地描绘了湖光山色淡雅和谐之美。总之，风景湖泊能给大自然增添无限的风光。湖泊主要通过其形、影、色、声、奇等因素和垂钓、驶帆、游泳、品尝水鲜，吸引游人前往观赏风景、探索奥秘，还凭借其海拔高度（给人神秘、奥妙、清凉、幽静之感）、旷度（湖面的开阔度）、深度、分布密度、湖泊与山石配合的和谐度、湖泊名特产、水禽乐园等吸引功能吸引游人。

在我国广袤的大地上，众多的湖泊犹如镶嵌在锦绣神州中的颗颗明珠（我国湖泊景观数量居世界第三位，美国、加拿大并列第一位，北欧、印度分别居第二、四位），把祖国河山点缀得更加妩媚动人。大湖泊浩瀚万顷，水天一色，有烟波浩渺之势；小湖面娇小秀美，景色秀丽，有秀丽娇艳之姿；高山湖泊镶嵌在崇山峻岭之中，映照着蓝天白云，有高山平湖的风姿；有的湖泊水平如镜，有的湖泊清波涟漪，景色秀丽，风景如画。我国名湖风景区众多（见表5-1），都是游客向往的地方。

表5-1　我国部分名湖风景区

名　称	所在位置	主要景观
杭州西湖	位于杭州市西部	素有"人间天堂"的美誉。景区以湖面为中心,以山岳为背景,堤岛错落,楼亭桥塔榭等园林建筑巧妙组合,风景秀丽,自古以来先后形成"西湖十景":平湖秋月、苏堤春晓、断桥残雪、雷峰夕照、南屏晚钟、曲院风荷、花港观鱼、柳浪闻莺、三潭印月、双峰插云
鄱阳湖（我国第一大淡水湖）	位于江西省北部	大孤山(是观赏鄱阳湖风光的佳地)、石钟山,湖区是候鸟过冬的乐园
洞庭湖（我国第二大淡水湖）	位于湖南省北部	有我国三大名楼之一的岳阳楼,湖中风景秀丽的君山上有二妃墓、湘妃墓、柳毅井、飞来石古迹,风景十分秀丽
太湖	位于江苏、浙江两省毗邻处	位于江苏无锡的湖滨风景名胜,有"鼋头渚"(是观赏太湖风光的佳地)、蠡园(是以水饰景的名园)、梅园(以清淡古雅为特色)、新建的"唐城"、"欧洲城"、"三国城",苏州园林
滇池	位于昆明市西南部	湖面广阔,水天一色,堤岬岛屿若隐若现
洱海	位于云南大理	洱海中有三岛、四洲、五湖、九曲之景,"洱海观月"是大理四景之一

续表

名　称	所在位置	主要景观
千岛湖	位于浙江省西北部	湖中有1078个岛屿，湖水四季澄碧，岛上绿阴苍翠，森林覆盖率达90%以上
日月潭	位于台湾省南投县阿里山和玉山之间	台湾省最大的天然湖泊，光华岛将湖分为南北两部分，北半湖状如日轮，南半湖状似上弦月，故得此名，湖水碧蓝，湖岸曲折，景色秀美如画，“双潭秋月”被誉为台湾省八大景中最佳的一景
青海湖（我国第一大咸水湖）	位于青藏高原西宁市西约100公里处	湖西北鸟岛是我国重要的鸟类自然保护区
五大连池	位于黑龙江省五大连池市	五大连池风景区由14座火山堆、五大连池（湖）、矿泉和熔岩地貌组成，兼有山秀、石怪、水幽、泉奇四大特点
镜泊湖	位于黑龙江省宁安县	我国最大的火山堰塞湖，有“北国明珠”之称，湖区峰峦叠嶂，湖水碧澄如镜。景区内有吊水楼瀑布、大孤山、珍珠山、道士山等景观，附近有奇特罕见的地下森林（火山口森林），神奇壮丽、风景绝妙

我国湖泊众多（有24880余个）。按其成因，可分为构造湖、火山口湖、堰塞湖、河迹湖、海迹湖、风蚀湖、冰蚀湖、溶蚀湖和人工风景湖等。

（一）构造湖

构造湖是由地壳运动形成的盆地和断裂凹陷积水而形成的湖泊。这类湖泊的特点是：湖岸平直，岸坡陡峻，湖形狭长，深度较大。我国著名的构造湖主要有云贵高原上的洱海、抚仙湖、滇池；青藏高原上的青海湖、色林错；内蒙古高原的呼伦湖、岱海；新疆的博斯腾湖；长江中下游地区的洞庭湖、鄱阳湖、巢湖等；台湾省的日月潭。这些湖泊碧波万顷，烟波浩森，水天一色，构成诗情画意的天然美景，令人心旷神怡。特别是洱海，湖水清碧似玉，水天一色，还有三岛、四洲、五湖、九曲之胜，以其“银苍玉洱”的特有风韵和风、花、雪、月四大奇景闻名天下。

（二）火山口湖

火山口湖是因火山喷发后遗留的死火山口或熔岩高喷口积水而成。这类湖泊的特点是：湖泊多呈圆形或马蹄形，面积较小，湖岸陡峭，湖水较深。我国著名的火山口湖有长白山天池、兴凯湖、广东湛江的湖光岩、台湾省大屯山区的向天池、面天池等。长白山天池呈椭圆形，南北长约 5 公里，东西宽 3.4 公里，平均水深 204 米，最深达 373 米，是我国最深的湖泊，湖水黛碧，景色十分秀丽。还有云南腾冲大龙潭火山口湖等。这些湖泊景观千姿百态，有的湖面水平如镜，有的湖面清波涟漪，有的湖区秀丽娇艳。

（三）堰塞湖

堰塞湖或由火山熔岩流拦截河谷而成，或由地震、冰川、泥石流导致山崩滑坡物堵塞河道而形成。主要有东北的镜泊湖、五大连池，藏东南的易贡错、然乌错，四川黔江的小南海等。黑龙江省的镜泊湖是我国最大的堰塞湖，是因火山熔岩堵塞牡丹江河道而形成的。湖狭长，南北长 45 公里，东西最宽处仅 6 公里。湖水从其末端的熔岩堆积物裂隙中一泻而下，形成著名的吊水楼瀑布，十分壮观。黑龙江省的五大连池是因火山连续喷发，阻塞白河河道形成了五个相连的湖泊，凝固的熔岩姿态万千，还有罕见的溶洞穴，被称为“火山博物馆”。黑龙江宁安的镜泊湖和陕西翠华山的聚湫池等也是风景秀丽的堰塞湖景区。

（四）河迹湖

河迹湖是由河流改道变迁，蛇曲形河道裁弯取直分割后留下来的旧河道形成的湖泊。这类湖泊多呈弯月形或牛轭形，水深较浅，例如，湖北江汉平原地区，星罗棋布的大小湖泊，就是由长江、汉水带来的泥沙进入古云梦泽堆积分割旧河道形成。位于江汉平原最南部的洪湖，是其中最大的一个，素有“千里洪湖”之称。内蒙古的乌梁素海，就是黄河故道残留的河迹湖。扬州瘦西湖上有我国现存古桥中独具风格的五亭桥，还有小金山、白塔、月观等名胜，形成了北方之雄、南方之秀包容一处的独特园林风格，湖面景观与人造景观有序组合，和谐统一，表现出独特的风格。月牙泉（湖）是疏勒河的主要支流——党河改道后遗留在沙漠上的一处古河湾，位于鸣沙山前山与后山之间的山谷中，十分奇特，正如古诗云：“银沙四面沙环抱，一池清水绿漪涟”，早在东汉时就已经是敦煌胜景。千百年来，风沙曾吞噬过不少泉水，而月牙泉却一直与沙漠和谐绝妙共处一处，神秘色彩和特殊区位强烈地吸引着游客。

（五）海迹湖（也称潟湖）

由于沿岸沙嘴、沙洲等的不断向外伸展，浅水海湾被沙堤或沙嘴分开而形成湖泊。杭州西湖、苏北射阳湖、无锡太湖等就是典型的海迹湖。杭州西湖三面环山一面城，碧波荡漾，映照着沿岸的亭台轩榭，天生丽质，国色天香，湖中和谐地点缀着一山（孤山）、二堤（苏堤、白堤）、三岛（小瀛洲，湖心亭、阮公墩），堤岛错落，树木苍翠；湖边奇峰幽洞，秀竹茂林，各具特色，峰岩洞壑之间，穿插着泉池溪涧，又巧妙地组合楼亭桥塔榭等园林建筑，凝聚了自然美和人文美，山水之胜，景色之美，自古扬名于海内外，为我国十大风景名胜古迹之一，古往今来，无数文人墨客为之讴歌，赞美之词不绝于世。苏东坡的“水光潋滟晴方好，山色空蒙雨亦奇；欲把西湖比西子，淡妆浓抹总相宜”千古绝唱就是很好的写照。无锡太湖浩瀚如海，美丽如画，“雾吞日月，波涌天地”，湖中有湖，山外有山，碧波银浪、重峦叠嶂、碧波奇峰、怪石洞穴、古迹名胜相映成辉，构成了人间美景，以其优美的湖山风光和人文景观而闻名遐迩。

（六）风蚀湖

在干旱和半干旱地区，由于强风侵蚀作用所形成的洼地积水形成的湖泊，称风蚀湖。风蚀湖的面积大小不一，且湖水较浅，矿化度高，多为咸水湖和盐湖，湖水可由河流注入，也可由地下水补给。著名的风蚀湖主要有内蒙古的嘎顺诺尔湖、苏古诺尔湖等。

（七）冰蚀湖

冰蚀湖是由冰川刨蚀作用或冰碛作用形成的洼地，后来气候转暖，洼地积水而成。这类湖泊形态复杂多样，湖岸离奇曲折。主要有西藏的帕桑错、川西的新路海、阿尔泰山的哈纳斯湖等。新疆阿尔泰山区的哈纳斯湖是典型的冰蚀湖，面积达 44.78 平方公里，最大湖深达 188.5 米，仅次于白头山天池，且湖中有曾被传为“湖怪”的大红鱼，其四周层峦叠嶂，有原始森林和珍禽异兽，还出现过佛光，极为神奇。新疆天池湖面海拔 1980 米，水面面积 4.9 平方公里，平均湖深 40 米，最深 105 米。这里还有神奇的传说（传说周穆王在此会见西王母，故被视为瑶池仙境），更添神秘色彩。西藏的帕桑错、布托错等也是典型的冰蚀湖。

（八）溶蚀湖

溶蚀湖是由地下水或地表水对石灰岩等可溶性岩石进行溶蚀形成低洼地积水而成的。一般呈圆形或椭圆形。贵州威宁的草海、云南中甸的纳帕湖和丽江拉石坝湖等，都是典型的溶蚀湖。

（九）人工风景湖

人工风景湖泊包括人工拦河筑坝后形成的人工湖和城市中的水景公园。我国湖泊风景名胜很多，分布也很广。最典型的有杭州西湖、浙江富春江千岛湖、吉林松花湖、秦皇岛燕塞湖、贵阳红枫湖、南京玄武湖、扬州瘦西湖、潮州西湖、惠州西湖、雷州西湖、绍兴东湖、嘉兴南湖、沈阳南湖、北京北海公园太液池、北京颐和园昆明湖、南京莫愁湖、上海豫园荷花池、保定古莲池、苏州各园林中的湖池、济南大明湖、武汉东湖、福州西湖、昆明翠湖和广州流花湖等等。

三、风景瀑布

瀑布是流水从河床陡坎悬崖处倾泻而下形成的水体景观。瀑布景观是水景中一个重要的组成部分，具有独特的美学价值。瀑布以其晶莹的水帘和轰雷般的声响构成大自然中独具一格的壮观奇景，常在人们的心目中引起无穷的情趣，是古今中外人们最喜爱的自然景观之一，不少的诗人为之尽情讴歌。

（一）瀑布的类型

瀑布的成因是多种多样的，有的是地层抬升、断裂或沉降凹陷而成；有的是火山爆发、熔岩流堰塞河道而成；有的是山体崩塌，泥石流滑动，堵塞河床，形成堆石土坝而成；有的地层岩石软硬不一，长期流水侵蚀，使河床断裂而发生明显的高差变化所致；有的是泉水从山中涌出，经过断崖山洞，飞流直下的结果。此外，冰川的侵蚀和堆积等也可以形成小型瀑布。又由于各种瀑布所处的区位不同，气温降水等不同，所以瀑布是多种多样的。

按瀑布产生的环境条件差异可分为：江河干支流上的瀑布、山岳涧溪瀑布和地下瀑布等。

按瀑布水流量洪枯情况可分为：常年瀑布、季节性瀑布和偶发性瀑布等。

按瀑布的跌水次数可分为：单级瀑布和多级瀑布等。

按瀑布本身的气势大小、造型优美等可分为：雄壮型瀑布和秀丽型瀑布等。

按瀑布分布特点可分为：孤立型瀑布和群体型瀑布等。

按瀑布的坡坎造型可分为：陡坡型瀑布、水帘洞型瀑布、垂向型瀑布和多级型瀑布等。

按瀑布的流水性质和特点可分为：清凉型瀑布、温泉型瀑布、间歇型瀑布（如贵州黄平县重安江瀑布）和双色型瀑布（如江西三清山川桥双色瀑布）等。

按瀑布的成因可分为：构造型瀑布（如黄河壶口瀑布、庐山三叠瀑布、石门涧瀑布、台湾最大的瀑布蛟龙瀑布、云南石林县大叠水瀑布、香炉峰瀑布等）、堰塞型瀑布（如黑龙江镜泊湖的吊水楼瀑布、四川叠溪瀑布）、差异侵蚀型瀑布（如云南叠水瀑布）、岩溶型瀑布（如金华洞的岩洞瀑布、贵州黄果树瀑布，云南九乡的雌雄瀑布，湖北神农架的“百丈挂彩”等）、悬谷型瀑布（如广西南海西樵山瀑布）。

我国有许多著名瀑布，如贵州黄果树瀑布，黄河中游的壶口瀑布，黑龙江镜泊湖吊水楼瀑布，台湾蛟龙瀑布，云南大、小叠水瀑布，江西庐山的三叠泉瀑布、谷帘泉瀑布、石门涧瀑布、玉渊瀑布、香炉峰瀑布，安徽黄山的人字瀑、百丈瀑、九龙瀑，江西井冈山的碧玉潭瀑布，湖南南岳衡山的水帘洞瀑布、黑龙潭瀑布，广西德天瀑布，浙江雁荡山的大龙湫等十八瀑布，山东崂山的潮音瀑布，湖南武陵源的百丈峡瀑布、九嶷山的白米下锅瀑布，都是形、声、色皆佳的名瀑。黄果树瀑布是我国最著名的瀑布。黄河壶口瀑布是我国第二大著名瀑布。蛟龙瀑布是我国台湾省最著名的瀑布。

我国以瀑布为主体景观的风景区有：贵州黄果树瀑布风景区、黄河中游壶口瀑布风景区、黑龙江镜泊湖吊水楼瀑布风景区、云南大叠水瀑布风景区、台湾蛟龙瀑布风景区。

（二）瀑布景观要素

1. 瀑布形态

观赏瀑布给游人最直接的印象是瀑布的形态（包括瀑布的空间状态、瀑布的水流状态等）。瀑布景观形态有三个层次：造瀑层、瀑下深潭和潭前峡谷。瀑布景观又具有三态变化：形态、声态和色态。形态最富美学特征（或飞泻直下，或冲击岩石散落而下，或与石崖、洞穴构成水帘、迷雾状，或与深潭、峡谷构成瀑潭峡串珠型），声态别具一格（或发出轰鸣之声，或发出巨雷之声，或发出轻音声，声声入耳，叹为观止），色态迷人（或呈白色，或现七彩光斑，奇妙无穷）。凡多层、多级、多折的瀑布和高度宽度水量较大的瀑布，更富形态美，更具观赏价值。

2. 瀑布幽秀程度

瀑布景观取决于瀑布水流的清浊度和瀑布周围林木的深秀程度。水流的清浊度取决于含沙量和有机质含量的多少；树木的深秀反映植被覆盖率的高低。

3. 瀑布奇特程度

瀑布奇特程度取决于瀑布独特景观的品位。例如浙江绍兴诸暨五泄，一道清澈的山泉从悬崖峭壁间奔流而下，形成五级瀑布，故名为五泄。这五级瀑布，各具奇观：一泄隽水奇巧，二泄珠帘飘动，三泄姿态百般，四泄如烈马奔腾，五泄如蛟龙出海，飞瀑泫泻而下，层叠曲折，水花四溅，云蒸霞蔚，极为壮观。又如浙江金华冰壶瀑布，国内外罕见。冰壶洞洞口朝天，口小肚大，海拔高程445米，为一竖井式溶洞。从洞口俯身下视，洞不见底。瀑布落差约15米，从洞顶倾泻而下，瀑声轰隆，震耳欲聋。从洞底仰望洞口，一缕阳光，犹如彩帘垂挂，水珠四处飞溅，犹如满天星斗，既神奇又壮丽。再如黑龙江镜泊湖的吊水楼瀑布洪水时节湖水漫崖而下，瀑宽约200米，瀑高20～25米，“水石相喷薄，咆哮如雷声”，雄伟壮观。而待到寒冬，水瀑凝成冰帘，又是一番景色。

总之，瀑布是自然山水结合的产物，别具一格。观赏瀑布与蓝天、白云、青山、深潭、峰洞、陡崖、树木、文物古迹融为一体，具有极高的观赏价值。

四、风景泉

具有特殊观赏价值和使用价值的泉称之为风景泉。它不仅有造景、育景的独特功能，而且有疗养、疗疾的医学价值，是一项引人注目的旅游资源。

（一）风景泉的旅游吸引功能

1. 风景泉是美化环境、给游人提供观赏佳景的不可缺少的条件

风景泉既可以直接向游人提供观赏美景，还可以间接地为河湖等地理实体造景、育景创造条件。我国以泉为主体资源而闻名的旅游地和景点很多。如陕西华清池、太原晋祠泉、甘肃酒泉公园、甘肃敦煌月牙泉、云南大理蝴蝶泉、“泉城”济南等。

2. 风景泉不仅有点缀风景的功能，而且能直接造成许多引人入胜的奇泉怪水景观，如喊泉、笑泉、羞泉等

3. 在我国，泉水与传统的茶文化、酒文化有着密不可分的关系

名泉水质甘甜，名泉佳酿，名泉泡名茶，可以形成一种独特的吸引效应。如杭州的虎跑龙井（用虎跑名泉泡龙井名茶），“二名相迭，锦上添花”。

4. 矿泉具有治病、疗养、旅游的独特价值

温泉具有疗养旅游功能和冬泳、沐浴、戏水、跳水等健康旅游价值。

（二）风景泉的类型

我国风景泉旅游资源非常丰富，类型很多（见表 5－2），分布极为广泛。我国以泉为主体资源、以泉闻名的旅游地很多。最具有代表性的有：山东济南泉水（有泉水 108 处，最著名的为趵突泉、珍珠泉、黑虎泉、五龙潭四大泉群），河北邢台百泉，山西太原晋祠泉，平定娘子关泉，浙江绍兴半月泉，甘肃敦煌月牙泉，

表 5－2　我国风景泉各类名泉分布情况

类　别	定　义	名　　泉
冷泉	一般以水质清醇甘洌而供饮用或作为酿酒的水源	历史上命名为“天下第一泉”的冷泉： 镇江中泠泉 北京玉泉 济南趵突泉 江西庐山谷帘泉 其他冷泉：镇江金山泉、无锡惠山泉、杭州虎跑泉，济南号称有 72 泉，故有泉城之誉
矿泉 （含温泉）	矿泉：是含有一定数量的特殊化学成分、有机物或气体，或具有较高水温，能影响人体生理作用的泉水 温泉：指水温在 34 摄氏度以上的矿泉	北京小汤山温泉 南京汤山温泉 西安骊山温泉 云南安宁温泉 广东从化温泉 广西陆川温泉 重庆南、北温泉 辽宁鞍山汤岗子温泉 黑龙江五大连池药泉 台湾北投温泉 台湾阳明山温泉
观赏泉	是景观奇特、具有观赏价值的泉	云南大理蝴蝶泉（每年农历四月二十五日有幸可观赏到蝴蝶盛会） 杭州珍珠泉 济南珍珠泉 广西桂平乳泉 甘肃宕昌潮水泉 四川广元羞泉 西藏阿里水热爆炸泉

云南大理蝴蝶泉，安阳珍珠泉，台湾北投温泉，昆明黑龙潭，南京汤山温泉，西安骊山华清池，内蒙古的阿尔山温泉，承德热河泉，青岛崂山矿泉，黑龙江五大连池矿泉等。另外，还有一些观

赏及科研价值较高的奇泉，如安徽寿县的喊泉，陕西蓝田的冰泉，江西于都紫阳观双味泉，四川广元龙门山的含羞泉，河南睢县的香泉，湖南宁乡“灰汤”，安徽黄山汤泉，云南洱源“热水洞”，镇江中冷泉，无锡惠山泉，济南趵突泉，杭州虎跑泉，上饶陆羽泉，扬州瘦西湖泉，庐山招隐泉，怀远白乳泉等。我国风景泉按水文地质条件可分为：承压泉、潜水泉；按水的出露情况可分为：下降泉、上升泉，或喷泉、间歇泉、溢出泉；按水温可分为：冷泉、温泉、热泉、沸泉；按特种化学成分和气体成分，并对人类肌体显示良好生物生理作用的称为矿泉；按泉水的奇异特征可分为：喊泉、笑泉、乳泉、盐泉、珍珠泉、含羞泉、香水泉等。

五、风景海域

我国四大海域与陆地之间的漫长海岸，时而平直，时而曲折，时而基岩裸露，时而泥沙铺地；或悬崖峭壁，或三角海湾，或珊瑚礁林立，或红树参天，绰约多姿，景色各异。

风景海域构景层次丰富：或烟波浩淼，或碧水涟漪，或怒涛翻滚，或堤岸平直，浪静风平，滩缓沙白，或港湾交错，岬角突出，惊涛拍岸。人们可观赏，可沐浴，可搏浪，可扬帆，海域为人们提供了广阔的旅游天地。

（一）风景海域旅游资源的特点及其吸引功能

1. 风景海域在成因上的多因素

风景海域旅游资源是在水陆气候生物及人文等多种因素作用下产生的，其中水陆的相互影响尤为重要。如洋流、潮汐、波浪、水温、盐度、颜色和岩性构造、火山、地震、地貌、河流等水陆因素相互作用，产生具有旅游观赏和疗养健身价值的沙滩、海岛、沙洲、观潮胜地等。

2. 风景海域在类型上的多层次

横向旅游层次有：滨海划艇、水浴、观潮、赏浪、海岛观日、观光、远洋考察、探险等；纵向海域旅游层次有：热带、亚热带、温带、寒温带海滨风光观赏和富有不同特色的水上体育运动等；垂直向海岸旅游层次有：高潮线海滨带的观光、避暑疗养活动，中高潮线海滨沙浴、划艇等水上活动，低潮线之下的海底探险、潜水等活动。

3. 风景海域在季节上的多变化

不同环境下的海洋及海岸带旅游往往具有活动内容的季节变化。

(二) 风景海域旅游资源类型

我国海岸地貌类型多种多样，大致可分为：沙砾质海岸（钱塘江口以北海岸为主，其间山东半岛、辽东半岛属基岩海岸）、基岩海岸（钱塘江以南海岸，其间珠江口等少数地区为平原海岸）和生物海岸（含珊瑚礁海岸、红树林海岸，北回归线以南部分海区）。

沙砾质海岸岸线平直，水浅滩宽，海陆连片，烟波浩淼。由于泥滩受海水的不均匀冲刷，表面多出现片状潮蚀坑洼、沙斑、波浪痕、岩脊滩、残礁等多种地形。

基岩海岸岩壁雄伟峻峭（如台湾东岸崖陡渊深的断层海岸），岬湾曲折交错，岛屿较多。这类海岸因受内外力的综合作用，不断发生着断裂、溶蚀、崩落和后退，从而形成千妩百媚的岸貌，如海蚀崖、岩滩、海蚀柱、海穹等。

生物海岸（含珊瑚礁海岸和红树林海岸及北回归线以南部分海区），景观独具特色，极具观赏价值。南方部分珊瑚礁海岸、红树林海岸更是风光旖旎。

南方风光旖旎的珊瑚海岸、红树林海岸及北方起伏连绵的沙丘海岸和台湾东岸的断层等，不同的海岸构成了不同的景观，形

成了许多风景秀丽的海滨风景区（见表5-3）。

最具吸引力的风景海域旅游资源主要有以下几种类型：

1. 休闲、疗养、度假、娱乐风景海域旅游资源

海滨、岛屿，以其清新的空气、适宜的温度、充足的阳光、细软的沙滩和突兀的海崖，吸引游人前往避暑、避寒、休闲、疗养、娱乐。海滨风景地貌复杂多样，引人入胜的海岸风光（如浅海、沙滩、奇崖巨石、断崖绝壁海岸等），多姿多态的岛屿，神奇的海底世界景观，海上观日出、观潮等形形色色的旅游活动，对游客富有强烈的吸引力。以基岩为主的海岸线，岸线曲折，岬湾交错，峭壁断崖，气势雄伟，可以观赏壁立如削的海蚀崖。一丛丛多姿的岩柱、向海岸倾斜的海蚀平台、海蚀洞穴、海蚀拱桥等各种海蚀地貌景观（如台湾东部的断崖海岸，青岛海滨的石老人，福建笏石半岛和大陈岛的海蚀穴、海拱石，厦门一带和雷州半岛的海蚀台，普陀的潮音洞、梵音洞、洛伽洞等）。泥沙质海岸地区形成海滨沙滩、三角洲、环状沙坝、连陆岛等海积地貌。珊瑚礁海岸和红树林海岸，自然景观独具特色，是优良的观赏景观。北戴河海滨、昌黎海滨、大连金石滩、渤海湾海滨、青岛海滨、普陀山海滨、汕头海滨、厦门海滨、北海海滨、湛江海滨，海南三亚“天涯海角”、台湾东海岸等，都是我国著名的休闲、度假、疗养、娱乐的好去处。山东蓬莱的海市蜃楼奇景是历代文人墨客诗中话题，至今仍是令游人梦寐以求的旅游胜地。

2. 海滨观潮风景海域旅游资源

潮汐是一种旅游资源，潮涨潮落，奔腾澎湃，潮声如雷，十分壮观。浙江钱塘江涌潮，已成为一大奇观。

3. 海底风光和海底公园风景海域旅游资源

随着现代科技的发展，潜水旅游成为热门话题。游客在潜水督导员的指导下，潜到水下观赏鱼类、参类、贝类、虾类和珊瑚

等海生动物，或游览考察海底地貌（如断沟、陡坡、洞穴等），或探寻水下的古迹沉船，其乐无穷。湛江、海南岛是我国主要的潜水基地。广东电白放鸡岛、海南三亚湾等地建立了十多处海底风景游览点。海滨公园、水产馆、海洋馆，也是游人极为注目的地方。如台湾南端的鹅銮鼻公园、香港海洋公园和大连、青岛、北海的水产馆、海洋馆等，都是海底观光的好去处。

4. 海岛综合景观风景海域旅游资源

不同类型的海岛，或以山水为胜，或以沙水为景，或由珊瑚造型，给游人提供了多姿多彩的观赏胜地和疗养沐浴佳地。一些有特殊观光价值的岛屿，对游人更具吸引力。如辽宁大连市西北近海的蛇岛，因产蝮蛇而闻名；黄海北部的虾岛，因盛产对虾而出名。

星罗棋布的岛屿（如台湾岛、海南岛、崇明岛、舟山群岛、长山列岛等5000多个基岩岛、大陆岛、冲积岛、珊瑚岛等）犹如天空星辰，成群成片地点缀在辽阔的海域中，或像朵朵莲花、或似颗颗宝石，给万顷碧波的海洋增添了绚丽的色彩，构成了奇妙的风景海域景观。

表 5－3　我国主要海滨风景区

名　　称	主要景观特点
北戴河海滨风景区	附近海域海水清澈，沙滩绵延10多公里，沙软潮平，有广阔的海滨浴场，海岸地区也发育了海蚀地貌，老虎石、鹰角石、骆驼石、对语石等形象逼真，栩栩如生，是我国最早开发的著名的海滨游览避暑胜地。这里一脉青山，一汪碧水，海水清澈，沙细滩缓，潮平浪静，海滨环境优美如画，风光无限旖旎，是天然海水浴场。北戴河历史悠久，自春秋战国以来，燕昭王、秦始皇、汉武帝、魏武帝、唐太宗等帝王均来此巡幸、驻跸。嬴政、曹操、李世民触景生情，分别留下《碣石辞》、《观沧海》、《春月观海》等遗篇。主要游览景点有南天门、通天洞、老虎石、莲花公园、赤土山少帅遗迹、始皇遗址秦皇宫、海岸屏风联峰山、碧螺塔等名胜古迹24景

续表

名　　称	主要景观特点
大连—旅顺口海滨风景区	包括大连海滨与旅顺口 2 个景区。由棒棰岛、石槽村、老虎滩、燕窝岭、季月峰、付家庄、金沙滩、白云山、南大亭、星海湾、黑石滩等风景区组成。大连海滨景区海岸线长达 30 余公里,水面浩瀚,碧海蓝天,岛屿、礁石婷立海面,气象万千;白云山庄莲花状地质构造地貌和由岩溶礁石构成的黑石礁如同"海上石林",为世所罕见。这里是旅游度假、避暑、娱乐的理想之地。旅顺口是我国历史上的海上门户,地形雄险壮阔,留有众多古迹。景区内有重点文物保护单位 47 处,其中有中国近代史上记载中日甲午战争和日俄战争以及日本侵华战争的各种工事、堡垒等战争遗迹多处,是进行爱国主义教育的课堂。旅顺口外礁岛棋布,口内峰峦叠翠,自然风光绮丽多彩。旅顺口以山、海、礁、岛等自然景观和历史文化古迹及近代自然遗迹组成的景观为特色。这里又是优良的海滨浴场,具有观赏价值的海蚀柱、海蚀崖、海蚀洞、海蚀拱桥等景观甚多
青岛崂山海滨风景区	包括青岛海滨和崂山两部分。青岛海滨岬角曲折,丘陵起伏,其中分布着公园、浴场、寺院等,隔海有薛家岛、竹岔岛、琅琊台等景区。崂山为中国近海名山,海山毗连,雄奇秀美。主峰海拔 1133 米,山上奇峰异石,清泉回流,可观海上云气岚光、壮丽日出等。还有道家宫观、名人诗文刻石等名胜古迹多处,高低错落,具有青山、碧海、绿树、红墙之美景
海南三亚海滨风景区	三亚以特有的海岛风光而被誉为"东方夏威夷",是中国著名的旅游度假胜地和冬泳、避寒胜地。主要景点有:鹿回头、"天涯海角"等。这里有著名的亚龙湾海滨,沙细软洁白,海碧天澄,风平浪静,四季可浴,海底有美丽的珊瑚景观
厦门海滨风景区	厦门是一座美丽的海滨城市,海湾潮汐、岛屿椰树、名山胜景、奇岩怪石,美在自然,处处入镜,幅幅同画。千年古刹、历史遗迹、侨乡风情、宗教文化等人文景观,应有尽有。现已形成鼓浪屿、南普陀寺、集美鳌园、万石岩 4 个景区和一条海上游览线。鼓浪屿山上怪石嵯峨,形态奇特,幽洞盘山,亭台错落,林木茂密,花香扑鼻,山海相映,景色绚丽多姿,环境恬静幽美,素有"海上花园"称誉,兼有山、岛、海之胜

思考与练习

1. 风景水体旅游资源有何特点?
2. 风景水体旅游资源的构景要素是什么?
3. 风景水体旅游资源具有哪些旅游功能?
4. 阐述我国江河风景河段的分布情况。
5. 我国风景湖泊有哪些类型?举例说明。
6. 我国风景瀑布有哪些类型?请说出各种类型分布情况。
7. 说出我国最具代表性的瀑布的名称。
8. 风景海域旅游资源有何特点?
9. 你所在的县(市)有哪些类型的风景水体旅游资源。
10. 举例分析瀑布和风景河段景观的特点。

第六章　中国风景气象、气候与天象旅游资源

【学习目的】　理解风景气象、气候、天象旅游资源的含义，掌握风景气象、气候与天象旅游资源的特点，了解风景气象、气候与天象旅游资源对旅游活动的影响，熟悉中国风景气象、气候与天象旅游资源的主要类型及其各类型代表性景观的地区分布。

【基本内容】　**·概念论述**

风景气象、气候与天象旅游资源的特点；风景气象、气候与天象旅游资源对旅游活动的影响。

【基本内容】　**·类型归纳及地区分布**

云雾景；雨景；冰雪景；霞景；旭日夕阳景；雾凇、雨凇景；蜃景；宝光景。

第一节　概念论述

一、风景气象、气候与天象旅游资源的特点

风景气象、气候与天象旅游资源是指那些可以造景（指风景气候和风景气象可以直接形成不同的自然景观和旅游环境）、育景（指其通过影响风景地貌、风景水和风景动植物以及各种人文

景观而间接作用于旅游资源)，并有观赏功能的大气的物理现象和过程。如常发性的雨景、云雾景、冰雪景、明月、日出、彩虹和偶发性的佛光、海市蜃楼、雾凇、雨凇等，各以其造型、色彩、动态等美学特征而吸引旅游者。

气象、气候与天象旅游资源具有以下几个显著的特点。

(一) 地域性

气象、气候与天象旅游资源自身具有很高的旅游价值，属于独具吸引力的旅游资源，因此在地域分布上更具旅游资源的一般规律，即地理环境的局限性与特定性。海拔高低、海陆分布、纬度区位、地貌类型的不同，都会出现不同的气象、气候、天象景观，一些特殊气象、气候、天象景观，必须在特定的地点才会出现（如吉林雾凇、峨眉佛光、江南烟雨、大理下关“风”等)。

(二) 季节性

不同的气象、气候、天象景观在一年内所出现的时间各不相同，有明显的季节变化。著名的黄山云海主要出现在秋季至春季，太白山平安寺云海主要出现在夏秋季，云南大理点苍山玉带云主要出现在夏末秋初，冰雪景主要出现在冬季纬度较高地区和较高海拔地区，蜃景和宝光景一般见于中午或下午，而日出、霞光的时间性更强。气象、气候旅游资源季节性变化规律，必然对某些旅游活动带来季节性变化的影响，进而可能对旅游流产生导向作用。

(三) 速变性

气象、气候要素中，雷、电、云、雾的变化有时是很快的，几小时前还是晴空万里，即刻就出现倾盆大雨，由艳阳蓝天转化为阴霾雨景。典型景象如宝光、蜃景、日出、霞光、夕阳等都是瞬时出现。那些日出日落景、朝晖夕阳景、海市“佛光”景、海市蜃楼景，更是瞬间出现或消失的景象。因此，对气象景观的观

赏，一定要把握时机，同时切莫苛求。

（四）配景性

风景气象和舒适的气候，虽然可以供人们观赏和体验，给人们带来许多美感。但它又不像地质地貌旅游资源、水体旅游资源及树木花草等，具有具体的形象，它一般无相对稳定的实体，多数只能作为旅游景区（点）的配景。

（五）借景性

许多气候、气象、天象景观的出现常常要与其他一些旅游资源相配合，要借助于其他景观为背景。如高山云海，海上日出，沙漠蜃景，名山佛光等。海南岛之所以能成为避寒胜地，除气候条件优越以外，蓝天、碧水、沙滩、民族风情、五指山风光等，都是重要的支撑点与组合要素。

二、风景气象、气候与天象旅游资源对旅游活动的影响

人们在旅游过程中追求的是美好、舒适的环境，赏心悦目的奇特景观和尽兴尽致的娱乐与运动。这一切都离不开决定环境特征的主导因素——气象和气候。同理，能够造景、育景的风景气象和风景气候也会从各方面影响旅游活动。

（一）影响旅游流的时、空分布

旅游流在时间和空间上分布的不均衡性，虽然与旅游资源分布情况、交通便捷情况、居民收入水平和空闲时间等多方面原因有关，但风景气象、风景气候的影响也是一个重要的方面。不同地区（不同纬度、不同海拔、不同地形）、不同时间（不同季节、特殊年份）内风景气象、风景气候的明显差异，致使气象气候的地域差异和季节性节律变化，造成自然旅游资源的游览观光内容和旅游活动项目的地域性与旅游业淡旺季的变化节律，会引起旅游流在时间和空间上的差别。

（二）影响风景区旅游功能的发挥

相当一部分风景区旅游功能的充分发挥，与风景气象、风景气候条件有着密切的关系。风景气象、风景气候景观展示状况，在一定程度上影响了游客的观赏效果和舒适度，特别是对特定目的的游览观赏效果产生直接影响，从而影响游客的满足度。如观日出、日落景，晴天无云无雾的情况下效果最好。又如云雾景、雨景、冰雪景、蜃景、雾凇景等，达到最佳的展现状态，游客才会得到最大的满足感，才有最大的吸引力，景区旅游功能才能得到充分发挥。如黄山的云雾景、日出日落景的充分展示，会提高黄山旅游区的品位。

（三）影响景观季相变化和空间景观结构

我国气候类型复杂多样，也就使得我国存在多种类型的风景气象和风景气候旅游资源，同时也决定了我国其他自然景观类型的多样性及与之相应的人文景观的复杂性，从而更加丰富了我国的旅游资源。然而，由于我国各个地区纬度、海陆位置和地势高低的不同，形成气候地区和季节的明显差异，甚至同一地区、同一季节在不同年度也表现出一定的差异，从而使得风景气象和风景气候景观出现的季相变化和地区差异，在一定程度上影响了空间景观结构。

（四）影响旅游区布局和旅游项目的选择

风景气象和风景气候是旅游者选择游览目的地和线路的重要因素，为了适应旅游者的这种心态，旅游区布局必须与之相适应。尤其是避暑、避寒休闲娱乐景区和风景气象、风景气候景观的观赏景区的选建，必须充分考虑风景气象和风景气候条件（本来，气象和气候条件，就是景区开发的重要背景因素之一）。特别是以健身、疗养、观景为主要功能的风景的选择，应该十分注意风景气象、气候条件。旅行社在组织对风景气象、气候景观的旅游时，应切实注意掌握各地风景气象、气候条件的变化，因地

制宜、因时制宜地调整旅游项目和内容。

第二节　类型归纳及地区分布

我国风景气象、气候、天象旅游资源，大致可分为云雾景、雨景、冰雪景、霞景、旭日夕阳景、雾凇雨凇景、蜃景、宝光景八种类型。

我国著名的风景气象、气候、天象景观是：沧海日、赤城霞、峨眉雪、巫峡云、洞庭月、彭蠡烟、潇湘雨、广陵涛、庐山云雾、嘉兴南湖烟雨、江城树挂、山东蓬莱海市蜃楼。与天气、气候相关联的著名景点有：北京深秋的香山红叶、洛阳暮春的牡丹花会、杭州西湖冬季的断桥残雪和夏季的曲院风荷，以及无锡梅园、杭州孤山、南京梅花山赏梅等。

一、云雾景

薄云淡雾好似奇妙的轻纱，赋予大自然一种朦胧美。透过云雾观看风景别有风韵：景物若隐若现，模模糊糊，虚虚实实，令人捉摸不定，于是产生飘若入仙般的虚幻、玄妙、神秘之美感，给人留下充分遐想的余地。流云飞霞更是变化莫测，气势磅礴，是云雾赋予大自然的另一种景观。如果说薄云淡雾是对其他实体景观的添景，以重新构景，那么流云飞雾自身就能构成景观。自古以来描写云雾景的文章和诗赋颇多。“山无云不秀”、“山无雾不媚”，正形象地说明云雾在构景中的意义。许多名山，云雾的积聚和流动，形成瞬息万变的云雾奇观。云雾缭绕于山腰或坡谷，形成静如练，动如烟，轻如絮的云雾景观。云雾涌动时，更可见到澎湃如潮的云海翻腾奇观。这些胜景，为名山更添风采。如黄山“四奇”中的“云海”，泰山“四奇”中的“云海玉盘”，峨眉山十景中的“罗峰晴云”，天子山“四奇”中的“云雾”，阿里山“三奇”中的“云海”，东天目山八景之一的“云海奇观”，九华山十景之一的“蓬峰云海”，太白山八景之一的“平安云海”，蓬莱十景之一的“狮洞烟云”，浙江天童山十景之一的“太白生云”，庐山的瀑布云，云南大理苍山的“玉带云”等十分壮观。这些美景中，云雾多沿秀谷忽起忽落，上下飘动，谷中百花之香，自然寓于其中。

二、雨景

雨景有一种朦胧美。细雨朦胧时，举目遥望田野、青山烟雨朦胧，云雾迷漫，树木、山体忽隐忽现，村舍时隐时现飘忽迷离，山水如烟如雾，飘忽迷离，山色朦胧，其意境耐人寻味，扣人心弦，给美丽的田野、青山，增添了无限的神秘色彩，此时“雨中看山也莫嫌，只缘山色雨中添”。雨过天晴，群峰云雾缭绕，山石如洗，空气清新，山河又是一派新景象。自古以来，在我国许多地方都有雨景胜迹。峨眉山十景之一的“洪椿晓雨”，蓬莱十景之一的“漏天银雨”，鸡公山十景之一的“云头观雨”，贵州毕节八景之一的“南山雨雾”，羊城八景之一的“双桥烟雨”，北京延庆八景之一的“海坨飞雨”，湖南古潇湘八景之一的“潇湘烟雨”，济南的“鹊华烟雨”，以及江南烟雨、巴山夜雨、梅雨赏梅等，都极具观赏价值。烟雨中游漓江，游杭州九溪十八涧，给人以烟雨迷离、景物朦胧、时隐时现、浓淡相宜的一幅富有诗意的山水画，会给人留下无穷的回味和思索。

三、冰雪景

以纯洁的白色，借助其他构景因素所构成的冰雪景，有的婀娜多姿，有的栩栩如生，有的一片雪白，景色秀丽，格外诱人。冰雪作为旅游观赏内容，很受游客的喜爱。各旅游名山和风景湖泊在冰雪的装点下，格外迷人。九华山的“平岗积雪”，嵩山的“少室晴雪”，台湾八景之一的“玉山积雪”，千山龙宗寺十六景之一的“象山积雪”，燕京八景之一的“西山晴雪”，东北的“林海雪原”，长沙的“江天暮雪”，西湖的十景之一的“断桥残雪”，太白山的“太白积雪”等都是著名的雪景。

冰雪除了作为观赏对象外，还常用于发展冰雪体育运动和冰灯、冰雕节庆旅游活动。吉林松花湖青山滑雪场，是我国目前最大的冰雪联合竞赛基地。有冰城之称的哈尔滨、齐齐哈尔，每年冬季都要举行冰灯、冰雕活动，各种冰灯、冰雕，玲珑剔透，把冰城打扮成一个冰晶世界，每年都吸引着数以万计的国内外游客前往旅游。

四、霞景

霞是日落日出时阳光透过云层，由于散射作用，使天空的云层呈现出黄、橙、红等色彩的自然现象。多出现在日出日落的时候。霞光就是阳光穿过云雾射出的色彩缤纷的光芒。霞与霞光常与山地及云雾相伴随，更加美丽。霞景的主要形式有：朝霞、晚霞、彩云、雾霞等。当朝霞和晚霞与周围其他风物景致交相辉映时，常会构成一幅幅壮美的画卷。由于霞景瞬息万变，五彩迸发，对游人有极大的吸引力。我国著名的霞景有：浙江东钱湖十景的“霞屿锁岚”，鸡公山十景之一的“晚霞夕照”，江西彭泽八景中的“观客流霞”，贵州毕节八景中的“东壁朝霞”，天子山四奇中的“霞日”，泰山岱顶四大奇观之一的“晚霞夕照”等。

五、旭日夕阳景

日出日落的美妙景观已为众人所共识，观赏日出日落是人们旅游活动中极为动人的一个项目。许多游人到泰山、黄山、庐山、华山、峨眉山、九华山、崂山，以及海滨游览，观旭日东升的磅礴景色，看夕阳西下的万道彩霞，无不心旷神怡。我国著名的旭日景和夕阳景主要有：杭州西湖十景中的“雷峰夕照”，台湾八景中的“安平夕照”，九华山十景中的“巨峰旭照”，东洞庭湖十景中的“寒山落照”，毕节八景中的“翠屏旭日”，羊城八景中的“红陵旭日”，关中八景中“骊山晚照”等都美不胜收。

我国许多著名景区都有日出日落的观景点，其中著名的观景点有：黄山的玉屏楼，泰山的日观峰，庐山的汉阳峰，华山的东峰，衡山的祝融峰，峨眉山的金顶，九华山的天台，北戴河海滨的鹰角亭，钱塘江口的初阳台，普陀山的海滨等，都是我国观日出的最佳位置。而观日落则以庐山天池亭最佳。

六、雾凇、雨凇景

雾凇（树挂）是在低温的雾天里细小的雾滴（即水滴）在树枝等物体上所形成的白色而松软的凝结物。由于雾凇中雾滴与雾滴之间空隙很多，因此，雾凇呈完全不透明的白色。有的似腊梅，有的似水仙，有的如菊花，千姿百态，十分诱人。吉林松花湖下的滨江两岸，有我国典型的雾凇景，与桂林山水、昆明石林、长江三峡并称为中国四大自然奇观而享誉海内外。

雨凇是与雾凇类似的天然景观。它是寒冷时过冷却的雨滴或毛毛雨滴，碰到物体上很快冻结起来的透明或半透明的冰层。过冷却水滴只要滴落于一切温度接近零摄氏度以下的物体便立刻凝冻成雨凇。我国雨凇一般分布为南方较北方多，湿润地区较干旱地区多，山区比平原多，而以高山最多。我国峨眉山、衡山、庐山等地是雨凇出现较多的地区。

七、蜃景

蜃景（即海市蜃楼）是大气中由于光线的折射而形成的一种

气象奇观，一般常见于海湾、沙漠和山岳顶部，由于气温在垂直方向上的剧烈变化，使空气密度的垂直分布产生显著的变化，从而引起光线的折射和全反射现象，导致远处的地面景观显现在人们的眼前的一种奇异景观。我国著名蜃市景观有：山东蓬莱海边常可见到上现蜃景（远处景物影像呈止像直立于空中），庐山五老峰的蜃景，以及西域沙漠上常见的下现蜃景（远处景物影像呈倒像，倒立于地面）。

八、宝光景

宝光景（佛光）和蜃景均是大气中光的折射现象所构成的奇幻景观，是某些山岳中一种特有的自然现象。宝光出现的原理与雨后天空上的彩虹是一样的，都是云层将雾气水滴对阳光折射后分离的七色光反射到人眼中的景观。宝光景出现的条件是：天空晴朗无风，阳光、云层和人体（物体）三者同处倾斜 45 度的一条直线上，人位于云层与阳光之间。宝光景出现的次数和光环美丽的程度，因雾日的多少和空气湿度的大小而不同。我国庐山、峨眉山、泰山、黄山、华山都有宝光景的出现。一般常见于海湾、沙漠和山岳顶部。每当浓雾弥漫，日光灿烂的早上或傍晚，站在山岳顶部的岩石上，在与太阳位置相反的云雾幕上，会出现自己的身影，外面绕以巨大的彩色光环，这就是“金顶佛光”。“光环随人动，人影在环中”的景色之美，令人赞叹不绝。由于各山岳的具体环境条件不同，“宝光”出现的次数及美丽程度也不同。四川峨眉山云雾天数较多，湿度大，而且风速最小，云雾少变，所以宝光也最美妙精彩，出现的次数也最多。连云港海州湾、渤海长岛、北戴河东峰山、蓬莱市蓬莱阁、庐山五老峰以及塔克拉玛干沙漠等地，都是观看宝光蜃景的最佳地点。尤以蓬莱阁观看的宝光、蜃景次数最多，最奇幻。

思考与练习

1. 风景气象、气候旅游资源有何特点？对旅游活动有何影响？
2. 中国气象、气候旅游资源有哪些类型？举例说明各类主要资源的分布。
3. 你所在的省（市）有哪些著名的风景气象、气候景观。

第七章　中国观赏生物旅游资源

【学习目的】　要求了解观赏生物旅游资源的含义及其与旅游的关系，掌握观赏生物旅游资源构景因素和旅游功能，熟悉观赏植物旅游资源和观赏动物旅游资源的类型及其地区分布。

【基本内容】

- **概念论述**

  观赏生物旅游资源的含义；观赏生物与旅游的关系。

- **构景因素和旅游功能**

  观赏生物旅游资源的构景因素；观赏生物的旅游功能。

- **类型归纳及地区分布**

  观赏植物旅游资源的分类；观赏动物旅游资源的分类。

- **自然保护区的开发与保护**

  自然保护区；自然保护区的旅游开发。

第一节　概念论述

一、观赏生物旅游资源的含义

陆地上的名贵花木（如我国的金钱松、台湾杉、水松、杜仲、香果树、银杏、珙桐、银杉、铁杉、水杉、牡丹、芍药、月季、菊花、兰花、莲花、海棠、山茶、水仙、梅花）和珍禽异兽（如我国的熊猫、金丝猴、白唇鹿、白鳍豚、扬子鳄、扭角羚、褐马鸡、丹顶鹤、黑颈鹤、东北虎、豹、麝、红嘴相思鸟、猴面鹰、穿山甲等），海洋里的珍贵稀奇、形姿多变的生物（如珊瑚、海葵、“海中之王”鲨鱼、“海中之狼”虎鲸、海豚等），不但具有很高的观赏价值，而且具有很强的考察研究价值。随着现代旅游事业的蓬勃发展，人类旅游活动观赏利用的对象已不仅局限于山水风光，生物中有一部分已成为人类旅游活动的利用对象。它们以自身独有的美学观赏性吸引着旅游者，与地理环境中的地质、地貌、水文、气候等要素，共同组成自然旅游资源总体系。所以，那些具有旅游观赏、科考价值，能吸引旅游者，能为旅游业所利用，并由此而产生经济和社会效益的动植物，称之为观赏生物旅游资源（由观赏植物旅游资源和观赏动物旅游资源组成）。它是自然旅游资源总体系中最富有特色、最具有生机的类型，也具有部分人文造景因素，比其他自然旅游资源具有更多的旅游功能。动植物种属和数量繁多，可以适应不同的生存环境，又有各自的生态、习性、色彩、造型等特征，可以满足人们各种观赏目的和娱乐、狩猎、考察、疗养旅游的需要。

二、观赏生物与旅游的关系

生物的存在与人类环境和经济文化生活有着极其密切的关系。我国有许多世界上特有的名贵树种、奇花异草和珍禽异兽，生物旅游资源丰富多彩。随着旅游业的发展，这些生机勃勃的观赏生物以其特有的方式作用和影响着旅游业的发展。

观赏生物具有构造、成景和造景的作用。观赏生物以其美化环境、装饰山水的功能而成为构成旅游景观的重要组成部分。观赏生物以其本身的美学价值引起人们的美感，吸引游客探索大自

然的奥秘，形成旅游景观。观赏生物进行空间移置后，可以在新的空间创造出新的具有旅游价值的景观。观赏性生物旅游资源吸引功能的发挥，可以形成赏花、观鸟、狩猎、垂钓、科考、森林旅游等生态旅游项目。

（一）观赏生物是自然旅游景观不可缺少的组成部分

作为旅游资源的地带性植物及栖息在内的动物，是各地区最富有生气的自然风光组成部分，构成山水风景的景观基调和风景区的容貌。观赏生物是自然风景中非常活跃的因素。动物的奔腾飞跃、鸣叫怒吼，植物的开花结果、摇曳偃卧及其在风雨中的低吟高唱，都使得景观充满勃勃生机，具有动人的魅力。以山水为主体的风景区若没有观赏生物的风景，则景区将失去活力，失去风采，也失去魅力。以历史古迹为主的人文景区，若缺少了生物风景，将会显得悲怆凄凉，而一个鸟语花香、树木苍翠，百花盛开的景区，则会使游人精神振奋，轻松愉快。观赏生物既是风景区的容貌，又是风景区的灵气。“青城天下幽”就是指深山峡谷中茂密的树木花草，加大其景深层次，使人产生幽深、恬静的美感。又如“峨眉天下秀”，就是秀在茂密植被所构成的色彩葱绿、线条柔美的景观特色。“山清水秀”，“鸟语花香”所形容的都是由生物美化环境的功能及所具有的生命活力所构成的美景。青岛崂山的奇花异草，福建漳州的百花村，湖北保康的野生腊梅区，贵州的天然杜鹃林区等地，花开季节，花影婆娑，暗香浮动，极富神韵。

具有独特美学价值和功能的风景树林，也能构成旅游胜地。如衡山、庐山、三清山的“林海松涛”，已建成康复度假中心；浙江天目山，利用其茂密树林建成“森林医院”和“森林浴场”，张家界辟为我国第一个“国家森林公园”，已成为旅游观光和度假热点；具有“植物王国”和“动物王国”称誉的西双版纳，已成为观光旅游和科考旅游胜地；黑龙江桃山和湖南五盖山，利用深山密林中的多种野生动物，开辟为我国两个最大的狩猎场；四川长宁、江安“蜀南竹海”，浙江“安吉竹海”、湖南“益阳竹海”，各以其幽奇、秀雅的竹海风光，成为旅游胜地，苏州邓尉梅林、南京梅花山、桃江桃花山等，一直是人们怡心赏花的好去处。

（二）观赏生物具有明显的衬景作用，可以创新旅游景观

各种自然和人文旅游景区，如果没有观赏生物为背景，就会显得单调，景观就将失去生机。实际上，没有树木花草的山是不可能成为名山的，也不可能有寺庙观庵；没有树木花草的园林不可能有很大的吸引力。郁郁葱葱的名树古木，万紫千红的名贵花卉，种类繁多的珍禽异兽，可以把风景装点打扮得更加美丽动人。观赏植物在园林造景（使用夹景、障景、隔景等手段）中起着十分重要的作用。

观赏生物可以以其固有的生命节律，表现出变化多端的四时景观，令游客耳目常新。例如观赏树木花卉可根据需要更改创新，通过组合拼装，组成花海、花柱、花钟；通过修剪嫁接，组成伞树、扇树、塔树；通过栽培雕琢，塑造成各种盆景、根雕和叶雕等，可以有效地提高景区的观赏、娱乐、研究价值。

（三）观赏生物便于开展教学科考等专项旅游，扩大旅游者的视野

观赏生物种类众多，如观赏植物有：观花植物、观果植物、观叶植物、观形植物、奇特植物、珍稀植物、国花市花、古树名木等；观赏动物有：观形动物、观色动物、观态动物、听声动物、迁徙动物、珍稀动物等。人们在旅游过程中，通过观赏这些珍奇生物，了解它们的特征，可以得到丰富的知识。更重要的是可以组织专项旅游（野外实习，教学科考等），通过采集植物标本，动物摄影等，获得较系统的关于植物、动物方面的知识。还可以通过对古树名木、奇花异草、国花市花的研究，获得有关历

史、地理、文化、气候等方面的知识。

（四）观赏生物可以创造新的旅游景观，有利于促进生态旅游的发展

人们可以根据观赏生物分布状况，对其所在地区进行有效的保护；可以根据生物的特征，将野生动物驯化后进行空间移置，就会在新的空间创造出新的具有旅游价值的景观；通过人工营造环境，将各地的观赏性动植物活体汇集一园，形成具有较高研究、观赏、娱乐价值的植物园、动物园；根据生物可驯化性和空间位置可移置性特点，通过野生动物驯化、饲养和植物移置形成田园旅游风光，发展现代农业旅游、农家乐旅游等，满足人们返璞归真、回归大自然的生态旅游的需求。深圳等地的野生动物园，西双版纳、海南、厦门、广州等地的热带植物园，北京、鞍山等地的温室植物园，都很受游客欢迎。河南洛阳的牡丹节，广东中山市小榄镇的“菊花会”，深圳和从化等地的“荔枝节”，大连的“槐花节”等都成为当地的旅游盛会，取得了良好的效果。

第二节　构景因素和旅游功能

一、观赏生物旅游资源的构景因素

（一）观赏植物的构景因素分析

1. 色彩

观赏植物的茎、叶、花、果都有不同的色彩，可给人以多种色彩美，特别是花的色彩更是迷人。树木的翠绿，能给人一种生机勃勃、春意盎然之感。春观花，秋赏叶，其乐无穷。

2. 形态

观赏植物种属多，形态各异，本身都具有天然形态美（如花姿之俏，树形之美)，形成各种景观（如各种花卉景观、各种观赏树木景观)。如果通过嫁接、培育等技术，还可以创造出各式各样的奇态，以增加其观赏价值。

3. 香味

有些植物的花、果、叶、茎能够发出各种香味，吸引游人。我国可供开发的香料植物很多，其中以云南最为著名，不仅数量多，而且品种独特。不同花卉更是可以发出各种香味，最能吸引游人。

4. 古幽

百年、千年古树，由于其年代古老，形态奇特，且都留有历史传说，具有较高的观赏价值和研究价值。特别是那些知名度较高的古木，大多都是名人所植，且有许多典故和传说。古木往往和人文资源紧密结合。一棵古树往往包含着一段古老的历史，或一个有趣的故事，构成一个自然景观与人文景观相互交融的旅游景点，从而更具吸引力。

观赏植物造景功能还表现在能使景区产生幽深、幽静的感觉。例如树木茂密，视线不能穿透，给人以幽深之感，再配以深谷，意境更深；茂密林木遮住光线，形成浓阴，能给人以阴凉之感；绿色林木在景区造景中能充当背景色彩，其他景物（寺庙、奇石、流泉、飞瀑、花卉等）形成点缀。在绿色背景上点缀其他绚丽色彩更能突出主景色调，使整体色彩更加和谐美观。

5. 奇异

奇花、奇草和奇树，对游人具有强烈的吸引力。如胡杨树，树干会溢出碱块，可加工肥皂等。又如山阴县有一株三层果树，上层是桂花、松柏，中层是核桃、大枣、橘子，下层是石榴、桃。奇花、奇草更是举不胜举。就是原始森林、次原始森林也会引起游客极大的兴趣。

6. 森林浴

森林具有清新的空气、静谧的环境和悦目的色彩，有利于人的健康，具有特殊的治疗功能。近年来，森林浴（登山观景、林中逍遥、荫下散步等，广泛接触森林环境的活动）绿色旅游等项目悄然兴起，并越来越受到人们的兴趣。

（二）观赏动物的构景因素分析

动物的生活形态各不相同，有的轻柔可爱，有的勇猛威武，有的滑稽可笑，有的经过驯化后可进行惊险有趣的表演，有的色彩艳丽奇特，有的鸣声悦耳，都能给人以欢愉。

1. 奇异性

脊椎观赏动物的奇特性是十分明显的。人们多以鸟类和哺乳类为猎奇对象。

奇异的两栖爬行类观赏动物主要有蛙、蟾、鲵、蛇、蟒、鳄、龟等。我国扬子鳄被誉为动物的“活化石”。大鲵（娃娃鱼）主产于南方各省的山涧清流中。辽宁大连的蛇岛有“蝮蛇王国”之称，有时一棵树上可见到20多条。福建武夷山是我国毒蛇的故乡，共有蛇类75种。

奇鸟　奇形、奇色、奇声、奇怪的习性是观赏鸟的基本吸引源。我国最具有价值的观形鸟类主要有：丹顶鹤（仙鹤）、芙蓉鸟（金丝雀）等；最具价值的观色鸟类有：红嘴相思鸟、黄鹂绣眼、孔雀等；最具价值的听鸣鸟类有：画眉、百灵、鹦鹉、鹩哥等。

奇兽　兽类的奇异形态、动作、习性等，是兽类的重要吸引要素。我国的东北虎是世界上体形最大的虎。金丝猴是猴类中毛色最漂亮的一种。长臂猿，是出色的“歌唱家”。大熊猫、猕猴、黑熊等，或动作笨拙，或动作敏捷，或滑稽可笑，或姿态优美。

奇鱼　观赏鱼中的金鱼，有各种体态和各种颜色，极受人们的喜爱。海洋鱼类中极具观赏性的奇鱼很多，对人们具有特别的吸引力。

非脊椎动物的奇特性虽然表现较少，但蝴蝶、珊瑚类的奇异性，引起游人的极大关注。珊瑚具有各种颜色，红色最为人们喜爱。珊瑚虫遗体堆积形成的珊瑚礁对游人极具吸引力。各种形态和各种颜色的蝴蝶以姿色取胜，常被人们称为“会飞的鲜花”、“春天的使者”。我国台湾高雄、台东、屏东等著名的“蝴蝶谷”，数十万乃至数百万只彩蝶排列成长虹状，蔚为壮观，每年都吸引着成千上万的游客前往观赏。蝴蝶还可以制成标本，举办蝴蝶标本展览馆，让游人观赏。

2. 珍稀性

特有的、稀少的、濒于灭绝的动物已成为人们注目的中心。这类动物集观赏价值和保护价值于一体，显得格外珍贵。我国这类观赏动物很多，最重要的有：分布于峨眉山的“弹琴蛙”，亚热带山区涧溪中的娃娃鱼，爬行类中的扬子鳄、鳄蜥、象龟，鸟类中的褐马鸡、朱鹮、丹顶鹤、鸳鸯、绿孔雀、天鹅等，兽类中的大熊猫、金丝猴、东北虎、白唇鹿、犀牛等。

3. 表演性

某些动物通过驯养，具有表演功能。如马戏团里的猴子、熊猫、狗、大象、羊、熊、骏马等的表演，鸟语林中的各种鸟类表演，水族馆中的各种动物（如海豚、海豹、鲸鱼等）的表演等，对游人富有吸引力。

4. 造园性

观赏动物驯化后移于一处，建立动物园、天然动物园、水族馆、鸟语林等，有的建于旅游城市，有的建于旅游景区，具有较高的探奇、观赏、娱乐、科考价值，都能吸引大量的游客。

二、观赏生物的旅游功能

（一）观赏植物的旅游功能

观景植物在风景区中以其五彩缤纷的色彩，千变万化的形

态，千滋百味的芳香，构成山水的肌肤，使山更青，使水更秀。高大的古树能产生雄伟苍劲与永恒的景观效应；松、柏、杉类林给人以挺拔、坚强之感；柳树、榆树则显得柔和多姿；棕榈、竹林有洒脱的景观效应。色彩的景观效应主要是由花的季相所产生。植物的芳香还能扩大对景观的观赏面。

1. 观赏功能

观赏植物的观赏功能是多方面的，主要表现在风采美、珍稀美、寓意美、奇特美和绿雕美几个方面。

（1）风采美　观赏植物的风采美主要包括形态、色态和幽香等美学特征。观赏植物的形态多姿多彩，或雄伟挺拔（如杉、红桧等），或亭亭玉立（如荷花、水仙等），或苍劲古拙（松、柏等），或雍容高雅（如牡丹、兰花等），或婀娜多姿（如垂柳等），或清姿瘦节（如文竹等）。观赏植物的色姿更是五颜六色，有的四季常绿（如松、柏等），有的洁白如雪（如梨花、杏花、李花等），有的灿烂似黄金（如某些菊花），有的彤彤红火（如石榴花、木棉花、扶桑花等），有的蓝似苍穹（如丁香、矢车菊等），有的斑驳陆离（如斑竹、五色梅）。花卉最富瑰丽色彩，红、白、蓝、橙、紫，各色皆有，而且每种颜色还有深浅之分。有的花卉还有几种颜色。观赏植物的香味也有多种，例如茉莉香、檀香、果香等。人们通过观其形，看其色，嗅其味，可以领略观赏植物的风采美。

（2）珍稀美　“物以稀为贵”，观赏植物旅游资源也是如此，越是珍稀越具有审美价值，越能激发游客的观赏兴趣。由于珍稀观赏植物一般人难以见到，能得以见到，本身就是一种美好的享受。珍稀植物与一般常见的植物相比，在形、色、香、韵等方面均会表现出各自独有的特征。如水杉树干挺拔，老枝横生，小枝下垂，枝条层层舒展，其形高大如塔。又如金钱松，叶成条形，扁平柔软，在长枝条上呈螺旋状散发，在短枝上簇生辐射平射，形似铜钱，秋后呈金黄色。水杉、银杏、银杉、金钱松、台湾松、水松、珙桐、杜仲、香果树等被称为是“活化石”的物种，本身的珍稀性就具有重要的科学价值和观赏价值。

(3) 寓意美　在我国的传统审美中，“自然的人化”现象非常明显，把爱、憎等感受寄托在动植物上。所以，不同国家（地区）不同民族在长期的审美活动中，对某些植物形成了公认的相当明确的寓意，这类寓意深刻、传统色彩浓厚的观赏性植物，都能寄托相应的思想情感，最易使人获得丰富的意境和多种美感。如在我国，水仙表示圣洁之意，玫瑰表示爱慕之情，松柏表示坚贞不屈，腊梅表示独傲霜雪，竹子表示节高谦恭，牡丹表示富贵荣华，兰花表示隐逸君子，石榴表示兴旺发达，荷花表示洁身自好，菊花象征仁人志士，迎春花象征报春使者，万年青表示青春常生，昙花表示好景不长，桂树表示才华冠群，茶花表示欣欣向荣，等等。我国古人把一些名贵花草寓意为“岁寒三友”（松、竹、梅)、“四君子”（梅、兰、竹、菊)、“花草四雅”（水仙、兰草、菖蒲、菊花)、“园中三杰”（玫瑰、蔷薇、月季)，以及各有称誉的“十大名花”（花王牡丹、花相芍药、花中皇后月季、花中隐士菊花、空谷佳人兰花、花中君子荷花、雪中高士梅花、花中仙女海棠、花中妃子山茶、凌波仙子水仙)。许多国家还把某种花或树定为国花、国树，以表达人们的情感，寄托民族的理想，作为民族的象征。由于宗教的原因，有些花、树被视为“神花”、“神树”，于是带上了宗教的色彩，不仅受到宗教保护，而且寓以特殊的观赏内涵，成了与宗教旅游相互借鉴的观赏对象。

(4) 绿雕美　观赏植物在人工精心雕塑下可形成绿雕美。它既具有一般雕塑的形象美，又有植物的构景特点。例如景区内、园林内，由观赏植物或花卉组成的各种图案（如有的像花篮，有的像动物，有的如字幕，也有巨形树、绿色塔、花钟报时等绿色

建筑)，成为很好的点缀景，显示了造型绿雕的独特美。观赏植物与建筑物结合，可以塑造绿墙、绿篱、绿桥等造型。

2. 造园功能

观赏植物本身就可以造园，如我国许多城市市郊的植物园。例如北京植物园以展示我国东北、西北、华北地区植物资源为主，并兼顾部分华中、华南地区亚热带、热带观赏植物，建有松柏区（有常绿针叶树 50 余种，苍翠挺拔，生机盎然）和牡丹园、蜜桃园、丁香园、木兰园、宿根花卉园、集秀园等十几个专类花园，有牡丹 4000 余株，280 多个品种；芍药 2000 多墩，150 多个品种；竹子 30 余种；绿筠万竿；各种花卉几十种。还有异国的樱花，罕见的水杉，古老的银杏，千年的古柏等。各大园风格迥异，各具特色。各园内树木葱茏，鲜花争艳，花木扶疏，流水潺潺，景致清幽。整个植物园自然景观与人文景观相得益彰，互相烘托，是游览、观赏、消遣、娱乐、科考的理想场所，已经成为北京著名的旅游景点。某种观赏植物还可以单独造园，如南京紫金山风景区中的梅花山风景点，湖南桃花源（以桃花为主景），许多地方的竹园、原始森林保护区或次生林保护区等。各种综合性和专门性的植物园、风景点，把多种不同的观赏植物或同种不同色彩、不同形态的观赏植物集中起来，以供人们参观游览和科学研究。北京植物园、杭州植物园、厦门植物园、深圳植物园、广州热带植物园、云南热带植物园等，都是我国著名的植物园。在皇家园林、私家园林构景中，观赏植物起了很大的作用。植物是园林中不可缺少的因素，虽然每个园林中植物所占的比重不同，但任何园林都需要利用观赏植物的配置去表现某种特殊的观念，制造特殊的意境。树木、花草在园林夹景、隔景、障景等构景中是必不可少的。

总之，观赏植物旅游功能的充分发挥，可使人们从中获得风采美、珍稀美、幽静美、悠古美等多种美感。因此，合理开发和利用观赏植物旅游资源，对于促进旅游业的发展具有重要意义。

（二）观赏动物的旅游功能

1.观赏功能

观赏动物的珍稀性、表演性和特殊的寓意性，成为人们游览观赏活动的重要内容之一。人们在观赏中可以获得奇特美、寓意美、逗乐美等多种美的享受。

奇鸟、奇兽、奇鱼等观赏动物形态、体态、生态各具特色。有的色彩斑斓，有的习性有趣，有的珍稀少见，有的形态奇怪。如有黑白条斑排列，极具韵律的斑马；有圆形褐斑均匀撒落在黄色皮毛上的金钱豹；有黑背白腹的企鹅；有红色只点顶的丹顶鹤；有体形雄伟给人以王者气概的虎；有四脚修长、头部高昂的长颈鹿；有体态丰满圆润、性格温顺的大熊猫等。还有一些观赏动物的神奇表演，既可以满足游客的好奇心，又可以满足游客的游玩乐趣要求。

2.造园功能

与观赏植物一样，动物也有造园功能。建造各类动物园，这是发挥动物观赏功能的另一种途径。人工动物园多建在城市或城郊，便于市民就近观赏。如上海动物园汇集世界各地具有代表性的动物和珍稀动物200余种，一万多头（只）。其中有我国一级保护动物大熊猫、金丝猴、华南虎、亚洲象等，还有来自国外的长颈鹿、斑马、羚羊、白犀牛等。园内分为食草动物放养区、食肉动物放养区、散养动物区、水禽湖和珍稀动物圈养区，还有百鸟园、蝴蝶园、动物幼儿园、动物表演场和骑马、骑骆驼等娱乐场，构园合理，富有情趣，充分展示动物构园造景的旅游功能。水族馆和海底公园是现代城市富有魅力的游览地。深居内陆的人们可以不用漂洋过海，就能看到活生生的水族，饱览海洋风光，了解海底世界。野生动物园是一种对动物半开放的动物园，动物可以在面积广大的园内自由行走，追逐食物，游人乘封闭车可以观看各种观赏动物。目前，我国许多野生动物园都有食草动物放养区、食肉动物放养区、火烈鸟区、散养动物区、水禽湖、珍稀动物圈养区和百鸟园、蝴蝶园、动物表演场，既可观赏动物，还可以亲近动物，观看动物表演和骑马、骑骆驼等娱乐项目，为游客游园增添乐趣。

第三节　类型归纳及地区分布

我国珍稀动植物，以其珍、奇两大特点为世界人民所称道。我国有高等植物 27150 种，隶属于 353 科，3184 属，其中 190 属为我国所特有。现有国家重点保护的珍贵树种主要是银杉、水杉、秃杉、紫檀、降香黄檀、格木、蚬木、金丝李、铁力木、珙桐、红桧、红杉、黄松、楠木、花榈木、红椿、麻楝、金花茶、青皮、银杏、石梓等 30 余种。红松主要分布在长白山和小兴安岭。银杉主要分布在我国亚热带地区，广西花坪林区和四川南川的金佛山有天然银杉疏林 400 余株。珙桐主要分布在贵州、湖北、云南、湖南等地，贵州梵净山有天然珙桐林分布。水杉是一种古老的稀有树种，被誉为“活化石”，主要分布在湖北等地。银杏亦有“活化石”之称，主要分布在四川和广西。

我国有国家一类保护动物 68 种，二类、三类保护动物近百种。大熊猫、金丝猴、白唇鹿、褐马鸡、黑颈鹤、黄腹角雉、扬子鳄、丹顶鹤、白鳍豚、东北虎等，都十分珍贵。大熊猫目前仅在四川的邛崃山、岷山及秦岭南坡有少量分布。金丝猴主要生活于四川中部、贵州、云南、甘肃、陕西南部和湖北西部。丹顶鹤主要分布在黑龙江芦苇沼泽和塔头苔草地。白鳍豚生活在长江中游。东北虎主要在大、小兴安岭一带。

一、观赏植物旅游资源的分类

在生物界中，植物的美、特、稀、韵的特征使其成为自然界中最具吸引力的旅游资源之一。根据观赏植物的美学特征，可将观赏植物旅游资源分为观赏植物、奇特植物、珍稀植物和风韵植物四大类。从植物的集合体来看，还有森林旅游资源和观光农业旅游资源等。

（一）观赏植物

我国观赏植物资源丰富，花卉的数量居世界首位（南美、西欧、北美分别在世界第二、三、四位）。珍稀古树数量居世界第二位（美国、印度、马来西亚分别居第一、三、四位）。

根据观赏植物中最具美学价值的器官和特征，可以将其划分为观花植物、观果植物、观叶植物和观枝冠植物。

1. 观花植物

花是植物最美、最引人注目的器官，也是人们观赏的主要对象。花色、花姿、花香和花韵为观赏花卉的四大美学特征。若同时具备这四大特征的花卉则观赏价值最高。我国奇花异卉不计其数，有草本、木本、一年生、多年生和藤本、附生等植物的花卉。最具观赏价值的是中国十大名花（牡丹、芍药、月季、菊花、兰花、荷花、海棠、山茶、水仙、梅花），还有许多市花（杜鹃花、刺桐花、瑞香花、迎春花、丁香花、石榴花、白玉兰花、玫瑰花、桂花、木棉花、芙蓉花、紫薇花、茉莉花、君子兰、琼花等）。我国各种花卉分布虽然表现出一定的地域性，但总的说来分布是相当广泛的。如天津、郑州、大连、常州、宜昌、衡阳、平顶山、蚌埠 28 个北方和南方城市都选月季花作为市花。青岛、长沙、无锡、九江、丹东、嘉兴、珠海、三明等 10 多个城市均选杜鹃花作为市花。茶花、玫瑰花、菊花、梅花也分别都有多个城市选其作为市花。

2. 观果植物

成熟的果实以其色彩、形态和香味吸引游客。果实的色彩是多种多样的，以红色、紫色为贵，如荔枝、苹果、樱桃、桃、李、山楂等，黄色次之，如橙、杏、梨等；果实的形态各异，有多种形状，大小不一；果实味道甜、酸、香各具风味。享誉世界的十大名果：榴莲（果中之王）、西瓜（瓜中上品）、中华猕猴桃（超级水果）、梨（百果之祖）、苹果（记忆之果）、葡萄（水晶明珠）、荔枝（果中皇后）、柑橘（美味佳果）、香蕉（长腰黄果）、菠萝蜜（薇花巨果），集色、形、味于一体，备受人们青睐。

3. 观叶植物

观叶主要观叶色和叶形，绿色虽为叶之本色，但有不少植物叶色随季节变化而变化，具有一定的观赏价值。特别是温室、庭园栽培的彩叶观赏植物，最富有色彩，也最具魅力。古人有“看叶胜看花”的诗句，今人有“人们喜花，更爱叶”的说法。

季相观叶植物进入秋季，叶色多会渐变为红、红紫、黄、橙黄等各种颜色，其中尤以红色最具观赏价值。深秋赏红叶已成为人们的爱好。我国各地都有季相观叶植物，如黄栌、乌桕、枫树、柿树、漆树、卫予、丝绵树、连香木和黄连木等。北京香山、南京栖霞山是红叶最佳观赏地。

栽培彩叶植物根据其色彩分布的位置和色彩搭配的情况，可分为彩缘观叶植物（绿叶边镶有彩边缘，美在叶缘，如银边八仙花、镶边锦江球兰、常春藤、红边朱蕉、紫鹅绒等）、彩脉观叶植物（叶脉有色彩，美在叶脉，如银脉蛤蟆草、银脉凤尾蕨、银脉爵床、白网纹草、金脉爵床、黑叶美叶芋、彩纹秋海棠、花叶芋等）、斑叶观叶植物（叶色基调上有其他色彩的色斑，色斑有点状、线状、块状多种形状，如洒金——叶兰、细叶变叶木、黄道星点木、斑马小凤梨、条斑一条兰、金心常春藤、虎耳秋海棠等）和彩面观叶植物（美在整个叶面，其色彩极为丰富，有的一个叶片上有几种色彩组合，光彩照人，如三色虎耳草、彩叶花、七彩朱蕉等）。栽培彩叶植物在公园、园林随处可见，许多景区也将其作为布景点缀。

4. 观枝冠植物

树木的枝冠之美主要由树冠外形和棱序角决定。树冠形态各异，通常有塔形、伞形、球形、水平形、下垂形、被覆形等。其中塔形（如冲天柏）、下垂形（如垂柳）、水平形（如雪松）具有极高观赏价值。如雪松被誉为“风景树的皇后”。

（二）奇特植物

奇特植物是指那些与一般植物不同的植物，往往具有某些奇特之处，或是地球绝无仅有的。有时也指那些最高、最古老、花果独特的植物（即世界之最的植物）。对生活在不同环境条件下，某种植物对当地居民来说是习以为常的，而对其他地区的居民来说则是难以一见的，这种植物对某些人也可以说是奇特植物。世界上著名的植物很多，如奶树（能分泌“奶汁”的树）、面包树（能结“面包”的树）、糖槭（流“糖浆”的树）、印度尼西亚的大王花（最大的花）、孟加拉的大榕树（树冠最大的树）、澳大利亚的杏叶桉（最高的植物）等。

我国奇特植物也很多，例如有“活化石”之称的世界最古老的树种——银杏（远在2亿7千多万年前银杏就开始出现，与恐龙一起称霸一时，而今恐龙早已绝迹）；分布在南方的最小的有花植物——微萍（花小如针尖，只有在显微镜下才能观察到）；生长在云南的独叶草（称之为“最孤单”的植物，孤单到“独花独叶一根草”）。

（三）珍稀植物

由于生存环境的变化，有的植物不断减少，有的物种不断灭绝，保留下来的珍稀濒危植物既是人类保护的对象，又具有极高的旅游价值。这类具有独有特征的植物珍品，我国视之为国宝。

如我国特有珍稀树种水杉、银杏、鹅掌楸，被列为世界三大“活化石”；西双版纳发现热带雨林巨树——望天树（最高达80米以上），湖南芷江一株重杨树，树阴如盖，明代就列为“沅州八景”之一；广西南宁发现的稀世山茶之宝——金花茶；黄帝陵前具有5000多年历史的“轩辕柏”（相传为黄帝手植）和2000多年的“挂甲柏”（相传汉武帝挂过战甲）；孔庙内2000年以上的“孔子桧”（相传孔子手植）以及千年树龄以上的“五大夫松”（秦始皇登泰山所封赐）、“剑阁柏”（张飞手植）、“系马槐”（赵匡胤系过马）、“遮荫侯”（乾隆皇帝赐封）；河南嵩阳书院三棵周柏（传说汉武帝游嵩山时戏言封之为“大将军”、“二将军”、“三将军”，三将军柏明末毁于火，今存两株）；台湾阿里山具有3000多年树龄的“神木”红桧树（高52米，树围23米，直径4.5米）；庐山“三宝树”（一棵银杏，两棵柳杉，柳杉高达40米，据说是1500年前高僧昙诜所植），湖南城步有株有1600年历史、高近30米的“杉树王”；黄山的迎客松；湖北九宫山的含羞松；台湾海峡的海柳；北京古娑罗树；浙江普陀山的“圣树”鹅耳枥等，都极为名贵，我国许多寺庙、陵园、古宅及风景名胜区还保存着许多古树名木。我国还有一类保护植物银杉、珙桐、桫椤、水杉、望天树，秃杉等及147种二类保护植物和212种三类保护植物等。这些珍稀植物除了具有科学研究价值外，也具有科考旅游极高的观赏价值。

（四）风韵植物

不少植物的叶、花、果、枝和整个植株都有其独自的风韵（有叶之风韵、花之风韵、果之风韵、枝之风韵和树之风韵），其中最具风韵的花，最受人们青睐。有些名贵花被选为“国花”或“市花”，成为一个国家或一个城市的精神象征。还有一些植物以其蕴藏的吉祥之意为人们传情送意。如松树表示坚贞，松、竹、梅表示高尚，柏树表示常青，梅花表示高洁，红豆表示思慕，柳

树表示依恋，椿树表示长寿，竹子表示潇洒等。

我国各种观赏植物构成了许多美妙的景观。如贵州百里杜鹃林带（是我国目前发现的最大成片天然杜鹃林区，林中有罕见的百合杜鹃、青莲杜鹃、紫玉杜鹃等20多个杜鹃品种）、青岛崂山的奇花异草、福建漳州的百花村、黄山的迎客松、湖北九宫山的含羞松、蜀南的竹海、浙江安吉的竹种园、台湾海峡的海柳、北京的古娑罗树、浙江普陀山的“圣树”等，都是著名的旅游景观。

（五）森林旅游资源

我国幅员广阔，自然条件复杂，生物种类丰富，群落类型繁多，森林旅游资源特别丰富。在我国广袤的林区里，分布着众多的高等植物。从北国霜天的长白山到热带风光的西双版纳，从丹霞风貌的武夷山到林泉辉映的九寨沟，已建立100多个国家级森林公园，自然景观千姿百态，历史遗迹丰富多彩，对游人充满神奇的魅力，是游客登山野营、骑马打猎、采集标本、科学考察、休闲疗养、观光娱乐、陶冶情操、回归自然、体会返璞归真的乐趣、增进身心健康的好去处。

（六）观光农业旅游资源

我国是个农业大国，农业门类繁多，资源丰富，类型多样，原始野趣浓，地域特色和民族特色均很显著，具有发展观光农业得天独厚的条件。这里有风景如画的田园风光，富有民族特色的乡村农舍，热情友好的村民服务，别有趣味的农家乐旅游项目，如观赏型系列（蔬菜观赏园、瓜果观赏园、花卉观赏园、编造工艺观赏中心）；品尝系列（野菜品尝中心、瓜果品尝中心、山珍水产品尝中心）等；购物系列（农产品购物中心、山珍野果购物中心等）；服务活动（摘瓜果、捕捞等），都是人们喜爱的项目。观花赏花、园艺习作、农园采摘、渔场垂钓、农业大观园都是极富潜力的旅游资源。住农舍、吃农家饭、干农家活，突出“农味”、“野味”、乡土气味，保持富有特色的农业风光和原汁原味的生活方式，让游客尽情体验乡野之趣，田园之乐。

二、观赏动物旅游资源的分类

不少动物具有美学观赏价值和科学考察价值，成为重要的旅游资源。根据审美角度，可分为观赏动物和珍稀动物两大类；根据动物旅游资源的构景因素，可分为奇特动物和表演动物两种。

（一）观赏动物

观赏动物是指动物的体态、色彩、姿态、音色等方面的特征能引起人们美感的动物。根据观赏动物的主要美学特征，可将其分为观形动物、观色动物、观态动物和听声动物。

1. 观形动物

动物的体形千奇百态，各具特色，特别是一些体形奇异的动物，能给人以一种美感。如东北虎体形雄伟，誉称“山中之王”给人以王者之气概；雄狮体形高大，其王者风范一点也不亚于虎；长鼻子大象给人以沉稳之感；麋鹿似马非马，似鹿非鹿，似牛非牛，似骆驼非骆驼的“四不像”体形更是耐人寻味，极具观赏价值。

2. 观色动物

许多动物能以其斑斓的色彩吸引旅游者。如北极熊雪一般的白色绒毛给人以洁白无瑕的感觉；黑叶猴闪亮的黑色如乌金一般；金丝猴全身金黄色毛，金光闪闪；丹顶鹤、孔雀、鸳鸯、斑马、坡鹿、各种色彩的鸟类、各色蝴蝶，极富韵律协调的色彩和五彩缤纷的色彩，更让人陶醉。

3. 观态动物

动物的行为能够引起人的美感。孔雀开屏之美丽，熊猫行走之憨态，雁过蓝天之整齐，猿猴攀岩之灵巧，鱼游水中之自在，猛虎下山之威武，常令人赞叹不已。猴、熊、狗、鸟类、海豚等动物表演，更是叫人捧腹。

4. 听声动物

不少动物发出的悦耳声能激发人们的听觉美。如夜莺之鸣声，悠扬婉转、娓娓动听；黄山八音鸟之鸣声，音色清脆悦耳；峨眉山万年寺的弹琴蛙，叫声如委婉动听的古琴声；鹦鹉学舌更是讨人喜爱。

（二）珍稀动物

珍稀动物由于现存数量极为稀少，具有极高的社会价值、科考价值和观赏价值。特有的、稀少的、濒于灭绝的珍稀动物，往往引起旅游者的极大兴趣。我国珍稀动物品种较多（珍稀保护动物居世界第一位，南美、美国、非洲分别居第二、三、四位），现有一类保护动物 68 种，二类保护动物 53 种，三类保护动物 27 种。其中大熊猫、金丝猴、白鳍豚和白唇鹿被称为四大国宝动物。大熊猫主要分布在湖北、甘肃、四川、陕西等省的崇山峻岭中。金丝猴主要生活在我国部分海拔 1400～3000 米的高山密林中，在神农架等地建有金丝猴自然保护区。白唇鹿主要分布在青藏高原黄河源头巴颜喀拉山北麓的鄂陵湖和扎陵湖地区。东北虎、梅花鹿、丹顶鹤、棕熊、紫貂主要分布在东北地区。百灵鸟主要分布在北方。白鳍豚、扬子鳄、中华鲟主要分布在长江中下游诸省少数地区。半边鱼主要分布在广西桂林。长臂猿、亚洲象、绿孔雀、鹦鹉鸟、巨蟒多生长在云南西双版纳密林地区。褐马鸡、黑颈鹤、黄腹角雉等异兽珍禽和懒猴、野牦牛、白鹤、黑骆驼等珍贵动物分布地域较广泛。

（三）表演动物

动物不仅有自身的生态、习性，而且在人工驯养下，某些动物还能模仿人的动作或在人的指挥下作出某些技艺表演。如大象、羊、狗、海豹、猴、大熊猫等都能作出可爱又可笑的模拟动作。有的鸟类也可模仿其他声音进行表演。画眉、鹦鹉、百灵等也能学舌。海族馆和马戏团的各种动物表演，更是人们乐意观赏的内容。所有这些特性无疑对游人具有强烈的吸引力。

第四节　自然保护区的开发与保护

一、自然保护区

（一）自然保护区的概念

自然保护包括保护自然环境和自然资源两方面。自然保护区是为了保护各种重要的具有代表性的天然生态系统及环境，拯救珍稀、特有濒临灭绝的物种群落，保护自然历史遗产而划定的进行保护和管理的特殊地域的总称。它拥有生态系统的代表地域；特有生物群落和珍稀动植物分布地域；自然遗迹、名胜风景区、自然地质剖面、水源涵养区；传统土地利用方式造成的稳定的景观范例；受人为影响或退化的生态系统转变为天然生态系统的范例。建立自然保护区的目的在于保护不同类型的各种生态系统的代表；保护珍稀、濒危动植物的集中分布区；候鸟繁殖、越冬和迁徙的停歇地；优美的天然风景区；具有特殊保护价值的地质剖面、化石产地、特殊地貌、冰川遗迹、岩溶、瀑布、温泉、火山口、陨石所在地等。实际上，保护自然，建立自然保护区，就是保护人类赖以生存的环境，就是保护人类。

（二）自然保护区的类型

我国自然保护区类型多，数量大，品位高。自 1956 年建立我国第一个自然保护区——广东鼎湖山自然保护区以来，现有各种类型的自然保护区 1200 余处，分布遍及全国各地，基本形成了全国性的自然保护区网络。

按自然保护区保护对象及保护目的可分为以下四大类型：

1. 综合型自然保护区

这类自然保护区是以保护完整的综合自然生态系统为目的的自然保护区。如云南西双版纳自然保护区以保护热带自然生态系统为主，吉林长白山自然保护区以保护温带山地森林生态系统及自然景观为主，湖南新宁紫云万峰山自然保护区保护木本植物900余种。陕西洋县朱鹮自然保护区，是目前世界上惟一以保护濒危珍禽朱鹮与其栖息地为主的自然保护区。又如湖南东安舜皇山自然保护区，有国家保护珍稀树种13种，野生动物99种。再如湖北石首天鹅洲麋鹿自然保护区进行麋鹿野生放养，实现了千年时空大跨越，使“四不像”名扬天下，声震五洲，中外游客慕名纷至沓来。

2. 自然风景型自然保护区

这类自然保护区是以保护自然风景为主，并供游览休闲的自然保护区，主要有湖南张家界国家森林公园、山东泰山森林公园、江西庐山自然保护区、四川九寨沟自然保护区、贵州黄果树自然保护区、台湾玉山公园等。

3. 自然历史遗迹型自然保护区

这类自然保护区是以保护特殊的地貌景观和地质剖面为主的自然保护区，主要有黑龙江五大连池自然保护区（保护近期火山喷发形成的火山遗迹和自然风景等）、蓟县自然保护区等。

4. 生物型自然保护区

这类自然保护区是以保护珍稀植物、珍贵动物资源为主的自然保护区，如黑龙江的扎龙、吉林的向海和莫莫格自然保护区，均以保护珍贵水禽丹顶鹤为主；陕西佛坪自然保护区以保护大熊猫为主；黑龙江丰林及凉水自然保护区以保护红松树林为主；湖南宁远九嶷山自然保护区以保护斑竹、紫竹为主；台湾淡水河口自然保护区以保护沿海自然环境及自然资源为主。

二、自然保护区的旅游开发

（一）自然保护区是重要的旅游资源

自然保护区是以典型的生态环境、著名的自然景观地域、原始珍稀的动植物、特殊意义的天然地质剖面与遗迹、奇特的地貌景观和罕见的自然历史遗产所在地而著称，具有优美、奇特、珍稀等特点和重大的保护价值与科学观赏价值。在回归自然追求“生态意趣”成为人们的向往、生态旅游逐渐成为国际旅游市场热点的今天，世界各国均把自然保护区作为一项重要的旅游资源加以合理的开发和利用。在严格保护自然资源、自然历史遗产和生态环境的前提下，供人们观光游览、科学考察、度假避暑、森林探险、登山滑雪、狩猎等各项专项旅游活动。充分利用自然保护区资源的优势和特殊的吸引力，开展一定的旅游活动，是充分发挥自然保护区功能的一个重要方面。在保护中开发利用，在开发利用中加强保护，这是符合保护区宗旨的。

（二）自然保护区旅游资源与其他旅游资源比较，具有一些明显特点

1. 原生性与和谐性

自然保护区旅游资源作为一个生态系统是原本自然生成的，具有独特性和珍稀性，一旦遭受破坏，将失去最宝贵的旅游价值。自然保护区旅游资源是人类遵循生态学规律，与自然共同创造的，与自然生态系统和谐。生态系统一旦遭受破坏，自然保护区旅游资源就会全部丧失。

2. 综合性与系统性

自然保护区旅游资源大多是由各种生态因素组成的综合体。而各种生态因素之间存在着相互联系、相互依存、相互限制的关系，这种关系构成了一个有机的系统。

3. 脆弱性和保护性

自然保护区旅游资源在旅游开发和旅游活动中，所能承受的能力是有限的，一旦超过一定限度，资源就将遭受破坏。正是由于自然保护区旅游资源的脆弱性，为了保证其能永续利用，在开发上必须坚持保护性开发原则，在管理上必须杜绝旅游超载现象。

4. 广泛性与地域性

自然保护区旅游资源分布极其广泛，可以说从平原到高山、从大陆到海洋、从乡村到城市无处不有。但生态旅游资源的分布又具有明显的地域性，不同的地方具有不同的特色。也正是这种区域差异性构成了吸引游客的真正动力，使不同地区的旅游市场能够表现出强劲的发展势头。

5. 不可移植性与可更新性

自然保护区旅游资源的地域性，决定了自然保护区旅游资源的不可移植性，尽管有些园区将不同地区的旅游资源移植浓缩于一园，目前尚有一定的市场，但随着游客的成熟，那些移植建园的“代造景”，将会由于其无“神性”而失去吸引力。不过，有些濒危的自然保护区旅游资源，经过保护可望恢复原貌。

6. 旅游市场需求的多样性与旅游经营的垄断性

向往生态旅游的旅游者，对自然保护区旅游资源的类型、品位及空间距离的需求是不尽相同的。但旅游经营则具有垄断性。

（三）自然保护区生态旅游开发应注意的问题

自然保护区生态旅游开发是自然保护事业和旅游业可持续发展的需要。生态旅游开发是大多数自然保护区应当积极选择的最佳发展战略。发展自然保护区生态旅游可以充分发挥自然保护区旅游资源的特有旅游功能，让更多的人投入大自然的怀抱，在欣赏体验壮丽秀美的自然风光，感受返璞归真、回归自然的同时，向人们进行认识自然、热爱自然、保护环境的宣传教育，传播自然知识，倡导科学文明，并通过多种形式，把宣传教育的内容融入旅游、参观和娱乐活动中去，做到寓教于游、寓教于乐，充分发挥自然保护区的宣传教育功能，进一步唤起人们热爱大自然、保护大自然的美好情怀，增强环保意识，提高保护环境、资源的自觉性和责任感。为此，自然保护区生态旅游的开发利用，应该注意以下问题：

1. 正确处理保护与开发的关系

自然保护区生态旅游开发是一项复杂的系统工程，也是一项严肃认真的工作，必须持积极、科学、慎重的态度。由于自然保护区的生态环境具有敏感性、抗逆性、脆弱性等特点，旅游开发必须坚持生态安全原则，服从“保护”这个宗旨。核心区内保护对象比较集中，需要严格保护，不宜进行旅游开发。缓冲带（区）与过渡带（区）必须从实际出发，决定其开发范围，并科学安排旅游活动的范围、内容、方式、线路、景点等，严格控制客流容量（旅游活动强度和游客进入数要严格控制在资源及环境的承载力范围内），尽量保持旅游资源的原始性和真实性，不仅要保护大自然的原生韵味，而且要保持当地特有的传统文化，把原汁原味的“真品”和“精品”提供给游客。

2. 加强管理

自然保护区生态旅游是一种以生态学原则为指标，以生态环境和自然资源为取向，以生态环境保持为前提，以环境教育和自然知识普及为核心内容的高层次的旅游活动。它强调以生态效益为前提，以经济效益为依据，以社会效益为目标。所以必须加强整体规划，严格环境规章制度、标准和政策，加强保护工作的策划、监督和检查，规范投资者、经营者和旅游者的行为。

3. 做好宣传

自然保护区生态旅游开发，关键在于进行生态旅游地生态旅游产品的形象策划。要根据自然保护区特定的地理背景设计出独特的生态旅游产品，并加强广告宣传，提高生态旅游地的知名度。同时，必须采用灵活多样的宣传形式，围绕建立自然保护区的根本目的及环境保护，向自然保护区工作人员及旅游者进行针对性宣传，提高保护意识和保护自觉性。宾馆、饭店、娱乐场所等接待服务部门要自觉采用“环保材料”，使用可再生资源，尽量不向环境排放废物，避免造成环境污染。要使游客在愉悦中提高自己的环境意识，从单纯的观光享受走向自觉地保护环境和资源，自觉地对生态旅游目的地的环境负责。

思考与练习

1. 你是如何理解观赏生物旅游资源的含义的？
2. 观赏生物与旅游有哪些密切的关系？
3. 请分析观赏植物、观赏动物的构景因素。
4. 观赏植物和观赏动物分别具有哪些旅游功能？
5. 我国观赏植物可分为哪些类型？请分别举出几种代表性的观赏植物。
6. 我国观赏动物可分为哪些类型？
7. 简介自然保护区的概念和类型。
8. 自然保护区旅游资源有何特点？
9. 自然保护区生态旅游资源开发应注意哪些问题？
10. 你所在的省、市、自治区有哪些自然保护区？分别属于哪个类型的自然保护区？

第八章　中国历史文物古迹旅游资源

【学习目的】　理解历史文物古迹旅游资源的概念和特征，了解历史文物古迹旅游资源的旅游功能，熟悉各种历史文物古迹旅游资源类型，掌握人类历史文化遗址、古代建筑、文物遗存地区分布情况。

【基本内容】
- **概念论述**

  历史文物古迹旅游资源的含义、作用。
- **特点分析**

  历史性和时代性；广泛性和集中性；民族性和地域性；人为性和不可再生性；多样性和动态性。
- **旅游功能**

  古人类文化遗址的旅游功能；古建筑的旅游功能；古民居的旅游功能；宗教文化的旅游功能。
- **类型归纳及地区分布**

  人类历史文化遗址；古代建筑；文物遗存。

第一节　概念论述

一、历史文物古迹旅游资源的含义

历史文物古迹是指人类社会发展历史过程中留存下来的活

动遗迹、遗址、遗物及遗风。它形成于历史发展的各个阶段，是人类活动的产物，是一个民族、一个国家历史发展过程中，各个时代政治、经济、文化、科技、建筑、艺术、风俗等特点和水平的真实的客观表现，凝聚着人类的智慧，昭示着特定的历史特征。人类通过自己的聪明才智创造出来的文明，在漫长的岁月中，经过风雨的洗礼和战火的破坏，能够原原本本保存至今的已经极少了，因而对后人具有一种神秘感。为了更好地了解历史，继承文明，人类需要去考证、去分析，人们对历史文物古迹越来越关注；为了追溯历史，回首往事，人们对祖先遗留下来的罕见的历史活动遗址、古陵墓、古建筑、历史文物古迹也越来越感兴趣。观赏历史文物古迹越来越成为人们出游的选择目标。那些能吸引旅游者前往游览，并获得社会经济效益的历史文物古迹称为历史文物古迹旅游资源。它是人类在各种活动中创造的、把动态的历史用静的实物体现出来的、能够激发人们旅游动机的物质财富和精神财富的总和。随着旅游业的发展和人们旅游心态的逐步成熟，人们不仅仅局限在陶醉于山水风光旅游，求知、求新、求奇、求异的愿望越来越强烈，所以形象记录人类历史、最能引发人们对往事思绪的那些历史年代早、保存较好、接近风景点的历史文物古迹，对旅游者具有很强的吸引力。

我国历史悠久，几千年文明史留下了无数珍奇瑰丽的历史文物古迹旅游资源，主要包括古代遗址、古代建筑、古代陵墓、古代园林、古代城市、宗教遗存、文物遗存、古代文学艺术、古代风俗等。由于多数历史文化古迹或已经毁坏废弃，或埋于地下，或已残缺不全，如要开发利用，供游人观赏，必须做一定的复原修建工作和切实的保护工作。有些埋在地下的历史文物古迹，在保护技术和保护手段尚不具备的条件下，还不能急于开发。同时，由于历史文化古迹空间分布范围较广，包含内容较多，必须

全面规划，择优开发，而不能把所有的历史文化古迹一下子都开发成旅游景点。

历史文物古迹按历史时期可划分为古代遗址和近现代重要史迹两种。有时也划分为史前时期（如距今 170 万年的云南元谋县的中国元谋人遗址）、古代遗址和近现代重要史迹。古代遗址通常可分为旧石器遗址、新石器遗址、商周遗址、秦汉三国两晋南北朝遗址、隋唐遗址、宋元明清遗址。年代越久远，保存越完好的原初性历史文物古迹，旅游价值和科学考察价值越高。目前我国已发现的旧石器时代遗址 200 多处，新石器时代遗址 700 多处。商周属于青铜器时期，进入有文字记载时期。但记载简略，有的文字记载几经修改，加之年代久远而失散，所存不多。保存下来的一些古都城、村落、手工业作坊等遗址，具有重要的价值。秦汉三国、两晋南北朝史料记载较多，都城、长城、造船等方面的遗址很多，特别是三国时期的古战场、古城等遗址与在人们当中广泛流传的历史故事有关，很有旅游价值。隋唐是中国封建社会极盛时代，保存下来的遗址较多，保存也较完整，旅游开发价值较大。宋元明清是中国封建社会后期阶段，史料丰富，历史遗迹、遗址、遗物保存最多，也最完整完好。近现代重要史迹基本上都较好地保存下来了。

按历史文物古迹的形式、特点，则可划分为洞穴、山洞和居住遗址（原始人和古代人生活活动场地），作坊、冶炼、陶瓷等遗址（反映了古代人生产状况），古战场遗址（记载历史上发生的重要战争），古城与村落遗址（反映古代人聚落形式、规模和综合文明水平），古建筑遗址（反映建筑的历史发展过程和技术水平），摩崖石刻遗址（反映古代人类文化、科学发展的历史过程）。

按所反映的人类活动的类型，可划分为生产活动类（如各种生产工具）、生活类（如古代王公贵族使用过的银制餐具）、精神类（如佛教寺院、绘画艺术作品等）历史文物古迹。

按吸引力大小或其观赏价值、历史价值和科学价值，可划分为重要的和一般的历史文化古迹，如国家级、省级、县（市）级历史文物保护单位。

按开发利用的程度可划分为现实的历史文物古迹旅游资源和潜在的历史文物旅游资源（如就秦始皇陵景区而言，兵马俑已经开掘开发，已是现实的历史文物古迹旅游资源，而秦陵的墓穴尚未发掘，属于潜在的历史文物古迹旅游资源）。

除上述几种划分方法外，有的结合现代旅游业的实践，将历史文物古迹旅游资源划分为古迹旅游资源、历史文化名城旅游资源、建筑园林类旅游资源、文学艺术类旅游资源、宗教文化旅游资源及交通旅游资源，不过这六类历史文物古迹旅游资源并非完全是并列的关系，有的是综合性的，概念大一些，有的则带有专题性的，概念小一些。专题性的历史文物古迹旅游资源虽然是相对独立的，但它们之间也有相互包容性。

二、历史文物古迹在旅游业中的作用

历史文物古迹的原古性、稀有性、神秘性、艺术性和观赏性，对旅游者具有很强烈的吸引力，成为人们追溯历史、回首历史、了解历史、增加历史知识的主要出游选择目标，对旅游业的发展起着巨大的作用。

（一）历史文物古迹是我国社会历史发展的真实写照，是人们寻古探幽、了解历史、增长知识的好课堂

在漫长的历史岁月中，人类在征服自然、改造自然的过程中，创造了光辉灿烂的文明和文化，留下无数遗址和遗物，生动地记录了人类在各个历史时期生产和生活的情况，反映出人类不断发展的轨迹。但由于年代久远，在人为和自然的破坏下，能够

保存下来的历史文物古迹为数不多，所以更充满了神秘感和奇特感，能激发人们思古忆古之情和追寻人类社会发展历史真谛的热情。我国历史悠久，历史文物古迹不但数量众多，而且品位很高，已成为国内外游客最喜欢的旅游项目之一。

（二）历史文物古迹是我国辉煌历史的美学展示，是人们美的追求、美的观赏、美的享受的好场所

在不同时代美学观念的指导下，古人在建筑、园林、物品、陵墓等方面都凝聚着浓厚而独特的美学思想，展示着不同年代美的画卷。我国风格各异的古典园林，巧夺天工的古代雕刻，杰出的古代建筑，珍贵的宗教艺术遗迹，遍布全国名山胜地的宝刹古寺，世界罕见的帝王陵墓和历史古迹，无不表现出丰富的造型美、质地美、色彩美、意境美、环境美和文化美的美学内涵，具有极高的美学观赏价值，令人百看不厌，赞叹不已。

（三）历史文物古迹是我国古代文明的集中凝聚，是人们探寻文明、品味文化、提升自我的好去处

人类文化具有历史的继承性和地域的异化性。我国的历史文物古迹忠实地记录了我国不同历史时期的文化状况、文化特征和历史文化的演变，是今人探寻古代文明、品味历史文化、理解文化特征的理想媒介物。分布在我国各地的成千上万的历史文物古迹都是华夏文明的充分展示和深刻反映，就是一部五千年华夏文化发展的史书。在人们日益追求旅游文化品位的今天，历史文物古迹旅游资源越来越成为人们出游的首选目标，文化专项旅游项目和专项旅游线路越来越成为旅游的热点、热线。文化旅游具有强烈的思想性和求异性，不同国家（地区）和不同民族之间的旅游活动，也大多集中在不同国家（地区）的历史文物古迹旅游项目上，希望能更多地了解异国风情和异国文明，加深对异质文化的理解和认识。

(四) 历史文物古迹是我国古代科技的高度浓缩，是人们观赏伟绩、分享成果、追求卓越的好目标

历史文物古迹是古代人民聪明才智的结晶，代表着不同时期科学水平的历史进程。如古代建筑（如宫殿、楼阁、亭台等）、古代水利工程（如都江堰水利工程等）、古代军事防御工程（如万里长城等）和历史文物艺术（如陶瓷品艺术、雕塑艺术、青铜器艺术等），都是古代科技水平的高度浓缩，有的在历史上曾赫赫有名，有的在现代仍发挥作用，有的于当今仍令人感叹其精巧，具有极高的历史科学价值，反映了我国古代科学技术的水平。人们在观赏中不但能得到美的享受，而且能够从中得到启迪，得到教益。

第二节　特点分析

历史文物古迹旅游资源与地质、地貌、水体、生物等旅游资源相比，具有自己许多显著的特点，主要表现如下。

一、历史性和时代性

历史文物古迹是人类历史的写照，是人类历史的再现。每一处景观都反映了特定时期人类的生产或生活情况，其内容、形式、结构、格调无不反映了深刻的时代特征和历史痕迹。如我国不同时期的古代建筑就有不同的艺术特征；不同朝代的帝王陵墓都有不同的陵寝形制；不同时期的陶瓷器艺术和雕刻艺术都有不同的特点；汉朝以前中国没有“塔”这种建筑，随着佛教的传入，佛教的建筑物“塔”也就在中国出现了。后来，塔的种类越来越多，塔也不再是佛教的专有建筑了，但不同时期的塔的风格也就大不一样了。但无论是哪个时代的历史文物古迹，都是历史

的遗迹、遗址或遗物，表现出历史性的痕迹。

二、广泛性和集中性

历史上只要有人类活动的地方，都会有历史遗迹、遗址和遗物。但是，由于自然条件优劣的差异和开发时间的不同，各地区经济发展水平和人口分布密度迥然不同，历史遗迹、遗址和遗物的数量和水平也有明显的差异。我国地域辽阔，自然条件复杂多样，又是世界文明古国，所以历史文物古迹数量之多，分布之广，价值之高，为世界各国所罕见。不过，我国各个地区文明发展的时间有早晚差异。例如黄河流域是华夏文明的诞生地，是中华民族的摇篮，在久远的年代里，这里经济就很繁荣，人口密度较大，许多封建王朝都在此建都，与外国经济、文化交流也很频繁，东西方文明密切交融，所以这一带历史文物古迹相对集中。此外，在漫长的封建社会里，各封建王朝的都城、经济发达的都市、军事要塞、交通枢纽及风景秀丽的名山大川都是历史遗址、遗迹、遗物分布相对集中的地方。然而，在漫长的岁月里，由于自然原因、战火的破坏和文字的记载的散失，能够保存下来的或能够找到的遗址、遗迹和遗物为数不多，有的一经发掘，相继发现一大批历史文物古迹，有的缺乏记载资料或已被破坏的未经发现的历史文物古迹，无法与世人见面，所以使历史文物古迹的地域分布表现出明显的相对集中性。

三、民族性和地域性

人类活动既要以自然环境为基础，又要受各国各地区的政治、经济、文化、交通、民族习俗所影响，所以各国各地区的历史文物古迹表现出明显的民族性（反映出不同的民族特点）和地域性（表现出不同地区的特色和水平）。也就是说，所有历史文物古迹均是某一民族或几个民族共同的创造物，它的风格、造型、色调无不具有那个民族那个地区的特色。例如，我国各族人民由于居住的自然环境、气候条件、生产方式及生产力水平的不同，不同民族的居住各具特色，有茫茫草原上的蒙古包，“世界屋脊”上的帐篷，依山傍水的侗家吊脚楼和鼓楼，热带丛林中的傣族竹楼，冬暖夏凉的黄土窑洞和典雅宁静的四合院等，都具有浓郁的地方色彩，反映各个地区的自然条件、居民风俗习惯等。不同民族的传统服饰和民间工艺品也各不相同。又如我国园林建筑北方多以皇家园林为代表，注重人工建筑，规模宏大，雄伟豪放，色彩华丽，富丽堂皇，功能齐全，风格趋于雍容华贵，表现“北方之雄”的特点，体现帝王威风与富贵的特色。江南园林以王公贵族、官吏富商宅园为代表，突出自然风光意境，注重整体构图和诗情画意，布局巧妙，构景雅丽，风格潇洒，玲珑雅致，曲折幽深，明媚秀丽，富有真山真水之情趣和江南水乡特点，表现玲珑纤巧，韵味隽永的“南方之秀”的特点；岭南园林具有明显的南亚热带风光的特点。园林多为景观欣赏与避暑纳凉相结合，其布局往往以水面为中心，绕以楼阁，高树深池，荫翳生凉，结构简洁，轻盈秀雅，色彩浓丽，绚烂精巧。其风格既有北方古典园林的稳重、堂皇和逸丽，又融会了江南园林的素雅和潇洒，具有轻巧、通透、明快的特点。寺观园林多是寺观、祠堂等与园林相结合的产物，注重环境静穆，景色优美，突出肃穆和庄严的气氛。

四、人为性和不可再生性

古代建筑、艺术遗存、历史遗迹、民族风情等，都是人类生产生活和文化艺术活动的结晶，是人类文明发展的社会表现，是不同历史阶段和造型艺术的反映。所有这些历史文物古迹，多以自然为构景背景，充分发挥了人工建筑的创新特点，把自然美和人工景观美融为一体，相映成趣，而不是将二者关系截然割裂开来。如北京颐和园、杭州西湖、苏州园林、北京故宫、万里长城、明十三陵等，虽都与自然环境有密切的关系，但毕竟是以人的行为为主体的，是人的智慧的结晶。也正是由于历史文物古迹所具有的历史性、时代性、民族性、区域性等特征，决定了每一项历史遗址、遗迹、遗物都具有其特定的个性，某些历史古迹更具有独有性和不可替代性，一旦遭到破坏，便不可再生，即使是人工仿造重建，其各方面价值也大不如原生性的东西。因为年代越是久远，越是原生的历史古迹，其价值越高。所以，世界上许多国家都把保护历史文物古迹提到很重要的地位。联合国教科文组织早在 1972 年就通过了《保护世界文化和自然遗产公约》，对列入《世界遗产名录》的名胜古迹实施保护。我国于 1985 年加入该公约，至 1997 年年底，已有 19 处文化遗产和自然遗产列入《世界遗产名录》，并严格加以保护。

五、多样性和动态性

历史文化古迹种类繁多，形式各异。有的以实物为载体，又包含着精神文化的内容（如古城遗址、古建筑、古园林等，反映着中华民族建筑中的智慧和才能）；有的以实物形态存在，看得见，摸得着（如长沙马王堆汉墓出土的漆器、纺织品）；有的虽然以一定的实物为载体，但更多地甚至说纯粹地是属于精神文化的内容（如许多书法艺术作品，体现出一种审美的神韵）。但不管是哪种类型的历史文物古迹，由于人们的文化水平和审美观的不同，对同一历史文物古迹观赏价值和科学研究价值的认识也是不同的。一般说来，历史越久远、世上越少见的历史文物古迹旅游资源的价值就越高，对旅游者的吸引力也越大。不过，历史文物古迹旅游资源价值的大小具有动态性，有些历史文物古迹对当地人来看习以为常，没有什么稀奇的，而对异地的居民来说则是很难得的，有些历史文物古迹目前看起来好像很普通，但随着时间的推移，能够保存下来的越来越少，那时人们就会感到它的可贵之处了。

第三节 旅游功能

一、古人类文化遗址的旅游功能

（一）古人类文化遗址的神秘感和稀有性激发人们探奇的好奇心和开展科考的热情

古人类文化遗址所展示的是人类起源的最古老景观形态，具有令人称奇、神秘的亲切之感，是珍贵的旅游资源。古人类居住的岩洞、巢居、干栏式建筑、穴居、地面建筑及分层建筑、母系氏族公社的聚落遗址，千奇百态，各具特点，且现存数量极少(有的几乎已无保存)，稀有性和神秘感对人们具有极大的吸引力，人们出于对祖先生活、生产情况了解的迫切性和好奇心，越来越多地选择了古人类文化遗址旅游。

(二) 古人类化石和遗物展览，是游人考察和观览的重要旅游资源

古人类遗址附近建有的展示古人类化石和石器的展览馆和标本室，琳琅满目的出土标本及展品集中于一馆一室，便于游人较系统地了解古人类文化发展的轨迹，更好地了解古文明的演化过程。

还有许多古代美丽神话传说的产生地，虽无发掘文物遗址那样确凿不疑，但故事的完整性，情节的生动性和民众的认同性，只要经过合理的艺术再现，就会成为重要景点。如对5000年前黄帝与伏羲的传说遗迹的开发，很有旅游价值。黄帝生于寿丘(曲阜的旧城)、黄帝与蚩尤大战于涿鹿、黄帝部落中心地轩辕台

（新郑）和黄帝墓地在陕西黄陵县桥山，通过遗迹的恢复不仅可以了解中华民族形成过程，而且对开展祭祖旅游有重要意义。

二、古建筑的旅游功能

我国历史悠久，古建筑数量、类型繁多，现存的古建筑中，有宫殿、坛庙陵墓、堤坝、亭台、楼阁、城墙、园林、桥梁、佛寺、道观、清真寺等。它们或体现出天人合一的环境艺术，或表现出丰富绚丽的建筑装饰艺术，或展示优美柔和的轮廓造型艺术和木构梁柱式构架的科学艺术。同时也表现出强烈的等级观念、敬天法地的崇拜思想、尊祖敬宗的宗法思想、皇权至上的统治思想和家长为中心的家族观念，在古建筑中留下深深的烙印。古建筑不仅反映了中华民族悠久的历史、灿烂的文化和发达的科学技术，而且为今天的新建筑、新艺术创造提供了重要的借鉴，是进行爱国主义教育和旅游观光的重要场所。其主要旅游功能表现如下：

（一）可以满足人们的访古心理

古代建筑与历史进程密切相关，具有突出的历史价值，可满足游客的访古心理，能激发人们的爱国热情和民族自信心。人们可以从中吸取巨大的精神力量，激发起建设更美好未来的豪情。

（二）可以满足人们的求美心理

古建筑具有突出的造型艺术，能够反映不同时代多种艺术成就，是凝固的艺术，是文明的结晶，可以满足游客的求美心理。

（三）可以满足人们的求奇心理

古建筑是古代科学技术的凝聚，是研究科学发展史的实物，在科学上都有一定的保存价值，是教育人民普及科学文化知识的好课堂，可以满足游客的求奇心理和科考要求。

（四）可以满足人们的求知心理

古建筑是一种社会现象，具有明显的时代风貌。不同时期的古建筑工程，无论在建设规模、布局格调、造型艺术、雕刻绘画、色彩风格等方面，都能从各个侧面反映出某一社会、某一发展阶段的生产关系与生产力、经济基础与上层建筑相互作用的情形，反映当时历史发展的实际水平，是人们研究社会发展史的实物资料。古建筑是发展现代旅游的重要物质基础，对游人访古探幽、欣赏艺术、考察研究、了解历史、增长知识、陶冶情操都有很大的作用。

(五) 可以满足人们的求异心理

古建筑类型多样，蕴含内容丰富，可满足游客的求异心理。古建筑是城市景观中不可缺少的组成部分，一座城市古建筑遗存越丰富，它的景观特色越明显，环境形象也就越丰富动人。作为旅游资源组成部分的古建筑是发展旅游业的重要物质基础，是人们游览休憩的好场所。

古典园林丰富多彩的文化内涵和意境深邃的艺术手法，可给游人以完整的自然美、人工美、想像美等美感，从而吸引众多的游客。我国古典园林通过巧妙地组织园林景物、文字、雕刻、绘画艺术，将皇家之威、宗教之神、官宦之贵、商贾之富、文人之雅、士民之实，以诗情画意的形式寄托于园林建筑之中，将园主的意愿和向往突出地表现出来。如皇家表现出帝王至高无上的权力和惟我独尊的威严；私家园林以梅、兰、竹、菊“四君子”和松、竹、梅“岁寒三友”等象征文雅清高和向往桃源隐居之乐的意境。古典园林这种通过综合性的艺术手段，造就使人们获得理想美的深邃意境，使其观赏内容丰富多彩，足以激发游人前往观赏以陶冶心情。古典园林以高超的造园手法，形成园中有画，画中有园，雅致优美的境界。厅、堂、轩、馆、楼、阁、榭、舫、亭、廊、台等建筑因地制宜巧妙安排其间，使其功能与景物统一。花间隐榭可以赏花，水际安亭可以避暑，书斋置庭可以读书，花厅鱼台等可供休息眺望等，尽管游人在园内逗留时间短暂，也可获得园林提供的休闲之乐，这就是园林的休憩功能。古

典园林是人文旅游资源中最能反映我国文化特点的一种类型。皇家园林与帝王活动有密切关系，私家园林也多与历史名人有关。如慈禧发动政变于避暑山庄，陆游、唐琬洒泪于绍兴沈园，李清照与济南漱玉泉，薛涛与成都望江楼有关，都是较突出的例子。园林建筑物多有匾额楹联，山石多有题刻，表达园主志趣，启发游人思想。其文多源于名人名篇，常含典故，言辞隽永，耐人寻味。其书法艺术精湛，令人倾倒。它们对提高人们的艺术修养和鉴赏能力，从而获得历史文化知识，具有十分重要的作用。可见，古典园林既具有艺术观赏价值，又具有历史文化和科学研究价值，具有求美、求新、求知等多方面的旅游功能。

三、古民居的旅游功能

（一）多样的古民居建筑形式和奇异的民居建筑结构，是开展民俗风情旅游活动的一项重要观赏内容

形式各异、端庄优美、高雅朴实的民居（如藏族的帐篷和碉房，蒙古族的蒙古包，云南少数民族的干栏式建筑，苗族的苗寨，纳西族的木楞房和羌族的“照楼”等），都是人类长期适应环境条件的具体创造，它标志着在地方社会、经济、文化等综合影响下，所形成的具有地方特色和民族特色的民居水平，同时也不同程度地反映了一个地区的人们的精神面貌及文化素养。以奇异的民居建筑形式和结构出现的古今居室群，是开展民俗风情旅游活动的一项重要内容。民居旅游资源，不但能给游人以奇趣，而且是游人借宿和休憩的地方，还是既有旅游资源的属性，又有旅游设施色彩的独特吸引物的双重功能，同寓一体，是开发这类旅游资源的基本出发点，也是创汇、生财的最佳途径之一。

（二）具有地方和历史特色的古代民居系列，使古民居产生了巨大的吸引功能

地方风格（适合当地的地理环境条件，采用当地材料，营造

别具一格的居室形态，如造型，雕刻，绘画，色彩）和历史风格（不同朝代的建筑格式和格调）的融洽，使民居产生了巨大的吸引功能。人们只需从它保存的造型、结构、材料、装饰，即可鉴定其修建年代和特点。而且时代越古老，保存越完整，其科学文化和旅游价值也越大。如果该居室与历史名人联系在一起，或是名人故居，或发生过某些重大历史事件，那么它的开发价值就更大。

四、宗教文化的旅游功能

宗教文化是人类传统文化的重要组成部分，它影响到人们的思想意识、生活习俗等方面，并渗透到建筑、艺术等领域。宗教圣地圣物对人们有极强的吸引力，宗教名胜具有一流的观赏价值，宗教艺术具有无穷的魅力。无论是供奉佛祖的宗教寺院和道祖的宫观，还是祭神灵、祖宗、先贤的庙祠，均有明显的旅游吸引功能。其内涵主要包括两个方面：一是宗教活动，二是宗教文化。

（一）宗教活动的神秘感和新奇感对旅游者具有强烈的吸引力

宗教活动是宗教场所内僧尼、神职人员或道众等日常生活起居及其管理制度的直接反映，这些是一般人所不熟悉的，正是由于未知而变成的好奇对游人构成强烈的吸引力，而宗教活动则正好满足游客这方面的需求。

宗教活动通过特有的殿堂布设、教徒的特定活动和独特的音乐伴奏，所营造出的神与人同在的一种独特的神秘氛围，一般人在其他地方是无法感受到的。所以，笼罩着浓重的神秘色彩的宗教活动，能够满足人们的猎奇心理，对旅游者具有独特的吸引力。

与静态的宗教建筑参观游览相比，宗教活动以直观动态的形式展示宗教礼仪习俗，为游客提供直接参与的机会，能满足游客宗教式的情感需求和宗教朝宗朝圣的愿望，这是宗教活动的深层次的吸引因素。

（二）宗教文化特殊的文化形态，能满足游客求知、求美、求奇的旅游动机和深层次的情感需求

宗教文化包括宗教的建筑、雕刻、壁画等造型艺术，是人类文明和进步的直观表现。我国宗教建筑巧妙地利用自然形式，注重空间组合，形成高低错落、庄严肃穆的宗教气氛，能给人们以完美的艺术享受。

宗教建筑、雕刻、绘画、音乐等宗教艺术文化遗产都有其独特的表现形式和方法，饱含和散发着强烈的艺术感染力，具有特殊的美感功能，能为旅游者提供多种美感享受。透过宗教文化遗产，旅游者不仅能从优美的宗教艺术品、神秘的宗教活动、动听的宗教赞歌和富有特色的佛寺道观等，获得大量的宗教知识，而且能了解到一个国家或地区一定历史时期社会、经济、科技、文学、艺术的发展概况，从而满足求知的欲望。

第四节 类型归纳及地区分布

历史文物古迹旅游资源种类繁多，一般可划分为人类历史文化遗址，古代建筑和文物遗存三种类型。

一、人类历史文化遗址

人类历史文化遗址主要可划分为古人类文化遗址、社会历史文化遗址和历史名人遗址等。

（一）古人类文化遗址

古人类文化遗址是人文类旅游资源中年代最久远的旅游资源。由于古人类文化遗址的远古性和反映人类起源的独特性，对旅游者具有神奇的吸引力。

我国是世界上古人类发源地之一，从远古时代起，在我国境内无论南方或北方，都曾有原始人类活动生息，他们留下了原始社会的踪迹。古人类遗址所展示的是人类起源最古老景观形态，具有令人称奇、神秘的感觉。人们出于对祖先生产、生活了解的迫切感和好奇心，出游时越来越多地选择了古人类文化遗址旅游景观。现在许多地方陆续发现了古人类化石及其遗址、遗物，为研究人类起源和人类进化提供了极为宝贵的科学资料，吸引世界各国古人类学家、考古学家等前来考察、参观和旅游。

人类的起源和发展，有许多说法，许多传说，许多猜想。今天的人们都期望能看到自己祖先的过去，为传说和说法找到答案。所以，人类古遗址等遥远历史过去的疑谜，对今天的人们有着永恒的魅力。

古人类文化遗址是指从人类形成到有文字记载历史以前的人类活动遗址，包括古人类化石、原始聚落遗址、生产工具和生活用品等。人类的古代文明是与江河的滋润哺育分不开的。古埃及文明起源于尼罗河流域，古巴比伦文明起源于幼发拉底河与底格里斯河流域，古印度文明起源于恒河流域。我国古人类文化遗址遍布全国各地，但黄河流域和长江流域则是中华民族的摇篮和灿烂文明的发祥地。我国目前已发现和发掘的著名古人类文化遗址主要划分为旧石器时代和新石器时代人类文化遗址。

1. 旧石器时代人类文化遗址

旧石器时代的云南“元谋人”遗址（距今 170 万年）、陕西“蓝田人”遗址（距今约 90 余万年）、湖北“郧县猿人”遗址（距今约 100 万年）、北京房山周口店“北京人”遗址（距今约 50 万年）、陕西“大荔人”遗址（距今约 20 万年）、广东“马坝人”遗址（距今约 13 万年）、湖北“长阳人”遗址（距今约 20 万年）、山西襄汾“丁村人”遗址（距今约 16 万～21 万年）、山西阳高“许家窑人”遗址（距今约10万～12.5万年）广西“柳江人”遗址、四川“资阳人”遗址、宁夏灵武水洞沟遗址、山西朔县峙峪遗址、河南安阳小南海遗址、北京“山顶洞人”遗址等，挖掘了许多古人类化石、石器、弓箭、复合工具、磨光穿孔饰品等。发现的旧石器时代人类居住的岩洞主要有：辽宁营口金牛山岩洞、湖北大冶石龙头岩洞、湖北郧县梅铺岩洞、贵州黔西观音洞等是距今约20万～100万年以前的早期人类居住的岩洞；辽宁喀左鸽子洞、贵州桐梓岩灰洞等是距今约4万～20万年以前的中期人类居住的岩洞；北京周口店龙骨山岩洞、河南安阳小南海、浙江建德乌龟洞等是距今约1万～4万年前的晚期人类居住的岩洞。我国远古的古人类可分为直立猿人、早期智人和晚期智人三种，代表性考古发现如表8-1所示。

表8-1　中国远古的古人类遗存

<table>
<tr><th colspan="2">古人类</th><th>代表性考古发现</th></tr>
<tr><td colspan="2" rowspan="3">直立猿人</td><td>云南元谋人</td></tr>
<tr><td>陕西蓝田人</td></tr>
<tr><td>北京周口店北京人</td></tr>
<tr><td rowspan="6">智　人</td><td rowspan="3">早期智人</td><td>陕西大荔人</td></tr>
<tr><td>山西丁村人</td></tr>
<tr><td>广东马坝人</td></tr>
<tr><td rowspan="3">晚期智人</td><td>广西柳江人</td></tr>
<tr><td>四川资阳人</td></tr>
<tr><td>北京山顶洞人</td></tr>
</table>

旧石器时代经历了猿人、古人和新人阶段，这一时期又可以细分为旧石器时代早期、中期和晚期（见表8-2）。黄河中下游地区是旧石器时代人类文化遗址分布比较集中的地区。

表 8－2　我国旧石器时代文化遗址一览表

年代	时间	具体文化特征	典型代表
旧石器时代早期	约 300 万年～20 万年前	①已学会制造简单粗糙的生产工具，多为打击石器；②居住方式从树居阶段转入穴居或半穴居阶段；③学会用火取暖及防御野兽袭击；④多以狩猎为生	云南元谋猿人遗址、陕西蓝田猿人遗址、湖北陨县猿人遗址、北京周口店猿人遗址等
旧石器时代中期	约 20 万年～5 万年前	①懂得根据不同用途制造不同的工具(能制造比较定型的石器)；②已经学会人工取火，与大自然作斗争的能力有所增强：③生产水平有一定的提高，采集在经济中的比重增加	广东韶关马坝人、陕西大荔人遗址、山西丁村人遗址等
旧石器时代晚期	约 5 万年～1 万年前	①已能制造各类石器，磨制简单的骨椎，骨针；②学会打孔技术，懂得用贝壳制成装饰品来打扮自己；③开始出现原始宗教观念，有了迷信色彩和一种超现实的存在意识；④生活方式为狩猎＋采集＋捕鱼，渔猎已经占有重要位置，还学会使用弓箭	北京山顶洞人、广西柳江人、四川资阳人、内蒙古额尔多斯高原南部河套人等

2. 新石器时代人类文化遗址

新石器时代距今 1 万～4000 年之间。新石器时代的古人类遗址就更多了，主要有：河南渑池“仰韶文化”遗址、山东泰安“大汶口文化”遗址、陕西西安半坡遗址、浙江余姚“河姆渡文化”遗址、河南新郑斐李岗遗址、四川大巫大溪遗址、山东章丘“龙山文化”遗址、内蒙古赤峰“红山文化”遗址、浙江余杭“良渚文化”遗址和湖北京山“屈家岭文化”遗址等（中国原始社会考古文化情况如表 8－3 所示）。按其栖居形态有岩洞式的周口店龙骨山岩洞，干栏式的河姆渡（浙江余姚），穴居式的河南偃师汤泉沟，地面间架式的半坡遗址等。这时期的人类祖先已逐渐开始了定居生活，他们已广泛使用磨制石器，能制造陶器和纺织品，主要从事畜牧业和农业。新石器时期人类文化遗址众多，著名的有：仰韶文化、马家窑文化、大汶口文化、龙山文化和河姆渡文化等。这一时期的遗址出土了大量的农业工具（如有大型磨光石斧、石刀、石镰、石铲等）、谷种遗存、兽骨遗存、彩绘红陶（如盆、碗、瓮、甑、盉、杯、尖底瓶等）、玉器、早期铜器（如铜刀、铜镜等）。

表 8－3　中国原始社会考古文化

氏族社会	母系氏族社会	山顶洞人
		浙江河姆渡文化
		仰韶文化
	父系氏族社会	龙山文化
		浙江良渚文化
		山东大汶口文化

我国发现新石器时代古人类文化遗址有 7000 多处，但主要分布在黄河中下游地区的关中、晋南、豫西、山东等地和长江中下游的太湖平原、江汉平原。关中、晋南、豫西主要有前仰韶文化（前 6000～前 5000 年）、仰韶文化（前 5000～前 3000 年）、河南龙山文化（前 3000～前 2000 年）。山东主要有青莲岗文化（前 5400～前 4400 年）、大汶口文化（前 4300～前 2500 年）、山东龙山文化（前 2500～前 2000 年）。太湖平原主要有河姆渡文化（前 5000～前 4000 年）、马家浜文化（前 4300～前 3300 年）、良渚文化（前 3500～前 2000 年）。江汉平原主要有皂市（下层）文化（前 5000～前 4000 年）、大溪文化（前 4000～前 3300 年）、屈家岭文化（前 3000～前 2600 年）。

目前我国已发现大量新石器时代的文化遗址，根据石器、陶器等特征，可分为早、中、晚三个时期，各期又有不同的典型文化遗址（见表 8－4）。新石器时代文化遗址以黄河古文化发源为

中心，逐步向南、向北、向西辐射。

表 8－4　我国新石器时代文化遗址一览表

时代	时间	代表文化	具体文化特征
新石器早期	距今约1万～0.7万年	河南"裴李岗一磁山文化"	①石器比较细致；②出现了红陶为特色的陶器；③产生了原始的畜牧业
新石器中期	距今约5000～7000年	河南渑池"仰韶文化"	①出现原始农业，进入锄耕阶段；②制陶业有所发展；③出土大量磨光石器
		陕西西安"半坡文化"	①典型母系氏族公社村落遗址；②出土"人面鱼纹彩陶盆"
新石器晚期	距今5000年左右	浙江良诸文化、山东章丘龙山镇城子崖"龙山文化"	①父系氏族公社时期；②收割工具数量增多，跨入犁耕阶段；③轮制陶器及冶铜手工业；④贫富分化，随葬品多寡悬殊

长江流域有着值得称道的新石器时代文化的发展序列，如长江下游的河姆渡文化—马家浜文化—良渚文化，长江中游的大溪文化—屈家岭文化—青龙泉第三期文化等，其发展水平较之黄河流域毫不逊色。

古人类文化遗址所展示的是人类起源的最古老景观形态，令人有奇妙、神秘的亲切之感，是珍贵的旅游资源。我国古代还有许多传说，如盘古开天地，女娲造人类，伏羲画八卦，燧人钻木取火，炎帝教稼穑创医药，炎帝黄帝是中华民族先祖，唐尧、虞舜、夏禹禅位等，都可以开发为神奇的旅游资源。

(二) 社会历史文化遗址

社会历史文化遗址主要包括古战场遗址、古城与古城遗址、古道路遗迹等。

1. 古战场遗址

古战场一般都有险要的据守地形，并留下一些战争遗迹。在一场战争中，形形色色的人物先后粉墨登场，这里既有惊心动魄的事件，又有令人深思的故事。历史所遗存的古战场遗址，以及相关联的历史战役、历史事件、历史人物和历史传说，具有很丰富的文化内涵，可以吸引游客缅怀历史抒发怀古之情。

在中国社会发展进程中，军事征战频繁，留下许多军事工程和战场遗址。但由于年代已久，能清楚辨认的实物已不多，需要考证发掘。如相传黄帝、炎帝、蚩尤先祖展开大战的河北涿鹿阪泉（阪泉之战）、楚汉鏖战的河南荥阳广武山（荥阳之战）、三国时期孙权刘备联军大败曹军的湖北赤壁市赤壁（赤壁之战）、诸葛亮驻兵攻魏的陕西岐山五丈原以及晋楚城濮之战、齐魏马陵之战、楚汉成皋之战、曹袁官渡之战、东晋淝水之战的古战场和河南中牟县的官渡、湖北当阳长坂坡三国时期古战场、合肥城西三国时期新城遗址古战场、山西的雁门关、甘肃玉门关等，都是我国著名的古战场。

2. 古城与古城遗址

我国是闻名世界的文明古国，遗迹甚多。由于时代的变迁，许多曾一度兴盛的地方已经变为废墟。近年来在西北地区发现的诸多古城遗址是中原文化向西北内陆延伸的重要见证。

早在夏、商、周时代，我国就已开始筑城。郑州附近及安阳小屯古城遗址分别为商代中晚期城池遗址。周灭殷后，在洛阳筑城，这是我国最早有详细记载的城。但直到春秋时代，列国都城规模很小。战国以后，开始出现较大的城，如齐国的临淄、赵国的邯郸、燕国的下都、楚国的纪南、秦国的咸阳、宋国的陶（今山东定陶县）、山西侯马的晋魏古城等。在我国历史上因经济的发展，民族的融合，诸侯割据，朝代更迭等原因，曾做过都城的地方很多，如大同、苏州、临淄、郑州、偃师、曲阜、太原、咸阳、安阳、沈阳、杭州、南京、洛阳、大理、成都、广州等等。但由于年代久远，历史演变，城市屡兴屡毁，或淹埋地下，或被洪水淹没圮毁，故保留下来的古都城建筑物很少。不过现存的古城遗址虽经千百年战火洗礼和风雨吹打，但其历史的辉煌并未完全消失。我国现存各种类型的古城和古城遗址，是中华民族古老文明的象征之一。目前发掘的古城遗存有自商周以来历朝历代的古城池遗址。如西安仍保存着完整的古代城垣以及西周都城丰镐遗址、秦阿房宫遗址、汉长安城遗址、汉三宫遗址、唐大明宫遗址和明钟楼、鼓楼、碑林等名胜；山西平遥古城除保存完整的明代城池外，城内街道、商店、衙署等都比较完整地保留着传统格局和风貌；安阳殷商都城殷墟遗址；东吴鄂城遗址；曹魏邺城遗址；赵邯郸故城遗址；燕下都遗址；秦国都城咸阳；春秋战国时楚国都城荆州；齐国都城临淄遗址；洛阳汉魏古城遗址；楚纪南故城遗址；郑韩城遗址；明中都城凤阳；春秋战国时洛阳东周城遗址；曲阜鲁故城遗址；西藏古格王国遗址；西北丝绸古道上的武威黑水国城堡遗址；敦煌沙州古城遗址；以及新疆高昌古城、交河古城、楼兰古城、黑城遗址（内蒙古）、龟兹故城（新疆）、北庭故城（新疆）、石头城（新疆）等（见《中国部分古城、古城遗址分布示意图》）。

3. 古道路遗迹

古代人民为交通联系方便开凿道路，形成了纵横交错的古代道路网络。由于古道路线要么经济发达，古文物众多，要么地势崎岖，山水秀丽，所以古道路遗址及其沿途景区和景点、古交通工程、古交通设施和古交通工具对旅游者具有吸引力。又由于自然社会原因而放弃，形成了古道遗址。丝绸之路是我国古代最长的国际性道路，这条商路沿线曾有富庶的绿洲、繁荣的贸易中心和闻名中外的古代城镇。然而由于自然的变化和历史的原因，今天都已沉没在漫漫黄沙之中，成了荒漠深处的废墟。但古代丝路

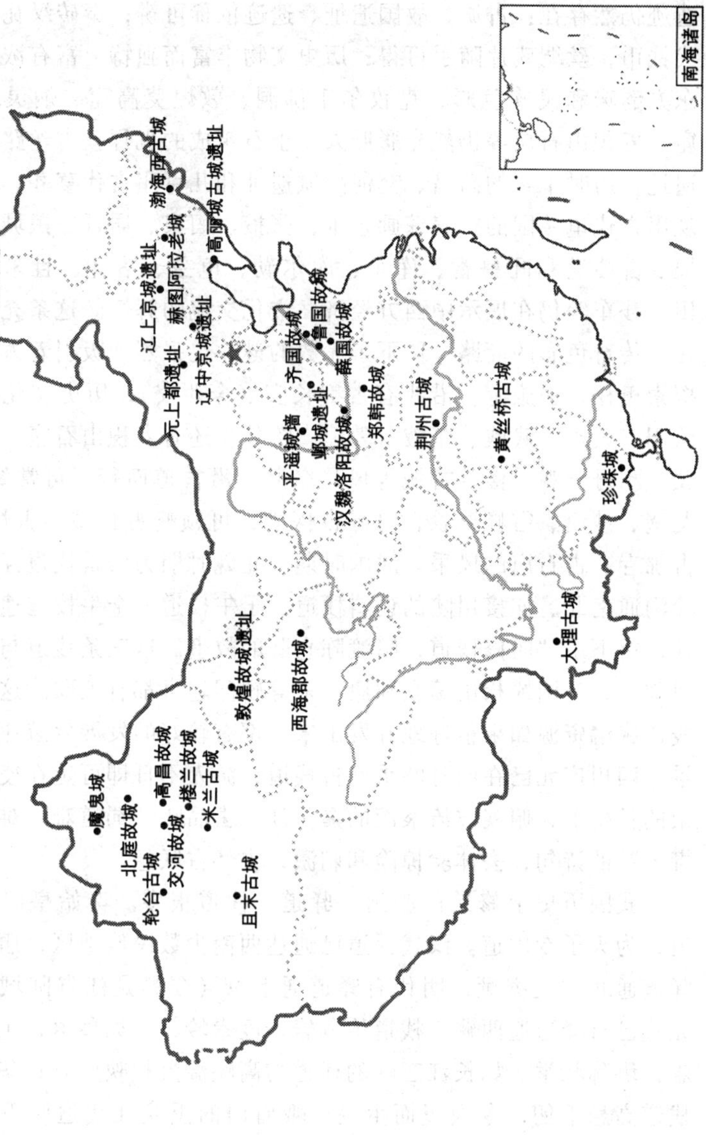

我国部分古城、古城遗址分布示意图

瑷珲城
渤海西古城
辽上京城遗址
赫图阿拉老城
高丽城古城遗址
辽中京城遗址
元上都遗址
齐国故城
鲁国故城
薛国故城
平遥城墙
邺城遗址
汉魏洛阳故城
郑韩故城
荆州古城
黄丝桥古城
珍珠城
大理古城
西海郡故城
敦煌故城遗址
魔鬼城
北庭故城
高昌故城
楼兰故城
米兰古城
轮台古城
交河故城
且末古城
南海诸岛

遗迹仍然存在：古城、故国遗址、遗迹依稀可辨；秦砖汉瓦，古代钱币，丝绸残片随手可得；历史文物丰富而独特，富有浓厚的东方韵味和民族色彩；克孜尔千佛洞、敦煌莫高窟、炳灵寺石窟、麦积山石窟等仍然光彩照人，土石筑成的巩拜孜古丝路驿站遗址，历时千年的高昌、交河故城遗址和几百座古代墓葬，仍展现出古代龟兹国的精美壁画艺术；张掖、酒泉、居延、黑城、敦煌、古楼兰和吐鲁番、库车、库尔勒、龟兹、喀什、且末、和田、莎车等仍在展示中西方经济、文化交流的辉煌。这条充满神秘、传奇色彩的商路，留下了无数的谜，也强烈地吸引着人们去探索奥秘，去旅游。沿线有古都长安（今西安），历史文化名城咸阳、天水、武威、张掖、敦煌、喀什，还有麦积山石窟、玉门关、雅丹奇观、楼兰古城等风景名胜。沿古道而行，可赏绿洲、戈壁、沙漠、雪峰奇景，可寻古探幽，可领略古长城、古烽燧、古佛寺、古石窟的风采。战国时期，北魏时期为修筑栈道穿越秦岭沟通南北、连接川陕的褒斜栈道、子午栈道、金牛栈道遗迹尚存，留下了“明修栈道，暗渡陈仓”的故事。这三条栈道与汉高祖刘邦、三国蜀相诸葛亮和唐玄宗等轶闻趣事都有关联。这些古栈道旅游资源如果很好地开发出来，都有较好的发展旅游业的前景。四川广元已在明月峡重修古栈道，游人不日即可走在凌空高架的长桥上，俯视波涛滚滚的嘉陵江，去品味“蜀道难，难于上青天”的诗句，去体验惊险和刺激，去怀古联想。

我国历史上修筑的驰道、驿道、栈道很多。秦始皇时修驰道，为天子专用道。汉代驿道已通达西南少数民族地区，唐代有驿道通北方之突厥，明代有驿道通上京（今黑龙江省阿城县），元代已有驿道通西藏。栈道绝危岩，度崇岭，形如鸟道，工程艰难，堪称壮举。如长江三峡的栈道与高峡湍流相映生辉；华山的栈道高悬千仞，令人望而生畏；峨眉山的黑龙江栈道则下临溪流，上临陡壁夹峙。

古代历史文化遗址除古战场、古城、古道路遗址外，还有古代天文观象台遗址等（如初建于元代的北京观象台、建于唐代的河南登封告成镇的周公测景台和建于元代的嵩山古观星台等）。

（三）历史名人遗迹

在中华民族的历史长河中，曾经涌现出无数英才、伟人，神州大地处处留下他们的胜迹。这些胜迹，比秀山丽水更具有强烈的吸引力。他们的事迹在历史上有记载，在人民群众中广为流传，成为后人的楷模，备受后人崇敬和缅怀。历史名人的故居和活动遗址因人而名，得到人们的保护，成为后人参观瞻仰的场所和历史文化旅游的热点（见表8-5）。

表8-5　部分古代名人胜迹

名人	朝代	故居纪念地	其他纪念地	墓　地
孔　子	春秋	山东曲阜孔庙、孔府	北京孔庙等	山东曲阜孔林
屈　原	战国	湖北秭归屈原纪念馆	湖北武昌屈原纪念馆	秭归屈原衣冠冢，湖南汨罗屈原墓、屈原祠
司马迁	西汉	陕西韩城司马迁祠		韩城司马迁墓
诸葛亮	三国	湖北襄阳古隆中	河南南阳卧龙，四川奉节的白帝城，成都、湖北赤壁市赤壁、陕西岐山五丈原、甘肃礼县祁山武侯祠	陕西勉县定军山下武侯墓，武侯祠

续表

名人	朝代	故居纪念地	其他纪念地	墓地
陶渊明	东晋	江西九江陶渊明纪念馆	湖南桃源"桃花源"	江西九江县陶渊明墓
李白	唐朝	四川江油李白纪念馆	安徽马鞍山、山东济宁太白楼,马鞍山李白纪念馆,四川绵阳李白祠	安徽当涂青山李白墓
杜甫	唐朝	河南巩义市杜甫故里纪念馆	成都、西安杜甫纪念馆,夔州杜甫草堂	河南巩义市杜甫墓
苏轼	北宋	四川眉山市三苏祠	湖北黄冈赤壁苏东坡纪念馆、杭州西湖苏堤、海南儋县东坡书院	河南郏县小峨眉山三苏坟
李清照	南宋	济南李清照纪念馆		
岳飞	南宋	河南汤阴岳飞庙,岳飞纪念馆		杭州岳坟,岳王庙
文天祥	南宋	江西吉安故里	北京文丞相祠	吉安文天祥墓
吴承恩	明	江苏淮安吴承恩故居		淮安吴承恩墓
曹雪芹	清	北京西郊曹雪芹故居		

历史名家包括帝王、政治家、教育家、文学家、科学家、人民群众心目中的英雄人物、著名的宗教人士等，如秦始皇因为是“千古一帝”，五次出游，每到一地都有他的遗迹，如秦皇岛和琅琊台有秦始皇的离宫，山东曲阜孔庙孔府和邹城市孟庙孟府，湖北秭归县屈坪的屈原故里，屈原庙和湖南汨罗市的屈子祠，陕西韩城市的司马迁故里、太史祠、太史公墓，山东淄博蒲松龄的聊斋，江苏淮安吴承恩故居，四川成都的杜甫草堂，呼和浩特的昭君墓，襄樊市襄阳古隆中诸葛亮故居，以及刘邦、汉武帝、唐太宗、成吉思汗、康熙、乾隆、老子、墨子、李白、杜甫、苏轼、柳宗元、曹雪芹、岳飞、玄奘、张衡、华佗、李时珍、徐霞客等历史名人的故居和活动遗址等，都是历史文化旅游的热点。

二、古代建筑

古往今来，历代的帝王将相、文人豪士，或于都市，或于山野，建造了大量的宫城殿宇、亭台楼阁，各地的能工巧匠更是别出心裁地营建了众多的桥坝、民居。每一处建筑都融入了创造者高超的技艺、巧妙的构思和非凡的气势，它们是中国文化的凝聚体，更是中国历史的见证。

我国古代建筑历史悠久，遗存十分丰富，类型多样，规模宏大，造型科学，具有明显的历史时代风貌，无论在造型艺术、形态结构，还是在雕塑绘画、色彩风貌等，都反映了当时的历史发展阶段和水平。从我国目前保存下来的古建筑来看，以唐代为最早，宋元明清各朝建筑都各有其特点（见表 8－6），在目前保存的文物古迹中古建筑占很大的比重。在现存的古建筑中，主要包括大型皇家建筑、楼阁亭台建筑、陵墓建筑、宗教建筑、园林建筑、民居建筑和古代其他重大工程等建筑类型，它们形式各异，造型优美，结构精巧，工艺精湛，文人墨客的诗作联匾更为其增辉添彩，被誉为“凝固的音乐”和“石头的史书”，既有观赏价

值，也有使用价值，是游人寻求“安闲幽美”的好地方。

表 8-6　中国古代建筑的历史沿革及其特点

时期	朝代	特　点
形成时期	原始社会—汉代	中国木结构建筑技术日渐完善。人们掌握了夯土技术，烧制了砖瓦，建造了石建筑
发展时期	魏晋南北朝	砖瓦的产量、质量及木结构技术都有所提高。大量兴建佛教建筑
成熟时期	隋唐时期	砖的应用更加广泛，琉璃瓦的烧制更加进步，建筑构建的比例逐步趋向定型化。唐代单体建筑的屋顶坡度平缓，出檐深远，斗拱比例较大，柱子较粗，风格庄重朴实，如五台山南禅寺和佛光寺部分建筑
大转变时期	宋　朝	宋朝建筑的规格一般比唐朝小，但比唐朝更为秀丽、绚烂而富有变化，出现了各种复杂形式的殿阁楼台。屋顶坡度增大，出檐不如前代深远，建筑风格渐趋柔和，如太原晋祠圣母殿，泉州清静寺，宁波保国寺
发展时期	元　朝	兴建大量藏传佛教寺庙及伊斯兰教礼拜寺。藏传佛教及伊斯兰教的建筑艺术影响到全国。木结构建筑普遍使用“减柱法”，梁架结构有了新的创造，如山西芮城永乐宫，洪洞广胜寺
高峰时期	明清时期	砖的生产大量增加，琉璃瓦的数量及质量都超过过去任何朝代。官式建筑已经高度标准化，定型化。木结构建筑出檐较浅，斗拱比例缩小，减柱法除小型建筑外，在重要建筑中已不采用，如北京故宫，沈阳故宫

（一）大型皇家建筑

皇家建筑群（皇城、宫殿、庙坛等）是专供帝王使用的，是统治权威的象征，为了显示他们至高无上的权力和满足穷奢极欲的享受，几乎没有一个帝王不倾举国之力，集城内乃至城外的能工巧匠，聚稀世珍宝，极尽豪华堂皇，凝聚了中国古代建筑艺术与技能的最高成就和独特风格，以建筑艺术烘托皇权至高无上的威势。所以，皇家建筑群（特别是宫殿）是所属时代的建筑精华，是古建筑中级别最高、技艺最精、装饰最豪华的类型，其规模之大，气势之宏，装饰之奢，无与伦比。同时，皇家建筑群常常同最高统治者的命运息息相关，是重大历史事件的策源地，因而也成为“历史的载体”，通常这里都有极其丰富的极有价值的收藏品，所在地多是当时政治、经济、文化中心，故现在也多是旅游中心，具有区位优势。所以作为旅游资源的皇家建筑备受人们的青睐，已成为中外旅游者首选的旅游项目之一。

古代帝王在建立新王朝的初期，大多在定都之际，营造豪华壮丽的宫殿作为建国创业的标志，以振国威。根据考古发掘证明，我国最早在商代就出现了宫殿（如在河南偃师二里头、安阳殷墟、陕西岐山等地发现了规模较大的宫殿建筑基址）。秦汉以来，宫殿规模更为宏大（如秦朝的阿房宫，西汉的长安宫、未央宫，唐朝的太极殿、兴庆宫，宋朝的汴梁宫殿和元大都宫殿等），不过不同朝代的宫殿建筑有所不同（见表8－7）。

表8－7　宫殿建筑的起源与沿革

时期	特　点	著名宫殿
先秦	以门道，前堂，后室为中轴，东西配置厢房的封闭性院落	河南偃师二里头宫殿、陕西岐山凤雏宫殿遗址
秦汉	大宫中套有小宫，而小宫在大宫中各成一区，未央宫的前殿呈狭长形，殿内两侧有处理政务的东西厢房	长乐宫、未央宫、建章宫
三国、两晋、南北朝	在大朝太极殿建有处理日常政务的东西堂	
隋唐	依据曲线与左右对称的规划原则，并附会了《周礼》的三朝制度	太极宫、大明宫

续表

<table>
<tr><th>时期</th><th colspan="4">特 点</th><th>著名宫殿</th></tr>
<tr><td>宋</td><td colspan="4">在城南面中央的丹凤门前设御街，街的两侧建有御廊</td><td>北宋东京城宫殿</td></tr>
<tr><td>元</td><td colspan="4">继承唐宋的宫殿传统，保持了游牧生活习俗及喇嘛教建筑、西亚建筑的风格</td><td>元大都宫殿</td></tr>
<tr><td rowspan="7">明
清</td><td rowspan="7">布
局</td><td>中轴对称</td><td colspan="3">为了表现君权受命于天和以皇权为核心的等级观念，宫殿建筑采取严格的中轴对称布局。中轴线上的建筑比轴线两侧建筑更加宏伟华丽。纵长远深的中轴线建筑，更显示帝王宫殿的尊严华贵</td></tr>
<tr><td rowspan="2">左祖右社</td><td>左祖</td><td colspan="2">“左祖”（或称祖庙）就是在宫殿左前方设祖庙。祖庙是帝王祭祀祖先的地方。因为是天子的祖庙，故又称太庙</td></tr>
<tr><td>右社</td><td colspan="2">“右社”就是在宫殿右前方设社稷坛（社为土地，稷为粮食），社稷坛是帝王祭祀土地神、粮食神的地方。左祖右社建筑布局体现了中国古代的礼制思想，即崇敬祖先，提倡孝道，盼望风调雨顺、五谷丰登、国泰民安</td></tr>
<tr><td rowspan="2">前朝后寝</td><td>前朝</td><td colspan="2">“前朝”就是帝王上朝治政、举行大典之处</td></tr>
<tr><td>后寝</td><td colspan="2">“后寝”就是帝王与后妃子女居住的地方</td></tr>
<tr><td rowspan="2">三朝五门</td><td>三朝</td><td colspan="2">“三朝”指外朝、内朝、燕朝。如北京故宫午门至天安门称为外朝，太和门内及太和殿为内朝，乾清门内及乾清宫为燕朝</td></tr>
<tr><td>五门</td><td colspan="2">“五门”指皋门、雉门、库门、应门、路门（《按“周礼”》郑宏所注）。如北京故宫五门是大明门（大清门）、承天门（天安门）、端门、午门、奉天门（太和门）。先五重宫门，然后三朝，其建筑依次布置在中轴线上</td></tr>
</table>

续表

时期	特点		
明清	陈设	华表	华表是皇家建筑的特殊标志,一般设在宫殿外,体现皇家威严
		石狮	宫殿大门两旁设有一对石狮(或铜狮)。左雄右雌。雄狮左蹄下踏一个球,象征权利和统一;雌狮右蹄踏一只小狮子,象征子嗣昌盛
		日晷	古代用于测时,作为装饰物,借指帝王似太阳普照天下
		嘉量	古代标准量器,含有统一度量衡的意义,象征国家统一、强盛
		吉祥缸	古称“门海”,置于宫殿前,盛满清水,以防火灾
		鼎式香炉	古代的一种礼器,举行大典时用于燃檀香。用做陈设,显示国家的稳定和政权的巩固
		铜龟铜鹤	古代认为龟、鹤为神灵动物,作为宫殿陈设品象征长寿
		轩辕镜	悬挂于帝王御座上方,显示帝王是轩辕后裔子孙,又认为可以辟邪
		太平有象	各种质地的象饰品作为皇帝宝座旁的陈列品,象征社会安定和政权巩固。象身上驮一宝瓶,盛有五谷或吉祥之物,表示五谷丰登,吉庆有余

宫殿建筑既体现了我国古代的建筑共性，又体现了它所独有的皇家建筑的个性。我国宫殿制度的形成和发展，还深刻地体现了古代礼制文化和神秘文化、尊卑等级和吉祥意识。在宫殿建筑方面深刻地打着历代王朝政治、经济和文化的烙印。

商周时期宫殿建筑呈院落式布局，初具规模。春秋战国时期，分外朝、内廷两部分和“三朝五门”制。秦汉各宫占地面积大，建筑物布局稀疏。秦代以阿房宫为中心的宫廷及其他离宫别馆已达到相当规模。据《史记》载，“前殿阿房，东西五百步，南北五十丈，上可以坐万人，下可以建五丈旗。”汉代在长安城中先后建有长乐宫、未央宫、建章宫、北宫和明光宫等，使汉长安成为以宫殿为主的城市。唐代长安则有宫城与皇城，建有太极宫、大明宫、兴庆宫三大宫殿建筑群，规模十分恢弘。元代入主中原，经营元大都，核心为大内宫殿、兴圣宫、隆福宫等。明王朝先后建成了南京宫殿群和北京宫殿群。清代不但留下了沈阳故宫，而且把原明朝的北京故宫建得更加宏伟辉煌。

然而，由于朝代的更迭和战火的毁坏，许多宫殿历尽沧桑，已成为废墟，留给后人的仅是史书记载的遗址。现在保存最完整的古代宫殿，只有明清两代的皇宫，如北京故宫、沈阳故宫等。

我国现存的皇家建筑中，北京的故宫和天坛，承德的避暑山庄和外八庙占据着最显赫的地位，是中外游客向往的旅游胜地。

北京故宫始建于永乐四年（1406 年），于永乐十八年（1420 年）基本建成。后经明清历代皇帝扩建修葺，成为一个规模宏伟的最完整的木结构建筑群，距今已有 570 多年，历经 24 个皇帝。故宫占地面积 72 万平方米，建筑面积 15 万平方米，现有宫宇 9000 多间。

故宫的布局是按“前朝后廷、左祖右社”、“五门三朝，三宫”的古时皇城规制和严格对称的院落式布局，“前朝”以太和殿，中和殿，保和殿三大殿为中心，包括两翼的文华殿，武英殿；“后廷”以乾清宫，交泰殿，坤宁宫为中心，包括两翼的东西六宫；“左祖”即太庙（即今天的劳动人民文化宫）；“右社”即社稷坛（即今天的中山公园）。故宫建筑从整体看，轴线突出，主从分明，高低错落，井然有序，犹如一曲古典交响乐章，庄严，和谐，引人遐思如潮。故宫不仅是我国宫廷建筑的典范与精华，也是现存最大最完整的古建筑群，是极其珍贵的文化遗产，也是世界古建筑宝库中的一颗独放异彩的明珠，与法国的凡尔赛宫、俄国的圣彼得堡冬宫、英国的白金汉宫和美国的白宫，都是世界著名的豪华建筑。但在历史的久远及规模的宏大上北京故宫更胜一筹。因此，故宫被联合国列为世界文化遗产。故宫已成为我国最大的国家博物院，除了陈列宫廷历史遗迹外，还有青铜器馆、陶瓷馆、珍宝馆、历史艺术馆、明清工艺美术馆文物陈列体系，计有文物 90 余万件，其中许多是稀世之宝。

沈阳故宫始建于后金天命十年（1625 年），至今已有 380 年的历史。沈阳故宫是清太祖努尔哈赤、太宗皇太极两代皇帝的宫殿。整个宫殿分为三路：中路以崇政殿为主体，南起大清门，北至清宁宫，院落三进。两侧有一庙（太庙）、一斋（继思斋）、二殿（迪光殿、颐和殿）、四宫（东宫、西宫、介祉宫、保极宫）、四阁（翔凤阁、飞龙阁、崇漠阁、敬典阁）。东路建筑以大政殿为主体，辅有 10 座方亭（即“十王亭”）。西路主体建筑是文溯阁，还有嘉荫堂、仰熙斋和戏台。整个宫殿占地 6 万多平方米，全部建筑 90 余所，300 余间，是中国现存仅次于北京故宫的最完整的皇宫建筑，现已辟为沈阳故宫博物院。

天坛始建于明代永乐四年（1406 年），建成于永乐十八年（1420 年），为明、清两代皇帝祭天祈谷的地方，是我国现存规模最大的坛庙建筑群，占地面积达 270 万平方米，比北京故宫的面积还要大。天坛是我国象征“天”的一座坛庙建筑。明、清皇帝每年祭天和祈谷的地方，祭祀天地，乃是帝王的重要大典。我国古代的设计师们，为了建造一座能象征“天”的坛庙建筑，确实绞尽了脑汁。

天坛的整个布局设计和色彩都象征着“天”，所以无不充满着幻想神秘。天坛是封建政权和神权相结合的产物，独特、优美的建筑风格，在世界上是绝无仅有的，是中华民族留给世界建筑史上的一大奇迹。

承德避暑山庄是清帝王避暑和从事朝政的离宫，始建于康熙四十二年（1703 年），竣工于乾隆五十五年（1790 年）。园林面积约564万平方米（为北京颐和园的2倍），是我国现存最大的古代宫苑区。它由“古朴淡雅”的宫殿区和兼有“北雄南秀”特色的苑景区两大部分组成。从康熙五十二年（1713年）起，开始在避暑山庄周围兴建庙宇。最初的庙宇是溥仁寺，纯系蒙古族各部为给康熙皇帝祝寿而建。在其后的60多年间，又先后建了寺庙11座，它们多为康熙、乾隆年间重大事件的里程碑。外八庙不仅是我国民族艺术建筑的博物馆，也是民族大团结的象征。

此外，规模较大的皇家建筑群还有颐和园（皇家花园和行宫）、圆明园遗址、雍和宫（雍正做皇帝前的府邸）、北海公园（原辽、金、元、明、清历代封建帝王的花园）、太庙（今劳动人民文化宫）、社稷坛（今中山公园，原辽、金时代燕京城东北郊的兴国寺，元代改称万寿兴国寺）、北京孔庙（曾是元、明、清三代祭祀孔子的地方）、恭王府花园和地坛（方泽坛）、日坛（朝日坛）、月坛（夕月坛）、先农坛、天神坛、太岁坛、先蚕坛等。

（二）楼阁亭台建筑

楼阁为两层或两层以上的古代木构建筑。二者在建筑形制上无多大差异，但使用功能不同。楼的用途极为广泛（按功能可分为藏经楼、钟楼、鼓楼、观景楼、箭楼、城楼、敌楼、戏楼、茶楼、酒楼等），而阁的用途主要为珍藏图书、佛经、佛像和观景。

1. 名楼

我国古楼分布广泛，形制多样，多为明清建筑。如承德避暑山庄烟雨楼、浙江嘉兴烟雨楼、广东广州镇海楼、湖北武汉黄鹤楼、湖南岳阳岳阳楼、江西南昌滕王阁、四川成都望江楼、云南昆明大观楼、贵州贵阳甲秀楼、台湾台南赤嵌楼等。其中黄鹤楼（相传始建于孙吴黄武二年，公元223年，屡毁屡建，现黄鹤楼以清代建筑为蓝本，重建于1985年，主楼高51.4米，五层重檐飞翼结构）、岳阳楼（始建于唐开元四年，公元717年，原址为三国时东吴鲁肃的阅兵台，地处洞庭之滨，现楼为清代建筑，通高19.72米，三层三重檐盔顶长方形结构，范仲淹的《岳阳楼记》更是为之名声大振）、滕王阁（始建于唐高宗永徽四年，公元653年，李世民之弟、滕王李元婴都督洪州时营造，此阁历经兴废28次，最后焚于1926年。1989年重建，高57.5米，分九层，整个建筑为钢筋混凝土仿木结构，飞檐翘角，画栋雕梁，极为壮观。王勃《滕王阁序》中“落霞与孤鹜齐飞，秋水共长天一色”的千古绝句，使其更加盛名），合称为江南三大名楼（见《中国部分帝王陵墓、江南三大名楼、古代三大建筑群分布示意图》）。

另外，北京城内的钟楼和鼓楼（建于明代），西安城中心的钟楼（建于明代），天津蓟县鼓楼（建于明代），河北正定开元寺钟楼（建于唐代），甘肃陇西县城威远楼（建于元代），以及南京市中心的鼓楼，宁波鼓楼，兴城鼓楼，山海关城楼，嘉峪关城楼等，造型别致，玲珑而壮观。

2．名阁

阁的建筑形式与楼有些接近，其正面是门和窗，其余三面都为实墙，四周通常设隔扇或栏杆回廊。我国古代的阁是用来收藏贵重文物的。我国一些较大的寺院里也建有“藏经阁”，有些宗教建筑中，供奉高大佛像的多层建筑通常也称为阁。我国名阁很多，如北京颐和园的佛香阁（是我国现存古阁中最高者），天津蓟县独乐寺的观音阁（始建于唐天宝十一年，即公元752年，是我国现存最古老的阁）、山东蓬莱阁、北京故宫文渊阁、辽宁沈阳故宫文溯阁、河北承德避暑山庄文津阁、浙江杭州文澜阁、江苏扬州大观堂文汇阁、广西容县真武阁、江苏镇江金山文宗阁、浙江宁波天一阁、山东曲阜孔庙奎文阁、河北承德普宁寺大乘阁、江苏常州红梅阁等，造型挺拔庄重，精美绝伦，具有很高的观赏价值和科考价值。

中国部分帝王陵墓、江南三大名楼、古代三大建筑群分布示意图

3. 亭

亭为我国分布最为广泛的古建筑类型。尤以园林中玲珑剔透、轻盈多姿的亭子随处可见。亭的造型大多取尖顶和翼然翘角的古典形式，曲线夸张，造型优美。平面以方形常见，简单大方；圆亭显得秀丽；水中曲桥间多筑六角、八角亭；而扇形，梅花形更显古雅。古亭还与文学名篇、诗句有多种联系，使亭成为重要文化遗迹。观赏这类亭常会使人发思古之幽情，得到艺术美的享受。亭的造型最为丰富，平面、立面、亭顶、亭檐皆有多样变化，或简单或繁杂，或高大或小巧，或古朴或堂皇，本身就是内涵丰富的游览对象。亭可赏景（提供最佳观景角度），亭可衬景（为自然山水添色增辉），因此是最典型的景观建筑。除景观亭外，还有纪念亭（纪念历史人物和纪念历史事件）、碑亭（收存碑石的碑亭、宗教祭祀亭和流杯亭等）。我国现存古亭众多，安徽醉翁亭、北京陶然亭、湖南爱晚亭和浙江兰亭被称为我国四大名亭。北京颐和园中的廓如亭（现存最大的亭）极负盛名。

4. 台

台始于奴隶社会（如商纣的鹿台），春秋战国时筑台之风盛行，一直流行于秦汉，绵延到魏晋。曹魏在邺城筑铜雀三台址今尚存。后来单纯筑台虽不再流行，但以台为基抬高建筑气势的传统却得以延续，称之为高台建筑。台的修建，可通神求仙、登高远望，观赏乐舞，亦可烽火御敌，观测天象等。我国历代皆有观象台的兴建，但现遗存不多。如河南洛阳汉魏故城南郊的灵台，是已确认的最早的观象台遗址，建于东汉，使用长达 250 多年。古代杰出科学家张衡主持了灵台的天象观测，创制了最早的天象仪和候风地动仪。河南登封的元朝观象台，台顶有测量日影的景表、石圭，郭守敬曾在此亲自测日报时。北京古观象台为明代建筑，是世界上保存有原完整天文仪器的最古老的天文台，如经纬仪，天体仪等。

（三）陵墓建筑

我国历史上有文字记载的历史文物古迹，帝王将相和对人类文明作出贡献的文化名人的墓葬陵园遗址很多。尊重历史，尊重祖先，热爱祖国的中华民族美德，才能把这些珍贵的遗产得以保存至今，这些陵墓有的是出于人们对那些为民族文明作出重大贡献的历史人物的敬仰和怀念而建立的，有些是历代帝王提倡“厚葬以明孝”而建立的，这些陵墓在不同历史时期设计思想和建筑艺术生活水平下，表现出各自的特点。如秦汉唐宋的帝陵都有明显的中轴线，陵立中央，绕以围墙，四面辟门。唐代、北宋诸陵还在每个陵的轴线上建有亭殿、门阙、神道、石象等。明陵则采用很长的公共神道与牌坊、碑亭、棱恩殿与方城、明楼、宝顶相结合的方式。清帝陵基本上沿袭了明陵的建筑布局，只是后妃死后在帝陵旁另建陵墓，这和明陵帝后合葬制有明显区别。这些凝聚着劳动人民智慧结晶，又表现出各自特点的陵园，是我国民族文化遗产的重要组成部分。

氏族社会后期厚葬开始萌芽，到奴隶社会厚葬盛行，战国时期之风更盛。春秋战国时期的墓不仅垒坟，而且植树，有的还建有亭堂或祭殿。在封建社会的漫长时期里，帝王陵墓越建越大，越建越堂皇。

陵墓作为旅游资源，可分为帝王陵墓，纪念陵墓和悬棺墓。我国古代墓葬具有鲜明的政治等级性（坟丘高低大小，棺椁重层多少，墓穴大小形制，随葬品多少，墓前石碑、石刻规格等，都具有十分明显的等级性）、强烈的宗法观念、“事死如事生”的表现形式（以死者生前生活情形来安排死者的墓葬）和深受“堪舆学说”的影响（相地之术）等特点，墓葬坟丘形制、墓穴形制及葬具、墓地建筑（寝殿、祠堂、墓阙、神道）各异，陵墓多选址于形胜壮观、自然环境优美的地区，许多陵寝不仅地上地下建筑辉煌，而且殉葬品丰富。这些陵墓之所以成为旅游资源，是因为

它们具有很高的历史文化价值。

1. 帝王陵寝

世界罕见的帝王陵寝是我国古代陵墓遗存的主要组成部分，大多数帝王生前不仅有豪华的宫殿苑囿，死后也要建造静穆庄重的陵墓和地下宫殿。这些帝王陵墓不仅有丰富的文物瑰宝，而且大多有古木参天的景色，秀丽的景观，由于有空间大，山水形胜，地面和地下建筑辉煌和文物众多，成为国内外旅游者游览的重要选择，构成陵墓旅游资源的主体。古代帝王都选择所谓“乾坤聚秀之区，阴阳汇合之所”建造陵墓。陵区规模大，风景优美，建筑豪华，在建设上反映了当时建筑思想和艺术水平，因此陵区本身就成为一处风景旅游地。此外，我国古代以“厚葬以明孝”，特别是帝王，嫔妃等在殡葬的同时，还葬有许多陪葬品。它们能够较完整地反映某一历史时期的生活方式、社会生产和文化艺术水平，为研究我国古代史、天文学史、地理学史、工艺史等提供极为珍贵的资料。它们既具有很高的科学价值，也是一项独特的旅游资源。

帝王的陵墓形式较为复杂，各个朝代各有特点：西周以前的陵寝多为木椁大墓，讲究深埋，地面不封不树；以秦始皇陵为代表的秦汉时期的帝王陵寝，其封土形状多为覆斗式，并以营造豪华宫室和堆筑大封土为特色；以唐太宗李世民的昭陵为代表的唐朝陵寝，以山为陵，在山腰开凿墓室，展现出大唐盛世的风貌；五代十国和两宋时期因战乱频繁，国力颓废，陵寝规制相当简单；元代帝王死后则实行深葬，地表不留任何痕迹；明代明太祖朱元璋对前代陵寝作出了重大改革，将覆斗式封土改为圆式宝顶，并增加了祭奠设施，改方形院落为多进长方形院落，创立了一个崭新的帝王陵寝制度；清代陵寝不仅承袭了明代陵制，而且作了进一步的改革和完善，从而把中国古代陵寝的营造活动推向了最后的顶峰。总之，古代陵墓的发展经历了以下几个阶段。

(1) 周代的“封土为坟”。按照官吏的等级来定坟头封土的大小。春秋战国以后，坟头越来越大。

(2) 秦汉两代的“方上”。早期帝王陵墓的封土是在地宫之上用黄土层层夯筑，使之成为一个上小下大的锥体，上部为方形平顶。

(3) 唐代的“以山为陵”。改方上为“以山为陵”的形式。

(4) 宋代的“方上”。宋代复古，又采用“方上”的形式，但规模较秦汉要小。

(5) 明清两代的“宝城宝顶”。改变方上之制，采用宝城宝顶形式。

古代帝王都选择所谓”乾坤聚秀之区，阴阳汇合之所”建造陵墓，不但建筑豪华，而且风景优美，还有丰富的文物瑰宝，成为国内外旅游者游览的重要选择目标。

中国历史上兴建帝陵之风相当盛行，其数量之多，规模之大，建筑之精，一直颇受世人关注。帝陵的分布与帝王建都有关，如中国宋代以前的陵墓，多分布在陕西省；宋代迁都开封后，宋代的 8 个皇陵都建在河南巩县；明代初建都南京的朱元璋的墓建在南京，以后迁都北京，因此明十三陵建在北京；清代帝王的老祖宗的陵墓在沈阳，从顺治到光绪 10 个皇帝的陵墓均在河北省遵化、易县等地。

目前，我国保存了各个朝代帝王将相嫔妃等陵墓多处。陕西黄陵县桥山有相传中华民族的祖先轩辕黄帝陵，陵高 3.6 米，周长 48 米，松柏环抱，古柏参天，陵前碑石矗立，碑前有四角祭亭，郭沫若手书“黄帝陵”石碑立于亭内，自汉代以来，帝王清明祭扫黄帝陵屡有记载，现为著名游览地，国家重点文物保护单位。

秦始皇陵建在陕西西安临潼区骊山。陵园按咸阳都城的规制，体现了君主专制和皇权独尊的特点。陵墓下台东西宽 345

米，南北长 350 米，自底至顶三层共高 43 米，陵内垣周长 2.5 公里，外垣周长 6.3 公里，就单一陵墓而言，秦始皇陵是我国历史上规模最大的一个，不但地面建筑物（角楼，寝殿，便殿，寺园，吏舍等）宏伟，而且地下排设也十分壮观。陵园东门外是象征皇城宿卫军的兵马俑，坑内排列整齐的各种陶质俑人俑马及战车，青铜剑等武器，俑人俑马其尺度略大于真人真马，所持武器均为实战真物，气魄之宏大，阵势之威武，艺术之高超，均为世界所罕见，是震惊世界的古代文化遗产，被誉为“世界第八奇迹”。

西汉开始以陵为帝王墓的专用名词，其规模和制式如同宫殿。西汉 11 个皇帝陵墓除文帝霸陵，宣帝杜陵在渭河以南外，其余 9 陵呈一字形分布在渭河北岸的咸阳塬上，在关中形成西汉帝陵群。汉陵中汉武帝刘彻的茂陵（位于陕西兴平市）规模最大，其高 46.5 米，底基 240 米见方，超过汉帝陵高 30 米的规制。茂陵尚存陪葬墓 12 座，其中霍去病封土为祁连山形，反映了西征匈奴收复河西走廊的丰功伟绩，陵前石刻 16 件，为我国最早陵墓石刻的遗存，浑厚传神，堪称珍品。东汉陵墓集中于洛阳邙山，规模较小，取消了陵邑制，改木椁为砖椁，立墓表，设石像。邙山古冢累累，难以胜数，洛阳建有我国最大的古墓博物馆。

魏晋南北朝时期，社会动荡不安，政权更迭频繁，帝王陵墓大为简化。

唐陵分布在渭水以北的乾县、礼泉、三原、富平等县，唐太宗李世民的昭陵和高宗的乾陵都是以山为陵，气势雄伟。昭陵建于海拔 1188 米的九嵕山，面积达 2 公顷。地宫开凿于山南半腰绝壁处，以山陵为中心有内外两重城垣，南有献殿，北有祭坛。昭陵六骏原置玄武门内东西两庑，是仿李世民当年南征北战驰骋战场所骑六匹战马，栩栩如生，具有传神的魅力。昭陵周围有

167座陪葬墓，依次构成皇亲国戚墓群、文相墓群和武将墓群。现在李勣墓地建了昭陵博物馆。乾陵建于乾县梁山，以北峰为陵，以南双峰为阙。乾陵是唐高宗李治和女皇武则天的合葬墓，有内外城及300余间房屋建筑，工程浩大。陵前遗存石刻众多，从二道门到内城朱雀门，依次有华表1对，鸵鸟1对，翼马1对，石马5对，石翁仲10对，朱雀门前左右立有无字碑和述圣记碑。朱雀门内有61尊王像，内城各门均有石狮1对。乾陵是唐代十八陵中保存得最完整的一座。乾陵有17座陪葬墓。永泰公主墓、懿德太子墓、章怀太子墓等已发掘，出土有大量墓室壁画和陪葬文物。乾陵附近建起了博物馆，展出4000余件出土精品。

北宋陵墓分布在河南洛河与嵩山之间，七帝八陵及王公大臣墓等，形成了一个庞大的陵墓群，宋陵现存的几百件精美绝伦、镂镌隽永的石雕，使游人赞赏不已，叹为观止。

南宋帝陵多位于浙江绍兴一带，因王朝败落，经济困难，营造简陋，今尚存遗迹。

西夏王陵位于银川市西郊贺兰山东麓，为西夏历代帝王陵墓所在地。陵区占地50平方公里，内有9座帝王陵和200多座陪葬墓。每个陵园都是一个单独、完整的建筑体，形制大致相同。现地面建筑只剩遗址，但仍保存着大量的建筑材料和残碎碑刻。外国旅游者来此参观后，称赞这里是“中国的金字塔”。

元代帝王驾崩多在草原深埋，马踏去迹，不封不树，难觅所在，仅存有成吉思汗陵。成吉思汗陵位于内蒙古伊金霍洛旗的鄂尔多斯草原上，陵园方圆15里，有3座蒙古包式大殿和廊庑构成。中央纪念堂高20米，上穹隆顶下八角形，中为成吉思汗坐像，两廊为事迹壁画，后为灵柩寝宫。

明代帝陵主要分布在南京、北京两地。南京明孝陵为明代开国皇帝朱元璋之陵，殿堂楼阁，连宇栉比，神道绵长，石雕林

立，松柏万株，气势恢弘，现为对外开放的全国重点文物保护单位。

明十三陵位于北京昌平天寿山南麓，长陵、献陵、景陵、裕陵、茂陵、泰陵、康陵、永陵、昭陵、定陵、庆陵、德陵和思陵依山而建，形成庄严和谐的整体布局，是我国保存完整的帝王陵园。其中长陵规模最宏大，保存也最完整，为我国古建筑史上的杰作。定陵地宫保存较好，自发掘后建成地下博物馆，陈列出土文物。

清代帝陵共分三处陵区，即入关前保留在辽宁的沈阳北陵，也称昭陵、福陵（也称东陵）和新宾县的永陵（清代先祖陵），被称为关外三陵。入关后河北遵化清东陵和河北易县的清西陵。

清东陵是清朝定都北京后皇室陵墓群之一，有顺治孝陵、康熙景陵、乾隆裕陵、咸丰定陵、同治惠陵 5 座帝陵，孝庄、孝惠、孝贞（慈安）、孝钦（慈禧）4 座皇后陵及众多嫔妃陵墓。东陵陵墓范围大，环境优美，建筑物多，文物众多，建筑宏伟辉煌，是我国现存规模庞大，规制最奢华，体系比较完整的一座帝后陵寝建筑群，地面建筑以定陵最为考究，地下建筑以裕陵最为壮观。西陵以雍正泰陵规模最大，还有仁宗嘉庆的昌陵、宣宗道光的慕陵、德宗光绪的崇陵，及后陵 3 座，妃陵 3 座，王公、公子园寝 4 座。

还有一些史前时期帝王陵墓。如太昊陵（河南睢阳）、少昊陵（山东曲阜）、女娲陵，炎帝陵（湖南炎陵县），尧帝陵（山西临汾），舜帝陵（湖南九嶷山），大禹陵（浙江绍兴）等，其墓主多为传说中的人物，且都是后世根据传说而建的，其意义在于纪念。因此，同一人物常有多处陵地。

2. 名人墓地

除帝王陵墓外，还有一些地方藩王、官宦、历史名人的陵墓，规模也相当庞大，建筑也相当讲究。这一类墓地遍布全国各地，主要建于名人故乡、生前任职地等，如安徽和县楚霸王墓、内蒙古呼和浩特市昭君墓、陕西兴平杨贵妃墓、新疆哈密市哈密王墓、西藏山南藏王墓群、山东曲阜孔子墓、陕西韩城司马迁墓、四川成都武侯祠、山东曲阜颜子墓、江西九江陶渊明墓、安徽当涂青山李白墓、河南巩义杜甫墓、江西吉安文天祥墓、江苏淮安吴承恩墓、浙江杭州岳飞墓等。

3. 独特墓葬

悬棺崖墓法是流行于我国古代一些少数民族的葬法，或利用自然崖壁、平台、洞穴、缝隙安放棺木，或打孔设棺柱悬吊棺木，多分布在江河之滨，峭壁之上，棺木高悬，充满神秘和悬念，颇具旅游吸引力。这种葬法使用时间漫长，早至商周，晚达明清，广布于南方各省，以福建武夷山区、江西龙虎山、四川珙县、兴文县和贵州西北部、湖南西部和长江三峡一带的崖墓最为有名。武夷山九曲溪两岸的崖墓，悬棺如船形又称船棺，经测定距今达 3800 年，被视为悬棺发源地。龙虎山崖墓群位于泸溪河两岸峭壁之上，距地达 30～50 米，墓葬 100 多座，为春秋战国墓葬，距今 2600 多年。

塔葬随佛教的传入而兴起，佛门高僧坐化圆寂后，建塔存入遗骨，知名佛教寺院多有塔墓（如玄奘塔等），但以河南少林寺塔林最为有名。

（四）宗教建筑

宗教建筑是人类劳动和智慧的结晶，是一个国家、民族文化的组成部分，体现了民族的文化特点。宗教建筑及雕塑、壁画等造型艺术都是宗教文化的重要组成部分，也是对游人具有吸引力的重要客观因素。我国美妙绝伦的宗教建筑、巧夺天工的古代雕刻（如敦煌莫高窟、大同云冈石窟、洛阳龙门石窟三大石窟，乐山大佛等）、珍贵的宗教艺术遗迹和遍布全国名山胜地宝刹古寺（如浙江灵隐寺、普陀寺，西藏大昭寺，洛阳白马寺、西安大兴善寺，北京的广济寺，上海的玉佛寺，南京的鸡鸣寺，武汉的归元寺，镇江金山寺，四川宝光寺等）及大中小城市的清真寺（如泉州清真寺、广州怀圣寺、河北沧州清真寺、山东济宁清真寺）与天主教堂（如上海徐家汇天主教堂、哈尔滨南岗尼古拉教堂、北京西什库教堂等），都是游人重点观赏的内容。

宗教建筑包括寺庵宫观、殿堂洞窟和塔。宗教建筑在选址、布局、造型、用材、色彩等方面都十分巧妙地利用自然形胜，注意人工美与自然美的有机结合，在建筑手段方面刻意营造一种“神圣崇高”的气氛，使人们步入寺庙殿堂时无形中便产生对环境的神秘感和对神的敬畏心理。五台山、泰山、华山、峨眉山、武当山、九华山、衡山等山寺、宫观，大多建在高山峭壁、地势险要的陡崖处，加之密林幽谷，云绕雾罩，使人产生仙境奥妙之心理。有的还运用天文、光学、声学现象造成某些奇观，例如：云南曹溪寺之“天涵宝月”，四川峨眉山之“金顶宝光”，陕西太白山之“太白池光”给人神秘的感觉。

中国宗教建筑的特点是内部空间不求其敞，而求其高，用多进院落构成布局严谨的建筑群，而且借助自然地势，使每进院落逐次增高，在主殿前常有数十级至百余级台阶，这样便不必用建筑自身的高度，而利用台阶地势就可以突出神佛的崇高。例如：五台山菩萨顶前有108级石阶；陕西佳县白云观真武殿前设4道山门，618级台阶，远望之，陡立腾空，异常雄奇；浙江雁荡山灵峰观音洞，洞内依岩建10层楼房，由洞口至洞顶有377级石阶；泉州开元寺大雄宝殿面宽9间，进深6间，出于建筑艺术的考虑，设计用100根立柱（中央置佛像减少6根），为的是增强建筑物高耸的感觉；北京雍和宫万福阁面积并不大，内有檀香木弥勒站像，高26米（地上高18米），必须仰头才能看到佛顶。这并非不能建造更大的佛殿，而是只有这样才足以突出弥勒佛之高大；西藏布达拉宫建在拉萨市内红山之巅，仰止弥高，是举世著名的高原宫堡式宗教建筑群。

中国宗教建筑中多有奇特结构，堪称建筑极品。例如山西应县佛宫寺释迦塔总高度达 67.13 米，全木结构却不用一根钉子，曾经历大地震仍岿然不动；南京琉璃宝塔被列为世界中古七大奇观之一；山西五台山菩萨顶之文殊殿，雨后很长时间仍滴水不止，故称为“滴水殿”；广东梅州市灵光寺大佛殿，殿内香火鼎盛而寺外却不见一丝烟缕，殿后古木参天而殿顶不留一片落叶；山西浑源悬空寺 40 余间殿宇楼阁完全修建在壁立千仞的峭壁上，仅用很细的立柱和横插入石壁的房梁来支撑全部重量，故人们形容它是“三根马尾吊半空”，因该处风向关系，可遮风避雨，故历时 1400 余年而安然无恙，实属称奇。

人们出于对宗教的崇拜，著名的宗教建筑几乎都成为当时建筑的典范。宗教建筑不仅在结构、用料、装饰、布局等方面体现着时代的建筑艺术高峰，而且在建筑物与周围环境关系的处理技巧方面，都令人叹服，由于人们对神佛的敬畏，相对而言，宗教建筑受人为破坏较轻，故著名的宗教建筑保存较多。

宗教建筑是宗教徒修行及举行宗教仪式的场所，如寺庵、道观、教堂等。宗教建筑可分为佛教文化建筑、道教文化建筑、伊斯兰教文化建筑、基督教文化建筑等。

宗教文化对于中国的文化影响和社会生活影响是广泛而深刻的，尤其是来自西方的佛教与中原文化融合，已成为中华文化中不可缺少的一部分。古刹梵宇遍及各地，兴衰几度，香火仍存，是中国名胜古迹中最具魅力的一部分。

1. 佛教文化建筑

佛教文化建筑主要包括佛教寺院建筑、佛塔等。佛教寺院是佛教徒供奉佛像、僧众居住修行和举行各种法事活动的地方，也是信徒进香朝拜、参加宗教活动的中心。佛教寺院作为佛教的外在要素和佛教文化的依托，是人们了解佛教、学习佛教传统文化的重要实物资料。

西汉末年，佛教开始传入我国，传播过程中，逐渐形成八大宗派："三论宗"（祖庭为南京栖霞寺、绍兴嘉祥寺），"净土宗"（祖庭为江西庐山东林寺、山西交城玄中寺、苏州灵岩寺）、"法相宗"（祖庭为西安慈恩寺、兴教寺）、"律宗"（祖庭为扬州大明寺、句容宝华山慧居寺）、"天台宗"（祖庭为浙江天台山国清寺、湖北当阳玉泉寺、浙江宁波延庆寺）、"华严宗"（祖庭为陕西长安华严寺、五台山清凉寺）、"禅宗"（祖庭为河南登封少林寺、河北成安匡救寺、广东韶关南华寺）和"密宗"（祖庭为西安大兴善寺、青龙寺）。宋代以后，除蒙藏地区外，内地的密宗逐渐与天台、律宗、净土、华严各宗相融合，不再是一个独立宗派。

佛教在我国不同地区传播过程中，逐步形成了汉地佛教、藏传佛教（俗称喇嘛教）和云南上座部佛教（巴利语系佛教）三大系统，各佛教寺院的建筑也吸收了本地、本民族的建筑风格，形成了各具特色的建筑形式。

汉地佛教寺院在汉代时，其格局总体上与中国传统的寺院形式相似，院落重重，层层递进，回廊相绕，引人入胜。唐代以前，汉地佛寺主要有石窟寺、塔庙两种形式。北魏至唐代，相继开凿了敦煌石窟、云冈石窟、龙门石窟，供奉石刻佛像，绘制精美壁画，并在石窟周围建立寺院。塔庙以塔为中心建筑，周围建有殿堂、僧舍。塔中供奉着舍利、佛像等，唐代以后，佛塔多建在寺前、寺后或另建塔院，形成了以大雄宝殿为中心的佛寺结构。寺院坐北朝南，主要殿堂依次分布在中轴线上，层次分明，布局严谨。

宋代禅宗兴盛，形成了"伽蓝七堂"制度。七堂指佛殿、法堂、僧堂、山门、厨库、西净、浴室。规模较大的寺院还有讲堂、禅堂、塔、经堂、廊院、钟鼓楼等。

明清以来佛寺建筑格局已成定式，一般在中轴线上由南向北依次分布着山门殿、天王殿、大雄宝殿、法堂、藏经楼、毗卢阁、观音殿。大雄宝殿是佛寺的主体建筑，东西两侧的配殿为钟楼与鼓楼、伽蓝殿与祖师堂，观音殿与药师殿相对应。大的寺院有五百罗汉堂、佛塔等建筑。

我国的宗教寺庙以佛教寺庙最多。目前我国保存下来的著名寺院达数千座，如河南洛阳的白马寺（是佛教传入我国后建立的第一座寺庙，始建于东汉永平十一年，即公元 68 年，被称为中国第一古刹，也被我国广大佛教弟子尊为祖庭和释源，即佛教发源地）、开封的相国寺、嵩山少林寺，陕西西安的慈恩寺、兴教寺、华严寺、大兴善寺，山西五台山佛光寺、显通寺、塔院寺、南禅寺、太原的双塔寺、浑源的悬空寺，北京的妙应寺、觉生寺、西黄寺、广济寺、碧云寺、卧佛寺、戒台寺、潭柘寺，天津蓟县独乐寺，广东广州光孝寺（岭南年代最古、规模最大的古刹），福建泉州开元寺，河北承德的普宁寺，四川新都宝光寺、峨眉山报国寺，重庆缙云寺，云南昆明的铜瓦寺、筇竹寺，江苏镇江的金山寺、甘露寺，上海龙华寺、玉佛寺，浙江杭州灵隐寺，福建厦门的南普陀寺，江西九江能仁寺等。

我国有四大佛教名山：山西五台山（相传是文殊菩萨的道场），全山原有汉僧寺院 97 座，喇嘛寺 25 座，现存寺院 47 座，还保存着大量具有很高历史、艺术文化价值的雕塑、碑刻、墓塔及佛经等；浙江普陀山（相传是观音菩萨显灵说法的道场），自北宋以来，寺院渐增，僧众云集。有普济寺、法雨寺和慧济寺等著名的寺院；四川峨眉山（相传是普贤菩萨显灵说法的道场），自魏晋时开始建造佛寺，现存建筑多为明清建筑，较著名的寺院有万年寺、报国寺、光相寺等；安徽九华山（相传是地藏菩萨显灵说法的道场），有寺院天台古寺等 80 多处，以化城寺为中心。四大佛教名山都形成了庞大的寺庵建筑群。

藏传佛寺规模宏大，建筑宏伟，文物荟萃，金碧辉煌。藏传佛教寺院一般由扎仓，拉康（佛寺）、囊欠（活佛公署）、印经院、藏经楼、灵塔殿、僧舍等组成。扎仓为经学院，是僧侣学习、修行的场所，拥有佛殿、经堂、后殿辩经场、活佛公署、大厨房、僧舍等，自成体系。藏传佛教的殿堂以大经堂为主要殿堂，有的可容纳数千名僧侣念经、举行法会等活动。其余还有金瓦殿、弥勒殿、文殊菩萨殿、护法神殿等。富丽堂皇的殿堂的建筑风格以藏式为主，同时吸收汉式印式建筑，使藏传佛教建筑更具特色。甘丹寺、哲蚌寺、色拉寺、扎什伦布寺、塔尔寺、拉卜楞寺、布达拉宫等都是其典型的代表。

云南上座部佛教寺庙主要由佛殿、藏经室、僧舍及佛塔四部分组成。佛殿是佛寺的主要建筑，是僧侣日常念经、从事各种佛事活动的场所。佛塔是云南上座部佛教最具特色的建筑，有缅式钟形佛塔、亭阁式佛塔、泰式金刚座佛塔、高基座佛塔、八角形密檐式佛塔等，千姿百态，是寺院规格高低的重要标志。

塔是宗教建筑中最醒目的建筑物，也是我国古文化古建筑中一朵灿烂的奇葩。据统计，我国现存的塔近万座，其中有 100 多座塔的历史都在 700～800 年以上，分布遍及全国各地。我国最早建塔都是木塔。东汉、南北朝时期以木塔为主，东汉洛阳白马寺就是木塔。北魏中期开始出现砖塔，河南嵩岳寺密檐式砖塔是现存年代最早的塔。隋、唐、宋、辽、金时期以砖、石塔为主。宋代有精美的铁塔。元代出现了许多喇嘛塔，如北海白塔等。明清有铜塔和琉璃宝塔。

我国古塔按艺术造型与结构形式可分为：楼阁式塔（是我国为数最多，历史悠久，塔体高大，雄伟壮丽，可登塔远眺四周景物，多为方形、六边形，也有八边形，多为木质塔、砖木结构塔和石塔等，最著名的有应县木塔、西安大雁塔、开封铁塔、定州瞭塔等）、密檐式塔（多是建在地势较高处的多层高塔，美观秀丽，一般为实心，不能登临远眺，但庄严、古朴，最著名的有

12边的河南嵩岳寺塔、方形的白马寺塔、北京的天宁寺塔、西安的小雁塔、云南大理千寻塔等）、亭阁式塔（多为单层的方形、六角形、八角形或圆形的亭子，以隋代建筑在山东济南历城区四门塔最著名，它是我国现存最早的亭阁式塔。山西佛光寺祖师塔，河南登封净藏禅师塔，安阳修定寺塔，也是较有名的古亭阁式塔）、覆钵式塔（北京妙应寺白塔、北京北海白塔、山西五台山塔院寺大白塔等）、花塔（大多为辽金时期所建，现存不多，主要有北京房山万佛堂花塔，河北正定花塔，井陉花塔，曲阳修德寺塔等），金刚宝座塔（在一个高台上建有五个小塔，供奉"金刚界五佛"。著名的有北京真觉寺金刚宝座塔，北京碧云寺金刚宝座塔，呼和浩特市金刚座舍利塔和湖北襄阳的"多宝佛塔"等）、过街塔（主要是元、清两代建筑。现存的镇江过街塔，北京法海寺过街塔等较著名）等。

按供奉对象可分为：佛舍利塔、菩萨塔、阿罗汉塔、高僧墓塔、四方形塔、六角形塔、八角形塔、十二角形塔、圆形塔等。佛塔一般为个体独立，但也有双塔并峙（如苏州、太原、泉州等地的双塔）、三鼎立（如大理三塔）和组成塔群（如宁夏青铜峡由108座塔组成的塔群）。

我国著名的佛塔主要有：河北定州市开元寺内的开元寺塔，是我国现存最高的古代砖塔；山西应县佛宫寺释迦塔（俗称应县木塔），是我国现存最古老、最高的惟一木构阁楼式佛塔，也是古建筑中功能、技术和造型艺术取得完美统一的优秀范例之一；北京妙应寺的白塔，我国现存最高的、最杰出的喇嘛塔；开封的铁塔、苏州的虎丘塔、杭州的六和塔、北京北海的白塔、西安的大雁塔、大理的三塔等，都是有关城市的标志性建筑景观。现在，有许多古塔列入全国重点文物保护对象（见表8-8）。

表 8-8 全国重点保护的古塔

塔 名	时 代	地 点	特 点
嵩岳寺塔	北魏	河南登封	有1400多年历史,现存最古老的大型密檐式砖塔
四门塔	隋	山东济南历城区	有1300多年历史,现存最古老的石塔
云居寺塔	隋	北京房山	
大小雁塔	唐	陕西西安市	楼阁式砖木名塔
崇圣寺三塔	唐、五代	云南大理	其中千寻塔16级,现存偶数级最高的塔
兴教寺塔	唐	陕西西安市	
修定寺塔	唐	河南安阳	
云岩寺塔	五代	江苏苏州市	
佑国寺塔	北宋	河南开封市	
开元寺塔	北宋	河北定州市	高84米,现存最高的楼阁式砖塔
玉泉寺铁塔	宋	湖北当阳	
应县木塔	辽	山西应县	有900多年历史,高67米,现存最古老、最大的楼阁式木塔
万部华严经塔	辽	内蒙古呼和浩特市	
广惠寺华塔	金	河北正定县	
妙应寺白塔	元	北京西城区	高50.9米,现存最早最大的喇嘛塔
真觉寺金刚宝座塔	明	北京市	年代最早、结构最优的金刚宝座塔
海宝塔	清	宁夏银川市	

2. 道教文化建筑

道教是土生土长的中国宗教，道教奉老子为教祖，尊他为“太上老君”。道教主张祀神修道，自东汉道教产生时起就出现了相对集中的道教活动场所。道教有所谓“十方丛林”和“道场”，形成我国著名的道教名山（龙虎山、齐云山、青城山、武当山、崆峒山、罗浮山、崂山等。其中前四山最著名，被称为“四大道教名山”）。此外，道教还有“十大洞天”（浙江括苍山括苍山洞——称成德隐玄之天，苏州西洞庭山林屋山洞——称元神幽虚之天，茅山句曲山洞——称金坛华阳之天，罗浮山山洞——称朱明辉真之天，天台赤城山山洞——称上清玉平之天，青城山山洞——称宝仙九室之天，华山西玄山洞——称三元极真之天，青海西倾山洞——称太玄总真之天，浙江黄岩委羽山洞——称大有空明之天，王屋山洞——称小有情虚之天）、“三十六小洞天”、“七十二福地”以及“十洲三岛”等胜地。北京市西便门外的白云观，有道教“全真第一丛林”之称。陕西周至县城东20公里左右的秦岭山麓的楼观台，被称为“天下第一福地”，相传为老子讲经之处。所谓“洞天”，意即神仙居住的地方，并非一定是洞穴。这些名山和洞天大都风景秀丽、文物荟萃，是道教史上成宗立派的地方，至今香客络绎不绝，是发展旅游业的佳地。

道观原是一种楼阁建筑，源于“仙人好楼居”，故而楼阁是道教建筑的特点之一。道教宫观在建筑布局上一般由神殿、膳堂、宿舍、园林四部分组成。总体布局基本上采取中国传统的院落式，建筑为宫殿式土木结构，讲究天圆地方，阴阳五行，八卦思想，体现天师具有沟通人神关系、控制阴阳万物、指挥四象五行的崇高地位思想；装饰图案除“八仙”故事外，还有八卦太极、四灵、暗八仙及动物中的鹤、鹿、龟和植物中的灵芝、仙草等，表示吉祥如意，富寿康宁，表现道教思想；选址重视山水相邻，突出“成仙”或“清修”意境，有的利用建筑群附近名胜古

迹和地形地物（山泉、溪流、巨石、怪洞、悬崖、古树），建置楼阁亭榭，山石林苑，刻意追求自然、虚静和人在云端“天人合一”的艺术效果，形成特有道教园林艺术，给人以庄严肃穆，清新舒适之感。许多宫观建置于名山风景区，随山水布局，与秀美的自然景色融为一体，并建有楼阁亭台，形成幽静的园林环境。除殿堂内供奉的神像外，宫观内还分布着壁画、联额、碑刻题词、诗文、书画等艺术作品，使道教宫观既有宗教的庄严神圣，又有园林的清静幽雅，还有较高的文化水准和多彩的艺术形象，增强了宗教吸引力和文化艺术感染力。

现存道教宫观建筑多为明清时期所建，前有山门、华表、幡轩。山门以后正中部分是中庭，中庭是宫观建筑群的主体，分布在宫观的中轴线上，主要建有三清殿、玉皇殿、灵官殿三大殿堂。在中庭两侧建有东道院和西道院，供奉一般诸神。总之，道教宫观多利用山地条件，建筑主题突出仙境，渲染神秘气氛。我国著名的道教宫观有：北京白云观（全真派第一大丛林，龙门派祖庭），陕西西安终南山重阳宫（全真派创始人王重阳修道和埋骨之处），山西芮城永乐宫（传说是吕洞宾诞生之地），三者并称全真派三大祖庭。此外，还有华山玉泉院、东道院、镇岳宫，龙虎山天师府上清宫，崂山太清宫，罗浮山冲虚古观，杭州抱朴道院，成都青羊宫，江西龙虎山上清宫，苏州玄妙观，江苏茅山万福宫，河南鹿邑太清宫，陕西周至楼观台，香港朝天宫，台湾妈祖庙，沈阳太清宫，武汉长春宫，台北指南宫，衡山南岳庙、黄庭观，湖北武当山道观等。

3. 伊斯兰教文化建筑

清真寺是伊斯兰教的寺庙。我国内地大部分著名的清真寺采纳中国传统的殿宇式宫殿式建筑样式。我国沿海地区的清真寺则多为尖塔圆顶式建筑。

清真寺主要由大殿、望月楼、宣礼楼、经堂、浴堂等组成

（礼拜殿是主要建筑，是穆斯林做礼拜的场所）。它的外观华丽宏伟，殿内空旷，墙壁素洁淡雅，形成一种肃穆的气氛。

清真寺在我国分布较为普遍。著名的清真寺主要有：福建泉州清净寺（建于公元1009年，现存最早的伊斯兰教寺院）、广东广州市怀圣寺、河北沧州清真寺和山东济宁清真寺，被称为全国“伊斯兰教四大名寺”。还有西安化觉巷清东大寺、杭州真教寺、北京牛街清真寺、新疆喀什市的艾提尕礼拜寺（阿拉伯式建筑）、宁夏同心县同心清真寺（相传建于明万历年间，是宁夏现存规模较大，历史较为悠久的清真寺）等一些著名清真寺。

4．基督教文化建筑

基督教堂是教徒的主要活动场所，在其发展过程中形成独具风格的建筑类型。许多高耸的小尖顶，垂直的壁墩柱，桃形尖拱券构成哥特式建筑的特有面目，其高大的空间，呈现向上之势的塔顶、尖拱，体现出宗教超凡脱俗的精神，易使人们产生腾空而起、飞向天国的神秘感。

我国最早的教堂为大秦寺（唐贞观十二年始建于长安城内）。我国著名的教堂有：上海徐家汇天主教堂（建于清光绪三十二年，为上海最大的天主教堂，也是远东最大的教堂之一），哈尔滨南岗尼古拉教堂，北京西什库教堂（北堂）、宣武门教堂（南堂），广州石室堂等。

5．宗教艺术遗存

随着宗教建筑的不断发展，宗教艺术水平不断得到提高。我国除了宗教建筑的壮观、肃穆、奥秘和多样化外，宗教艺术也富有很强的魅力。宗教艺术与宗教的发展有着密切的联系，其艺术风格也因时、因地而异。

宗教艺术所涉及的内容非常广泛，包括绘画、雕塑、音乐、书法等。宗教建筑兴起之后，因其主体是神，人们便不遗余力地画神、雕塑神（伊斯兰教清真寺例外），建筑物装饰也都是神与

信徒的形象。殿内有由各种材料雕塑的不同形体的神像，墙壁上布满各种神话传说的故事画。现存寺观壁画多为元、明、清三代的作品，著名的如山西芮城永乐宫的元代道教壁画和北京法海寺的明代佛教壁画《礼佛护法图》。

（1）宗教壁画艺术　佛教壁画主要作用是：供教徒供养敬奉；宣传教义教规；装饰寺观殿堂；供人观看欣赏。佛教壁画的主要内容是：尊像画，包括菩萨、罗汉以及护法部众等；佛教史迹画；佛教故事画；多是宣传释迦牟尼的故事；经变画，即将佛教经文图像化；反映传统故事的画；其他内容的画。

道教宫观中也盛行壁画，用来装饰殿堂，除了八仙故事等人物图案外，一般还有八卦太极（道教的重要标志，象征自然界的天、地、雷、风、水、火、山、泽八种现象）、四灵（道教的守护神、即青龙、白虎、朱雀、玄武的合称，分别代表东西南北四个方位的神和青、白、红、黑四种颜色），暗八仙是指八仙手持之物、即葫芦、扇子、拍板、宝剑、渔鼓、笛子、花篮、荷花，以代表八仙，即铁拐李，汉钟离，张果老，吕洞宾，曹国舅，韩湘子，蓝采和，何仙姑，暗示神仙和吉祥的到来，以及动物中的鹤、鹿、龟和植物中的灵芝、仙草等图案。

（2）宗教雕塑艺术　在中华民族的历史上，雕塑艺术源远流长，堪称不朽杰作和古代文化遗产中的瑰宝。我国佛教雕塑工艺水平高，数量大。其中以石雕、木雕、铜塑和泥塑居多。我国佛教雕塑佛像始于2世纪中叶以后，晋代有较大发展。根据所用材料的不同，塑像可分为石、木、玉雕像，铜、铁铸像及陶瓷像、泥塑像、金碟像，夹纻像等类型。佛教塑像主要有四大天王、弥勒菩萨、韦驮菩萨、释迦牟尼佛、三身佛、三世佛、观音菩萨、罗汉等塑像。在众多的佛教塑像中，有的以高大著称，有的以精致闻名，有的以珍贵见长。如四川乐山凌云大佛，高71米，是我国最大的石雕佛像、承德普宁寺中的观世音雕像，高22.28

米，重110吨，是我国最大的木雕佛像，西藏日喀则扎什伦布寺中的强巴佛像，据说用了558斤黄金和23万斤铜，是我国，也是世界上最大的铜铸佛像，甘肃张掖的迦叶如来寺的释迦牟尼侧身涅槃像，身长34.5米，是我国最大的室内卧佛泥塑像；河北正定县隆兴寺内的铜铸观音像，通高约22米，是我国现存早期铜像中最高者之一（公元971年铸）；福州市西禅寺内有两尊玉佛，均为整块翡翠精刻而成，为我国两尊最大的玉佛。

道教宫观中的塑像也很多，诸如玉皇大帝、王母娘娘、道教三尊、三官、老子李耳、八仙、四大神将、张道陵、王重阳、丘处机等。山西晋城的玉皇庙内现有各种塑像300余尊，是道教宫观中的佳作；辽宁鞍山元景观三官殿内供奉的26尊神塑像，神态各异，形象生动，是道观塑像中的精品。此外，武当山金殿内的真武帝君坐像，真仙殿内的张三丰铜像，陕西楼观台的老子塑像，青城山天师洞内张太师塑像，北京白云观的丘处机雕像等均很精美。

（3）宗教石窟寺艺术　魏晋隋唐时期，由于封建统治者的提倡，建寺造像、凿石窟一度成为盛事，至今仍可从各地的石窟、古迹中看到当年的盛况。遍布我国各地的大小数百个石窟群，保存着无数精美的古代绘画与雕刻，是珍贵的艺术宝库，是研究历史、文学、绘画、雕刻乃至古建筑学等科学的无价瑰宝，也是发展旅游业的极其珍贵的旅游资源。从六朝到宋初期间创造的石窟寺佛像雕塑，巧夺天工，壮丽辉煌，造诣颇深，足可与古埃及、古希腊石雕艺术争辉。我国石窟寺主要分布在新疆、甘肃、青海、陕西、河南、山西等地，南方也有分布，甘肃敦煌莫高窟（是我国也是世界上现存规模最大的佛教艺术宝库，由建筑绘画雕塑组成的博大精深的艺术殿堂，其规模之大、藏品之丰、艺术价值之高，令世人瞩目）、山西大同云冈石窟（以石雕造像气魄雄伟，内容丰富多彩而闻名诸石窟之首）、河南洛阳龙门石窟

(分布在伊河两岸，以北魏、唐代作品最多)、甘肃天水麦积山石窟，为我国四大佛教石窟。此外，杭州飞来峰、甘肃永靖炳灵寺、邯郸的响堂山、巩义、安阳、云南剑川石钟山石窟、甘肃省肃南马蹄寺、宁夏固原的须弥山、重庆大足北山与宝鼎山石窟也是著名的佛教石窟寺（见表8-9）。

道教石窟则以山西龙山石窟最著名。

表8-9　我国主要石窟寺

名　称	兴建年代	地　址	现存窟龛(处)	塑像(座)	壁画(m^2)
克孜尔千佛洞	3世纪	新疆拜城	236		1万多
敦煌莫高窟	公元366	甘肃敦煌	491	2415	4.5万
麦积山石窟	后秦至明清	甘肃天水	194	7000多	1300多
云冈石窟	北魏	山西大同	53	5万多	
龙门石窟	北魏至唐	河南洛阳	2137	10万多	
飞来峰造像	五代至元	浙江杭州		380多	
广元千佛崖造像	唐、宋	四川广元	400多	7000多	
皇泽寺摩崖造像	唐	四川广元	34	1000多	
北山摩崖造像	唐、宋	四川大足	264	5万多	
宝顶山摩崖造像		四川大足	13		

我国部分石窟石刻分布示意图

宗教摩崖造像更是遍及全国各地，南方地区相对较多。

佛教摩崖造像以四川大足石刻、乐山大佛、南京栖霞山千佛岩、浙江飞来峰造像、陕西彬县大佛寺的大佛等最负盛名。

道教摩崖造像较少，福建泉州老君岩、鹤鸣山道教摩崖造像、四川夹江千佛岩、四川大足宝顶山、西山观道教摩崖造像等较为著名（见《中国部分石窟石刻分布示意图》）。

（五）园林建筑

中国的园林艺术历史悠久，风格独特，在世界园林史上占有极其重要的地位，被誉为世界园林之母。古人造园，强调“天人合一”。如拼叠假山，须合乎天然纹理而不留人工痕迹。无论置身于北京颐和园、承德避暑山庄等皇家园林，还是漫步在苏州的私家园林，都能获得虽由人造，却宛若天成的自然之美。

园林是人们以山水自然形胜为基础，模拟自然环境，利用树木花草、假山奇石、流水曲桥和楼台亭阁、厅榭轩廊，按一定的艺术构思在有限范围内将水光山色、四时景象和文化内涵融合一处建成的综合建筑群，是融建筑、雕塑、绘画、文学、书法、金石等艺术为一体的综合艺术品。我国园林艺术的灵感完全来源于自然山水，造园方法模拟自然意境，注重文化品位，园以诗为题，以画为本，以景生情，托景言志，以情取景，情景交融，创造出洋溢着“诗情画意”的写意式园林景观，形成世界上独树一帜的风景式园林体系，被誉为“无声的诗”、“立体的画”、“自然山水式园林”，被称为东方文化艺术中的明珠，故与山水画、烹饪，京剧一齐被称为“中国文化四绝”之一。我国风格各异的古典园林把人工山水、花卉草木与楼台亭阁巧妙地融为一体，集宏丽和典雅于一体，景景入画，美妙绝伦，能给人以“不出城廓而获山林之怡，身居闹市而有林家之幽”的情趣，具有观赏游览、休憩娱乐、陶冶情操的功能。

1. 我国古代园林发展简况

我国古典园林的出现可以上溯到3000多年以前的商周时代(周文王建“灵沼”和“灵囿”两园)，初期造园阶段园林形式是囿（指在圈定的范围内让草木和鸟兽滋生繁育，供帝王狩猎、游乐)，园林里面的主要建筑物是“台”（用土堆筑而成的高台)。历史上有信史可证的皇家园林是商朝末代帝王殷纣王所建筑的“沙丘苑台”和周的开国帝王周文王所建的“灵圃”、“灵台”、“灵沼”。

春秋战国时期的园林中已经有了成组的风景，既有土山又有池沼或台。自然山水园林已经萌芽，而且在园林中构亭营桥，种植花木。园林的组成要素都已具备，不再是简单的囿了。

秦汉时期出现了以宫室建筑为主的宫苑，并开始模仿自然山水，人为造山，象征东海神山。如秦代在咸阳建上林苑，引渭水作长池，并在池中筑蓬莱山以象征神山仙境。汉代将秦上林苑扩充到周围300余里，宫苑内蓄珍禽异兽，多植花木，凿池堆山。在建章宫内开太液池，池中堆筑方丈、蓬莱，瀛洲三岛以模拟东海的神仙境界。这就是后来历代皇家园林主要模式的“一池三山”的滥觞。造园主要以大自然景观为师法的对象，作为风景式园林的特点已全具备。

魏晋南北朝时期是我国园林发展中的转折点。佛教的传入及老庄哲学的流行，使园林风格转向崇尚自然，文学艺术对自然山水美的探求，也促进了园林艺术的转变。园林建筑开始从单纯的模仿自然，发展到艺术的加工，刻意进行写意式叠山，形成了我国园林注重自然美的挖掘和景观构成艺术的传统特色，奠定了今后园林发展的主旋律，“竖画三寸，当千仞之高；横墨数尺，体百里之回”的山水画艺术浸润入园林营建之中，有意识地利用假山、水池、植物和建筑的组合来创造特定景观。

贵族官僚的私家园林在寄情山水社会风尚中异军突起，是该时期园林发展的主脉。其规模虽无法与皇家园林比拟，但艺术造诣远盖其上，叠山理水、花木布局、建筑设计使园林表现出了源于自然，又高于自然的意境。达官贵人的园林崇尚华丽，如西晋石崇的金谷园、北魏大官僚张伦的宅园、北魏王元的琛园，确立了以土山水池为基础的造园风格；而文人名士的园林则表现出归隐山林、追求怡性畅情的倾向。皇家园林建设开始逐渐接受私家园林造园艺术和美学思想，开始艺术的升华进步，形成了曹魏邺城铜雀园、后赵华林园等著名皇家园林。

隋唐五代时期园林达到成熟阶段，对叠山艺术更为讲究，无论是皇家园林，还是私家园林，都是规模空前。隋代不仅在长安大建苑园（如大兴苑等），而且在其东都洛阳营建大规模的西苑。唐代在大力营建宫殿的同时，在长安营建了南苑、北苑、大明宫内苑、艮岳、金明池、琼林苑、玉津宫及绮丽豪华的园林性质的兴庆宫、华清宫和骊山温泉宫，还在洛阳修建东都苑。唐长安还出现我国历史上的第一座公共游览性质的大型园林——曲江池，唐代的私家园林也很兴盛，长安城内的宅园，“山池院”几乎遍布各坊里（如丛春园、沈尚书园、富郑公园、湖园、李德裕平泉山庄等），达官贵戚园林，一部分在长安城南，占据泉石优胜之地；一部分建在东都洛阳附近，以自然山林景色为主，富于自然意趣，且大都竞尚豪华，往往珠光宝气，美轮美奂。而文人士大夫的则比较清心雅致，富于水池野居的情调。这个时期，利用石材堆叠假山已非常普遍，几乎达到“无园不石”的地步，珍奇花木，满园皆是，自然美与艺术美的巧妙结合，把我国园林建筑推向鼎盛时期。五代时期，江南园林发展较快，苏州开始出现造园的兴盛期。由此可知，全盛时期的皇家园林，“皇家气派”已完全形成。私家园林的艺术性有所升华。山水画、山水诗文、山水园林这三个艺术门类已有互相渗透的迹象，诗画的情趣开始形成。

宋元明清时期是我国古典园林成熟的时期，造山艺术和造山技术更加发展，更为成熟和普及，诗的意境和水墨画的情趣渗入园林，园林进入精深发展阶段，无论是江南的私家园林，还是北方的帝王宫苑，在设计和建造上，都达到了高峰。现代保存下来的园林大多建于明清时代，这些园林充分表现了中国古代园林的独特风格和高超的造园艺术。这个时期园林主要分布在三个地区：北方以北京为中心，江南以苏州、湖州、杭州、南京、无锡、扬州为中心，岭南以珠江三角洲为中心。

北宋都城东京（开封）艮岳、金明池、琼林苑、玉津园等皇家园林八九座。私园多在其西京洛阳唐代旧园基础上改建成“园池”、“园囿”，“园囿亭观之盛实甲天下”。

南宋迁都临安后，皇家御苑和宦官朝贵私园占尽了西湖及周围山区，大量亭台楼阁，寺庙精舍，纷纷建造起来，形成了“山外青山楼外楼”的风景布局，使西湖十景初具规模。

金元入侵中原后，即在都城兴筑园林。金的大宁宫，元改建为太液池，即是现代北海公园的前身。明代园林进入精深发展阶段，造园艺术更为成熟和普及。私家园林集中在北京、南京、苏州及太湖周围，技艺更趋成熟，精雕细作，清秀典雅。始建于明代嘉靖年间的苏州拙政园，为全国园林之精华。

清代是我国历史上造园最多的时代之一，造园已达到“意境高超，笔法简练”的高度。皇家园林有颐和园（这里湖光山色相映成趣，万寿山一片翠绿，昆明湖碧波荡漾，殿阁、长廊、石舫、孔桥相映生辉）、畅春园、静明园、圆明园、承德避暑山庄（我国现存最大的皇家园林）等。私家园林到乾隆时达到高潮，苏州的留园（被称为吴中第一名园）、怡园、耦园都为此时兴建或重建的，扬州瘦西湖至平山堂一带，更是“楼台画舫，十里不断”。

2. 我国古代园林的艺术特征

园林艺术是物质文化和精神文化的双重体现，是创造者及其所处时代留下的文化凝聚体，是物化了的文化伦理和审美意识，它能够形象地传达一个民族的精神气质和一个时代的文化心理特征。我国古典园林集哲学、美学、文学、绘画、建筑艺术、工艺于一体，由山、水、建筑、花木等这些渗透了我国传统文化精髓的要素构成，以表现自然美为宗旨，在有限的空间里，创造出丰富的景观；以其博大精深的内涵，惊人的艺术魅力，创造出精美的境界，堪称中华文明的精粹。

我国古代园林是包括山、水、石、动植物与厅、堂、馆、榭、轩、楼、阁、舫、亭、廊、路、桥等各种建筑的综合建筑群。它融建筑、绘画、雕塑、文学、书法等艺术于一炉，具有以下一些突出的艺术特点。

(1) 造园艺术强调“师法自然”，顺自然之理，得自然之趣。造园十分注意顺应自然，有山靠山，有水靠水。力求在总体布局、组合上要合乎自然，每个山水景象要素合乎自然规律，假山峰峦叠砌符合山水常态，花木布置追求天然野趣，湖池构形自然曲折；分隔空间强调融于自然，力求从视角上突破园林实体的有限空间的局限性，使之融于自然，表现自然；园林建筑，强调顺应自然，各种建筑既要与自然环境吻合，又要使园内各部分自然相接，各种造景都要显示自然的美景，使园林体现自然、淡泊、恬静、含蓄的艺术特色；树木花卉，强调表现自然，松柏高耸入云，柳枝婀娜垂岸，百花四季盛开，其形、神、意、境都重在表现自然。我国古代园林所体现的“天人合一”的民族文化，是其永具生命力的根本原因。古代园林的高超艺术造诣，曾令西方旅行家十分惊异，认为想像中的天国也不过如中国园林美景而已。西方艺术家认为“中国是世界园林之母”。

(2) 造园构景强调源于自然，高于自然，融于自然。园林构景遵循“贵在自然，重在曲折，精在特色”的原则和“虚实相生、置阵布势”的章法，集天下名山胜水，加以高度概括和艺术提炼，尽展山水神韵。十分注意虚实布局。如山为实，水为虚；景处为实，空处为虚；近景为实，远景为虚；明实暗虚，物实景虚；显景为实，隐景为虚；虚中有实，实中有虚；有动有静，有真有假。叠石成山，裁花取势，或藏或露，或浅或深，回环曲折，力求突破园林实体有限空间的局限性，把园林空间与自然空间融合和扩展开来，以其传统的艺术手法和独特的风格著称于世。

（3）我国园林建筑刻意表现自然式山水风景特点。我国古代园林在取材、建筑布局、艺术创作等方面，深受我国文化、艺术的影响，形成寓情于景的特点，许多题材取自山水画、山水诗和文学作品的名句或神话传说，以客观存在的模山范水为蓝本，经艺术加工提炼，按照特定的艺术构思，将真山抽象化、典型化缩移摹写，把水光山色、四时景象、贵贱僧俗等荟萃一处，借景生情，托景言志，情景交融，实现自然美与人工美的高度统一。

（4）我国古代园林有定法而无定式。在整体布局上，园林建筑要求充分利用原有山水形胜，与环境和谐一致，在空间处理上，则追求分割、通连、伸缩、虚实等手法，以使大者不感其旷，小者不觉其促。在建筑形式上分为厅堂、轩馆、楼阁、桥廊、亭台、榭舫等。园中各类建筑的布局、方位、体量大小，形式等均与山石、湖池等自然景物搭配协调，相得益彰。

（5）我国古代园林在艺术手段上追求“生境”、“画境”、“意境”三种艺术境界。无论叠山、理水、筑屋、铺路、架桥、植花木、蓄鸟兽，其形式、规模、用料、装修、体量、色彩等都十分讲究。充分利用天然湖山的有利条件，因地制宜，呈现水石交融的美妙境界，形成曲折的水，错落的山，盘绕迂回的小径，景物有连续，有间断，变幻多端，形与神、景与情、意与景巧妙结合，造成幽深宽广的空间意境和意趣。利用抑景、添景、漏景、移景、框景、对景、夹景、借景等多种传统构景手法，恰到好处地互为依赖，增加景深和层次，使各景区既自成体系，又相互连通，从而达到深邃莫测，四顾皆景，步移景异之妙，或山外有山，楼外有楼的不同艺术效果，使游客不仅能满足视觉感官上的美的享受，而且能获得不断情思激发理念的联想，感受到“弦外音”和“景外情”。古典园林式建筑刻意表现自然式山水风景特点，将真山抽象化、典型化缩移摹写，把风光水色、四时景象荟萃一处，借景生情，情景交融，突出自然美与人工美的高度统一。

此外，我国古代园林在色彩和语言艺术的运用上也很有特色。皇家园林多用黄色琉璃瓦顶，朱红的列柱，檐下蓝、绿色点金的梁枋，再衬以洁白的玉石台基和雕栏，色彩华丽，金碧辉煌，绚丽夺目。一般园林建筑则多用青灰色的砖瓦或粉墙瓦檐，曲廊、亭榭、馆阁、重楼、木柱、梁枋、门窗多用对联、匾额等，寥寥数笔，将客观事物的内在美和艺术美点染出来，高度概括了景物的特点与神韵，不仅能够陶冶情操，抒发胸臆，而且能够起到点睛的作用，为园中景点增加诗意。

总之，我国古典园林主要的构景原则是贵在自然，重在曲折，精在特色（如苏州网师园以静观为主，拙政园以动观为主，沧浪亭以苍古取胜，留园以华赡闻名），以其传统的艺术表现手法和独特的风格著称于世。其传统特点是：典型地再现山水的自然美；注重意境的再创造；突破空间的局限；善于运用水、石、花、木、建筑构造，注重园林的整体美，讲究景深和层次；与文学艺术熔铸为一体，使自然景观与人的感情相联系，表现出虽由人做，宛自天工，文景相依，诗情画意的意境。园林建筑善于从大处着眼摆布，小处着手理微，采用主景与辅景、对景与抑景、分景与隔景、夹景与框景、透景与障景、配景与添景、前景与背景、层次与景深、仰景与俯景、引景与导景、实景与虚景、景点与点景、内景与外景、远景与近景、四时造景等艺术手段，表现自然美、艺术美和生活美，具有本于自然，高于自然的特点。自然风景以山水为基础，以植被作为装点。利用山、水、花、木为素材（对花木的选择十分强调姿美、色美、味香的象征意义），经过人工的改造、调整、加工、剪裁，使之符合“自然之理”，获得“天然之趣”，从而表现出一个精练概括的自然，典型化了的自然，充分展示园林诗画般的情趣，深化园林的意境。我国古代园林是一幅把大自然概括和升华的山水画，是凝固的音乐，是无声的诗歌。

3. 我国园林类型

我国古代园林按其所处的地理位置可分为北方类型园林、江南类型园林和岭南类型园林；按其占有者身份可分为皇家园林和私家园林。但无论是哪种类型的园林都具有自己明显的特色。

(1) 北方、江南、岭南园林特点（见表8-10）。

表8-10　北方型、江南型及岭南型园林比较

类别	主要特色	举例
北方园林	真山真水较多，规模宏大，雄伟豪放、风格粗犷；山水自然形胜基础和林木花草景物不如江南园林；缺少江南园林开畅通达的活泼情趣	北京的颐和园、北海公园、静明园、静宜园，承德避暑山庄
江南园林	一般面积小，以精取胜，其风格潇洒、大方、活泼，奇石秀水，玲珑纤巧，布局巧妙，构景雅丽，曲折幽深，明媚秀丽，韵味隽永，富有田园情趣和江南水乡特点	苏州狮子林、拙政园，无锡寄畅园、蠡园，上海豫园等
岭南园林	具有热带风光，建筑较高而宽敞，自然条件比北方、江南都好，既有北方古典园林的稳重、堂皇，也多融会江南园林的素雅洒脱，并吸收了国外的造园手法，形成了岭南园林较为轻巧、明快的园林风格	广州越秀公园，潮州西湖，顺德清晖园，东莞可园，佛山梁园，番禺馀荫山房

(2) 皇家、私家型园林特点

皇家园林特点。皇家园林以其宏大、严整、堂皇、艳丽而称胜。园中建筑多用黄色琉璃瓦顶，朱红列柱，檐下蓝、绿色点金梁枋，衬以洁白玉石台基和雕栏，雕梁画栋，色彩华丽，金碧辉煌，绚丽夺目，风格趋于雍容华贵，既表现“北方之雄”的特点，体现出稳重、堂皇和迤逦的特点，又表现出帝王至高无上的权力和惟我独尊的威严。北京颐和园（由万寿山和昆明湖组成，全面吸收了江南园林的诗情画意和各种艺术手法，既具有皇家园林所特有的富丽恢弘气势，也极富婉约变化、幽雅自然的特点，充分体现了人工美与自然美的巧妙结合，是世界上建筑规模最大、保存最完整、文化内涵最丰富的皇家御苑，被誉为皇家园林博物馆）和北海公园、河北的避暑山庄，是现存著名的皇家园林。

私家园林特点。私家园林以王公贵族、官吏福商宅门为代表，突出自然风光意境，注重整体构图和诗情画意，布局巧妙，构景雅丽，风格潇洒，富有真山真水之情趣和江南水乡之特点，表现玲珑纤巧、韵味隽秀的“南方之秀”的特点，以小巧、自由、精致、淡雅、写意而见长。私家园林规模较小，常用假山假水，建筑小巧玲珑，多用青灰色砖瓦或粉墙瓦檐，色彩淡雅素静，曲廊、亭榭、馆阁、重楼、木柱、梁枋、门窗多用对联匾额，富有诗情画意，多以梅、兰、竹、菊“四君子”和松、竹、梅“岁寒三友”等象征文雅清高和向往桃源隐居之乐的意境。园林布局巧妙，构景雅丽，奇石秀水，韵味隽永，富有田园情趣。

私家园林多为宅园合一，可赏、可游、可居，不仅是历史文化的产物，同时也是中国传统思想文化的载体，园林富有自然美、建筑美和人文美，不但造园艺术十分精湛，而且社会文化内涵极为丰富。被誉为苏州“四大名园”的沧浪亭、拙政园、狮子园、留园就是典型的代表。

4. 我国古代园林的分布

我国现有的皇家园林主要分布在北方地区（北京、西安、洛阳、开封等，是古都较为集中的地方）。现存著名皇家园林主要有：北京的颐和园、北海、景山、“三山”（香山静宜园、玉泉山静明园、万寿山）、承德避暑山庄。现存著名的私家园林主要分布在江南、岭南，如苏州四大名园（狮子园、留园、沧浪亭、拙政园）及网师园、西园、怡园，扬州的瘦西湖、个园、何园等，无锡的蠡园、寄畅园、鼋头渚、锡惠公园，梅园，上海豫园、广州顺德清晖园、东莞可园、泰州乔园、番禺馀荫山房，佛山梁园，以及常州、吴江、宜兴、南通、嘉定、海宁、宁波等的园林。现存的宗教园林主要有北京碧云寺的水泉院、苏州的西园、承德的外八庙、杭州的灵隐寺、成都的青羊宫等。坛庙园林有北京的社稷坛（中山公园）、天坛、日坛、地坛、月坛，成都杜工部祠，西安户县草堂，陕西白水仓颉庙等。

我国有许多名山秀水，伴有古树名木，奇花异草，自然风光明媚，野趣浓郁，已发展成人们游览观赏避暑休憩的胜地。许多风景点都有楼台亭阁、寺观庙宇、石桥溪涧等点缀，是园林艺术的重要类型。虽事先并无一定的设计规划，但在长期的开发过程中已形成了完整的园林格式。如北京陶然亭、绍兴东湖和兰亭、成都望江楼、济南趵突泉、昆明大观园、大理蝴蝶泉、杭州西湖、扬州瘦西湖、济南大明湖等景点。这些园林实质上就是城市内外的风景点，一般称“公园”。

(六) 民居建筑

几千年来形成的富有中国本土文化特色的古代民居建筑，是中国传统文化和建筑艺术中的一份宝贵财富，凝聚着华夏祖先的智慧和心血。

民居是人类长期适应环境条件的具体创造，它标志着一个地区在地方社会、经济、文化等综合影响下，所形成的具有地方特色和民族特色的民居水平，同时也不同程度地反映了一个地区人们的精神面貌及文化素养。多样的古民居建筑形式和奇异的民居建筑结构，是开展民俗风情旅游活动的一项重要观赏内容。

1. 古民居建筑类型

我国现存古民居数量众多，类型多样。大致可按以下几种方法分类。

按民居的建筑特色大致可分为北方四合院、安徽徽州明清马头墙三合院、云南“一颗印”、闽南客家土楼、广东镬耳屋、陕北黄土高原地区窑洞住宅、江南枕水人家、西南地区的吊脚楼、江南天井院、山西大院、满族地区的“口袋房”、藏族地区的碉楼、西南少数民族地区干栏式住宅、苏州面水临水跨水住宅、内蒙的蒙古包等。

按住宅外形大致可分为客家土楼式、吊脚楼式、平顶屋式、合院式、窑洞式、帐篷式、干栏式、碉楼式等。

北方四合院、陕西窑洞、云南“一颗印”、福建土楼和西南地区的干栏式住房，是我国民居五大主要类型。

良好的居住条件是人类对美的追求，各地人民在长期生产、生活实践中，创造出适合于本地区、本民族特点的居室类型。如汉族分布地区多为上栋下宇式木构架结构的院落住宅。但北方多为坐北朝南的四合院。江南水乡多为封闭式院落住宅。南方丘陵山区多为高低错落的台基式院落住宅。闽西南和粤东北的客家人为城堡式土楼院落或围垅屋住宅，云南为“一颗印”住宅，黄土高原地区广泛使用窑洞式住宅等。各少数民族地区的住宅形式更为多样。

2. 古民居建筑分布地区

我国现存的明清古民居多是一些在明清时期有一定经济实力的大户人家，主要分布在以下一些地区：古代乡村经济文化相对发达，但近现代交通重心发生偏移的地区（如皖南徽州古村落等）；古代交通要冲之处；分布在区域环境相对偏僻的地区，如岳阳张谷英村（现有村落建筑群主要形成于公元1796～1820年）、福建永泰县苍城村（村落布局以“文房四宝”立意构思而定，始建于公元955年）、芙蓉村（村落布局以“七星八斗”主意构思而建，始建于公元1020年前后）、渠口村（始建于公元1110年）、坦下村（始建于公元1279年）、豫章村（约始建于元明之际）、蓬溪村（约始建于明初）；分布在小环境相对独立的地势险要处（如福建南平宝珠村，陕西韩城地区的村寨，江西赣南地区客家村落等）。明清古民居主要分布在北京、歙县、黟县、屯溪、绩溪、平遥、阆中、婺源、苏州、韩城、江安、凤凰、广州、岳阳、泉州、赣州、襄汾、兰州、灵石、祁县、定襄、天津、泾县、东阳、栖霞、景德镇、丁村等。地方特色民居则多分布在城市近郊（如江南水乡苏州三古镇：周庄、同里、甪直）；分布在有特殊地理环境的地区（如黄土高原窑洞等）；分布在有特殊历史环境的地区（如福建、广东、江西三省交界地区的客家土楼）。地方特色民居有漠河、南靖、永定、漳州、潍坊、南浔、无锡、喀什、永安、华安、漳浦、延安、绍兴、扬州、同里、周庄、甪直、王村、屯溪等。少数民族的民居更具特色，最为典型的有：傣族的竹楼，壮、侗、苗、土家等族的吊脚楼，鄂伦春族的圆锥形的“仙人柱”，拉祜族的正方形“掌楼”，藏族的碉楼，蒙古、哈萨克族的蒙古包，维吾尔族的“阿以旺”，鄂温克族的伞形“希楞柱”，白族的“三坊一照壁”。少数民族民居主要分布在泸沽湖、鄂西、丽江、拉萨、湘西、松潘、四子王旗、从江、荣成、龙胜、大理、镇远、西双版纳、黔东南、呼伦贝尔等少数民族分布地区。

（七）古代其他重大工程建筑

我国出类拔萃的古代工程很多，以下介绍几种代表性的古代重大工程建筑。

1. 古军事防御工程

筑墙护城，在我国有悠久历史，也得到了考古学的证明。河南登封告成古城遗址和偃师二里头遗址被认为可能是夏城遗址。郑州商城遗址和安阳殷墟遗址已确认无疑。春秋战国时，城墙建筑已成为城市防御不可少的工程设施，所建城池众多，但保存下来的极少。洛阳东周王城、秦咸阳城、汉长安城等规模都比较大。明代在“高筑墙”思想指导下，作为城防工程的城墙大量兴建。我国现存的城墙大都形成于这一时期。目前保存较完好的城墙有江苏南京城、陕西西安城、湖北荆州城、山西平遥城、云南大理城、辽宁兴城、广东潮州城和肇庆城等。

长城东起辽宁丹东市东北九连城鸭绿江边的辽东边墙，经过河北东北部渤海之滨的山海关，穿过崇山峻岭、千涧万谷，横过河北、山西、陕西、宁夏、甘肃等省区，西迄甘肃的嘉峪关，全长6000多公里，合12000余华里，被称为万里长城，列为世界古代“七大奇迹”之一，是炎黄子孙血汗与智慧的结晶，是中华民族坚毅、勤奋的象征。它以宏大的气势和壮美的英姿，享誉世界，吸引着天下的游人。“不到长城非好汉”道出了抵达我国长城的中外游客的意愿。修长城防御外来侵略，在我国西周就已开始，齐长城和楚长城已有确切记载。春秋时代各方诸侯称雄争霸，穷兵黩武，纷纷修筑长城，以外御强敌，内固江山。为巩固自己的边防并扩大势力，魏、燕、赵、韩、秦、齐等各诸侯国都先后修筑了长城。秦统一列国之后，为防北方少数民族南侵，以秦、赵、燕北方的长城为基础，西起临洮（今甘肃山民县），东至辽东，大规模地增建修筑了一道新的长城。与此同时，秦始皇下令拆毁原六个诸侯国各自修建的长城，以防再度出现割据分裂。秦以后各朝代都对长城进行过修建和增建，其中以汉代、明代规模最大。汉代在阴山以北修筑了一道“外长城”，西起莆昌海（今罗布泊），东达辽东境内，全长约1万公里。其遗址在今天的新疆、甘肃、宁夏、内蒙古均能见到。明朝建国以后，在秦长城的基础上修了明长城，自西至东，由嘉峪关到鸭绿江，全长6300公里。长城沿线凡交通要冲都设雄关。嘉峪关、偏关、娘子关、雁门关、紫荆关、居庸关、慕田峪关、黄崖关、山海关等都是重要关隘。在北京附近还保存着历代修建的八达岭长城、古北口长城、居庸关长城、慕田峪长城、金山岭长城、司马台长城等。此外，还有山海关长城（秦皇岛东北）、九门口长城（辽宁与河北的交界处，已被列入世界文化遗产）、喜峰口长城（河北迁西县城西北）、黄崖关长城（天津蓟县）、偏关长城（山西偏关县）、娘子关长城（山西平安）、固阳秦长城遗址（内蒙古固阳县）、山东齐长城遗址（西起平阴，东至琅琊台）、河东墙长城遗址（宁夏）。

万里长城是我国最伟大的古代防御工程，修筑历时之长、规模之大、体系之全、保存之好、工程之艰巨、气势之雄伟，为世界罕见，被称为“世界七大奇迹”之一，也成为中华民族的象征和代表。

2. 古代桥梁

我国的桥梁，历史悠久，类型繁多（大致可分为梁桥，拱桥和吊桥三类），具有卓越的工艺水平和鲜明的民族风格。它不仅是交通运输上的重要通道，而且以其结构的雄伟和造型的优美，为世人所赞叹，具有很高的科学技术价值和艺术鉴赏价值。我国古代著名的桥梁很多，目前尚保存完好、综合价值较高的主要有：河北的赵州桥（建于隋初，为世界现存最早的敞肩石拱桥，被视为桥梁史上的创举）、北京的卢沟桥、颐和园的玉带桥、福建泉州的洛阳桥（我国第一座海港大石桥，建于北宋）、晋江安平桥（我国现存古代最长的古桥，建于南宋）、江西庐山的三峡桥（又称观音桥）、云南永平澜沧江上的霁虹桥（建于明代，世界最早的铁索桥）、四川都江堰的安澜桥和泸定城西大渡河上的泸定桥、陕西西安的灞桥（建于汉代）、苏州的宝带桥、广东潮州韩江的广济桥（与卢沟桥、洛阳桥、赵州桥并称为我国四大古桥）、广西三江的程阳桥、杭州西湖的断桥和九曲桥、苏州的玉带桥和枫桥。有“桥都”之称的绍兴古城，在不足18平方公里的城区，就有唐、宋、元、明、清各代古桥229座（其中绍兴八字桥最有名）。

3. 古代水利工程

我国著名的古代水利工程主要有以下几项：

都江堰水利工程　战国时期秦国蜀郡守李冰主持修建大型水利工程都江堰（现存最早的古代水利工程），其设计之科学、布局之合理、灌溉效益之大为世界罕见。都江堰附近还有二王庙、伏龙观、安澜桥等名胜和建筑，距成都和青城山较近，是川西旅游的重点项目。

灵渠水利工程　秦始皇为发兵岭南运输兵员粮饷，命史禄主持兴建的灵渠（又称湘桂运河），沟通湘江和漓江，连通长江和珠江两大水系。灵渠筑有“陡门（又称斗门）”提高水位以利通航，是世界上最早的运河船闸。灵渠地近旅游胜地桂林，为其发展旅游带来了极大便利。

京杭大运河　举世闻名的京杭大运河是我国与万里长城齐名的又一伟大工程。它北起北京，南至杭州，全长1794公里，南北贯穿京、津、冀、鲁、苏、浙六省市，沟通钱塘江、长江、淮河、黄河、海河五大水系，为世界最长的人工运河。在运河上乘坐仿古龙舟，足可吊古凭今。沿途可观览杭州、苏州、无锡、扬州、镇江等城市的风景园林、历史古迹、风景名胜及江南水乡风光，还可品尝各种湖鲜船菜。所以古运河游极受旅游者欢迎，使大运河成为我国的一条黄金水上游览线。

三、文物遗存

人类社会在各个历史时期的生产和生活中所创造、能够反映古代物质文明和精神文明、保存至今的历史文物是丰富多彩的。我国原始社会的文物艺术、青铜器艺术、陶瓷器艺术、雕塑艺术、古代绘画艺术都达到很高的水平，具有观赏价值和研究价值。

（一）原始社会的文物遗存

原始社会的石器根据用途可分为砍砸器、尖状器、刮削器等，这些原始文物不仅反映了社会生产水平的提高，也表现出艺术修养的提高，形体规整、光滑对称构成石器的主要美学形象。

新石器时代玉器和陶器开始出现。玉器主要作为装饰工艺品（如玉环、玉璧、玉璜、玉璋、玉珠等）。陶器主要作为生活用品。原始制陶术是在人们不自觉地用火焙烧泥土过程中发明创造出来的。夹沙粗陶为新石器早期遗物。彩陶为新石器中期的重要遗物，出土分布很广。黑陶为新石器晚期的遗物。原始陶器的形态美讲究对称均衡，极富曲线美和稳定感，部分模拟动物或人形的陶器更为精彩绝妙，对后世的造型艺术产生了深远的影响。

（二）青铜器遗存

青铜器是继原始陶器文化后发展形成的典型民族文物艺术品，具有独特的艺术风格。

青铜器可分为生活用品（炊器、食器、酒器、储器）、祭器、乐器、兵器、工具器等。青铜器是奴隶社会宗法礼仪制度的代表，身份地位的象征。各种青铜器都有大量出土。

（三）陶瓷器遗存

我国唐宋时代陶瓷器生产艺术达到很高水平。唐三彩为唐代陶器的典型代表，出土的三彩骆驼、三彩马、三彩瓶、三彩碗等都展示了巧夺天工的独特艺术风格。

唐代瓷器以单色的白、青釉瓷器为主，号称“南青北白”，分别指南方的越窑和北方的邢窑。越窑主要分布在宁波、余姚等地，以青瓷著称，多生产宫廷所用贡瓷。法门寺地宫秘色瓷器（胎质如玉，晶莹如水，青翠雅致）出土，为这一宝贵的陶瓷艺术提供了文物史料。邢窑位于河北内丘县境，其生产的白瓷白度纯正，色调稳定，釉色洁净。

宋瓷名声显赫，成就卓越。宋代有官窑、汝窑、定窑、钧窑、哥窑五大名窑，形成了河北定窑系和磁州窑系、陕西耀州窑系、河南钧窑系、江西景德镇窑系、浙江龙泉窑系（哥窑和弟窑）六大最有影响的窑系。

宋瓷把我国陶瓷生产推向一个新的发展时期，陶瓷美学发展到了一个新的水平。造型艺术变化多样（呈现稳健、庄重、粗犷、修长、玲珑、雍容、丰满等多种形态美），釉色装饰匠心独运（如黏稠石灰碱釉的应用造就了堆脂凝血的深厚质感，窑变使色釉斑斓缤纷，色彩美感强烈），装饰手法多样（有刻花、印花、画花、贴花、剔花、堆花等手法），形成十分丰富的装饰美。

（四）雕塑遗存

根据出土文物来看，石刻、石雕、木雕、玉雕和陶俑是我国古代雕塑艺术中的奇葩。石刻文物最早起于殷商，绵延三千年，经久不衰。主要遗存有陵墓石刻、宗教石刻、民间石刻等类型，典型代表有汉霍去病墓石刻、南朝陵墓石刻、唐代帝王陵墓石刻、佛教石刻、道教石刻等，古代石刻广泛地采用了线刻、浮雕、圆雕、镂空雕等技法，简洁流畅，古朴生动，浑厚有力，气魄宏大，堪称艺术珍品。

俑出现于我国封建社会初期，沿用到隋唐达千年，主要有石俑、木俑、泥俑、陶俑、铜俑等，尤以陶俑文物遗存最为丰富。秦兵马俑是秦代陶俑艺术的代表。陕西杨家湾西汉三千彩绘兵马俑为汉代陶俑的典型作品，数量之大，品类之多，在汉代出土文物中首屈一指。唐代陶俑出土数量惊人，懿德太子墓达 793 件，

永泰公主墓达777件。三彩俑的出现代表了历史上陶俑制塑的最高水平，典型的有仕女俑、黑人俑、乐伎俑、骆驼俑、马俑、天王俑、武士俑，绚丽多彩，形神兼备。

（五）古代绘画遗存

我国古代绘画除卷轴画以外，还遗存有岩画、壁画、石刻画、砖刻画、帛画、漆画等。各种类型的绘画，题材十分广泛，形成人物画、山水画、花卉画、动物画、风俗画等门类。各门类源远流长，流派纷呈，一脉相承，又不拘泥于前人，艺术成就十分丰富。绘画多以散点透视为章法，达到了纳千山万水为一轴、取四季花卉于一卷、融社会场景为一体的"梦想与现实相结合"的高超境界。绘画画法类型较多，有白描、工笔、写意、水墨画、平涂等。我国古代绘画遗存十分丰富，品种繁多，分布也很广泛。

思考与练习

1. 我国历史文物古迹有哪几种类型？各有什么特点？
2. 我国人类历史文化遗址有哪些典型代表？
3. 试述历史文物古迹旅游资源的含义、作用和特点。
4. 试述古人类文化遗址的旅游功能。
5. 试述古建筑的旅游功能。
6. 列举我国新旧石器时代主要古人类文化遗址。
7. 我国有哪些重要的皇家建筑？有哪三大江南名楼？哪些重要的帝王陵墓？
8. 我国有哪些重要的宗教建筑？
9. 我国有哪些重要的古典园林建筑？古代园林建筑艺术有什么特点？
10. 我国有哪些重要的古代桥梁和古代水利工程？

第九章 中国城镇类旅游资源

【学习目的】 了解历史文化名城的含义和特点，熟悉历史文化名城和特色小城镇的类型，掌握历史文化名城和特色小城镇的地域分布，认识历史文化名城区域特征。

【基本内容】 · **中国历史文化名城**

历史文化名城的含义和特点；历史文化名城的类型；历史文化名城的旅游功能；历史文化名城的地域分布及其特点。

· **中国特色小城镇**

特色小城镇的类型；特色小城镇的地域分布；历史城镇的旅游现状与开发保护方法。

第一节 中国历史文化名城

一、历史文化名城的含义和特点

（一）历史文化名城的含义

历史文化名城是指在我国古代政治、经济、文化、军事等方面具有独特地位和较大影响，至今仍具有较大的城市规模，并保存着具有重要传统文化价值、历史价值、艺术价值和科考价值的文物、建筑、遗址和优美环境的各类城市。历史文化名城保存有大量的历史文物，体现中华民族的悠久历史、光荣的革命传统和光辉灿烂的文化，是重要的人文旅游资源，不仅对研究历史与文化，考察古代建筑艺术，研究城市建筑艺术，剖析古人的民俗风情等有着重要的价值，而且对旅游业的意义也是非常显著的。

（二）历史文化名城的特点

历史文化名城具有辉煌的历史和丰富的文物古迹，集中地反映了不同时代的民族精神和风貌，是人文旅游资源的荟萃之地。历史上遗留下来的文物古迹点与城市的发展史密切相关，具有历史传统特色的古街区、古建筑群具有自身的特点。历史文化名城的一景一物，既是历史的积淀，又是历史的再现，必然会引起旅游者的遐想，发思古之幽情。历史文化名城一般具有自然景观与人文景观的交融性，具有一流的观赏性与历史的纵横感相结合的特殊韵味。尽管有历史上的兴衰起伏，但所有历史文化名城至今都仍有一定的城市规模，处于或大或小的区域政治、经济、文化和交通中心的地位，它们不仅是观光旅游的好去处，也是购物旅游、商务旅游、会务旅游的理想之地。所有历史文化名城连为一体，更从多方面、多角度、多层次地体现了人类的总体文化和发展轨迹，共同组成人类文明的壮丽画卷，共同演奏出气势恢弘的历史乐章。

二、历史文化名城的类型

我国是一个历史悠久的文明古国，文化灿烂，历史文化名城众多。迄今为止，被国务院列为国家级的历史文化名城就有 100 座，还有为数更多、星罗棋布的省级历史文化名城。根据历史文化名城物质构成要素及质量上的差异，构成要素在历史时间上的差异和构成要素在构成形态上的差异，以及历史渊源、地理区位、民族文化特性和功能特点的不同，可以把历史文化名城分为：古都类历史文化名城、风景名胜类历史文化名城、少数民族地区特色类历史文化名城、古代工商业和交通重镇等特殊类历史文化名城、革命圣地类历史文化名城等五种类型。不过，这种分类只能说明大致的范围，有的历史文化名城可能同时属于几种类型。

（一）古都类历史文化名城

古都类历史文化名城是历史上帝王居住的城市，即封建王朝的都城，具有辉煌的历史，历史上曾是国家政治、经济、文化中心，都保存着一定数量的历史遗迹或革命文物，是我国悠久历史的缩影，也是民族灿烂文化的橱窗。古都在国家的政治、经济上曾起过重要的作用。它的建筑反映了当时国家的政治、经济状况和思想文化面貌，也反映了当时的建筑风格和艺术水平。古都还是帝王显贵的享乐中心，各种人才的荟萃之所，因此多存有历史文化古迹、艺术收藏品和各项有别于西方国家的珍贵的旅游资源。

古代的都城都具有明显的防御功能，城有城墙，城外有池，合称城池，外城称廓。在我国历史上因经济的发展，民族的融合，诸侯分割，朝代更迭等原因，曾做过都城的地方很多，如西安、开封、北京、南京、洛阳、杭州、大同、临淄、苏州、偃师、曲阜、太原、户县、咸阳、安阳、沈阳、大理、成都、广州等。但因年代久远，战火不断，多已毁坏，或淹埋地下，或被洪水淹没圮毁，故保留下来的古都城建筑不多。

古都类历史文化名城又可分为多朝古都类和一般古都类历史文化名城两种。

1. 多朝古都类历史文化名城

这是历史文化名城中最重要的一类，历史上是多个朝代的都城。如我国著名的七大古都：安阳、西安、洛阳、开封、北京、南京、杭州。

安阳是我国经考古发掘可以确定年代的历史上最早的一座都城，是中华古老文化的发祥地之一。早在公元前14世纪（3000多年以前），商王盘庚迁都于殷，到周武王伐纣灭商，历时273年，传8代12王。周灭商后，定都镐京。殷都渐荒，成为一片废墟，故称殷墟。这里出土大量甲骨文、青铜器、玉器、石器、陶器、骨器，发现古宫殿遗址53座，古城墙，大型陵墓11座，还有文峰塔、高阁寺、修定寺塔、岳飞祠庙等。

西安已有3100多年的历史，被称为“十朝古都”。自公元前1126年起，先后有西周、秦、西汉、前赵、前秦、后秦、西魏、北周、隋、唐在此建都，历时1000余年。西安丰富而独特的地上地下文物遗存，被世界称为“天然历史博物馆”，文化积淀深厚，人文景观众多，是华夏文化的核心发源地之一。旅游资源丰富，种类齐全，品位高，知名度大，其中古遗址、古陵墓（4000多座）等文物古迹最为突出。如蓝田猿人遗址、半坡遗址、丰镐遗址、阿房宫遗址、汉长安遗址、唐长安遗址、唐建大小雁塔、明建钟鼓楼、明城墙、秦始皇陵及汉唐皇陵、西安碑林、秦兵马俑博物馆等。此外，还有骊山国家级风景名胜区等。今天，西安既保持了古都特有的风韵，又焕发出新时代的风采，古貌新姿，交相辉映，构成千年古都的绮丽风光。

洛阳有“九朝古都”之称，东周、东汉、曹魏、西晋、北魏、隋、唐、后梁、后唐建都于此，历时900余年。现经考古证明，还有夏、商、西周、后晋4个朝代也曾在此建过都。13个朝代累计在此1529年，其间共经历96个帝王。现有古墓博物馆、“中国第一古刹”白马寺、龙门石窟、关帝庙、汉魏故城遗址、仰韶文化遗址等名胜。

开封有“七朝古都”之称，战国时期的魏、后梁、后晋、后汉、后周、北宋、金建都于此，作为统一王朝北宋以此为都长达

168年。目前，市内名胜众多，如著名的铁塔、相国寺、龙亭、包公祠、禹王台等胜迹。

北京是我国最重要最大的古都之一，建城已有3000多年历史（据史学界、考古界、文物界专家论证，北京建城于公元前1045年），是辽、金、元、明、清五朝古都，从公元12世纪中叶起，作为历代都城前后历时600余年。因为距今年代相对较近，各种历史文化古迹保存相对完整，仅被列入世界遗产名录的文物古迹就有北京猿人遗址、长城、故宫、颐和园、天坛5处，还有天安门广场、明十三陵、雍和宫等著名景观。

南京有“虎踞龙盘”之称，早在5000多年前，这里已出现原始村落。2400多年前开始建城。从公元3世纪至5世纪初，先后有三国时期的东吴、东晋，南朝宋、齐、梁、陈，南唐、明初都在这里建都。南京旅游资源极为丰富，人文景观和自然景观交相辉映，旅游资源整体协调性好。文化古迹集中，有新石器时代古文化遗址多处。有三国东吴所建筑的石头城遗址、帝王的陵墓、明代朱元璋的陵墓（明孝陵等）。名胜游览地很多，主要有中山陵、玄武湖、莫愁湖、秦淮风光带、栖霞山、汤山、灵谷寺等名胜。

杭州在七大古都中作为古都的时间虽然最短（从公元893年至978年五代吴越及公元1127年至1279年南宋在此建都，历时237年），然而却以其得天独厚的自然景色和无比深沉的民族历史文化内涵，在古都之中，在全国旅游资源行列中，甚至在世界旅游业中放射出夺目的光辉。杭州旅游资源种类丰富，景点集中又富于变化，令人目不暇接，流连忘返，正是杭州旅游资源最突出的特点。主要景点有：西湖胜景、灵隐寺、飞来峰、虎跑泉、六和塔等。

2．一般古都类历史文化名城

这类历史文化名城曾经是某一朝代或某一政权（如诸侯国君、藩王所在地）的都城，一般是地区统治的中心。如邯郸是战国时期赵国的都城，苏州是春秋时期吴国的都城，绍兴是春秋时期越国的都城，成都是三国时期蜀汉和五代十国时期前蜀与后蜀的都城，曲阜是春秋战国时鲁国都城，临淄是古齐国都城，重庆是古代巴国都城。

（二）风景名胜类历史文化名城

风景名胜类历史文化名城是指自然环境对城市的特色具有巨大作用的城镇。这类历史文化名城除了具有丰富的历史文化史实外，城市中或城郊有众多优美的景点，丰富的人文景观与秀丽的自然风景相互交融，形成美丽的城市风光。如桂林、苏州、大理、承德、昆明、青岛、乐山、岳阳等。

（三）特色风貌类历史文化名城

特色风貌类历史文化名城是指较完整地保留了某一时代或几个时期的历史风貌的城市或具有特殊民族风貌特色的城市，这些城市在物质形态上使人感受到强烈的历史氛围或民族特征，表现出很强的历史特征和文化传承性。这类历史文化名城多分布在少数民族聚居的区域，具有明显的民族特色，它们反映了我国悠久的传统和多民族的文化特征。如呼和浩特、喀什、日喀则、江孜、拉萨等。

（四）古代经济类历史文化名城

这类历史文化名城是我国古代科技、文化、经济的标志和结晶，在历史上经济发达、交通便利、市场繁荣。如泉州早在南宋时就是我国的对外大港，宋元时期是全国著名的造船中心。还有都江堰、自贡、漳州、福州、宁波、广州、景德镇等，历史上就是工业、商业、交通重镇。

（五）革命圣地类历史文化名城

这类城市是我国近现代许多革命事件的发生地，有许多反映中国人民革命斗争历程的文物和建筑。如延安、南昌、遵义、上海、广州、武汉等。

三、历史文化名城的旅游功能

历史文化名城是我国文物古迹集中分布区，也是我国民族悠久历史和灿烂文化的标志，具有十分重要的旅游价值。许多历史文化名城已经成为今天的旅游中心城市。由于它们历史悠久、经济发达和科技水平较高，已是全国性或区域性的政治、经济、交通、文化、科技中心，多形成以城市为中心、辐射周边城镇的旅游区。它既有数量众多、内容丰富多彩的历史文化遗产、文物古迹、文学艺术、特种工艺、风土民情、美味佳肴、都市市容市貌等，又有完备的旅游基础设施和齐全的服务项目，不但能为旅游者提供旅游观光、购物娱乐、商务考察、学术交流等一系列活动，而且能为旅游者的聚散或中转提供极大便利，能够极大地满足旅游者的各种需求（对旅游者旅游需求的满足，既表现在其对旅游者的直接服务上，又表现在其对周边旅游区的辐射上）。

（一）历史文化名城是学习历史文化知识的好课堂

历史文化名城所包含的古城与文物古迹，是历史、经济、科技、文化、艺术的载体，蕴藏着极其丰富的知识，具有重要的历史价值、文化价值、艺术价值和学术价值。人们在游览过程中，亲身对历史遗留下来的客观存在的文物古迹实物的观赏、科考、研究，可以对某一阶段历史有着较深刻的理解，增加历史知识，提高文化水平。如游览我国的古都，会进一步了解我国历史上不同时代的政治、经济、文化、艺术、建筑等特点。

（二）历史文化名城是进行爱国主义教育的好场所

雨果曾说过："最伟大的建筑物大半是社会的产物而不是个人的产物，与其说它们是天才的创作，不如说它们是劳苦大众的艺术结晶。它们是民族的宝藏、世纪的积累，是人类社会才华不断升华所留下的结晶。"我国每一时代历史文化名城遗留下来的文物，都代表着那一时代的历史文明和人民的创造，包含着巨大的精神力量，展示着中华民族辉煌的历史和灿烂的文化，可以增强民族自信心，激励人们去献身未来事业。

（三）历史文化名城是了解地方特色文化和民族特色文化的理想场所

每一座历史文化名城都积累了各个历史时期的文化，保存着大量的文物古迹，尽管它们各自所保存的文物古迹数量不同，时空分布不均，但都以某一时期为特征，以某一内容为代表，以某一建筑为标志，表现出明显的个性，形成鲜明的城市形象。如西安突出秦、唐文化，北京突出明、清文化，开封突出宋代文化、洛阳突出北魏石窟艺术、苏州突出古典园林艺术，曲阜突出“三孔”文化，而更多的历史文化名城则富有地方特色和民族特色。

四、历史文化名城的地域分布及其特点

（一）历史文化名城的地区分布

国务院先后在1982年、1986年和1994年分三批公布了我国历史文化名城99座，之后又公布了2座历史文化名城，截至2004年初共有101座历史文化名城（见表9-1），几乎遍布了全国各地，各个名城各具特色（如四季如春的昆明称为春城，北国的哈尔滨称为冰城，多泉的济南称为泉城，福州因遍植榕树而得榕城之名，广州称羊城，重庆称山城，杭州冠以天堂之美的花园城市），许多历史文化名城也是今天的现代都市和旅游中心城市。有许多世界之最或全国之最都集中在这里，如最古老和最现代化的建筑，最有名的历史名人的故居，最高的摩天大楼，最高水准的博物馆，最高品位的文化、艺术展览，最完备和最先进的会议、展销设施，最舒适的高档星级酒店，最佳的美食，最新款的时装，最丰富和最新颖的多功能购物中心，最激动人心的娱乐、体育活动，最令人迷醉的夜生活，最有价值的历史文化遗迹，最有特色的都市标志性建筑，最优美的城市环境，最现代化的高新

技术产业，最先进的科学技术中心等。所以历史文化名城大都成为旅游中心城市。

表 9-1　我国历史文化名城分布及主要胜迹

城市名	所属省区	历史沿革	主要胜迹
北　京	直辖市	辽、金、元、明、清都城	明清故宫、天坛、北海、颐和园、雍和宫、国子监、天安门城楼、八达岭长城、明十三陵
大　同	山西省	曾为北魏都城，北方军事重镇	云冈石窟、九龙壁、华严寺、善化寺
承　德	河北省	清皇朝第二个政治活动中心	避暑山庄、外八庙
南　京	江苏省	吴、东晋、宋、齐、梁、陈、南唐及明初都城，太平天国建天京，孙中山领导的临时政府所在地	石头城遗址、明孝陵、中山陵、南唐二陵、南朝石刻、雨花台、天王府遗址、灵谷寺
苏　州	江苏省	春秋战国时吴阖闾都城，江南运河航运中心、丝绸之乡	虎丘、阖闾墓、拙政园、狮子林、寒山寺、西园寺、玄妙观、三清殿、太平天国忠王府遗址、留园、沧浪亭
杭　州	浙江省	吴越国都城，南宋都城	西湖风景、灵隐寺、六和塔、保俶塔、岳王庙、宋都城遗址、虎跑泉、玉泉
绍　兴	浙江省	古越国国都	禹陵、禹庙、越王台、兰亭、鲁迅故居和博物馆、秋瑾故居、沈园
泉　州	福建省	南宋时对外大港、宋元时代造船中心	海外交通史博物馆、天后宫、开元寺、老君岩、清净寺、九日山摩崖石刻、洛阳桥
延　安	陕西省	抗日战争时党中央所在地	王家坪革命旧址、枣园、杨家岭革命旧址、延安宝塔

续表

城市名	所属省区	历史沿革	主要胜迹
景德镇	江西省	北宋景德元年朝廷遣官监造瓷器充贡品，古代名瓷产区	湖田古瓷窑地、瓷窑博物馆、明清古街
扬　州	江苏省	春秋时邗城、汉时广陵郡治所、五代十国时为吴国都城	隋炀帝陵、唐城遗址、大明寺、鉴真纪念堂、史可法墓、瘦西湖、个园、何园、平山堂
曲　阜	山东省	春秋战国时鲁国都城	孔庙、孔府、孔林、晋国故城遗址、颜庙、周公庙
洛　阳	河南省	东周、东汉等九朝古都	龙门石窟、周公庙、白马寺、关林、古墓博物馆、王城公园
开　封	河南省	魏、北宋等七朝古都	繁塔、铁塔、相国寺、宋城一条街、龙亭、包公祠
荆　州	湖北省	楚国纪南城——郢	荆州古城、三国胜迹、龙泉书院、开元观、玄妙观、楚纪南故城、太晖观
长　沙	湖南省	吴楚古城、秦时长沙郡所在地	楚汉古墓、岳麓书院、船山学社、麓山寺、爱晚亭、第一师范、开福寺、岳麓山
广　州	广东省	近代革命策源地、汉唐时大港口	光孝寺、六榕寺、怀圣寺、镇海楼、黄花岗烈士陵园、中山堂、陈家祠、广州农民运动讲习所遗址
桂　林	广西壮族自治区	古代百越地、秦始皇33年设桂林郡，隋、唐以来的游览地	古南门遗址、明代靖江王王城、花桥、唐宋以来摩崖石刻造像、山水风景及亭阁观楼、灵渠
成　都	四川省	三国蜀汉、十六国成汉、五代前蜀、后蜀都城	武侯祠、王建墓、杜甫草堂、望江楼、青羊宫、都江堰
遵　义	贵州省	1935年遵义会议所在地	遵义会议会址、湘山寺、桃溪寺、娄山关战场遗址

续表

城市名	所属省区	历史沿革	主要胜迹
西　安	陕西省	西周、秦、西汉、隋、唐等十朝古都	大雁塔、小雁塔、明城、临潼、秦陵、半坡博物馆、兴庆宫公园、大清真寺、碑林、钟楼
昆　明	云南省	汉时益州郡	龙门、三清阁、圆通寺、大观楼、筇竹寺、滇池景区
大　理	云南省	南诏、大理等国都、云南高原政治中心	崇圣寺三塔、蝴蝶泉、太和城遗址、南诏德化碑、石钟山石窟
拉　萨	西藏自治区	公元7世纪松赞干布统一西藏后的首府	布达拉宫、大昭寺、罗布林卡、哲蚌寺、色拉寺
上　海	直辖市	中国共产党诞生地、对外贸易大港	豫园、玉佛寺、龙华塔、中共一大会议旧址、鲁迅墓
天　津	直辖市	元朝以来畿辅之门户	天后宫、古文化街、广东会馆、独乐寺、黄崖关长城
沈　阳	辽宁省	清人建国初期的都城、入关后的陪都	沈阳故宫、福陵、昭陵
武　汉	湖北省	楚国所在地、辛亥革命起义中心	黄鹤楼、归元寺、东湖风景区、辛亥革命政府旧址、武昌起义广场、古琴台
南　昌	江西省	富有革命传统的英雄城市	八一起义指挥部旧址、第四军军部旧址、革命烈士纪念堂、滕王阁、青云谱
重　庆	直辖市	古代巴国都城、抗日战争时期国民党临时陪都	大足石刻、缙云山风景区、红岩革命纪念馆
保　定	河北省	冀中古城、北京的南大门	古莲花池、大慈阁、清苑地道、满城汉墓、白洋淀、鸣霜楼
平　遥	山西省	明代古城	文庙、双林寺、平遥古城、镇国寺、慈相寺

续表

城市名	所属省区	历史沿革	主要胜迹
呼和浩特	内蒙古自治区	有400年历史的古城,原名归绥	大召、万部华严经塔、乌素图召、昭君墓、金刚舍利宝塔
镇　江	江苏省	东汉末年孙权曾迁都于此	焦山、金山寺、天下第一泉、北固山、甘露寺、六朝石刻
常　熟	江苏省	苏南文化名城	虞山、兴福寺、徐霞客墓、言子墓、读书台
徐　州	江苏省	古称彭城、历代军事重镇、淮海战役主要战场	云龙山,兴化寺,淮海战役烈士纪念塔、馆,北洞山汉墓
淮　安	江苏省	周恩来总理故乡	周恩来故居、镇淮楼、文通塔
宁　波	浙江省	我国最早的藏书中心之一,东晋开始建城,唐以后成繁华的港口	天一阁、保国寺、天封塔
歙　县	安徽省	皖南古代重镇	许国石坊、绿绕亭、新安碑园
寿　县	安徽省	五代时的寿春古城,后为沿淮重镇	孙叔敖祠、芍陂、报恩寺
亳　州	安徽省	商朝成汤所建亳都,曹操华佗故里	汤陵、城父故城址、华佗庙、曹操家族墓群、古地下道、花戏楼
福　州	福建省	古老的外贸港口、秦统一中国后闽中郡的中心之一	鼓山、于山及摩崖石刻、西湖、戚公祠、西禅寺、严复墓、林则徐祠堂
漳　州	福建省	早期对外贸易港口	南山寺、石松关、文庙碑刻、邺山讲堂、仰文楼
济　南	山东省	春秋时齐国的军事要地,以泉多著称的游览城市	大明湖、李清照纪念馆、辛弃疾纪念馆、千佛山、灵岩寺、趵突泉
安　阳	河南省	中华文化重要发祥地	小屯殷墟出土文物、天宁寺塔
南　阳	河南省	古为申、吕之国,春秋时为宛	武侯词、宛城遗址、医圣祠、汉画像馆、张衡墓

续表

城市名	所属省区	历史沿革	主要胜迹
商　丘	河南省	相传商代阏伯在今商丘县为火正，后被祭为火祖	阏伯台、文雅台、壮悔堂
襄　樊	湖北省	诸葛孔明家乡	古隆中、襄阳城、夫人城
潮　州	广东省	隋开皇十一年(公元591年)设潮州、粤西古城	韩祠、葫芦山摩崖石刻、广济桥、凤凰塔、开元寺、西湖、黄埔军校潮州分校旧址
阆　中	四川省	秦中阆中县	张飞墓、永安寺、铜钟、华光楼
宜　宾	四川省	川南重镇	旧州塔、翠屏山、忠山、赵一曼纪念馆、白塔、流杯池
自　贡	四川省	古代井盐产地、恐龙之乡	西秦会馆、盐业历史博物馆、燊海古盐井、恐龙博物馆
镇　远	贵州省	默东古城、宋宝祐六年置镇远州	青龙洞、万寿宫、大佛堂、玉皇殿、藏经殿、莲花亭
丽　江	云南省	战国时属秦蜀郡	玉龙雪山、五凤楼、丽江壁画、丽江古城
日喀则	西藏自治区	历代班禅所在地	扎什伦布寺、那当寺、夏鲁寺
韩　城	陕西省	司马迁故里	龙门、司马迁祠、墓、文庙
榆　林	陕西省	汉代龟兹县、明置榆林寨	红石峡、镇北台、新明楼、戴兴寺
武　威	甘肃省	十六国时前凉、汉凉、北凉先后建都于此，汉时河西四郡之一——凉州	文庙、西夏碑、大云寺铜钟、铜奔马、天梯石窟、罗什寺塔
张　掖	甘肃省	西汉时河西四郡之一——甘州	大佛寺、木塔、西来寺、黑水国汉墓群
敦　煌	甘肃省	佛教东传第一站，西汉时河西四郡之一——沙州	莫高窟石窟、大方盘城、玉门关、沙州古城遗址、阳关
银　川	宁夏回族自治区	西夏都城兴庆府	西夏王陵、玉皇阁、承天寺塔、海宝塔

续表

城市名	所属省区	历史沿革	主要胜迹
喀　什	新疆维吾尔族自治区	古丝绸之路我国最西端城镇、典型的维吾尔族城市风光	艾提尕清真寺,阿巴和加麻扎墓、三仙洞
正　定	河北省	战国初期,初建城邑,自北齐迁郡县治所于此	古城墙、隆兴寺、开元寺及钟楼等、正定四塔
邯　郸	河北省	战国时赵都	赵故城、响堂山石窟
新　绛	山西省	古代州、府治	龙兴寺、钟楼、鼓楼、古园林遗迹
代　县	山西省	古代郡州、县治	古城、边靖楼、关帝庙、文庙
祁　县	山西省	北魏县治	文庙、乔家大院、镇河楼
哈尔滨	黑龙江省	唐代忽汗州辖区	极乐寺、东正教堂、天主教堂
吉　林	吉林省	清代重镇	文庙、坎离宫、临江摩崖石刻
集　安	吉林省	唐、辽时州治	洞沟古墓群、长川壁画墓
衢　州	浙江省	东汉始为县治	先圣遗像碑、孔氏家庙图
临　海	浙江省	三国始为县治	古城、千佛塔、表功碑
长　汀	福建省	西晋置县	古城文庙、中央苏区旧址等
赣　州	江西省	西汉设县	舍利塔、文庙、通天岩石窟
青　岛	山东省	明代设浮山防御千户所	欧式、日式建筑
聊　城	山东省	古齐国城邑	光岳楼、山陕会馆
邹　城	山东省	孟子故乡	孟府孟庙、摩崖石刻
临　淄	山东省	古齐国都城	齐故城、田齐王陵等
郑　州	河南省	商城遗址	城隍庙、清真寺、二七塔
浚　县	河南省	西汉置县	千佛寺及石窟、天宁寺、大石佛
随　州	湖北省	炎帝神农故里	古文化遗址、古墓葬群
钟　祥	湖北省	楚国都城	文风塔、元祐宫、明显陵

续表

城市名	所属省区	历史沿革	主要胜迹
岳阳	湖南省	春秋时楚地	岳阳楼、文庙、慈氏塔
肇庆	广东省	汉设县	崇禧塔、梅庵、丽谯楼
佛山	广东省	隋代开始发展	祖庙、孔庙、古窑址
梅州	广东省	宋代为府治	千佛塔、灵光寺、民居
雷州	广东省	唐宋为雷州治	真武堂、三元塔、唐代窑址
柳州	广西壮族自治区	自汉朝已发展	柳侯祠、东门城楼、白莲洞
琼山	海南省	秦始设县	琼台书院、琼州文庙大成殿
乐山	四川省	自北周后为州府治所	宋城址和炮台、乐山大佛
都江堰	四川省	古代水利工程	文庙、都江堰水利工程
泸州	四川省		报恩塔、云峰寺、春秋祠
建水	云南省	元初设建水千户	双龙桥、燃灯寺、指林寺
巍山	云南省	汉代设县	文庙、书院及古城
江孜	西藏自治区	有600多年历史，原西藏地方政府驻地	宗山抗英遗址、白居寺
咸阳	陕西省	古秦国城	秦咸阳城遗址、西汉诸帝陵
汉中	陕西省	战国时置郡	汉台、拜将台、净明寺塔、武侯祠
天水	甘肃省	汉置郡	伏羲庙、玉泉观、麦积山石窟
同仁	青海省	1929年设县	隆务寺、清真寺、二郎庙
凤凰	湖南省	清代成为边疆重镇	沈从文故居、朝阳宫、古城楼、民居
山海关	河北省	明洪武十四年(1381年)	万里长城第一关、老龙头、孟姜女庙

(二) 历史文化名城的区域特征

我国历史文化名城的地域分布具有以下一些特征：

1. 数量多、品位高

现在已公布的历史文化名城只是历史文化名城的一部分。仅做过古都的名城就有 300 多处。第一批 24 个历史文化名城中，有 17 个曾为古都。第三批历史文化名城中的古都，基本上都是春秋战国时期的都城，虽然规模小些，但城市历史悠久，古建筑、古遗址、古墓葬多。这些历史文化名城是我国精粹的结晶和遗存的空间形式。它集中展示了不同时代的民族和区域文化的风采，从而也是全人类的共同财富。1997 年 12 月，山西平遥古城、云南丽江古城同时被联合国教科文组织世界遗产委员会列入《世界遗产名录》。北京故宫和周口店猿人遗址、西安秦陵兵马俑、敦煌莫高窟、布达拉宫、承德避暑山庄、曲阜（孔庙、孔府、孔林)、苏州园林等，也都先后列入《世界遗产名录》。

2. 类型多样，景观组合丰富多彩

已公布的 101 座历史文化名城中，名胜古迹类 37 座，历史古城类 27 座，综合文化中心类 13 座，交通、军事重镇类 10 座，风光园林类 8 座，革命纪念地类 6 座。

知名度较大、具有明显吸引力的历史文化名城有：

山水园林型历史文化名城：桂林、杭州、扬州、苏州、肇庆、承德等；

全国性古都型历史文化名城：北京、西安、洛阳、开封、南京、杭州、安阳等；

革命纪念地型历史文化名城：遵义、延安、南昌、长沙、广州、武汉等；

拥有石窟与摩崖造像的历史文化名城：敦煌、大同、洛阳、乐山等；

名人故里型历史文化名城：淮安、襄樊、韩城、邹城、曲阜等；

近代西方建筑文化型历史文化名城：上海、天津、哈尔滨、青岛、武汉等；

专业经济型历史文化名城：泉州、景德镇、自贡等。

现阶段旅游知名度较小，吸引力相对不大，但有发展潜力的隐性类历史文化名城有：

古建筑保存完好型的历史文化名城：平遥、浚县、保定、镇江、常熟、歙县、寿县、漳州、阆中、韩城、祁县、建水、凤凰、赣州等；

区域性古都型历史文化名城：沈阳（清盛京）、商丘、邯郸（战国赵国）、荆州（春秋楚都）、成都（三国蜀都）、重庆（巴都）、长沙（汉长沙国国都）、广州（五代十国南汉国都）、苏州（春秋吴国国都）、绍兴（春秋越国国都）、曲阜（春秋鲁国国都）、拉萨（吐蕃国国都）、正定（春秋鲜虞国国都）、咸阳（秦都）、临淄（春秋战国齐都）、随州（西周随国国都）、钟祥（战国后期楚都）、乐山（春秋蜀开明王国都）、集安（古高句丽国都）、郑州（春秋郑国国都）；

专业化军事重镇：张掖、武威等。

通过上述分类可以发现，有些历史文化名城不止在一个类型中出现，但并不一定说明类型多的旅游魅力就一定大。

3. 区域分布相对集中

我国历史文化名城（特别是古都）区域分布主要集中在北部地方，以黄河流域地区最集中。古都分布从时间发展上看，具有从北向南，从西向东的发展趋势。

第二节　中国特色小城镇

特色小城镇（这里泛指所有仍保存比较完整的古城、古乡镇、古村镇）因其具有“特色”，对游客具有很强的吸引力。其特色在于有丰富的历史文化遗迹，有特殊的文化艺术，有独特的建筑，有传统的工艺品，有优美的自然环境等。

一、特色小城镇的类型

（一）历史文化遗迹类小城镇

我国历史上的“四大名镇”：朱仙镇（河南）、汉口镇（湖北）、景德镇（江西）、佛山镇（广东），至今古镇风貌、古镇建筑、风土人情，仍清晰可见。山西运城“宰相村”（裴柏村）更是游人向往的地方。历史上显赫的裴氏家族是一个久负盛名的大家族，先祖始于秦始祖裴子之后，自秦汉，历魏晋，到隋唐而极盛，五代以后，余荫犹存，家族丁旺文盛，德显文章久隆不衰。据统计，先后出过宰相 59 人，大将军 59 人，中书侍郎 14 人，尚书 55 人，常侍 11 人，御史 10 人，节度使、观察史、防御史 25 人，判史 211 人，太守 77 人，封爵者 89 人，公侯 33 人，皇后 3 人，太子妃 4 人，王妃 2 人，驸马 21 人，真可谓“将相后妃，公侯一门”，可供参观的文物古迹众多。

（二）文化艺术类小城镇

河北吴桥杂技之乡闻名国内外。1930 年成立我国第一个大马戏团，发展到今天，吴桥县 429 个自然村，村村有杂技艺人，全国 90% 以上的杂技团体都有吴桥籍演员。在印度、缅甸、泰国、新加坡、日本、马来西亚、印度尼西亚、巴基斯坦、保加利亚、荷兰、摩洛哥等 30 多个国家，都有来自我国吴桥杂技之乡的艺人。

（三）独特建筑类小城镇

新疆特克斯县县城的八卦街，在我国城镇街道建设中最为奇特。这座独特的具有民族风格的城镇，本身就是我国独有的一处名胜。古老秀丽的凤凰古城、古朴奇观的黄丝桥古城、神奇秀丽的著名古镇永顺王村（芙蓉镇），城内古色古香，颇具特色。江南水乡古镇同里有宋、元、明、清所建的各种古桥29座，明清古建筑占全镇建筑的1/3，两堂三桥，建筑精美，典雅古朴。退思园造型别致、小巧精雅、简朴无华，是一座宅园完整的水乡古典园林。

（四）特色产品类小城镇

世界风筝之都山东潍坊，我国瓷都江西景德镇，我国陶都江苏宜兴，竹器城湖南益阳，藏毯之乡江孜，文房四宝的产地浙江湖州、安徽歙县、广东肇庆、安徽泾县县城等许多小城镇，逐渐成为旅游者向往的地方。

（五）优美环境类小城镇

丽江古城，边塞小镇漠河，海滨古城蓬莱，以及江南水乡风景秀美，具有“小桥、流水、人家”风韵的小镇比比皆是。广西黄姚古镇是一个具有千年历史的文化古镇，古镇内山水岩洞多，亭台楼阁多，寺观多，祠堂多，古树多，楹联匾额多。镇内有山必有水，有水必有桥，有桥必有亭，有亭必有联，有联必有匾，构成古镇独特的风景。客家人的美丽小城长汀和中国最美丽的湘西古城凤凰，被国际友人路易·艾黎称之为中国最美丽的两个小城。长汀四周沃野平畴，城内卧龙山一峰突起，不与群峰相连。而依山沿河修筑的古城墙，把半个卧龙山圈进城内，构成了挂壁城池，形成城内有山，山中有城的独特格局。汀江更像一条飘逸的白练，穿城而过。山城傍山临溪，犹如一颗璀璨的明珠，镶嵌在汀江之畔，形成全国罕见的“观音挂珠”的独特山城景观。凤凰古城坐落在沱江河畔，青山抱古城，沱江绕城过，河畔吊脚楼轻烟袅袅，翠绿的南华山麓倒映江心，山清水秀，风景秀丽。

二、特色小城镇的地域分布

我国特色小城镇多分布在南方。安徽是我国古城、古乡镇、古村镇最集中，最富有特色，也最具有观赏价值和研究价值的省份之一。这里得山水精气，天地大观，文风昌盛，才俊辈出，古建筑年代久，种类多，数量大，品位高，集中展现了徽州古建筑古朴凝重，风姿卓绝的迷人风采。皖南的歙县、黟县、泾县、徽州区、休宁、祁门、绩溪特色小乡镇不但分布集中，而且具有鲜明的地域文化背景，它们是以明清时期徽商资本为经济基础，以宗族观念为社会基础，在徽文化熏陶下造就出来的有着典型地方特色的村落。黟县是至今保留古村落最多，最完整的县之一，境内古民居星罗棋布，古民居、古祠堂、古桥、古三雕（砖、木、石）、古文化遗址等名胜古迹众多，至今仍有保护完整的古民居3600余幢，素有“明清民居博物馆”之称。其中西递、宏村、关麓、南屏、屏山、卢村、塔川等古民居建筑村落更能让游客感受到其中蕴藏的极其丰富的文化内涵。特别是作为最典型的古村落类型的西递、宏村已被联合国教科文组织列入《世界文化遗产名录》，是中外游客向往的旅游胜地。

浙江古城古镇星罗棋布，有的依山，有的傍水，有的就镶嵌在青山绿水之中，和山水相映成韵。西塘以历史悠久，风景秀美，“桥多、弄多、廊棚多”而闻名于世。乌镇是一座保存相当完整的江南水乡古镇，文人荟萃，人才辈出，古代这个小镇曾出过64名进士，161名举人。南浔名胜古迹众多，与自然风光和谐融合，既充满着浓郁的历史文化底蕴和灵气，又洋溢着江南水乡古镇诗画一般的神韵，这里自古以来文化昌盛，人才辈出，书香不绝。明代时就有“九里三阁老，十里两尚书”之谚。仅宋、明、清三代，就出了进士41名。俞源是我国惟一的笼罩着浓厚道教神秘色彩的太极星象村，是个按天体星象布局的村落，再现的是一幅完整的天体星象图，堪称东方奇观。这里世代书香，文化底蕴深厚，历代科举不绝，名人辈出。明清两代出过尚书、大夫、进士、抚台、知县、举人多达260余人。这里现存宋、元、明、清四代不同风格的古建筑395幢，1072间。尚有堂楼、厅、阁、院、寺等，面积之大，为国内所罕见。诸葛村、溪口、前堂、岩头村、芙蓉村、苍坡村、蓬溪村、石塘、绍兴、安昌等，建筑精细玲珑，讲究情趣。

江苏的古老城镇所展现的韵味，无疑是每个中国人理想中的天上人间。同里（是省内保存最完整的水乡古镇之一，素有“东方威尼斯之称”）、甪直（有神州水乡第一镇之称）、枫桥、木椟、光福、周庄（是江南典型的“小桥，流水，人家”，优美，静谧，和谐）、锦溪、沙溪、高邮等，建筑古香古色，极为秀美。

此外，还有湖南的德夯、王村，江西的婺源、东平，福建的崇武、长汀、永定，云南的大理、宝山，贵州的镇远、镇山，四川的上里、铁佛、平乐，重庆的龚滩等。

三、历史城镇的旅游现状与开发保护方法

（一）历史城镇的旅游现状

历史城镇一般具有悠久的传统、古老的文化艺术、迷人的古代建筑（如城堡、民居、寺庙、祠堂、坊、塔、楼台亭阁、古桥等）、历史古迹、可口美味的佳肴，对游客具有强烈的吸引力，是游人向往的地方。有些历史城镇今天已成为现代化城镇，有着现代化都市风光和现代化的购物中心，人们既可以游览具有浓郁民族情趣的古文化城镇，又可以领略现代化城市风貌。古老文化、名胜古迹、传统民居、现代都市风貌和浓郁民族情趣的古文化城镇，是中外游客格外迷恋的地方。然而，我们应该清醒地看到，在旅游热潮中，古城镇遭受令人痛心的破坏。旅游者的大量涌入和不文明的行为，使一些古城镇的历史古迹伤痕累累。一些偏僻之地的古城镇居民，在可望不可即的经济大潮中，突然发现祖宗留下的古迹也能够给自己经济带来好处，便不顾一切，急不可待地挖门楼，拆房梁，盲目的开发旅游资源，把原本是无可替代的极具旅游价值的文化古迹等“开发”得面目全非，曾经淳朴

的居民，个个也变成了与游人讨价还价的商贩，古风不再，只剩满街摩肩接踵的外地游人，古城镇失去原有的风貌。照此下去，在“现代化”的浪潮里和“新价值”的狂欢中，能够保存一些传统生活空间、生活方式和历史文物的古城镇很可能难以逃脱消逝的命运，强化保护和合理开发，已是当务之急。

(二) 历史城镇的保护和开发

旅游在给历史文化城镇带来好处的同时，也带来许多巨大的危害和潜在的破坏。古建筑经历千百年风雨朽蚀，本身在自然老化，而大量游客的参观、触摸使古建筑面临人为破坏的危险，必须严格控制游人的数量，严格禁止游人触摸、攀登等，全面规划，分级保护。

历史城镇的旅游资源是历史遗留物，应该根据不同情况，采取不同的开发保护方法。如恢复古城镇面貌，再现昔日历史情景，使游客身临其境；保持古城特色，展示传统风格，使游客感受异地风情。

思考与练习

1. 历史文化名城有哪些类型？举例说明。
2. 我国有哪几个多朝古都历史文化名城？试说明各自有哪些重要的旅游资源？
3. 我国历史文化名城的区域分布有何特征？
4. 我国特色小城镇有哪些类型？举例说明。
5. 试述安徽特色小城镇分布的基本情况。

第十章　中国民族民俗风情类旅游资源

【学习目的】　要求了解民族民俗风情旅游资源的含义，掌握民族民俗风情旅游资源的特点，熟悉民族民俗风情旅游资源的分布，理解民族民俗风情旅游资源的旅游功能。

【基本内容】

- **含义和特点**

民族民俗风情旅游资源的含义；民族民俗风情旅游资源的特点。

- **旅游功能**

可以开发表演性、参与性、观赏性、娱乐性、教育性紧密结合的旅游项目，是旅游目的地的活力源泉；可以展现民族风情，显示神州风采，弘扬民族文化、民族艺术和民族精神，增强民族自豪感和自信心；可以满足旅游者求新，求异、求知的心理需求，丰富旅游者物质生活和精神生活，开阔旅游者的眼界；可以促进交流，加强了解，增进友谊。

- **地区分布**

物质民俗旅游资源的分布；社会民俗旅游资源的分布；精神民俗旅游资源的分布。

第一节　含义和特点

一、民族民俗风情旅游资源的含义

民族有广义和狭义两种概念。广义的民族概念认为，民族一词的含义包括处于不同社会发展阶段的各种人的共同体。如古代民族，现代民族，或者用以指一个国家或一个地区的各民族。如中华民族是中国境内 56 个民族的总称。狭义的民族是指人们在一定的历史发展阶段所形成的具有共同语言、共同地域、共同经济生活，以及表现于共同的民族文化特点上的共同心理素质的稳定的共同体，如汉族、壮族、满族、回族、苗族、维吾尔族等。本书所阐述的民族民俗风情是在狭义的民族概念范畴内。

民俗，就是民间的风俗，民俗风情是指不同地域不同民族在特定的自然，社会环境下，在长期的生产、生活和社会活动中所表现的风俗习惯。我国地域辽阔，民族众多，56 个民族在语言、居住、生活方式、生活习惯、社会风尚、岁时节会、宗教信仰、婚恋丧葬、戏曲文艺、服饰饮食、待客礼仪、文娱体育、喜尚禁忌等方面，表现出明显的差异，形成自己特有的风貌。

独特的民族风俗，全面地反映了一个民族的历史和现实生活，体现了一个民族的理想和感情，是一个民族文化传统的真实表露。它是创造于民间又传承于民间的、具有世代相习的传承性事象（包括思想和行为)，是劳动人民创造传承的民间社会生活文化，是人类创造的物质文明和精神文明的积累，既是传统文化的基础和重要组成部分，又是蕴藏丰富的文化宝库。

在漫长的历史长河中，各民族因生活环境、发展历史、社会经济、文化传统、宗教信仰等诸多方面的不同，所形成的绚丽多

姿、异彩纷呈的民俗风情，是活的社会“化石”，它深深地扎根于人民生活的土壤之中，具有广泛而深厚的群众基础，为本地居民所喜闻乐见和忠实信奉。而对异地、异民族的人们来说，则是不多见的。所以，人们越来越希望通过旅游走进不同地区不同民族中去，实地体验另一种生活方式，感受另一种风情，通过观赏与参与异族民俗风情活动，扩大眼界，增长知识，开阔胸怀。因此，民族民俗风情有很强的旅游吸引力，是人文旅游资源的重要组成部分。民族民俗风情旅游资源就是指那些能够吸引旅游者前往旅游观光游览，并产生社会经济效益的民族民俗风情资源。

我国是一个多民族大家庭，以汉、满、蒙、回、壮、藏为主的56个民族，共同组成了中华民族这个屹立于世界民族之林的东方大国。汉族人口约占全国人口的92%，主要分布在我国东、中部地区。其他55个民族中，人口超过百万的民族有18个，主要是壮族（主要分布在广西）、满族（主要分布在东北三省，尤以辽宁最多）、回族（宁夏为主要聚居区，全国大多数县都有分布）、苗族（黔西南、黔南、黔东南和湘、鄂、渝、黔交界地带为聚居地区）、维吾尔族（主要分布在新疆）、彝族（主要分布在川、滇、黔、桂四省区，四川凉山为最大聚居区）、土家族（集中居住在湘、鄂、渝、黔四省市交界的山区）、蒙古族（主要居住在内蒙古）、藏族（主要居住在西藏）、布依族（主要分布在西南地区）、侗族（主要分布在湘西和黔东地区）、瑶族（主要分布在湘西、湘南、粤北、桂中地区）、朝鲜族（主要分布在东北三省，吉林最多）、白族（集中居住在云南大理）、哈尼族（主要分布在云南）、哈萨克族（主要分布在新疆和青海）、黎族（主要分布在海南通什）、傣族（主要居住在云南西双版纳和德宏）。

二、民族民俗风情旅游资源的特点

民族文化灿烂，民风古朴淳厚，风情丰富多彩。它作为文化现象，一般具有民族性和地域性、社会性和历史性、稳定性和变异性、丰富性和类型性等。但各种特点又是相互渗透、不可分割的整体。

（一）民族性和地域性

由于各民族特殊的历史传统和风俗习惯不同，民族民俗风情具有鲜明的民族特色。各个民族民居、服饰、宗教信仰、饮食、节庆、婚恋、丧葬、喜尚、禁忌各不相同。又由于各民族所处的地理环境不同，又使各民族的民俗风情带有浓郁的地方气息。例如满族信萨满教（后还信佛教），穿袍服，住“口袋房，曼子炕”，禁忌吃狗肉等；蒙古族信藏传佛教，穿长袍，住蒙古包，禁忌在蒙古包门前下马、下车，忌讳将马鞭、刀枪带进包房内等；壮族崇拜祖先，信仰多神，妇女多穿无领、左衽的黑色上衣，头包方块的黑帕，穿黑色宽脚裤子，男子多穿唐装，住“干栏式”建筑，忌食牛肉、蛙肉。但同一民族处在不同地区其饮食、居住等各个方面也有明显的不同。如在饮食习俗上，汉族“北方人多食面，南方人多食米”，西南地区人喜辣，西北人地区爱酸，华北地区喜咸，东南沿海地区人爱甜。在服饰习俗上，北方少数民族多穿长袍长褂，南方少数民族则裙裤长短都有。在居住习俗上，黄土高原地区的人民多住冬暖夏凉的黄土窑洞；生活在山区和热带丛林中的侗族、傣族则分别住依山傍水的吊脚楼、竹楼。

（二）社会性和历史性

民族民俗风情是人类在长期的社会生活中形成的内容广泛、形式多样的行为规范，是长期相沿积久逐渐形成的社会生活方式、风尚习俗等，是社会文化传承中约定俗成的习惯性现象，带有很强的社会性。中华民族具有 5000 年的悠久历史，其民族民俗风情更是源远流长。其产生、存在和发展变化，都与历史环境相联系，各民族现有的民俗风情都是在漫长的历史时期中形成、

发展的，又要求本民族的人民遵守并代代传承下去。如北方常见的走高跷，早在春秋时代就已出现；布依、苗、瑶等民族传统手工艺品蜡染，则早在2000多年前的汉代即有雏形。许多民族流传至今的歌舞、戏曲都有上百上千年的历史。

（三）稳定性和变异性

民族民俗风情历史相沿承袭，具有相对的稳定，这种相对固定的风俗习惯，不是可以轻易改变的。传承至今的各民族的民俗风情，基本上没有背离原有模式。不过，随着社会经济和政治条件的变化，民族民俗形式和内容，也在发展变化中。多民族的杂居和旅游业的发展，也使一些民族民俗趋于渗透、融合和消失。总的说来，时至改革开放的流金岁月，民族民俗风情这有形可感的文化传承已成为旅游文化的深层展现，也是当今为政者们“观风俗，知得失”的宝贵借鉴。因此，对于这无须大兴土木、耗费巨资的民族民俗风情，我们不仅不可废弃，而且应一代一代坚持下去，这才无愧于前人的辛勤创造和有利于推动当今民族地区的经济建设和社会事业的长足发展。当然，我们在继承弘扬民族传统文化的过程中，应有良莠之别，优劣之分，切不可“一应古制”，听凭那些已经或即将被时代摈弃、排除或改造的陋习继续在社会上漫浸，继续去腐蚀人们的心灵和污染当今社会风气。从这一点来说，民族民俗风情也应该在稳中求变，使之趋向完美。

（四）丰富性和类型性

民族民俗风情内容十分丰富，它包含饮食习惯、服饰装束、婚恋嫁娶、礼仪民俗、岁时节令、宗教信仰、丧葬习俗、禁忌喜尚、居住习俗、游艺竞技、民间工艺、生产民俗、社会风尚、文学艺术等，习俗之多，内容之广，可谓包罗万象。例如就宗教信仰而言，有信仰伊斯兰教（回、维吾尔族）、萨满教（满族）、藏传佛教（蒙古族、藏族）、佛教（白族）、崇拜祖先崇拜自然（黎族）等；就特色民居而言，有干栏式建筑（壮族、黎族）、蒙古包（蒙古族）、帐篷（藏族）、吊脚楼（侗族、苗族）、竹楼（傣族）等；就节日而言，有芦笙节（苗族）、火把节（彝族）、泼水节（傣族）、歌圩节（壮族）等；就民间工艺品而言，有刺绣、陶瓷、漆器、织染、雕塑、文化用品、珍珠宝石、编织品等。不过，众多的民族民俗风情可以归纳为物质民俗（服饰民俗、民居民俗、饮食民俗、民间传统特色产品等）、社会民俗（宗教民俗、婚恋嫁娶民俗、岁时节令民俗等）、精神民俗（禁忌信仰民俗、口承语言民俗、娱乐民俗等）三大类。

第二节　旅游功能

古朴淳厚、瑰丽多彩的民族民俗风情，是中华民族悠久历史文化的组成部分，它像一颗璀璨的明珠，闪烁着中华民族古老文明的光辉，它像一条历史的彩练，连接起中华民族灿烂文化的昨天、今天和明天。民族民俗风情以其神秘的色彩和诱人的魅力受到越来越多旅游者的青睐，它不但对我国各民族人民，而且对世界各国各地区人民都具有强烈的旅游吸引力。

一、开发表演性、参与性、观赏性、娱乐性、教育性紧密结合的旅游项目，是旅游目的地的活力源泉

纯粹的旅游目的地多是由静态的景物构成的，没有动态的景观相陪衬，就难以充分展示其活力。开发表演性、参与性、娱乐性、观赏性、教育性、纪念性、服务性强的民族民俗节庆、民族艺术表演、民族服饰展览、民族歌舞竞技、民族风情接待展示、民俗婚礼、民族游戏娱乐等异彩纷呈、动态感强、可观性好、极具民族特色的旅游项目，让游客古寨伴歌舞，随俗入梦乡，通过

共同参与，尽情交流，亲身体验民俗风情，增添怀旧情调，开阔眼界，增长知识。文化含量高、品位高的具有民族特色和地方特色的民族民俗风情节庆活动和表演活动，欢快、热闹、幽默，雅俗共赏，满足游客的参与表现欲，为大多数游客所喜闻乐见，耳目一新，能使旅游者产生满足感。丰富的表演和游客参与为旅游目的地静的景观注入了活的生机，为游客在游览静的景物增添了观赏动的表演，增加一份高雅艺术享受的情趣。我国近几年成功举办的民俗风情节庆（如北京中华民俗风情百乐艺术节、北京房山民俗风情旅游节、江苏常州民俗风情旅游节、山东济南中华民族风情艺术节、山东蓬莱中华民族风情艺术节、西藏拉萨民族风情节、四川成都中国民俗文化节等）、工艺特产节庆（如江苏宜兴陶瓷艺术节、中国山东淄博陶瓷琉璃艺术节、中国浙江东阳工艺美术节、中国江西景德镇国际陶瓷节、河南镇平国际玉雕节等）、风味佳肴节庆（如北京国际啤酒狂欢节、上海美食节、上海国际茶文化节、江苏镇江美食节、烟台国际葡萄酒节、青岛国际啤酒节、四川泸州名酒节等）和服装服饰节庆（如浙江湖州丝绸文化节、云南大姚彝族服装节、拉萨西藏服饰节等），都为当地的旅游业锦上添花。

二、展现民族风情，显示神州风采，弘扬民族文化、民族艺术和民族精神，增强民族自豪感和自信心

民族民俗风情旅游资源的旅游吸引力，主要来自各民族民俗风情的差异。民族民俗风情旅游资源的充分开发，可以向旅游者展示各民族的物质民俗、社会民俗、精神民俗风情，表现各民族和睦相处、团结一致、振兴中华的精神面貌和各民族共同进步的社会大家庭繁荣兴旺、蓬勃向上、生气勃勃的社会生活景象。不同民族的旅游者都迫切希望了解和体验异域风情，通过旅游亲身领略其他民族绚丽多彩的民情风俗，通晓各民族的历史、现状，

感知民族悠久文化、光辉历史和辉煌成就，从而增长知识，开阔眼界，增强自豪感和自信心。所以，亲身进入其他民族居住的村寨，参加他们的婚礼，观赏或参与多姿多彩的民族文化艺术表演，品尝他们独特风味的丰盛酒宴佳肴，购买具有民族特色和地方特色的精美工艺品，这是旅游者浓厚的兴趣所在。

三、满足旅游者求新、求异、求知的心理需求，丰富旅游者的物质生活和精神生活，开阔旅游者的眼界

民俗民情是一个地区、一个民族悠久历史文化发展的结晶，蕴含着极其丰富的社会内容，优美的民族歌舞、奇异的村寨建筑，令人们称奇的民情民俗，都具有浓郁的民族特色和地方特色。各民族风格独特的生活习俗、民族礼仪、服装服饰、民族歌舞，饮食风味、风土人情和特色传统工艺品，对人们都具有神秘感和新奇感。如“世界屋脊”上的帐篷、茫茫草原上的蒙古包、依山傍水的侗家吊脚楼、热带丛林中的傣家竹楼、黄土高原的黄土窑洞、典雅宁静的四合院等特色民居；满族的袍服、蒙古族的蒙古袍、赫哲族的鱼皮衣、藏族的藏袍、傣族妇女的花筒裙、维吾尔族男子的长袍、朝鲜族的白衣素服、壮族男子的唐装、彝族男女的披风“察尔瓦”等特殊服饰，蒙古族的“那达慕”大会，壮族的歌圩，苗族的芦笙节，彝族的火把节、傣族的泼水节，纳西族的三朵节，白族的三月街，布依族的查白歌节等民族节日，以及千姿百态的婚恋方式、千奇百怪的婚嫁习俗、多姿多彩的艺术表演和别具风格的民间传统活动，可以把游客带到“新、奇、乐、趣”的美妙世界。旅游者通过参与式的方式，亲身体验独特的民族民俗风情，得到鲜明有趣的生活感受，入乡随俗，为其所动，从而产生满足感和愉悦感。

四、促进交流，加强了解，增进友谊

举办融思想性、艺术性、民俗性和群众性为一体的民俗节庆活动，开展符合当代人审美情趣和观赏心理的民族艺术表演，可以把民俗文化、商业文化与艺术文化有机地结合起来，加强国内外合作和交流，增加差异感和新鲜感，不但可以吸引更多的国外游客旅游观赏，而且可以吸引国外团体参与节庆活动和艺术表演，带来异国风情，丰富内容，提高品位，增强吸引力。国内交流与国际交流，还可以强化表演艺术产品的原汁原味，提高艺术产品的生命力，提升民族节庆活动的文化品位，产生强烈的轰动效应。国家、民族的相互了解、文化交融，在旅游活动中得到升华，促进了国家、民间的理解和友谊。

第三节 地区分布

一、物质民俗旅游资源的分布

（一）服饰民俗

广义的服饰包括衣饰、头饰（首饰）、足饰、首饰几大类。这些饰物都直接反映出某个民族、某个时代的民间风俗习惯。狭义的服饰仅指服装。服装（上下衣裤）是最基本的、服饰习俗的中心。民族服饰是民族文化中最容易被人觉察、最具有魅力的组成部分之一，通常服饰可判断民族身份，尤其是少数民族。

1. 传统汉族服饰

汉族妇女喜穿旗袍，这是因为旗袍造型与妇女体型相适合，线条简练，优美大方。旗袍以它浓郁的民族风格，体现了中华民族传统的服饰美。不仅成为中国女装的代表，也被公认为“东方传统女装”的象征。福建惠安“惠安女”的奇异装束和浙江舟山渔民的服饰也很有特色。北方和南方、城市和乡村的汉族居民，服饰虽有所差异，但基本相同。

2. 少数民族服饰

少数民族服装种类繁多，形状各异，色彩不同，装饰讲究，制作技术精湛，特色鲜明（见表10－1）。头饰（如帽子、钗饰、耳环等）、衣饰（如腰带、荷包、围裙、腰刀等）、足饰和首饰（如鞋、靴、手镯等）更是绚丽多彩，独具风情。

(二）民居民俗

我国各族人民由于居住的自然环境、气候条件、生产方式及生产水平不同，不同民族的居住习俗各具特色。游牧及狩猎民族多居帐篷或毡包，南方多竹林地区民族多住竹和木质结构的竹楼、木楼等干栏式住宅（见表10－1）。特色民居作为一类旅游资源，其旅游功能主要表现在造型丰富的建筑艺术美、合理实惠的建筑实用美和与周围环境协调的和谐美。

表10－1　我国部分少数民族主要物质民俗情况

民族名称	民居民俗	服饰民俗	饮食民俗
满　族	满族住房一般东、南开门，其结构形似口袋，故称口袋房。住房一般为两间正房，外屋是厨房，里屋有三铺炕，西炕为贵，接待客人用；北炕为大，长辈居住；南炕为小，晚辈居住	清朝时期满族男女皆着旗袍。后来男式旗袍逐渐演变为长袍，女式旗袍逐渐向合身方向发展，变成紧贴腰身的长裙，也出现了短旗袍。妇女旗袍面料、花色品种多，多穿夹、棉、皮套裤。旗袍外还习惯穿一件“马褂”。现在满族服装与汉族基本一致	主食是小米，喜黏食。喜食白肉血肠、猪肉酸菜炖粉条、饺子、手扒肉，点心“萨其玛”是其特色食品。

续表

民族名称	民居民俗	服饰民俗	饮食民俗
蒙古族	牧区住圆形穹庐顶的蒙古包,穹庐顶已成蒙古族建筑标志。农区住房也住汉式平房	服饰由首饰、长袍、腰带、靴子组成。衣饰时尚青色与黑色。长袍称蒙古袍,冬以皮袍为主,春、夏、秋以布袍、绸缎袍为主,男袍较肥大,女袍多紧身。坎肩是流行款式。冬季多戴羊羔皮帽,喜欢缠红蓝布头巾,也喜欢穿皮靴和毡靴。现在除老人外,只在节日和喜宴时才穿蒙古袍。妇女喜欢穿裙子或连衣裙,用各色头巾包头	农区以粮食、奶食和肉食为主。牧区以羊肉、牛肉、奶为主,用手抓羊肉或清水煮全羊款待客人。忌吃虾、蟹、鱼、海味等食物
维吾尔族	房屋一般用土坯建筑,屋顶平坦,开天窗取光。室内砌实心土炕,大门忌朝西开,住房多成院落	喜欢穿袍式服装,叫“袷袢”。男子穿对襟长袍,内着绣有花纹的短衫,还喜欢在腰间系一条腰带。现也爱穿西服、绣花衬衫。妇女多穿西式短上装和裙子,或穿宽袖连衣裙,外套黑色对襟背心。男女老少都喜爱戴四楞绣花小帽,男帽多为无舌卷边圆顶形,喜欢穿皮靴	喜喝奶茶,佐以馕。“抓饭”是民族风味甜饭。夏季多吃瓜果。节日或待客多吃烤全羊和具有民族风味的“抓饭”
回　族	中国传统的四合院为主的建筑式样	喜欢穿坎肩(一种无袖上衣),男装衣服肥大,裤长及脚面。男子标志性装束是戴白色或黑色无檐帽,热天则身着白褂,外套黑马甲、黑坎肩。妇女戴白色或蓝色布料的盖头,不使头发、耳朵和颈脖外露,以显本分庄重。老年妇女爱穿素雅的黑色大襟衫袄,用腿带扎裤脚。妇女的衣服上窄下宽,达及膝或长过膝盖,戴披肩盖头。鞋子多为布鞋。男鞋多为黑色素面,妇女喜欢穿绣花鞋	只吃反刍类偶蹄食草动物牛、羊、驼肉和食谷类的禽肉及带鳞的鱼类。风味小吃有清汤羊肉、羊羔肉、牛羊肉夹馍、羊杂碎汤、酿皮、白水鸡、切糕、油香和馓子,爱喝盖碗茶、八宝茶

续表

民族名称	民居民俗	服饰民俗	饮食民俗
朝鲜族	以木搭架、屋顶四面有坡，墙壁多为泥墙刷白灰。房子一般由三大间组成，中间为大间	爱穿白衣素服，有“白衣民族”之称。妇女穿斜襟短上衣(襟垂飘带)宽长裙(裙子分缠裙和筒裙两种)，脚穿船形胶鞋。男装为短上衣，外加坎肩，下穿宽大裤，外出常罩斜襟长袍，男女衣裤上均无纽扣，多以布带打结。现在多改着西服。有戴马鬃帽、马尾帽的习惯	米饭为主食，以汤、酱、咸菜和泡菜为副食。泡菜是佐餐的主要菜肴，每餐必有汤，素有“宁可无菜肴也要有汤”的说法。喜吃牛肉或狗肉。以冷面、打糕、松饼等待客
壮　族	住房多为“干栏式”(又称“麻栏式”)建筑，楼上住人，楼下堆放杂物或关牲畜	男子多穿青布对襟上衣，女子多穿无领斜衽绣花滚边的上衣，下身穿绣花滚边宽脚裤子或青布蜡染的褶裙，腰束绣花围腰，脚穿绣花鞋。特别喜欢在鞋、帽、胸兜上用五色丝线绣上花纹，如人物、鸟兽、花卉等	年节喜庆时吃粉糕和五色饭。喜吃腌制的酸食，以生鱼片为佳肴。妇女有嚼槟榔的习俗
土家族	房屋依山傍水而建，成虎坐形。居住的木架屋，俗称吊脚楼	多穿以琵琶襟为特征的满襟衣，拖肩矮领大袖口，滚花边。男捆腰带，女套绣花围裙。男装为对襟短衫，扣子很多，下着长裤，爱用青布包头。女装为短衣大袖，左衽开襟，滚镶花边，原着八幅罗裙，后改镶边筒裤。头缠墨青丝帕或布帕。现多汉化	喜食酸辣，爱好喝酒，善食辣椒、花椒、山胡椒。习惯做腊肉、甜酒、团馓和糍粑等

续表

民族名称	民居民俗	服饰民俗	饮食民俗
苗 族	依山傍水建寨，聚族而居，住房一般为吊脚楼，木构干栏式的平房或楼房。平房大部分为三间，中为堂屋，用于接待客人和吃饭，两边分别做卧室和厨房	对襟大褂或左衽长衫，下穿长裤，束大腰带，头裹青色长巾，缠裹腿。苗族妇女服饰很讲究花口、色彩和样式，鲜艳美观，形式多样，上身常穿绣有花卉无领的右开襟衣或无领敞襟衣。年轻妇女和未婚妇女的衣服多为蓝色，中老年妇女为黑色，腰系白、青色相间的腰带。百褶裙也是苗族服饰的一大特色。男子上身多穿对襟短衣，大领长衣或袖口挑花而无领的对襟长衣，下身穿宽裤脚的大裆裤子	喜食酸辣味，嗜饮酒，喜糯米粑粑、糯米饭。
黎 族	住茅草泥房，有船形、金字塔形等，高架型的属“干栏”式楼房	男子穿无领对襟上衣，下穿吊裤，结髻缠头。女子穿对襟敞胸无扣上衣，下穿筒裙。喜欢戴项圈、耳环、脚环、手镯等首饰，有些地方妇女有“儋耳”、“雕题”的古俗	习惯腌制生鱼、生肉。吃竹筒饭，爱嚼槟榔
藏 族	农区多住石墙、泥顶构成的平顶屋或多垒石建碉房，牧区则住帐篷	腰肥、长袖、大襟是藏装的典型结构。皮袍、夹袍、锦袍具有这种特点。腰带和靴子又是附着饰品的主要穿戴。藏族居民喜欢穿羊皮袍(也称藏袍)，袍内多穿衬衫，男式多为白色高领，女式多为红绿翻袖。男女喜爱戴藏式金花帽，上身外套藏袍“朱巴”，男女均穿氆氇(男着氆氇长靴，女着氆氇围裙)或牛皮的藏靴	糌粑和牛肉为日常的主食，喜食酥油茶、奶茶、酸奶和奶渣，喜饮青稞酒。牧民主要以乳类和肉类为主，农区和城市以糌粑和酥油茶为主食

续表

民族名称	民居民俗	服饰民俗	饮食民俗
彝　族	与汉族基本相同,只有部分地区住房为“干栏式”的或板顶土墙木结构,低矮、无窗,堂屋内的火塘,为家庭起居活动的中心。在住房的一端构筑高耸的碉楼,是彝族传统的象征	彝族服饰风格独特。男女都穿右斜大襟上衣,男子下着长裤,女子下着长百褶裙,服装多以黑、白、青、蓝色布为主,并有盛装、便装、冬装之分。男子头顶留“天菩萨”,裹头帕扎成“英雄结”,女子包黑色头帕。中、青年女子头覆绣花瓦式方帕。男女都穿披风“察尔瓦”	喜吃托托肉,饮转转酒。忌吃蒜,以玉米、荞麦、燕麦、土豆为主食
白　族	平坝地区住房布局以“一正两耳”、“三房一照壁”、“四合五天井”为特色,山区多为上楼下厩的茅草房,高寒山区则住横木垛成的“垛木房”	白族服饰最明显的特征是色彩对比明快而协调,刺绣精美,有镶边花饰。男子多穿白色对襟衣,外套黑领褂,简洁朴实,差别不大,且已多汉化。大理一带妇女多穿白色上衣,外套黑丝绒短褂或红色坎肩,腰系白、红等色围裙,下着白蓝布宽脚裤,以绣花布或彩巾缠头。上身服饰如头饰较花俏,而下身服饰较朴素。姑娘服饰较艳丽,极为讲究,很有民族特色,中老年服饰较淡雅。在颜色方面,白族男女都崇尚白色	善于腌制火腿、腊肉、香肠、弓鱼、猪肝鲊、螺蛳酱等名产,还制作蜜饯、雕梅和苍山雪炖甜梅等。喜饮烤茶,爱吃酸辣冷藏食品。沙锅弓鱼、三道茶是著名特色饮食
纳西族	丽江的房屋多系土木结构,普遍采用“三房一照壁”的形式;山区居民多系木楞房,上盖石片	丽江妇女上身穿宽腰大袖大褂,外加坎肩,下穿长裤,腰系百褶围裙,脚穿绣花鞋,出门披黑羊皮七星披肩,俗称“披星戴月”	丽江的火腿粑粑、宁蒗的琵琶肉和泸沽湖的酸鱼、鱼干极具特色

续表

民族名称	民居民俗	服饰民俗	饮食民俗
傣　族	住宅建筑以西双版纳的傣家竹楼最具特色，过去以竹子为原材料，每家一座，属干栏式建筑。竹楼分上、下两层，上层住人，下层饲养牲畜或堆放杂物。德宏地区多数傣族人多住平房，土墙茅顶，呈四合院形	服饰的明显特点是上衣比较短小，男子上着无领对襟或大襟小袖短衫，下着长裤，冷天披毛毡，多用白布或蓝布包头。窄袖短衣和筒裙是妇女主要着装特点，上着白色、绯红色或淡绿色紧身内衣，外穿大襟或对襟圆领窄袖衫，下身着花色长筒裙，喜用银质腰带，梳孔雀髻。德宏妇女婚前穿白色或蓝色大襟短衫、长裤，束腰，婚后则着对襟短衫，黑色筒裙，不再束腰	傣族的饮食以大米为主食，德宏多吃粳米，西双版纳等地爱吃糯米。喜酸味及烘烤水产食品。嗜酒，喜嚼槟榔。酸肉和“剁生”是傣族的特色饮食
高山族	住竹篱茅舍或干栏式房屋	衣着以短、小、敞、露为特征。男女均喜欢装饰	喜食团饭、米糕以及兽肉、鱼类，腌制生蛆的鱼肉是待客佳肴

（三）饮食民俗

饮食民俗是饮食文化的重要组成部分，也是一宗宝贵的人文旅游资源。各民族饮食民俗的特点与分布受到自然环境（包括地形、气候、水文、土壤和生物）和社会经济条件（经济发展水平、工农业生产布局、民族特点、宗教信仰、文化水平）等因素的综合影响，从而表现出浓郁的民族特色和地方气息。在日常饮食习俗、节庆饮食习俗、信仰习俗、礼仪习俗等方面，各个地区各个民族都有自己的特点。例如我国不但形成了山东菜、四川菜、江苏菜、广东菜、浙江菜、福建菜、湖南菜、安徽菜、北京菜、上海菜等十大名菜及北京清宫菜、山东孔府菜、北京谭家菜、西安仿唐菜、开封仿宋菜、杭州仿宋菜和北京、扬州、南京等地的仿红楼菜，而且形成了许多著名的菜。

川菜源于巴蜀（今重庆、成都）风味，主要由成都、重庆、自贡三大系统为主组成，以麻辣、鱼香、味广著称。著名川菜主要有宫保鸡丁、鱼香肉丝、麻婆豆腐、怪味鸡块等。

鲁菜发祥于山东曲阜，以济南、胶东菜为主。主要特点是以清香、鲜嫩、味纯著称；善于以葱香调味，讲究清汤、奶汤的调制；烤、爆、闷、烧独具风味。主要名菜有：葱爆海参、糖醋鲤鱼、德州扒鸡等。

苏菜起源可追溯到春秋战国时代的吴国，主要由淮扬（扬州、淮安）、江宁（镇江、南京）、苏锡（苏州、无锡）、徐港（徐州、连云港）四大部分组成。主要特点是：选料以鲜活鲜嫩为主，非常讲究时令；十分注重刀工、火工；讲究清淡入味，强调菜肴的本味；烹调细腻，调味趋甜，色泽多姿。主要名菜有：三套鸭、清炖狮子头、叫化鸡等。

粤菜主要由广州、潮汕、东江三种地方风味组成。主要特点是：取材广博，又奇又杂；讲究鲜嫩爽滑，且季节性强；烹调技法独特，粥品、点心特别丰富；以生猛海鲜为主。主要名菜有：油泡鲜虾仁、三蛇龙虎会、脆皮乳猪、脆皮炸海蜇等。

闽菜主要以福州、闽南（以厦门、泉州为中心）、闽西（客家生活区）等地方菜为主。主要特点是：刀工精细严谨，入味透于肌理；以炸、熘、焖、炒、蒸为特色，尤以烹制海鲜见长。主要名菜有：佛跳墙、鸡汁蒸丸、淡槽鲜蛏、鸡丝燕窝、沙茶焖鸭块、荔枝肉等。

浙菜主要由杭州、宁波、绍兴三地风味组成，具有色彩鲜明，味美滑嫩、脆软清爽、重原汁原味等特点。其中杭州菜尤负盛名。杭州菜制作精细，富于变化，擅长爆、炒、烩、炸等烹调技法，菜肴具有清鲜、爽嫩、精致、醇和等特点。主要名菜有：西湖醋鱼、东坡肉、龙井虾仁、叫化童鸡、干菜焖肉等。

徽菜主要由皖南、沿江（长江）和沿淮（淮河）三方菜肴组成，其中皖南菜堪为代表。皖南菜以烧、蒸、炖技法见长，以火功菜著称，菜肴具有汤汁清纯、味道醇厚、朴实无华的地方特点。主要名菜有：黄山炖鸡、问政山笋、红烧划水等。

湘菜主要由湘江流域、洞庭湖区和湘西山区三方风味组成。湘菜的第一大特色主要表现在辣味和熏腊制品上。熏腊肉品在湖南至少有2000多年的历史。湘菜的第二大特色是具有浓郁的山乡水乡风味。湘、资、沅、澧四水和洞庭湖盛产优质水产品；湘西山地盛产山珍野味；丘陵和盆地盛产多样的农牧副产品。良好的自然条件提供了独特的烹饪原料（如著名的宁乡猪、武冈铜鹅、湘潭湘莲、邵阳宝庆椒干、隆回龙牙百合、湘西山笋等），使湘菜更具地方特色。

（四）民间传统特色产品

民间传统特色产品是我国各族人民智慧的结晶，是灿烂的中华文化艺术宝库中一颗光彩夺目的明珠。由于各种民间传统产品具有浓郁的民族特色、地方特色和精美的结构、优良的品质，深受旅游者的爱好。

我国民间传统特色产品工艺精湛，种类繁多。大致包括织绣工艺品、美术陶瓷工艺品、雕塑工艺品、名酒、名茶、漆器工艺品、编织工艺品、文化用品、其他工艺品等。

1. 丝织刺绣工艺品

丝织刺绣品是我国驰名世界的优秀民族传统工艺品，被誉为“东方艺术明珠”，汉代之后经“丝绸之路”远销中亚、西亚各地。

（1）刺绣。苏绣（主要产于江苏苏州、南通一带，其代表作是双面绣《猫》）、湘绣（主要产于湖南长沙一带，其代表作是《狮》、《虎》）、粤绣（主要产于广东，其代表作是《百鸟朝凤》）、蜀绣（主要产于四川成都，其代表作是《熊猫》、《芙蓉鲤鱼》）并誉为中国的四大名绣。

(2) 织锦。云锦（主要产于江苏苏州、南京）、蜀锦（主要产于四川成都）、宋锦（主要产于江苏苏州）并誉为当代三大名锦。山东烟台的抽纱、广东潮州的抽纱、江苏常熟的花边和苏州的缂丝（主要有欣赏品屏风、中堂、手卷、扇画和日用品台毯、靠垫、腰带等）极负盛名。

2. 美术陶瓷工艺品

我国有“瓷器之国”之称誉，陶瓷产品蜚声中外。

(1) 陶器。江苏宜兴（有“陶都”之誉）、广东石湾、安徽界首、山东淄博、湖南铜官、云南建水、甘肃天水、河北唐山等地的陶器最为著名。宜兴所产的紫砂陶造型美观，色彩古朴，极为精致，堪称极品。山东淄博的釉陶器、广西桂林的美术陶器、四川会理的绿陶等也属上品。

(2) 瓷器。江西景德镇、湖南醴陵、福建德化并称为中国三大瓷都。景德镇的青花瓷、青花玲珑瓷、粉彩瓷、高温颜色釉瓷，醴陵的釉下彩餐具，德化的白瓷塑，名扬中外。河北唐山（有“北方瓷都”之称）、浙江龙泉（青瓷）、河南禹县（钧瓷）和广东广州（织金彩瓷）、广东佛山（艺术瓷）、河南洛阳（三彩瓷）、陕西礼泉（唐三彩）等地的产品，质感浑厚，色彩绚丽，蜚声中外。

3. 雕塑工艺品

雕塑工艺品是我国工艺美术品中品类最多的一类，历史悠久，品种繁多，工艺精湛。福建寿山石雕、浙江青田石雕、湖南浏阳菊花石雕和四川广元白花石刻号称中国四大石雕。河北曲阳汉白玉雕、云南大理石雕和内蒙古赤峰巴林石雕堪称一绝。东阳木雕、乐清黄杨木雕、福建龙眼木雕、苏州红木雕、潮州金漆木雕、山东曲阜楷木雕，都是木雕中名品。北京、扬州、苏州、和田（新疆）、镇平（河南）、酒泉（甘肃）、信宜（广东）等地的玉雕最为精美。湖南邵阳翻簧竹刻、浙江黄岩翻簧竹刻、上海嘉定竹刻和四川江安竹簧器是竹刻中最为著名的。无锡惠山泥人和天津“泥人张”彩塑是泥塑工艺品中的极品。哈尔滨的冰雕极为迷人。另外，还有砖雕、贝雕、椰雕、核雕等多种风格、特色各异的雕塑工艺品。

4. 名酒

我国名酒很多，贵州仁怀茅台酒、山西汾阳杏花村汾酒、四川泸州老窖特曲、陕西凤翔西凤酒、四川宜宾五粮液酒、安徽亳州古井贡酒、贵州遵义董酒等白酒；浙江绍兴加饭酒、福建龙岩沉缸酒等黄酒；山东烟台红葡萄酒、味美思、雷司令、金奖白兰地、北京中国红葡萄酒等葡萄酒；山东青岛啤酒、北京特制啤酒、上海特制啤酒等啤酒，都是酒中佳品，国家名酒。

5. 名茶

我国传统名茶誉满全球，西湖龙井茶、太湖碧螺春、黄山毛峰茶等绿茶；安徽祁门祁红、云南滇江等滇红、福建的大红袍、武夷岩茶、铁观音、广东的水仙、台湾的乌龙等乌龙茶；湖南君山银针等黄茶；福建福鼎、政和等地的白毫银针、白牡丹等白茶，都是名茶上品。祁红在国际市场上与印度大吉岭茶、斯里兰卡乌伐茶齐名，并称为世界三大高香名茶。

6. 漆器工艺品

漆器生产主要分布于北京、福州、扬州、成都、平遥（山西）、大方（贵州）、天水（甘肃）等地。北京雕漆与江西景德镇瓷器、湖南湘绣，并称为中国工艺美术“三长”。福州脱胎漆器与北京景泰蓝、江西景德镇瓷器，并称为中国传统工艺“三绝”。扬州漆器以镶嵌螺钿最具特色。

7. 编织工艺品

编织工艺品种多，特色明显。广东的水草编、湖南的龙须草编、浙江东阳的竹编、河北固安和陕西榆林的柳编、广东南海和云南腾冲的藤编、福建长汀的棕编等十分著名。

8. 文化用品

文化用品中的文房四宝最具特色。湖笔（浙江善琏镇）、徽墨（安徽歙县和休宁等县市）、端砚（广东肇庆市）、宣纸（安徽泾县）堪称文房四宝之首。端砚、歙砚（安徽歙县）、洮砚（甘肃临洮）、澄泥砚（山西）并称为我国四大名砚。贺兰砚（宁夏贺兰山）、鲁砚（山东）、龙尾砚（江西婺源）、金星砚（江西星子）也很精美。

9. 其他工艺品

其他工艺品更是精彩纷呈。如北京的景泰蓝、北京木版水印画和上海木版水印画，天津、苏州、潍坊、绵竹（四川）、开封、佛山等地的木版年画，北京、衡水（河北）、博山（山东）的内画壶，潍坊、北京、天津、南通的风筝，扬州、苏州、成都等地的盆景，杭州、苏州、自贡、岳阳、湖州等地的檀香扇、绸扇、鹅毛扇、羽毛扇、折扇等，杭州等地的绸伞，福州的角梳和常州的梳篦等，少数民族的金银首饰品、各种金属工艺品、腰带、靴子、蜡染织品、刻画、剪纸、挂壁毯、壮锦、土家锦、手帕、头巾、壁画等，各有特色，别具风格，十分精美。

二、社会民俗旅游资源的分布

（一）宗教民俗

我国各民族信仰的宗教主要有佛教、道教、伊斯兰教和基督教。汉族宗教信仰具有两个明显的特点：

第一，采取兼容并蓄的态度，既有信奉本土宗教道教的，又有信奉外来宗教佛教、伊斯兰教和基督教的；第二，任何外来宗教都有地方化、民族化的发展趋势。少数民族宗教信仰大致如下：西北地区的维吾尔族、哈萨克族、柯尔克孜族、回族、塔吉克族、乌孜别克族、塔塔尔族、东乡族、撒拉族、保安族信仰伊斯兰教；西藏，青海，内蒙古、四川、甘肃等省区的藏族、蒙古

族、裕固族等信仰藏传佛教；白族、壮族、布依族、侗族、畲族、纳西族、彝族、羌族、满族、朝鲜族信仰大乘佛教；云南省的傣族、德昂族、阿昌族、布朗族、佤族等信仰上座部佛教；俄罗斯族、鄂温克族等信仰东正教（见表10－2）。

（二）婚恋嫁娶民俗

婚恋在民族风情中独具魅力。我国各民族千姿百态的婚恋方式吸引了游客的好奇心。各民族青年都有自己独特的表达爱情的方式。如用对歌、丢包、裹毛毯、住公房、射箭、“碰蛋”、“埋蛋择婚”、“抛绣球”、“串寨”、“咬胳膊”、“姑娘追”、默默借物传情等方法，形式多样有趣，极富浪漫情调。

表10－2　我国部分少数民族主要社会民俗情况

民族名称	宗教民俗	婚恋嫁娶民俗	岁时节令民俗
满　族	先信萨满教,后信佛教	婚姻多由父母包办,看重彩礼	
蒙古族	信奉藏传佛教	婚姻自主,一夫一妻	“那达慕”大会
维吾尔族	信奉伊斯兰教	一夫一妻制,子女婚后便与父母分居,与汉族通婚多举行“双婚日”	肉孜节(开斋节)、古尔邦节(宰牲节)
回　族	信奉伊斯兰教	婚礼多在“主麻”日举行,由阿訇证婚,回族女子一般不与非伊斯兰教男子结婚,男子则可跟非伊斯兰教女子结婚	开斋节、古尔邦节、圣忌节、花儿会、
朝鲜族	宗教影响较小	婚礼分别在女方和男方家举行,同宗、表亲之间不能结婚	回甲节、回婚节是其独特的传统节日,节日基本与汉族相同

续表

民族名称	宗教民俗	婚恋嫁娶民俗	岁时节令民俗
壮　族	崇尚自然，崇拜祖先，信仰多神	有抛绣球、对歌、打木槽等择偶方式，歌圩节青年男女以歌传情，常以此寻找意中人，再经父母请媒说亲。婚后尚有"坐家"、"不落夫家"的习俗，一般要到怀孕后才长住婆家	歌圩节
土家族	迷信鬼神，崇拜祖先	结婚时哭嫁很有特色，入洞房后有抢床的风俗，婚礼中有拦门仪式	牛王节
苗　族	信仰多神，祀奉祖先，崇拜自然	青年男女通过"游方"、"跳月"、"赶场"等社交活动，自由对歌，恋爱成婚	芦笙节
黎　族	崇拜祖先，崇拜自然	儿女成年后有"放寮"习俗，婚后盛行不落夫家。婚事由父母包办，家庭结构多为一夫一妻制，家庭具体事务以妇女为中心	三月三、狩猎节，其余与汉族基本相同
藏　族	信仰藏传佛教		雪顿节、望果节、浴佛节、藏历年
彝　族	多神崇拜，祭司称毕摩，宗教信仰多种多样	一夫一妻的父系小家庭制	火把节、彝年
白　族	信仰佛教，奉祀本主	恋爱自由，但婚姻由父母做主。婚礼热烈繁琐，3 天才告完成，同姓不婚	三月街、火把节、"绕三灵"
纳西族	普遍信仰东巴教，自然物均视为神灵	一夫一妻的父系家庭制	三朵节

续表

民族名称	宗教民俗	婚恋嫁娶民俗	岁时节令民俗
傣　族	普遍信仰小乘佛教	青年通过串姑娘、吹芦笙、"串寨子"和"丢包"等方式选择对象和表达爱情。实行一夫一妻的父系小家庭制	泼水节
高山族	崇拜祖先，崇拜精灵，崇拜图腾	一夫一妻制，一般以父系为主，定情方式特别	五谷节、丰收节

我国婚嫁民俗也是多种多样，最具特色性和趣味性的迎娶礼仪更是千奇百怪，色彩斑斓，特别是少数民族婚娶礼仪更是新奇有趣，妙趣横生（见表 10－2）。有的"抢"（如傣、彝、苗、侗、瑶、鄂温克、傈僳等民族都有"抢婚"的习俗），有的"哭"（如土家族的哭嫁）、有的"拳打"或"棒打"（如哈尼族卡多人和仡佬族的婚娶礼仪中，对新郎是拳打或棒打，认为打亲能打掉新婚夫妇的是非口角，使他们婚后恩爱相处，百年和好）。

（三）岁时节会民俗

我国有 56 个民族，约有 1700 多个节日，其中少数民族民间节日就有 1200 多个。我国节日多与我国悠久的历史、灿烂的文化和众多的民族有着密切的关系。各种节日在继承、宣扬民族文化，满足群众物质与精神需要，增强民族自信心和凝聚力，进行民族文化教育，繁荣民族地区经济等方面都发挥着重大的作用。

我国的传统节日（指岁时节日）历史悠久，流传面广，具有全民性、群众性特点。如春节、元宵节、清明节、端午节、中秋节，重阳节和少数民族的火把节（彝族、拉祜族、基诺族、白族、傈僳族、纳西族、哈尼族等）、歌圩节（壮族）、泼水节（傣族）、"那达慕"大会（蒙古族）、三月街（白族）、三朵节（纳西族）、芦笙节（苗族）、三月三（黎族）、开斋节（维吾尔族）、赶

牛（土家族）、雪顿节（藏族）等。

三、精神民俗旅游资源的分布

（一）禁忌信仰民俗

各个民族的人民或为求风调雨顺、五谷丰登、六畜兴旺，或为求吉利、平安、健康、幸福等，都有一些禁忌信仰。如春节贴春联、吃团圆饭、守岁、放爆竹等，都有美好的愿望。春节的祭祖扫墓，既有祀奉祖先，对祖先的怀念之情，又有希望先祖福荫子孙的愿望。少数民族的各种禁忌（见表 10－3），同样带有美好祝愿。

（二）口承语言民俗

语言是民族文化的重要组成部分，同时也是民族文化的表现形式。随着文化水平的提高，各民族语言日趋丰富多彩。目前，我国除汉族、回族使用汉语外，其他 54 个民族在使用汉语的同时，都有各自的语言，大体上分属于汉藏、阿尔泰、南亚、南岛和印欧五大语系，共有 10 个语族，16 个语支，60 多种语言。大部分民族都有自己使用的文字。非拼音文字有：汉字和音节文字（彝文）。拼音文字有：印度字母变体体系（如藏文，傣文）；阿拉伯字母体系（如老维文、老哈萨克文）；回鹘字母体系（蒙古文、满文、锡伯文）；朝鲜文字字母体系；拉丁文字字母体系；斯拉夫字母体系（俄文）。

（三）娱乐民俗

我国绝大多数的民族都有自己传统的歌舞、戏曲、体育项目、民族戏剧，歌舞独具特色，娱乐民俗丰富多彩。如维吾尔民间乐器有“独他尔”、“巴拉曼”和手鼓“达甫”等弹拨、吹奏和打击乐器数十种之多。维吾尔族的顶碗舞、大鼓舞等舞蹈；土家族的“摆手舞”；苗族的芦笙舞，藏族的藏戏，以及黔剧、傩戏、傩舞戏、地戏、傣族孔雀舞、侗族民歌和赛马、射箭、摔跤、赛龙舟、斗牛、放风筝、跳跳板等（见表 10－3）。

表 10－3　我国部分少数民族主要精神民俗情况

民族名称	主要禁忌信仰民俗	特殊文化及工艺品	语言系属
满　族	忌骂狗、杀狗、赶狗、吃狗肉、戴狗皮帽子、穿带狗皮袖头的衣服。忌讳打喜鹊和乌鸦。忌讳年轻人坐西炕，忌妇女在西炕上生孩子。忌在神杆(索伦杆)上拴牲口		阿尔泰语系通古斯语族满语支
蒙古族	忌在蒙古包门前下马、下车。忌将马鞭、刀枪带进包房内。进蒙古包从左边入内，坐在右边，离开时也要走来时的路线。主人敬献奶茶时客人要欠身双手接。忌讳坐蒙古包的西侧或西北角，睡和坐时脚忌讳向西侧或西北方。不在火盆上烤脚。送礼忌单数。守门狗和猎犬禁止外人打骂	能歌善舞，喜摔跤，爱赛马。长篇史诗《噶达梅林》是世界史诗中的瑰宝	阿尔泰语系蒙古语族
维吾尔族	禁忌在墓地、清真寺、河坝、伙房等地携带、遗弃不洁物品。授受物品时忌用单手，尤忌左手。大门忌朝西开。禁食猪肉及动物内脏。禁酒。不吃马、驴、骡、狗肉和自死的动物。一切凶禽猛兽的肉和没有鳞的鱼也都禁食。吃饭时不能随便拨弄盘中食品，不能剩食物在碗中。穿衣服忌短小，上衣要过膝，裤脚达脚面，最忌户外着短裤	能歌善舞，“十二木卡姆”，是古代维吾尔族人民创作的大型音乐舞蹈史诗，长期在民间流传	阿尔泰语系突厥语族
回　族	严禁食猪肉。忌养猪。忌提着猪肉进回族的商店和住处。不吃马、驴、骡、狗肉，不食自死的动物以及动物血。一切凶猛禽兽的肉和没有鳞的鱼也都禁食。未经阿訇念经宰杀的牲畜回族也禁食。水井或水塘非穆斯林不能动手取水，取水容器中若有剩水忌倒回水源。更忌在水井、水塘附近洗涤物件。忌说“杀”字，只说宰鸡、宰牛。忌在回民房中洗浴		语言较复杂，主要为汉语，但在方言中有阿拉伯语和波斯语的痕迹

续表

民族名称	主要禁忌信仰民俗	特殊文化及工艺品	语言系属
朝鲜族	与长者一同走路时年轻人忌走在长者前面。客人来访时忌进儿女的卧室。饭桌分多人桌、单人桌,后者忌讳年轻人用。酒席上长者举杯后其他人才可举杯。吸烟时青年人不能向老人借火,更忌接火。忌婚丧或佳节杀狗、吃狗肉。忌父母同桌喝酒、抽烟	能歌善舞,酷爱体育,注意卫生,讲究礼貌,尊老爱幼	语系未定
壮　族	忌食牛肉和蛙肉。忌讳用脚踩踏灶台。禁止在灶上煮狗肉。夜间行走禁止吹口哨。忌坐门槛中间。忌随意移动三脚火架。忌随意敲锣打鼓。忌在家吹口哨	花山原始崖壁画、壮歌、壮锦著名。铜鼓,素有"铜鼓之乡"的誉称。	汉藏语系壮侗语族藏缅语族壮傣语支
土家族	禁食狗肉。忌随意移动火炕中的三角架。忌踩踏灶台或坐在灶上以及将衣服、鞋袜和其他脏物放在灶上。客人不能与少妇坐在一起。忌在家里吹口哨或随意敲锣打鼓。忌清晨讲鬼等不吉利的话	摆手舞、土家锦并称土家族人民的艺术之花	汉藏语系藏缅语族缅语支
苗　族	忌吃羊肉。忌在灶上煮狗肉、蛇肉。险恶环境中忌嬉笑。忌刀口朝上。忌用凶器指人。父母或同村人去世,一个月内忌食辣椒。忌在夜间吹口哨	歌舞、银饰工艺品、蜡染、织锦、刺绣著名	汉藏语系苗瑶语族苗语支
黎　族	忌头朝门口睡觉。妇女纹身忌男人参与或偷看		汉藏语系壮侗语族黎语支

续表

民族名称	主要禁忌信仰民俗	特殊文化及工艺品	语言系属
藏　族	忌触摸寺庙佛像、经书、钟鼓以及活佛的身体、佩戴的念珠等佛教圣物。转经筒、转寺院、叩长头要按顺时针方向转动。做奶制品的家具上不能放别的东西。接羔犊季节非亲属不能进入帐篷。拴牲口的地方忌大小便。忌吃狗、驴、马肉。忌吃尖嘴动物、有爪动物及鱼虾等水生动物的肉。忌用猪狗粪或旧鞋、破布等不洁之物点火。互不熟悉的男女忌讳在一个碗内揉糌粑和吃糌粑。饮食用的碗和茶具忌扣着放置。忌讳当着当事人的面谈及婚事。男女入室后忌男女混坐。忌讳在家中吹口哨、拍巴掌。忌讳别人对自己的孩子过分夸奖。忌打狗或神鹰(秃鹰)。忌打神牛、羊。	藏族是一个创造艺术的民族,开创了藏族独具民族风格的雪域文化,壁画、塑雕、卷轴画、藏戏、藏医药、天文、历算、戏曲、文学、歌舞等,为世界所瞩目。《格萨尔王传》是世界上最长的史诗之一	汉藏语系藏缅语族藏语支
彝　族	忌旁人触摸男子头上的“天菩萨”。严禁砍伐神树。祭祀时忌外人观看。宰杀家禽、家畜时忌外人在场。忌外人骑马进彝族寨子。忌用脚踏火塘的三脚架。忌掏挖火灰。忌主人敬酒不喝,不能拒绝给你吃的东西,但忌把款待客人的食品带走	能歌善舞,喜爱音乐,喜欢对歌	汉藏语系藏缅语族彝语支
白　族	忌夏历七月十五日接送祖先亡灵时出门。火把节的晚上岳父不能接女婿来家中过节	有丰富的民间歌舞手工艺品,素以雕刻著名。大理古城、石钟山石窟	汉藏语系藏缅语族

续表

民族名称	主要禁忌信仰民俗	特殊文化及工艺品	语言系属
纳西族	忌骑马到寨前不下马，不能将马拴在祭天堂的地方；忌触动“门神”。忌手摸横在门上的“代口神”。忌砍伐“神树”。不能蹬踏火塘三脚架，不能翻弄灶里的灰。忌外人观看祭天堂、祖先、战神。忌靠神位坐。忌在家里唱山歌	东巴音乐，东巴舞，东巴画，东巴教，东巴经，东巴文学艺术，《创世纪》等史诗，丽江古乐和丽江壁画等构成独具特色的东巴文化	汉藏语系藏缅语族彝语支
傣　族	平时忌进“寨神庙”。“神树”忌砍伐、忌拴马。忌移动或触弄“神树”下送鬼的祭品。进寺要脱鞋袜，妇女进佛寺忌任意走动，忌随便敲打佛寺里的鼓。忌触摸神像及法器。忌摸小和尚的头顶。忌骑马进寨。祭寨时忌外人进寨、寨里的人出寨。进入傣族住房时要脱鞋，进门后忌用脚踩楼板，房间内的中柱忌靠背。忌别人移动或抬起火塘上的三脚架。忌客人进卧室。忌触摸妇女头上的发髻。忌女招待男客，男招待女客	傣族有自己的历法、文献，民间文化艺术丰富多彩，著名的有孔雀舞和“赞哈”（歌手）演唱的民间叙事长诗和民歌	汉藏语系壮侗语族壮傣语支
高山族	忌讳很多，主要有：忌见横死者及其葬地。忌见动物交尾。忌接触神物。忌与同族通婚。忌女人接触男人狩猎工具。忌男人触摸女人使用的织布机。忌祭祀期间吃鱼	舞蹈、织品独具特色	南岛语系印度尼西亚语族

思考与练习

1. 简述民族民俗风情旅游资源的含义。
2. 民族民俗风情旅游资源有何特点?
3. 物质民俗旅游资源包括哪些内容?举例说明各种物质民俗旅游资源的分布。
4. 举例说明我国部分少数民族的婚恋嫁娶民俗情况。
5. 举例说明我国部分少数民族的岁时节令民俗情况。
6. 满族、蒙古族、回族、壮族、苗族有哪些主要禁忌?
7. 民族民俗风情旅游资源有哪些旅游功能?
8. 你所在地、市有哪些民族民俗风情旅游资源?你认为应该如何开发?

第十一章 风景名胜区、世界遗产

风景名胜区和世界遗产是高品位的自然旅游景观和人文旅游景观的荟萃地，是最具有旅游价值的旅游胜地，也是游客向往的旅游目的地。

第一节 风景名胜区

风景名胜区是指具有美学价值、历史价值、科考价值、社会文化价值的自然景物（如名山秀水、观赏生物等）和人文景观（如历史文物古迹、历史文化名城、民族民俗风情、古代建筑、古民居、古典园林等）所构成的环境空间，是具有一定经济结构和形态的旅游对象的地域组合。风景名胜区具有明显的特点：风景名胜相对集中；地域具有一定的规模；可供人们观赏、游览和科考研究；开发利用后具有较强的吸引功能，能够吸引大量的游客。

风景名胜区类型

（一）依据风景名胜区旅游价值的差异性分类

依据风景名胜区旅游价值的差异性，可将风景名胜区分为以观赏价值为主的风景名胜区、以历史文化价值为主的风景名胜区

和以科考价值为主的风景名胜区三大类。

1. 以观赏价值为主的风景名胜区

(1) 自然风景区　自然风景区可分为以下几个细类：①具有美学观赏价值的风景区（如桂林漓江、昆明石林、黄果树瀑布、长江三峡、杭州西湖、华山、武陵源、武夷山风景区等）。②具有避暑避寒休闲功能的风景区（如北戴河、三亚、青岛、北海风景区等）。③矿泉疗养风景区（湖南益阳灰汤、陕西临潼骊山、台湾南投温泉风景区等）。④健身休闲风景区（如黑龙江桃山狩猎场、黑龙江亚布力滑雪场、湖南岳阳南湖等风景区）。

(2) 工程游览区　工程游览区可分为以下几个细类：①水利工程游览区（如葛洲坝枢纽工程、都江堰、灵渠等）。②大型工业中心或工业基地游览区（如汽车制造中心、飞机制造中心等）。③大型桥梁游览区（如上海黄浦大桥、南京长江大桥等）。

(3) 娱乐休憩区　娱乐休憩区可分为以下几个细类：①动物园（如北京动物等）。②植物园（如深圳植物园等）。③游乐园（如深圳世界之窗、锦绣中华等）。

(4) 民族风情游览区　民族风情游览区可分为以下几个细类：①民居（如傣族的竹楼建筑、苗族吊脚楼、蒙古族的蒙古包等）。②民族岁时节令活动游览区（如湖南湘西苗族芦笙节、云南西双版纳傣族泼水节、广西桂林壮族歌圩节等）。

2. 以历史文化价值为主的风景名胜区

这一风景区可进一步分为以下两个亚类和若干细亚类：

(1) 历史古迹风景区　历史古迹风景区可分为以下几个细类：①古人类文化遗址（如北京周口店、西安半坡遗址等）。②古城遗址（如平遥古城、楼兰古城、交河古城等）。③古工程（如八达岭长城、山海关及老龙头长城等）。④大型皇家建筑（如故宫、颐和园等）。⑤帝王陵墓（如明十三陵、明孝陵、西夏王陵等）。⑥古典园林（如苏州狮子林、上海豫园、扬州个园、承

德避暑山庄等)。

(2) 文化风景区　文化风景区可分为以下几个细类：①宗教文化建筑（如衡山南岳大庙、浙江灵隐寺、洛阳白马寺、嵩山少林寺等)。②古代文化建筑（如山东曲阜孔府、湖南永州柳子庙、长沙岳麓书院等)。

3. 以科考价值为主的风景名胜区

这类风景区很多，如九寨沟自然保护区、黑龙江扎龙丹顶鹤保护区、五大连池天然“火山地质博物馆”等。

(二) 依据风景名胜区的级别分类

依据风景名胜区的旅游价值、地域规模、吸引功能等级别，可将风景名胜区分为国家级风景名胜区、省级风景名胜区和县级风景名胜区。

1. 国家级风景名胜区

我国国家级重点风景名胜区大致如下：

北　京	八达岭—十三陵风景名胜区
	石花洞风景名胜区
天　津	盘山风景名胜区
河　北	承德避暑山庄—外八庙风景名胜区
	秦皇岛北戴河风景名胜区
	野三坡风景名胜区
	蟑石岩风景名胜区
	西柏坡—天桂山风景名胜区
	苍岩山风景名胜区
内蒙古	扎兰屯风景名胜区
山　西	五台山风景名胜区
	恒山风景名胜区
	黄河壶口瀑布风景名胜区
	北武当风景名胜区

五老峰风景名胜区

	五老峰风景名胜区
辽　宁	鞍山千山风景名胜区
	鸭绿江风景名胜区
	金石滩风景名胜区
	兴城海滨风景名胜区
	大连海滨—旅顺口风景名胜区
	凤凰山风景名胜区
	本溪水洞风景名胜区
	青山沟风景名胜区
	医巫闾山风景名胜区
吉　林	“八大部”—净月潭风景名胜区
	松花湖风景名胜区
	仙景台风景名胜区
	防川风景名胜区
黑龙江	镜泊湖风景名胜区
	五大连池风景名胜区
江　苏	太湖风景名胜区
	南京钟山风景名胜区
	云台山风景名胜区
	蜀岗瘦西湖风景名胜区
浙　江	杭州西湖风景名胜区
	雁荡山风景名胜区
	富春江—新安江风景名胜区
	普陀山风景名胜区
	天台山风景名胜区
	嵊泗列岛风景名胜区
	楠溪江风景名胜区
	莫干山风景名胜区

	雪窦山风景名胜区
	双龙风景名胜区
	仙都风景名胜区
	江郎山风景名胜区
	仙居风景名胜区
	浣江—五泄风景名胜区
海　南	三亚热带海滨风景名胜区
重庆市	芙蓉江风景名胜区
	重庆缙云山风景名胜区
	长江三峡风景名胜区
	四面山风景名胜区
四　川	峨眉山风景名胜区
	剑门蜀道风景名胜区
	黄龙寺—九寨沟风景名胜区
	金佛山风景名胜区
	青城山—都江堰风景名胜区
	西岭雪山风景名胜区
	贡嘎山风景名胜区
	四姑娘山风景名胜区
	蜀南竹海风景名胜区
	邛海—螺髻山风景名胜区
	石海洞乡风景名胜区
贵　州	黄果树风景名胜区
	织金洞风景名胜区
	舞阳河风景名胜区
	红枫湖风景名胜区
	龙宫风景名胜区
	荔波樟江风景名胜区

	赤水风景名胜区
	马岭河峡谷风景名胜区
云　南	昆明石林风景名胜区
	大理风景名胜区
	西双版纳风景名胜区
	三江并流风景名胜区
	昆明滇池风景名胜区
	丽江玉龙雪山风景名胜区
	瑞丽江—大盈江风景名胜区
	建水风景名胜区
陕　西	华山风景名胜区
	临潼骊山风景名胜区
	宝鸡天台山风景名胜区
	黄帝陵风景名胜区
甘　肃	麦积山风景名胜区
	崆峒山风景名胜区
	鸣沙山风景名胜区
宁　夏	西夏王陵风景名胜区
新　疆	天山天池风景名胜区
	库木塔格沙漠风景名胜区
	博斯腾湖风景名胜区
西　藏	雅砻河风景名胜区
青　海	青海湖风景名胜区
安　徽	黄山风景名胜区
	九华山风景名胜区
	天柱山风景名胜区
	琅琊山风景名胜区
	齐云山风景名胜区

	采石风景名胜区
	巢湖风景名胜区
	花山谜窟—渐江风景名胜区
福　建	武夷山风景名胜区
	清源山风景名胜区
	鼓浪屿—万石山风景名胜区
	太姥山风景名胜区
	桃源洞—鳞隐石林风景名胜区
	金湖风景名胜区
	鸳鸯溪风景名胜区
	海坛风景名胜区
	冠豸山风景名胜区
	鼓山风景名胜区
	玉华洞风景名胜区
江　西	庐山风景名胜区
	井冈山风景名胜区
	三清山风景名胜区
	龙虎山风景名胜区
	仙女湖风景名胜区
	三百山风景名胜区
山　东	泰山风景名胜区
	青岛崂山风景名胜区
	胶东半岛海滨风景名胜区
	博山风景名胜区
	青州风景名胜区
河　南	鸡公山风景名胜区
	洛阳龙门风景名胜区
	王屋山—云台山风景名胜区

嵩山风景名胜区
石人山风景名胜区
湖　北　武汉东湖风景名胜区
武当山风景名胜区
大洪山风景名胜区
隆中风景名胜区
九宫山风景名胜区
陆山风景名胜区
广　东　肇庆星湖风景名胜区
西樵山风景名胜区
丹霞山风景名胜区
白云山风景名胜区
惠州西湖风景名胜区
广　西　桂林漓江风景名胜区
桂平西山风景名胜区
花山风景名胜区
湖　南　南岳衡山风景名胜区
武陵源风景名胜区
岳阳楼洞庭湖风景名胜区
韶山风景名胜区
岳麓山风景名胜区
崀山风景名胜区
猛洞河风景名胜区
桃花源风景名胜区

在众多的风景名胜区中，1985 年还评出中国十大名胜（见表 11－1）；1991 年评选出中国旅游胜地四十佳（见表 11－2）。

表 11－1　中国十大名胜（1985 年评选）

序次	旅游名胜名称	序次	旅游名胜名称
1	万里长城	6	安徽黄山
2	桂林山水	7	长江三峡
3	杭州西湖	8	台湾日月潭
4	北京故宫	9	避暑山庄
5	苏州园林	10	秦陵兵马俑

表 11－2　中国旅游胜地四十佳（1991 年评选）

原有以自然景观为主的旅游胜地	原有以人文景观为主的旅游胜地
长江三峡风景区(四川、湖北)	八达岭长城(北京)
桂林漓江风景区(广西)	乐山大佛(四川)
黄山风景区(安徽)	苏州园林(江苏)
庐山风景区(江西)	故宫(北京)
杭州西湖风景区(浙江)	敦煌莫高窟(甘肃)
峨眉山风景区(四川)	曲阜三孔(山东)
黄果树瀑布风景区(贵州)	颐和园(北京)
泰山风景区(山东)	明十三陵(北京)
秦皇岛北戴河海滨风景区(河北)	中山陵(江苏)
华山风景区(陕西)	避暑山庄、外八庙(河北)
新开发以自然景观为主的旅游胜地	**新开发以人文景观为主的旅游胜地**
九寨沟—黄龙寺风景区(四川)	秦始皇陵及兵马俑博物馆(陕西)
桐庐瑶林仙境(浙江)	自贡恐龙博物馆(四川)
织金洞风景区(贵州)	黄鹤楼(湖北)
巫山小三峡(四川)	北京大观园(北京)
井冈山风景区(江西)	山海关及老龙头长城(河北)
蜀南竹海风景区(四川)	成吉思汗陵(内蒙古)
大东海—亚龙湾风景区(海南)	珠海旅游城(广东)
武陵源风景区(湖南)	深圳锦绣中华(广东)
五大连池风景区(黑龙江)	夫子庙及秦淮河风光带(江苏)
黄河壶口瀑布风景区(山西)	葛洲坝(湖北)

2. 省级风景名胜区（略）

3. 县级风景名胜区（略）

第二节　世界遗产

“世界遗产”是全人类共同继承和拥有的共同财富，它集中了地球上丰富多样的文化和自然遗产。中国是屹立于世界东方的文明古国，文化和自然遗产十分丰富。截至2004年，中国已有32处被联合国教科文组织、世界遗产委员会审定批准列入《世界遗产名录》，成为继西班牙、意大利之后拥有世界遗产项目最多的国家。

中国的世界遗产项目具有一些鲜明的特点：

（1）地域分布广。中国已被联合国教科文组织文化遗产委员会批准列入《世界遗产名录》的世界遗产，分布在北京、天津、重庆、河北、河南、山西、陕西、甘肃、山东、安徽、四川、湖南、湖北、江西、云南、江苏、福建、宁夏、内蒙古、西藏、辽宁、吉林等3个直辖市、16个省和3个自治区。

（2）类别齐全。中国的世界遗产涉及原始遗址、古代工程、宗教建筑、山岳、宫殿、坛庙、陵墓、军事防御工程、古城、古村落、古典园林、古代工程等许多方面，包括了所有的类别，这在其他国家是罕见的。同时，在时间跨度上，自50万年前的北京猿人遗址、春秋战国时期开始修建的万里长城到明清北京故宫、天坛，上下几十万年，反映了中华民族文化传统的延续性与持久性，这也是其他国家所难以比拟的。

（3）文化、自然兼容并蓄。文化与自然的兼容并蓄是中国古老文明的又一个基本特点。无论是名山大川，还是历史古迹，自然资源和人文资源相互依存，自然景观与人文景观的完美组合成为中国世界遗产地的独特魅力所在。

中国的世界遗产可分为世界文化与自然双重遗产、世界文化遗产、世界文化景观遗产、世界自然遗产和人类口述与非物质遗产五种类型。

一、世界文化与自然双重遗产

中国的世界文化与自然双重遗产有：泰山（山东）、黄山(安徽)、峨眉山—乐山大佛（四川）和武夷山（福建）。这4处双遗产同属于山岳遗产，都是经大自然亿万年不断演变而形成的产物，是大自然的鬼斧神工之作，至今仍保存着良好的自然生态环境和令人叹为观止的美妙景观；都有着悠久的历史背景和独特的山岳文化，充分体现了山是文化的载体，文化又是山的生命的特征，自然景观和人文景观相互交织，相得益彰。

(一) 泰山

泰山拥有山峰112座、崖岭98座、岩洞18处、奇石58块、溪谷102条、潭池瀑布56处、山泉64处，共有植物144科、989种，自然景观壮美，蕴含着“奇、险、秀、幽、奥、旷”六大自然美的特色和“旭日东升、云海玉盘、雾凇雨凇、泰山佛光、晚霞夕照”五大奇观。泰山拥有古建筑群22处、古遗址97处、历代碑碣819块、历代刻石1800多处，为研究中国古代历史、书法等提供了重要而丰富的实物资料。泰山封禅是中国诸多名山之中特有的文化现象。中国历代帝王秦始皇、汉武帝、唐玄宗、清帝乾隆等均曾到泰山封禅，历代七十二君主到此祭告天地。历代帝王借助泰山的神威巩固其统治，而泰山又因封禅告祭被抬到与天相齐的神圣高度。岱庙是泰山最早的建筑，庙内碑碣如林，文物荟萃。“纪泰山铭碑”是泰山石刻中时代最早的作品，铭文为秦始皇功德铭和二世诏书，由丞相李斯篆书，堪称稀世珍宝。泰山是一座具有美学、科学和历史

文化价值的名山、圣山。

（二）黄山

黄山除以“奇松、怪石、云海、温泉”四绝著称于世外，尚有湖、瀑、潭、溪、名贵花木、珍禽异兽、日出、日落相点缀，自然景观绝美。黄山的人文景观更是灿若星河。黄山拥有魅力无穷的黄山文化、源远流长的宗教文化和精品荟萃的黄山艺术（黄山是中国著名山水画派的发祥地）。明代著名地理学家徐霞客两游黄山，赞曰：“薄海内外无如徽之黄山，登黄山天下无山，观止矣！”后人述之为“五岳归来不看山，黄山归来不看岳。”

（三）峨眉山—乐山大佛

峨眉山自然和文化遗产极其丰富，素有天然“植物王国”、“动物乐园”、“地质博物馆”、“佛国天堂”之称，是集自然风光与佛教文化为一体的山岳型风景名胜区。峨眉山以其雄、秀、神、奇的自然风光、典型的地质地貌景观、保存完好的生态环境和源远流长的历史文化的巧妙结合，形成了独特、丰富多彩的景观而具有很高的历史、美学、科研、科普和游览观光价值。丰富的历史文化遗存和佛教文物在中国国内其他风景名山中是罕见的。峨眉山以其优美的自然风光、悠久的佛教文化、丰富的生物资源、独特的地质地貌赢得了“峨眉天下秀”的美誉，是观光游览、朝圣拜佛、休闲度假、健身娱乐、科学考察的良好去处。峨眉山更是以其“佛光、云海、日出、圣灯”四大自然奇观吸引着无数的中外游客。

乐山大佛雕琢在三江（岷江、青衣江、大渡河）汇流处的岩壁上，为弥勒坐佛。佛像高 71 米，是世界第一大佛。佛像开凿于唐玄宗开元初年（713 年），完成于唐德宗贞元十九年（803 年），历时达 90 年。1200 多年来，乐山大佛经历了多少朝代的更迭，但依旧肃穆慈祥，神情自若。

（四）武夷山

武夷山拥有碧水丹山的自然景观和历史悠久的古越文化，秀美的大自然景观和历史积淀深厚的人文景观，交相辉映，使武夷山更具纯净、秀丽和神奇的特色。武夷山以丹山取胜，秀山称奇。典型的丹霞地貌，亿万年大自然的鬼斧神工，形成了秀拔奇伟、千姿百态、幽邃迷人的三十六峰、七十二洞、九十九岩和一百零八景点。澄碧清澈的九曲溪，水光山色融为一体，素有“奇峰甲东南”之誉。世界旅游组织官员赞叹：“武夷山是世界环境保护的典范。”联合国教科文组织的专家称誉“武夷山是中国人民利用自然资源的永久性象征。”

武夷山集道、佛、儒教于一身，是一座历史悠久的文化名山。秦汉以来，为历代朝廷所推崇，唐时封为名山大川，道书上谓之“第十六洞天”，宋又称“道南理窟”。南宋理学家朱熹曾在此生活、讲学40余载。这里的商周架壑船棺、古汉城遗址、紫阳书院遗址、永乐禅寺等历代遗存的文物古迹，加上脍炙人口的民间传说，构成丰富而神秘的武夷山人文景观。

二、世界文化遗产

中国的世界文化遗产有：万里长城（东起山海关，西到嘉峪关，横跨河北、北京、山西、内蒙古、宁夏、陕西、甘肃等7个省、自治区、直辖市），北京故宫（北京），敦煌莫高窟（甘肃），秦始皇陵及兵马俑坑（陕西），周口店“北京人”遗址（北京），承德避暑山庄及周围寺庙（河北），曲阜孔庙孔府与孔林（山东），拉萨市布达拉宫及大昭寺、罗布林卡（西藏），武当山古建筑群（湖北），丽江古城（云南），平遥古城（山西），苏州古典园林（拙政园、留园、网师园、环秀山庄、退思园、藕园、沧浪亭、狮子林、艺圃）（江苏），天坛（北京），颐和园（北京），大足石刻（重庆），洛阳龙门石窟（河南），明清皇家陵寝（明显陵、清东陵、清西陵、明十三陵）（湖北、北京、河北），皖南古村落—西递、宏村（安徽），都江堰—青城山（四川），大同云冈石窟（山西），高句丽遗址（吉林）等21处。

三、世界文化景观遗产

中国的世界文化景观遗产有：庐山。

庐山的奇峰、怪石、瀑泉、壑谷，雄奇而险秀，孕育出了庐山丰富的历史文化，使庐山成为中国田园诗的诞生地、中国山水诗的策源地、中国山水画的发祥地。庐山有远古文化遗址20余处和中古文化遗址600余处。在风景区范围内有16大自然奇观、474处景点、900余处摩崖石刻、300余块碑刻，至今还保留着美、英、法、德、俄、意、奥、芬兰、荷兰等20多个国家的600余幢风格各异的近代别墅。庐山是宗教的荟萃地，一山聚集了佛教、道教、伊斯兰教、基督教四大宗教，宗教兴盛时，寺庙曾多达500多座。庐山还有中国最早的书院—白鹿洞书院和驰名中外的三叠泉瀑布。现代中国历史上多次的政治风雨变幻，都与庐山有或多或少的联系，更增添了庐山的无穷魅力。庐山的历史文化以其独特的方式，融会在具有突出价值的自然美中，形成了具有极高美学价值的文化景观。

四、世界自然遗产

中国的世界自然遗产有：九寨沟（四川）、黄龙（四川）、武陵源（湖南）和三江并流自然景观（云南）等4处。

（一）九寨沟

以“梦幻仙境”著称的九寨沟有大小湖泊114个，瀑布群17个，激流11段，钙华滩流5处，相串相连，形成了以高山湖泊群、瀑布群和钙华滩流为特色，集湖、瀑、滩流、雪峰、森林、藏族风情于一体的人间仙境，极具原始美、自然美和野趣美。九寨沟以彩池、雪山、森林、峡谷、瀑布著称，以其雄、峻、奇、野风景特色，享有“世界奇观”、“人间瑶池”的美誉。

（二）黄龙

黄龙有中国最东部的冰川遗存和神奇的地表钙华景观（共有八群彩池、3400余个钙华池）。黄龙钙华景观被认为是世界上最罕见的地质奇观，典型而完整的高山峡谷江源地貌，构成奇、峻、雄、野的环境特色，享有“世界奇观”、“人间瑶池”之誉，被称为“中国一绝”。

（三）武陵源

武陵源号称“奇峰八百，秀水三千”，以“奇峰、怪石、幽谷、秀水、溶洞”五绝闻名于世。这里集清山、秀水、峡谷、峰林、奇岩、流泉、飞瀑、名木、奇花、珍禽于一地，组成了以“幽、野、神、奇、险、秀”为特色的世界一流的自然风景区。这里有藏奥纳秀的峡谷风景、壮美神秘的地下溶洞、变幻神奇的云海和秀美和谐的田园风光，既具有自然美，又融进了艺术美，因而更渲染突出了武陵源的主题意境。

（四）三江并流

三江并流景区内金沙江、澜沧江、怒江三条大江并行奔流，最近处直线距离仅60公里，这种景象世所罕见。高山雪峰绵延无际，河道峡谷相向并列，形成了独特的地貌奇观。这里有澜沧江石登至中排峡谷和怒江双腊瓦底嶂谷等大峡谷；有澜沧江沿岸欧亚板块和印度板块碰撞的地质现象；有中甸县秀丽的林海雪原景观；有藏、纳西族等多姿多彩的民族风情。

五、人类口述和非物质遗产

中国的世界口头和非物质遗产有：古琴和昆曲2项。

（一）古琴

古琴是中国最古老的乐器，相传为上古三皇中的神龙氏所

创。

（二）昆曲

昆曲形成于元代末期，至明代中叶艺术臻于成熟。初始流行于江苏昆山一带，随后风靡全国，主导剧坛近200年之久。

第十二章 中国文学艺术类旅游资源

【学习目的】 要求正确认识文学艺术与文学艺术旅游资源，熟悉文学艺术旅游资源的特点，掌握文学艺术旅游资源的旅游功能。

【基本内容】
- **概念论述**

  文学艺术与文学艺术旅游资源；文学艺术旅游资源的特点。
- **旅游功能**

  可以单独形成高文化品位的旅游景点；可以提升旅游景区（点）的文化品位；可以提高游客的旅游审美水平。

第一节 概念论述

一、文学艺术与文学艺术旅游资源

我国古典文学艺术源远流长，其中游记、散文、传说故事、山水文学、对联、碑文、戏曲、绘画等早已流行于世，它们反映的对象及题材实质上都与旅游活动密切相关，许多可称之为旅游文学艺术。

文学艺术是人类文化的重要组成部分。一般认为，文学是以

语言文字为工具形象地反映社会生活的艺术，包括戏剧、诗词、游记、传说、小说、楹、联、散文等。艺术是用形象来反映现实，但比现实有典型性的社会意识形态，包括文学、绘画、书法、雕塑、建筑、舞蹈、戏剧、电影、电视、音乐、曲艺等。

旅游文学艺术以旅游景物、旅游者及其活动为对象，以描写、讲述、议论、展示等多种形式反映作者的思想、情感和审美情趣。它的特点是情（旅游者对旅游景物的感情和联想）景（多种多样的自然景观与人文景观）交融，动（景物中动态美和旅游者观赏过程的思想活动）静（景观的静态美）结合。旅游文学艺术是对现实的反映，与客观现实比较接近。文学艺术也反映作者的思想感情，易于引起人们心灵的共鸣。它不但同其他人文因素一样，可以为旅游业所利用，而且比其他旅游资源更具有吸引力和感染力。正是因为文学艺术具有广泛的群众性和强烈的感染力，能够激发起人们的旅游动机。所以，旅游文学艺术本身就带有旅游资源的属性，而且是一种富有感情色彩、极具魅力的旅游资源。不过，并非所有的文学艺术都能成为旅游资源，只有当文学艺术作品能激发起人们的旅游动机，为旅游业所利用的时候才能成为旅游资源。文学艺术旅游资源就是指那些能够吸引旅游者前往旅游观光游览，并产生社会、经济效益的文学艺术作品。不过，文学艺术旅游资源较之其他旅游资源具有自己的特殊性。文学艺术作品具备相当的文学艺术价值。文学艺术作品体现的是一种人文精神，其本身首先应有一定的审美价值，其次才能将这种审美价值转换为旅游审美价值。只有当某项文学艺术作品为群众所认可，并加以欣赏，为之感动，它的艺术美才具有普遍性，才能成为旅游资源，为旅游业所利用。文学艺术作品具有一定的历史文化价值，文学艺术作品本质上属于人类文化的范畴，而旅游本身正是一种文化交流活动。所以只有当文学艺术作品拥有浓重的历史文化色彩，它的旅游价值才能体现出来，并赋予相关旅游

资源以历史文化价值，进而为其他旅游资源增值。

文学艺术作为人类文化的一个重要组成部分，不仅自古以来受到人们的喜爱，而且在旅游活动中，发挥着独有的作用，或提高景物的观赏价值，或增加趣味，启迪游兴，或直接成为观赏的对象，文学艺术已经成为一种重要的旅游资源。

二、文学艺术旅游资源的特点

（一）分布面广

一般情况下，无论是自然旅游资源还是人文旅游资源，大多都会受到时间、空间的限制，受到自然条件或人文条件的影响，都表现出一定的局限性。而文学艺术旅游资源的分布很少受到时空的限制和自然条件、人文条件的影响，它无论是何种形态和何种形式的，都可根据需要随意移动，遍及各地。如北方的京剧、豫剧、吕剧、秦腔等，南方的沪剧、越剧、粤剧、湘剧、黄梅戏、川戏等，都形成各自的群众基础，也有许多蜚声中外的剧目。又如我国许多历史名著（《红楼梦》、《西游记》、《三国演义》、《水浒传》、《聊斋志异》等）、诗词（唐诗、宋词等）、楹联、神话传说等，早已家喻户晓，具有广泛的群众性，对绝大多数的人都具有旅游吸引力。文学艺术旅游资源可直接单独构景，又可以与其他旅游资源相互渗透，共同构景，并赋予其他旅游资源更丰富的人文色彩，更高的文化品位。绝大多数的文学艺术旅游资源不会遭受风雨侵蚀和战火破坏，显示出很强的生命力，能够长久保存，而且随着岁月的推进，经济的发展和科技的进步，更具有吸引力。这是自然旅游资源所不具备的，所以，文学艺术旅游资源不像历史文物古迹旅游资源因年代的久远受侵蚀毁坏或自然人为的破坏减少或消失，也不像自然资源受自然或人为的破坏而失去其旅游价值，而是广泛地渗透到各种自然、人文旅游资源中。

（二）感染力强

旅游文学艺术富有旅游色彩，具有导游和介绍景观的作用，能够使自然山水和名胜古迹增添深层次的内涵和情趣；旅游文学艺术内容上接近生活，更能引起群众的心灵共鸣，更为人民群众所喜爱，所接受；文学艺术旅游资源形式上多姿多彩，能够满足不同人群的欣赏口味。特别是多种形式的文学艺术旅游资源之间的相互转换，可以使文学艺术旅游资源具有长久不衰的艺术感染力。这是其他旅游资源所无法比拟的。

文学艺术旅游资源以其长久以来潜移默化、深入人心的艺术魅力，激发起游人的旅游热望，并在实地游览过程中，情不自禁地将文学艺术作品与实物两相对照，通过体味、体会，在比较中达到交融，在交融中获得审美感受的升华。楹联、匾额、书画、题刻等，本身便是造诣很高的书画艺术精品，其内容精辟深邃，富有哲理，有箴世规人之用，历来是我国建筑中的点睛之笔，其中的内容或以高度精辟的语言描摹名景名胜，或以高度凝练的诗语言概括建筑的意境和周围的形胜，指明美之所在，或以工整对仗的词句表现爱憎好恶，有极高的艺术鉴赏价值。这类文学艺术大多取材于民间传说、神话故事、戏曲、戏剧等，极富感染力。"文以景生，景以文名"这八个字就是对文学艺术旅游资源与其他旅游资源关系的精辟概括。

我国许多景区（点）内的刻石（如泰山的"纪泰山铭碑"、海南三亚的"天涯海角"刻石、桂林的刻石等）、文学作品（如黄州赤壁苏东坡的千古杰作《赤壁赋》、湖南岳阳楼范仲淹的《岳阳楼记》等）、传说（洞庭君山的柳毅井，杭州西湖断桥等）、电影（王村拍摄过《芙蓉镇》）以及其他许多景区景点拍摄过电影电视，都为景区（点）锦上添花。丰富多彩的艺术节，为景区（点）静的景物注入了活的生机，为游客增添了高雅艺术享受的情趣。

（三）文化品位高

无论是文学艺术旅游资源直接构景，还是景区（点）因为文学艺术的直接介入或渗透而大大提高了文化品位。如上海、北京，根据曹雪芹小说《红楼梦》的描写仿造的“大观园”，虽属于园林式景点，但因渗透着《红楼梦》文学艺术的精粹，使其成为文化品位极高的旅游景点，人们到这里来旅游，与其说是对“大观园”的喜爱，不如说是对《红楼梦》文化艺术的倾心。又如湖南桃源根据陶渊明《桃花源记》先后建起了桃花观、集贤祠等建筑，现在成了一处很有文化品位的风景区。著名文学艺术家故居（如四川成都的杜甫草堂、乐山的“三苏祠”、浙江绍兴的鲁迅故居、徐悲鸿故居等）、文化艺术专项旅游项目（如根据早已名扬中外的罗贯中的《三国演义》及众多有关三国的戏剧，局部推出的“三国旅游”线路等）、文化艺术节庆会（如泉州因木偶制作与演出技艺蜚声海内外而举行的木偶节，潍坊因风筝制作技艺超群而形成国际风筝节，山东曲阜国际孔子文化节，天水伏羲文化节，北京、昆明、兰州等地中国艺术节，北京、西安、海城等地中国国际民间艺术节、上海国际艺术节、天津中国京剧艺术节、四川大足石刻艺术节、香港亚洲国际电视节、国际电影节和亚洲艺术节、江苏电视艺术节、浙江杭州小百花越剧节、广东羊城国际粤剧节、浙江省音乐舞蹈节等）异彩纷呈，文化品位高，内容格调高，以丰富的文化内涵，给人美的享受。

第二节　旅游功能

旅游是旅游资源与文化资源、旅游经营与文化经营、旅游消费与文化消费的结合，既是经济性很强的文化事业，又是文化很强的经济事业。旅游开发的本质是旅游文化的开发，旅游活动过

程实质上是人们以货币、时间和精力的付出，去取得情景交融的休闲、身心享受的愉悦与人生气质品位的升华。在旅游产品文化性回归大潮中，追求文化品位，文化享受，感受文化氛围，接受文化熏陶，已成为人们的必然选择。建设有地方特色的旅游文化产品，弘扬地方文化个性，是实现旅游业持续发展的重要措施之一。精心整合和升华优秀文化，有效保护与合理开发文学艺术旅游资源，充分发掘文化内涵，突出文化的地域特色、时代特色、艺术特色和习俗特色，丰富旅游产品的文化内容，增添景区文化的厚重感，塑造有个性的旅游文化形象，提升旅游的文化品牌，让游客在浏览观光中感受中华文化的深厚内涵和独有的韵味，是今后旅游业发展的方向。文学艺术旅游资源对于提升旅游景区（点）的文化品位有着十分重要的作用。

文学艺术是一种社会意识形态，是客观物质世界与心灵精神层面“心物交融”的结果。优秀的文学艺术作品是人类的本质力量对象化的产物，是宝贵的精神财富，它能陶冶人的情操，净化人的心灵，鼓舞人的精神。中国文学艺术自它诞生的那天起，就与旅游结下了不解之缘。文学艺术与旅游的结合，迎合旅游者对文化的迷恋，使旅游生活更加生机勃勃和富有魅力。

旅游最让人们贴近大自然，达到人与自然的协调和谐，旅游也最能激荡起人们的情怀，促使人们以文学特有的形式描摹自然山水之秀美。在古人留下的许多千古杰作中，尽情地抒发旅游之情思和山河之壮美，其高远的审美意境和独特的艺术表现，使作者所到之处的旅游观赏价值倍增。南朝山水诗人谢灵运“山水借文章以显，文章也凭山水以传”的诗句，十分形象也非常精辟地道出了文学与旅游的互为依托、相得益彰的关系，在现实生活中，我们可以看出，一部《红楼梦》和一部《三国演义》引出几处“大观园”和“三国城”景点，一部《芙蓉镇》电影不知诱发过多少人前往王村旅游，更不用说艺术节、音乐节、电影节、电视节等对旅游者的诱惑了。

总之，文学艺术旅游资源与旅游息息相关，有的具有很高观赏价值和研究价值，直接成为旅游观赏和研究的对象（如西安碑林、湖南祁阳浯溪碑林、陕西耀县药王山石刻、镇江焦山碑刻、泰山石刻、镇江六朝石刻、南宁宁明花山崖壁画、四川广元千佛崖、西安碑林和石刻艺术室、北京颐和园长廊的彩绘、昆明大观楼的楹联、苏州虎丘剑池遒劲有力的大字）；有的通过生动形象凝练的语言或把景物描绘得栩栩如生，或情景交融，或画龙点睛，使景物更加美妙，也使游人加深对景物的理解和认识（如李白的《早发白帝城》、刘禹锡的《望洞庭》、白居易的《钱塘湖春行》、袁枚的《漓江行舟》等）；有的通过名人轶事、名人名诗，使景物名声大振，起到了“景以文名”的宣传作用（如张继的《枫桥夜泊》、柳宗元的《永州八记》、苏轼的《赤壁赋》、王勃的《滕王阁序》、崔颢的《黄鹤楼》、苏轼的《饮湖上初晴后雨》、李白的《望庐山瀑布》、江湘冈的《扬州二十四桥联》等）；有的则能点缀风景，增加趣味性，启迪游兴（如神话故事、题刻等）。

文学艺术旅游资源的旅游功能是显而易见的，对加快旅游业的发展是十分重要的。

文学艺术的旅游功能是多方面，主要可归纳为以下几个方面。

一、可以单独形成高文化品位的旅游景点

曹雪芹的《红楼梦》是世界文学艺术宝库中的奇葩，借助这一世人皆知的历史名著，北京、上海仿造“大观园”，河北正定仿造“荣宁街”，结果游人如潮。陶渊明的《桃花源记》脍炙人口，湖南桃源县巧借“桃源”二字，根据文章中所描绘的桃花源，仿造集贤祠、桃花观、水源亭、方竹亭（亭内有 20 多块石碑）等各种建筑，布置各种景点，尽现作品描绘之情景，建成了桃花源风景区，多少年来引得国内外游客到此寻找桃花源的原

型，领会世外桃源般的生活。无锡的“三国城”、“水浒城”就是以妇孺皆知的历史经典之作《三国演义》、《水浒传》为创作灵感，开发设计出来的，成为一处深受旅游者喜爱的旅游胜地，形成人造景观和太湖山水融为一体的影视城旅游区。著名文化艺术家的故居、文化艺术专项旅游（文艺典故旅游、影视艺术旅游、书法艺术旅游、戏剧艺术旅游等）和文化艺术节庆等，都是很受游客喜爱的旅游项目。

二、提升旅游景区（点）的文化品位

文学艺术可以渗透到各类旅游资源之中，从反映社会生活的特点出发，文学艺术在某种程度上充当着对一部分旅游资源高度赞美和宣传广告的作用。从表达作者思想感情的角度分析，文学艺术赋予各类旅游资源以诗情画意和更高的品位。

文学艺术旅游资源对其他各类旅游资源的渗透可分为以下两种情况。

（一）有形的、可视性渗透

文学艺术旅游资源对其他各类旅游资源的有形渗透，就是以文学艺术内容通过具体的表象出现于各类旅游资源之中。融入我国各种建筑物和一些景区中的绘画、书法、匾额、楹联等，或以高度精辟的语言描摹名景名胜，或以工整对仗的诗句表现爱憎好恶，或以精湛的工艺，巧妙的构思，绝世的书法表达情感，写景贴切，拟物逼真，内容精辟深邃，富有哲理，极具感染力，是造诣极高的书画艺术精品，具有极高的艺术鉴赏价值，许多都是古今名流涉足时触景生情之作，它们不但使多姿多彩的景观增添韵味，而且为这些景观点睛、寄情，扩大这些景区（点）的知名度。我国寺庙园林，名胜古迹多留有名士对联，往往寥寥几句，就把当地极富特色的景、人、事表现得淋漓尽致，这些思想深刻、意味深长、脍炙人口的杰作对景观起到了画龙点睛的作用。

例如济南大明湖小沧浪园的楹联："四面荷花三面柳，一城山色半境湖。"寥寥14个字，把大明湖"荷花含笑，翠柳如烟，山色如染，波光粼粼"的美好山水景色，生动形象地表现出来，也使游人能够更深刻地领会大明湖美妙之处，提升了大明湖的文化品位。又如山海关孟姜女庙楹联："海水朝朝朝朝朝朝朝落；浮云长长长长长长长消，"构思巧妙，含义深刻，既写出海水及浮云的变幻，又使人联想到孟姜女哭长城的悲壮故事，可以让游客对长城的壮美浮想联翩，流连忘返，本身就有很高的欣赏价值，耐人寻味。再如昆明大观楼内由清代名士孙髯翁题咏的180字长联，把景、文、史、情感融为一体，见景思古，由景入情，情景交融，不愧为"长联第一佳作"，吸引游人争先观赏，指导游客全面品味滇池风光。此外，绘画（绘画以色彩的神奇变幻创造出"栩栩如生，呼之欲出的似真效果"，揭示自然、人文景观的文化内涵，创造强烈的审美效应，能够吸引众多游人慕名前往游览。如画家陈逸飞的一幅油画《双桥》，打破了古镇九百年的沉寂，使双桥所在地周庄一夜成名，成为一个新的深受喜爱的旅游景点）、书法（苏州虎丘景区颜真卿所题的"虎丘剑池"，安徽黄山岩壁上的"大好河山"四个大字，浙江仙居风景区内的天下第一大"佛"字，笔力苍劲，引得游人驻足留念，表现出书法艺术强烈的感染力和旅游审美价值）、摩崖（如福建九日山风景区摩崖石刻，南宁宁明花山崖壁画等）、题刻（如"五岳独尊"、湖南郴州"三绝石碑"等）、碑石（如西安碑林、祁阳浯溪碑林、福建漳州的闽南碑林、桂林龙隐岩的桂海碑林、江苏镇江的焦山碑林等），在一些景区也起到重要的点缀作用，丰富景区景点内容，提高旅游文化品位。

（二）无形的、可感性的渗透

一些文学艺术作品生动、逼真地描绘了某一地区的景色特征，并以其潜移默化、深入人心的艺术魅力，激发人们的旅游欲望，增加旅游过程中的游兴，并引导游人在实地游览过程中，依托作品，进行观赏体会，从而在情景交融中获得审美感受的升华；游客对景区（点）满足度的提高，为景区招来更多的游客，因而作品成为传世之作，景区（点）也声誉远播。如既无驰名的名胜古迹，又无优美奇特风光的苏州寒山寺，得益于张继的《枫桥夜泊》一诗："月落乌啼霜满天，江风渔火对愁眠。姑苏城外寒山寺，夜半钟声到客船。"而名扬国内外，游客如潮。又如杭州西湖白堤东头的断桥只是一座很普通的独孔环洞桥，因民间神话故事《白蛇传》中白娘子和许仙就是在"断桥相会"而名声大振。

还有一些文学艺术作品不仅写景，而且创意、抒情，因而文垂千古，景得流芳。号称"江南三大名楼"的黄鹤楼（武汉市）、岳阳楼（岳阳市）、和滕王阁（南昌市），分别因崔颢的《黄鹤楼》、范仲淹的《岳阳楼记》和王勃的《滕王阁序》而身价百倍，从而招来川流不息的游客。

风景诗词语言简洁，含蓄而有韵律，既能点出景物的精华，又能深化景物的内涵，写景抒情，情景相融，耐人寻味，本身就具有旅游观赏价值和研究价值，对于所描述的景物，更是锦上添花。例如，苏轼《饮湖上初晴后雨》中的"水光潋滟晴方好，山色空蒙雨亦奇。欲把西湖比西子，淡妆浓抹总相宜。"寥寥数语将西湖美景刻画得淋漓尽致，杭州西湖因此而声望倍增。袁枚《漓江行舟》中的"江到兴安水最清，青山簇簇水中生，分明看见青山顶，船在青山顶上行"。韩愈《送桂州严大夫》中的"江作青罗带，山如碧玉簪"，对桂林山水做了生动形象、精辟的描绘，极富旅游审美功效。崔颢的《黄鹤楼》、范仲淹的《岳阳楼记》和王勃的《滕王阁序》，以其高远的意境被千古传诵。特别是其中的"晴川历历汉阳树，芳草萋萋鹦鹉洲"、"先天下之忧而忧，后天下之乐而乐"、"落霞与孤鹜齐飞，秋水共长天一色"等名句，可谓绝唱，因而文垂千古，景物流芳。黄鹤楼、岳阳楼、滕王阁也名声大振。还有王维《汉江临眺》中的“江流天地外，山色有天中”；《山居秋暝》中的“明月松间照，清泉石上流”；《终南山》诗中的“欲投人处宿，隔水问樵夫”，真可谓诗中有画，画中有诗。李白《望庐山瀑布》中的“日照香炉生紫烟，遥看瀑布挂前川。飞流直下三千尺，疑是银河落九天”，对庐山瀑布的描写生动逼真；《早发白帝城》写道：“朝辞白帝彩云间，千里江陵一日还。两岸猿声啼不住，轻舟已过万重山”的诗句，以轻快欢乐的情调，瞬息千里的笔触，描绘了万里长江奔流东下的气势。陶渊明田园诗《归园田居》（5首）中，著名诗句“采菊东篱下，悠然见南山”，真挚生动地反映了农村景色的风格特色，展现了农家淳朴的生活气息。咏史怀古诗多为诗人观赏名胜古迹，发思古之幽情的作品，内容丰富，内涵深厚。

游记犹如一幅幅千姿百态、色彩斑斓的画卷，生动形象地描绘了祖国锦绣河山，深邃地揭示了大自然的美。诸如陆游的《入蜀记》，欧阳修的《醉翁亭记》，不仅能让人直接感受到摄人魂魄的美，而且还会使旅游者在潜移默化中受到美的陶冶，提高旅游审美能力。苏轼的《赤壁赋》堪称游记散文之绝唱，其文学价值和旅游价值极高，文、武赤壁之分就是最好的印证。欧阳修的《醉翁亭记》使滁州琅琊山家喻户晓。柳宗元的《永州八记》使湖南永州西山、钴鉧潭、袁家渴、石城山等流芳百世。

影视、戏曲、神话传说对旅游景区（点）的影响也是极其深刻的。一个普通景观因影视作品可以使之一跃成为旅游热点。电影《芙蓉镇》使湘西无名小镇王村成为游客蜂拥而至的旅游热点。电影《阿诗玛》让云南石林享誉天下。电影《少林寺》使嵩山游人潮涌，使少林寺盛况空前。戏曲《西厢记》使人们格外关注山西永济普救寺。舞剧《丝路花雨》问世后，“丝绸之路旅游”人数大大增加。

我国许多风景名胜区广泛流传着的众多的民间传说，也是一种重要的文学艺术旅游资源，对游人具有很强的吸引力。例如重庆忠县石宝寨的“女娲补天”传说，河南嵩山的“启母石”及大禹治水传说，万里长城山海关的“孟姜女哭长城”的传说，杭州西湖断桥及雷峰塔的《白蛇传》的传说，华山的“劈山救母”的传说等，具有广泛的群众基础和浓郁的民族特色，使有关风景名胜更富神奇色彩，更具旅游价值。

三、提高游客的旅游审美水平

旅游活动是捕捉美感的高级精神文化活动，而“美”是一种诗情画意和理想交融的境界。美感的捕获主要靠山水名胜的优美度，也要靠旅游文学艺术对山水名胜的描写宣传。旅游文学艺术的艺术手法会使美的内涵得以揭示，使人们回味无穷。旅游文学艺术有助于人们陶冶情操、提高文化素养。旅游的审美功能借助于文学艺术的独特魅力，可以得到更加充分的体现。自古以来，我国历代文人学士遍访祖国名山大川，众多风景名胜不仅留下他们的足迹，而且留下了许多感人至深的名人趣事。这些故事因名人而流传，风景名胜也因此以名人故事和诗人传神之笔的咏赞而名扬四海。风景名胜以其美丽的自然风光、独特的历史背景和浓重的文学色彩，吸引天下如云的游客去游览观赏，体验抒怀，领悟人与自然“天人合一”的和谐。

文人墨客具有较高的文化素质和审美水平，在旅游活动中有较强烈的审美渴求和较透彻的评价能力，他们对自己游览过的地方，通过文学作品表达自己的情感和体验，营造出浓厚的艺术氛围，创造出或清丽淡雅，或雄浑博大，或幽深邈远的情深意切的审美意境，既生动地展现景观的秀美，又唤醒后人的审美习惯，启发游人的想像，催化游人的情感。如欧阳修的《醉翁亭记》、柳宗元的《至小丘西小石潭记》、陆游的《入蜀记》等，既揭示

了自然美，又给人以莫大的人生启迪，可以使游人在鉴赏景观的同时，体味文字的内在意蕴，在潜移默化中受到美的陶冶，提高旅游审美能力，增加对观赏对象的审美情趣，二者相得益彰，互为升华，使游人的美感得到加强，达到旅游的审美目的。

思考与练习

1. 文学艺术旅游资源有哪些特点？你是如何理解的。
2. 你是如何理解文学艺术旅游资源含义的？
3. 你是如何理解文学艺术旅游资源旅游功能的？
4. 举例说明文学艺术旅游资源对其他旅游资源有形的可视性渗透的作用。
5. 你所在省市区有哪些著名的文学艺术类旅游资源？

第十三章　旅游资源审美

【学习目的】　理解旅游美学与旅游资源美学的关系，熟悉旅游资源审美特征，了解旅游资源审美意义。

【基本内容】　• **旅游美学与旅游资源美学**

旅游与审美；旅游美学与旅游资源美学的关系；旅游资源审美的意义。

• **旅游资源审美特征**

自然旅游资源审美特征；人文旅游资源审美特征。

第一节　旅游美学与旅游资源美学

一、旅游与审美

人类的审美活动是人类一切活动中最基本的活动之一。对美的追求是人类对美的一种永恒的追求。旅游从本质上讲，实际上就是一种审美过程。它既涉及审美的一切领域，又涉及审美的一切形态。旅游活动作为人们精神生活的一部分，是游览性和观赏性的审美活动。人们旅游的动机是多种多样的，即使是同一个人每一次的旅游活动也是截然不同的。然而，无论是谁，也不管其旅游动机如何，在一切旅游活动中无不包括着对美的追求和对美的享受。

旅游审美程度主要取决于旅游者的审美心理要素和旅游审美态度。

旅游者在旅游过程中发生的审美过程，主要涉及四种心理要素：感知、想像、理解和情感。这些要素构成了审美经验的基石，它们之间的相互作用最终构成了审美经验。

在审美过程中，感知因素通常起着先导作用（这在很大程度上是由审美对象的感性特点所决定的），它是审美知觉的出发点。由于知觉具有选择性、整体性、理解性和恒常性等特性，所以旅游者在审美旅游过程中，根据彼此不同的出发点，会造成知觉结果的不同。审美感知与个人的生活经历、个人偏好、知识修养密切相关。想像可以使旅游审美充分发挥作用，使旅游景观更加丰富多彩，可以使旅游产品品位升华。由于每个人想像力的不同，对旅游产品会产生不同的印象。情感是人们对客观世界的一种特殊的反应形式，是人们对客观事物是否符合自己需要的态度和体验。旅游者要想获得某种情感体验，首先自己要有相应的情感准备，不同情感将会产生不同的旅游体验。对审美形象内容的理解，是进行审美的不可缺少的环节。未能对审美对象的象征意义、题材、典故、技法、技巧、程式等的透彻理解，就难以理解美之所在。例如，旅游者在苏州各古典园林游览，如果没有一定的园林知识，不知道园林的审美要点，就无法感受园林艺术美的真谛和它的精妙之处。如果了解园林知识，知道园林审美的要点，在游览中就会体验到更多的美感，得到更多美的享受。

人们外出旅游总是带着美好的愿望去游名山大川，看沧海变幻，观先人胜迹，赏风花雪月，发思古之幽情。然而对美如何评说，不同的审美态度会得出不同的结果。从审美角度看，旅游者想在旅游中获得好的审美效果，应该主动调整心态。有时必须保持与现实有一定的距离感的审美心态（瑞士心理学家、美学家布洛的《距离学》为我们理解为什么旅游能给人们带来比现实生活

更多的美的体验，提供了一个比较好的解释)，有时必须拉近与现实的距离，以达到最佳审美的“心理距离”，创造无限美的意境（我国传统的美学观认为只有拉近人与现实的距离，做到“天人合一”，才是美的最高境界)。

二、旅游美学与旅游资源美学的关系

旅游美学是美学的分支，同饮食美学、服装美学、雕塑美学等共同构成了实用美学的范畴。旅游美学具有很强的实用性，研究对象复杂而具体，审美活动范围相当广泛（涉及整个旅游运作系统的方方面面)。旅游美学研究的目的在于，通过在物质的东西中增添精神的层面，在功利的东西中增添超功利的层面，带动旅游运作系统对自身功利性进行超越，最终使旅游者体会到旅游提供的不仅仅是使用价值和供人生理需要的低层次满足，而是带给人们更高的精神层面满足的审美享受。旅游审美活动促成社会经济文化的生成、传播和转化。旅游美学研究的意义，是促进旅游业经济效益和旅游者精神效益双丰富，从而提高社会精神文明和物质文明的整体水平。

旅游资源美学是旅游美学的一个分支，它针对旅游运作系统的资源分系统进行研究。旅游资源美学是一门研究旅游资源审美活动及其规律的学科，旅游资源审美活动是指旅游者对旅游资源进行美学意义上的感知、体验、认同和联想，从而得到感官上、情绪上和心灵上愉悦和满足的过程。我国旅游资源审美大致经历了审美意识的萌芽、山水审美意识的觉醒、旅游资源审美的开端、旅游资源审美的盛行、旅游资源审美的稳步发展五个时期，现已达到较高的水平。自然科学的发展在很大程度上推动着旅游美学从自然美学向科学美学过渡，旅游资源美学日益与自然科学和人文科学相互渗透，紧密联系在一起。自然旅游资源审美包括对地质、地貌、水文、气象、气候、生物等研究，人文旅游资源审美包含对历史、民俗民情、文学艺术、建筑园林等的考察。旅游资源审美开始成为一个内涵丰富、全方位、多角度、立体式的审美过程。

三、旅游资源审美的意义

旅游资源审美研究是一个综合性的审美实践的活动过程，是旅游美学理论与旅游资源相结合的产物。旅游资源审美研究了自然旅游资源和人文旅游资源所涵盖的特征，探讨了人们审美需求层次，阐发旅游资源的审美文化内涵，对提高游客旅游美感度、促进旅游业发展具有重大意义。

（一）有助于阐发审美文化内涵，提高旅游美感度

旅游资源审美是自我实现与自我完善、潜移默化的情感过程，是陶冶情操、修身养性的过程。审美过程是外在世界与主观内在世界的统一，是自然美、形式美与社会美、艺术美的统一（即形式与内容的统一）。在旅游过程中，自然美和形式美容易对人们的感官产生作用，迅速引起人们的情绪的变化，产生感性认识，各种旅游资源只能提供给游客耳目之娱，而社会美和艺术美则重在思想内容，影响理性认识，所以人们在旅游资源审美过程中必须充分调动主观积极性，尽力创造一个“天、地、人”高度和谐和完美境界，去努力追求美，通过欣赏和审美领悟，做到“观山则情满于山，观海则情溢于海”，全身心地融入旅游资源美的世界之中，借山水之旷远、风光之幽丽，获得最大的美感度。

（二）有助于增强旅游资源的保护意识，提高旅游产品的文化品位

旅游资源美学追求的“天、地、人”合一的理想审美情境，其目标就是创造人与自然的和谐，达到可持续性发展。人们在旅游区规划建设中引入了旅游资源的美学原则，将其运用于可操作

的规划和管理中，有效地指导资源开发与建设朝着更符合旅游资源审美要求的方向迈进。

旅游资源美学强调借助美的规律开发利用旅游资源，发展旅游业。美的规律实际上就是真美与善美相统一的规律。“真”是规律，是自然和社会规律；“善”是目的，是人们美好的“天、地、人”合一的愿望。“真美”可以促使人们在美中发现规律；“善美”可以促使人心向善，是具有理性力量的美。真美和善美的和谐统一是旅游追求的最高境界。在审美规律作用下，人们为了追求更高的优美境界，会较自觉地去保护旅游资源和旅游环境，更懂得去提高旅游产品的文化品位。

第二节　旅游资源审美特征

不同的旅游资源在不同的条件下，会呈现出不同的美学特征和审美状态，能给旅游者带来不同的审美感受。下面将分别阐述自然旅游资源审美特征和人文旅游资源审美特征。

一、自然旅游资源审美特征

自然旅游资源突出的是资源本身的客观形态和外貌，即客观物质的特性，重点调动人的视、听、嗅、味、触等官能感受，以及由其造成的形式感、色彩感、动感等审美感受，自然旅游资源的审美特征主要有：形态美、色彩美、动态美和综合美。

（一）形态美特征

美的重要特性就是可作用于人的感官，是可视、可闻、可感、可为的形态性感受。自然旅游资源最显著的特征是形态美。形态美特征的内涵相当丰富，主要表现为雄壮美、秀丽美、奇特美、幽深美、险峻美和旷远美等。

1. 雄壮美

雄壮美是巨大的力的展示，具有动人心魄的气势，能够引发由衷的赞叹和敬仰。如浩瀚的海洋、汹涌的江河、“天下之雄”的泰山，都会使人产生仰慕敬畏。

2. 秀丽美

秀丽美是主客体化解冲突、相互抚慰、情景交融的审美过程，人们常会因秀美而释怀，体会甜美温馨的旅行生活。“天下之秀”的峨眉山、“如情似梦”的桂林山水、“淡妆浓抹总相宜”的杭州西湖，秀丽妩媚，令人陶醉。

3. 奇特美

奇特美既是自然界神工鬼斧创造出来的奇思巧构的体现，又是珍稀景观，特异资源的互相配合构成出人意料之情景。它能给人一种意外之喜，使人产生异乎寻常的审美感受。“天下之奇”黄山，奇松千姿百态，怪石妙趣横生，云海变幻无穷，温泉益寿延年，令人心摇神荡。

4. 幽深美

幽深美是富于理性力度的宁静，是隐含深刻意味的旷远，是特殊氛围对人们情感世界的征服，自然旅游资源的幽深美有迂回曲折、“移步换景”之妙，而无一览无余之坦。“天下之幽”青城山、雁荡山筋竹涧、峨眉山黑龙江栈道，就是以幽取胜。富春江层峦叠嶂，迎山送水，移步换景，如入画中。长江三峡两岸悬崖绝壁，峡谷曲折幽深，气势磅礴，举世无双，巫山十二峰林立，犹如绵延不断、曲折迂回的画廊。

5. 险峻美

险峻美是一种立体的张扬扩散的美，是异常咄咄逼人的美。由于客体的险峻危及主体的安全感，所以由险峻激发的美感也就更加淋漓尽致。“天下之险”华山、黄山“鲤鱼背”、“三根马尾吊半空”的浑源悬空寺等，堪称“险”的代表，正是它们所体现出的险峻美的魅力，吸引众多“知其险却慕名而来”的游客，去充分展示“无限风光在险峰”的人生境界。

6. 旷远美

旷远美把美的视线放平放宽，欣赏荡旷高远的山水景观。旷远美具有雄浑、博大、深沉、单纯而富有变化之势，能使人们产生心旷神怡的审美感受，使人心胸开阔，心情豁达。杜甫《望岳》：“会当凌绝峰，一览众山小”，范仲淹《岳阳楼记》：“衔远山，吞长江，浩浩荡荡，横无际涯”，古诗《敕勒川》：“天苍苍，野茫茫，风吹草低见牛羊”，还有杜甫的“无边落木萧萧下，不尽长江滚滚来”，王勃的“落霞与孤鹜齐飞，秋水共长天一色”等，所描写的均是旷远美的景色。

（二）色彩美特征

色彩在构景起着非常重要的作用，在某些情况下它超过了形态的效果，甚至在一定程度上改变了景物的形态，而赋予它特有的神韵。色彩的感觉是一般美感中最大众化的形式，每种色彩都有自己的特性，可以在视觉、感情和意味上产生不同的审美效果。

色彩最能够影响人的情感，而且不同的色彩会使人们产生不同的感情和生理变化。在视觉效果的基础上，色彩被赋予特定的情感含义，变成了人类情感的附着体，同时又是激发情感的对象物。

山岳为自然大画卷勾勒出色彩基调，近山绿远山蓝，渐远渐淡，层次分明。薄云淡雾为山岳披上柔和、淡雅的外装。晨雾晓烟轻薄素淡，半遮半掩了繁杂的山石林木，更添山岳整体美感。

大自然中五彩缤纷的植物色彩最引人注目，像北京香山层林尽染的枫叶，广西左江艳涧的木棉花，云南苍山“树头万朵齐吞火，残雪烧红半个天”的山茶花，井冈山青翠欲滴的竹，冬季大兴安岭纯白的林海雪原，都为名山大川风景名胜增添了色彩美的点缀。九寨沟山美、水美、树也美，然而给人们印象最深的却是斑斓缤纷的色彩。

清澈的水面宛如天然的镜子，山水相依，海天相映，构成动静一体、声色一脉的结合体。秀丽的江河湖泊一碧万顷，烟波浩淼，水天一色，构成诗境画意的天然美景，令人流连忘返。难怪白居易尽情地写道："日出江花红胜火，春来江水绿如蓝，能不忆江南。"范仲淹更有对洞庭水色"浮光跃金，静影沉璧"的绝佳赞誉。杜牧也有"霜叶红于二月花"的盛情表露。

（三）动态美特征

晨雾缭绕，流云飞动，泉水涌动，飞瀑直泻，溪水淙淙，江河奔腾，波涛翻滚，垂柳轻舞，花木摇曳，构成了自然旅游资源的动态美。静穆的名山大川，偶尔有丝缕白云拂动，将峰峦笼罩得朦胧飘渺，此时山景意蕴更加耐人寻味。

动与静相辅相成，静有静的美，动有动的美，动在静的相衬下，更显得动态美感。漓江两岸秀峰亭亭玉立，漓江银带环绕，碧水青山相依，动静和谐，风景如诗如画。钱塘潮犹如千军万马，势若排山倒海，实为天造奇景，令人赞叹不绝。黄果树瀑布瀑落百丈，银花四溅，蔚为壮观，动态美给自然景观增添了无穷的魅力。如果没有奔腾东去的长江，三峡两岸的风光怎么会有惊心动魄的美感。

（四）综合美特征

实际上，由于自然旅游资源的涵盖面相当广泛，所以同一个旅游景区（点）的旅游资源，人们通过认真的领会，可以体验出多种的美感。通常情况下，以一种或两种美为主，多种美感为辅，构成自然旅游资源审美的综合美特征。旅游者在优美的大自然中，只有通过全身心综合性的感官体验和有节奏的系统感受，才能获得多种美的享受。

二、人文旅游资源审美特征

人文旅游资源是人类在漫长的历史时期中，所创造出来的文明和文化的遗址、遗物和社会民俗等。它们是人类在各个历史时期生产和生活的生动记录，反映出人类发展的轨迹。人文旅游资源的审美特征主要表现为：历史性特征、文化性特征、特殊性特征和愉悦性特征。

（一）历史性特征

对于人文旅游资源来说，历史越久远，保存越完好，就越能展示历史演变过程，越能体现历史文明，越能引起美学界、文化界和旅游者的重视，就越具有美的价值。古人创造的大量古代建筑跨越千年文明史，至今仍闪耀着灿烂光辉。如世界建筑史上最伟大的奇迹——长城，中国古代建筑群的经典——故宫，千年造桥艺术的卓越代表——赵州桥，以及古风犹存的名寺宝刹、名扬海外的古典园林、无价艺术珍宝古代石窟造像、历代帝王陵墓等建筑艺术珍品，能够让游客了解历史，学习历史，感受历史，充分领略其历史性特征和审美情韵，激发游客绵长的心灵震撼和深情的思古意境，从而获得历史审美的满足。

（二）文化性特征

我国是一个历史悠久的文明古国，在长期的历史发展过程中，勤劳智慧的祖先为我们留下了光辉灿烂的文化遗产。如建筑文化、宗教文化、民族文化等珍贵历史遗存，不但包含着深刻而丰富的美学思想，具有很高的现实观赏和美学引导价值，而且蕴含着深邃的文化内涵，凝结着民族的思想精华，能使游客产生强烈的感染、深深的敬畏和情感的升华，获得理性审美感悟，得到文化精神的洗礼，实现精神情感的审美超越。

（三）特殊性特征

我国幅员广阔，历史悠久，民族众多，物产丰富，不同历史时期、不同地区、不同民族所具有的人文旅游资源具有明显的时代性、地域性、民族性、传统性的特点。例如各个地区民居建筑、各个时代建筑风格、各个民族民俗风情都具有独特性，也正是这些差异性构成的强烈的异质文化，吸引着广大的旅游者络绎不绝地前往游览，并陶醉于特殊文化的审美体验中。

（四）愉悦性特征

人文旅游资源中的民族民俗风情、传统文化、工艺特产等旅游资源是以人为载体，是动态性的，具有文化的特殊性，地方、民族色彩浓厚，更关注的是人际心理互动，突出的是情感的传达，强调的是游客的参与，丰富游客的审美感受，促进人与人之间真挚的情感和文化沟通，提高他们的美感层次，通过特殊的人际心理互动，进入到心理的交流和审美心理的感受，真正做到悦耳悦目、悦心悦意、悦志悦神，进入一种高品位的文化审美境界，获得高级的愉悦和美感。人文旅游资源也只有在具备了精神愉悦性的特征后，才可能对旅游者形成吸引力。

思考与练习

1. 为什么说旅游审美程度主要取决于旅游者的审美心理要素和旅游审美态度？
2. 试述旅游美学与旅游资源美学的关系。
3. 旅游资源审美有何意义？
4. 自然旅游资源审美有何特征？举例说明。
5. 人文旅游资源审美有何特征？举例说明。
6. 谈谈你最深刻的旅游资源审美体会。

第十四章　旅游资源调查与评价

【学习目的】了解旅游资源调查的目的和方法，掌握旅游资源调查原则和内容，理解旅游资源评价的原则，熟悉旅游资源评价的内容和方法。

【基本内容】• **旅游资源调查**

旅游资源调查的目的和原则；旅游资源调查的内容；旅游资源调查的方法；旅游资源调查的程序。

• **旅游资源评价**

旅游资源评价的目的和原则；旅游资源评价的内容；旅游资源评价的方法。

第一节　旅游资源调查

一、旅游资源调查的目的和原则

（一）旅游资源调查的目的

旅游资源调查是服务于旅游资源评价、旅游资源开发规划、旅游资源合理利用和旅游资源有效保护的前期基础工作。旅游资源调查的主要目的是：围绕旅游业发展的需求，为其查明可供开发利用的旅游资源的客观状况，系统而全面地查清调查区域内旅游资源的类型、数量、质量、特点、级别、成因和价值，以及有关自然、社会、经济环境等基本情况，为旅游资源评价、分级分区、开发规划和合理利用做准备，为旅游业发展提供决策依据。

（二）旅游资源调查的原则

旅游资源调查既涉及自然旅游资源，又涉及人文旅游资源；既要对客观实体调查，又要对民俗风情、历史文化调查；既要对现存旅游资源调查，又要对已遭破坏、毁坏、已不存在但又确具旅游价值的旅游资源调查；既涉及科学技术问题，又涉及文化艺术问题。这就要求调查者除了应当具备必要的专业知识外，还应具有历史、文学、美学、艺术、经济、社会等方面的文化素养，并在调查过程中遵循以下原则。

1. 真实性原则

旅游资源调查者必须亲临现场进行考察、测量、拍照、录像、分析、记录，即便那些经过搜集整理而获得的有关旅游资源方面的文献、报告、图表等文字资料，也只能作为野外调查的参考，必须经现场核对，以确认其真实性。就是原有的统计资料，也要进行实地核对，以确保其真实可靠。特别是一些已经毁坏不复存在的文物古迹旅游资源、民族民俗风情旅游资源和历史传统文化旅游资源等，要反复召开座谈会、调查会，全面收集资料，广泛听取意见，真正做到看得见的旅游资源准确无误，看不见的旅游资源清楚明白。

2. 创造性原则

旅游资源调查就是要全面掌握具有可供旅游开发利用的所有的旅游资源，既不要放过任何一种客观存在的资源，更要善于发现能满足旅游者不断个性化要求的新的可供利用的旅游资源、具有新的利用价值的旅游资源和不久的将来可供开发利用的旅游资源。

3. 准确性原则

有了旅游资源调查的准确性，才能确保旅游资源开发决策的

科学性。进行旅游资源调查时，调查者既要站在开发者的角度去考虑，又要站在旅游者的角度去认识。特别是在对旅游资源性质、特点、级别、成因、价值、分类调查分析时，必须尊重客观事实，坚持科学分析，确保准确无误。

二、旅游资源调查的内容

（一）旅游资源现状调查

根据旅游资源美、特、奇、古、名、稀等特点，确定调查区旅游资源调查的对象，调查其类型、数量、结构、规模、级别、成因、分布及旅游资源有关的重大历史事件、名人活动、文化作品、神话传说等基本情况，形成旅游资源调查的文字、照片、录像、专题地图等有关资料。

1. 自然旅游资源调查应主要考虑的对象

（1）地质旅游资源　岩石、化石、地层、构造遗迹、地震灾害遗迹等景观。

（2）地貌旅游资源　山地、峡谷、喀斯特地貌、风蚀风积景观、冰川遗迹、火山熔岩、黄土景观、丹霞地貌、海岸与岛礁等景观。

（3）水体旅游资源　风景河段、湖泊、瀑布、风景泉、海洋等景观。

（4）气象气候旅游资源　雨景、云雾景、日出日落景、云霞景、冰雪景、蜃景、雾凇雨凇景等。

（5）生物旅游资源　古树名木、珍稀动植物种、特异植物群落、观赏类动物、野生动植物种、花卉、植被森林等景观。

2. 人文旅游资源调查应主要考虑的对象

（1）历史古迹　古人类遗址、古战场遗址、名人遗址、重要史迹等。

（2）古建筑　防御工程、宫殿、古代水利工程、特色民居等。

(3) 陵墓　帝王陵墓、名人陵墓、其他古陵墓等。

(4) 古典园林　皇家园林、私家园林、寺观园林、公共游憩园林等。

(5) 宗教文化　佛教文化、道教文化、伊斯兰教文化、基督教文化及其宗教建筑等。

(6) 城镇　历史文化名城、现代都市、特色城镇等。

(7) 民族民俗风情　地区特殊风俗习惯、民族文化、特色工艺品等。

(8) 革命纪念地　现代革命家和人民群众从事革命活动的纪念地、战场遗址、纪念物等。

(9) 其他　现代经济、技术、文化、艺术、科学活动场所等形成的旅游景观。

(二) 旅游环境质量调查

1. 地质地理背景

地震、断层、火山爆发、滑坡、崩塌、泥石流、水土流失的历史状况及发展趋势。

2. 气象气候条件

气候特征、气温、降水、湿度、风向、风速、无霜期情况及变化规律，灾害性气候（如台风、龙卷风、洪水、冰冻）发生的频率。

3. 水文条件

水系流域或海域特征、水位、水量、水温、河流含沙量、凌汛、潮汐情况及其变化。

4. 大气、水体质量

空气、水体分析，污染源状况及分析。

5. 土壤、植被情况

土壤、植被类型、分布、森林覆盖率及树种、植物和野生动

物保护情况、水土流失情况等。

6. 其他

其他自然和人为灾害、地方性流行性疾病情况等。

（三）旅游活动环境调查

1. 社会、经济、文化情况

人口与居民、社会文明、社会治安、历史文化、行政归属与区划、地理区位、经济水平、文化发展现状等。

2. 旅游服务设施

住宿服务、购物、医疗卫生、交通、邮电通讯、电力、供水条件等。

（四）旅游市场环境调查

调查旅游地与周边客源地经济状况及相互联系的紧密程度；调查旅游地与邻近旅游区（点）资源的相互联系及所产生的积极和消极影响；调查旅游地旅游资源在周边不同层次的旅游区域中的地位；调查旅游地及周边地区居民消费水平、出游率；调查旅游地客源数量、市场范围等。

三、旅游资源调查的方法

（一）现有资料收集、统计、分析法

旅游资源调查是一项系统、复杂、工作量巨大的工作，为了节省调查时间和费用，明确调查重点，首先应该收集现有资料，并进行统计、分析整理，有选择地使用，以避免不必要的重复劳动和盲目的调查。

现有有关旅游资源资料的收集主要包括两个方面的内容：

1. 本区和邻区旅游资源方面的资料

它包括有关调查报告、各种报道、经济发展规划、报刊上发表的论文、统计年鉴、经济年鉴、统计报表、地方志、文学作品等文字、照片、影像等资料。

2. 本区和邻区地理环境、社会环境、经济状况方面的资料

它主要包括地质、地貌、水文、气候、生物、生态环境及有关经济等方面的文字、图表、图像和统计数据。

对所收集的资料应采用统计分析法进行归类，并对其权威性、准确性、可利用性进行评价、比较、分类（如有关旅游资源的资料，要按旅游资源分出各大类、小类等），并依此对旅游资源的分布状况进行一些必要的预测，拟出实地调查提纲，编写下一步具体调查的工作部署、人员配备、考察方法等计划书，为实地调查做好准备工作。

(二) 实地调查法

只有进行实地调查，才能核实、补充各种相关资料，获得第一手资料，从而得到一个全面、系统的认识。

实地调查应分四个步骤进行：

1. 全面普查

为了避免遗漏，初步调查时应尽量做到覆盖面广，充分利用有关部门现有资料，广泛组织熟悉当地情况的各界人士召开座谈会，做到对该区旅游资源有个全面的了解，大致掌握旅游资源分布和聚集情况。

2. 系统调查

在"面上"普查的基础上，采用"线路"调查法，对旅游线路和旅游点进行系统调查，综合考察，全面掌握旅游资源的位置、数量、类型、结构、质量、特色及客源状况。

3. 详细勘查

在"面"和"线"调查的基础上，经筛选，初步拟订出具有开发价值的重点资源类型和重点资源区，并对其进行深入的调查，搞清旅游资源的成因、现状、历史演变、类型结构、空间组合特点、发展趋势，以及在同类旅游资源中的地位，与同类旅游资源相比较的特色所在，与周边旅游景区（点）的旅游资源相比

较知名度、资源独特性和资源互补性有多大。并采用分类分区法，把各种旅游资源按其形态特征、内在属性、美感、吸引功能等加以分类，并进行研究，得出该区旅游资源种类、特征、质量和区内差异等情况，便于建立资源信息数据库，制定开发规划。同时，还需要弄清开发该旅游资源的自然、社会、经济和环境条件，并对投资、客源、市场、效益及旅游业的发展可能对地区经济带来的乘数效应和给社会、生态带来的正负面影响作出预测，从而确定该区旅游发展的重点项目和方向，最终提出可行性报告(要有详细的文字描述、数据测量、图像资料和详细地图)。

（三）遥感调查法

对于较大区域旅游资源的调查，采用遥感调查法既可以节约人力、物力、时间，提高工作效率，又可以通过遥感图像的整体性全面掌握调查区现状，判读各景点的空间分布和组合关系，不但能定性调查旅游资源（峡谷、瀑布、孤峰、陡岩等)，而且能定量丈量峡谷长度、溪流长宽密度、瀑布宽度和落差等，发现一些野外调查不易发现的潜在旅游资源，可获取全面、准确的资料。在人迹罕至、山高林密、坡陡谷深、常规方法无法穿越的地区，采用遥感调查法具有更明显的优点。不过，遥感调查法也有一些局限性，某些人文景观资源的调查还须结合已有历史文献进行实地调查。

（四）区域比较法

由于各种不同的旅游资源，其景观美感等各具特征，所以无论采用哪种调查法，所得到的资料，都需进行不同地区之间不同类型或同类型资源的区域比较、评价和分析，得出其景观美的一般特征和独特特征，以利于开发利用。

（五）资源图表法

将调查到的资料描绘在图件上或用一定分类方法列表表示，既一目了然，又便于比较。如旅游资源分布图、利用现状图，能使人们直观地看出重点资源分布状况或各种类型旅游资源的分布状况，再与其他各种图件（如工业、农业、交通、城镇分布图）重叠使用，进行综合平衡、评价、比较，就可发现哪些资源应是开发重点，哪些资源暂不具备开发条件等。

四、旅游资源调查的程序

我国旅游资源调查工作，多以县级行政单位为调查单元，以旅游景区（点）为调查对象，以旅游资源基本类型为调查内容。调查工作一般分三个阶段进行。

(一) 调查准备阶段

调查准备阶段主要做好以下三项工作：

1. 组织准备

根据旅游资源调查区的情况，由专家或专业人员、当地政府有关领导和工作人员组成旅游资源调查小组、顾问小组、协调小组和研究小组。

2. 资料准备

全面搜集、阅读已有的有关调查区、邻区旅游资源及自然、社会和经济环境等方面的文献资料、影像资料、地图资料等，并对所搜集到的资料进行系统分析、处理、整理、归类、登录，作为实地调查的参考。同时，准备好调查区大比例尺的地形图，以备在实地调查过程中进行旅游资源填图。

3. 行动准备

根据调查任务和要求，结合搜集整理资料反映的情况，确定调查区域、调查对象和调查方式，制定计划，编写计划任务书(包括所需完成的任务、目的要求、人员配备、工作部署安排、进度控制、所需设备、器材和经费、预期成果)。

(二) 实地调查阶段

实地调查是为了验证已有的资料，进一步补充新的资料，通

过对各种旅游资源类型测量、登录、校核、验证，获得一个全面、系统、正确的认识。

实地调查分普查和详查两个阶段。普查是对调查区进行全面调查，以便对旅游资源有个初步的了解，大致掌握旅游资源的种类、数量、分布等。详查是组织多学科力量对经筛选和初步拟订出有开发价值的旅游小区和重点旅游资源进行详细调查，以弄清旅游资源的成因、现状、特色、知名度和旅游资源区的自然、社会、经济、历史、现状、特色、优劣等，确定该旅游资源重点开发利用项目和旅游业发展方向，提出可行性报告。

（三）整理总结阶段

对搜集的资料和实地调查的资料进行系统的整理总结（包括资料、照片、录像的整理，图件的编制和清绘等），以旅游景区为旅游资源调查汇总的最小地域单元，完成调查文件，编写旅游资源调查报告。

旅游资源调查报告一般应包括以下一些内容：

1. 前言

主要包括调查工作任务来源、目的、要求和调查区位置、行政区划与归属、范围、面积、调查人员组成、工作期限、工作量和主要资料及其成果等。

2. 调查区旅游环境

主要包括调查区的自然、社会和经济环境状况、周边地区经济、社会环境和旅游区（点）发展状况。

3. 调查区旅游资源状况

主要包括旅游资源的类型、分布、成因、特色、功能、结构、开发现状等，要附旅游资源分布图、旅游资源分区图、旅游资源功能结构图、交通位置图、自然旅游资源一览表、人文旅游资源一览表、主要珍稀动植物名录、名胜古迹保护名录及保护级别、重要景观照片及与之密切相关的重大历史事件、名人活动、文化艺术作品等资料。

4. 旅游资源评价

对旅游资源进行定性和定量评价，评定旅游资源的级别和吸引功能。要附上旅游资源类型评价图、旅游资源分区评价图和旅游资源开发效益预测图。

5. 旅游资源的开发途径、步骤和保障措施

主要阐明调查区旅游资源开发利用的现有条件、存在的问题及开发利用的指导思想、战略策略、开发重点、相应措施、开发步骤等。有必要时还应作出旅游资源利用区划，明确各分区的资源优势，开发利用的主导方向，重点开发的特色旅游产品和精品旅游线路等。要附上旅游资源开发规划设计图。

6. 主要参考文献与资料

第二节　旅游资源评价

旅游资源评价是区域旅游开发规划工作的重要基础。旅游资源评价，实质上是在旅游资源调查的基础上，对区域旅游资源和自然、人文、社会景观的价值特征、环境气氛及开发利用的社会经济条件进行深入剖析和研究，从而为地区旅游资源的合理开发利用和规划建设提供理论依据。

一、旅游资源评价的目的和原则

（一）旅游资源评价的目的

1. 明确旅游资源的质量

通过对旅游资源的种类、组合、结构、功能和性质的评价，确定旅游资源的质量水平，评估其在旅游地开发建设中的地位，以便为新旅游区的开发提供科学依据。

2. 确定旅游地的性质

通过对旅游资源的规模水平鉴定，确定旅游地的性质（类型），既为国家和地区进行分级规划和管理提供系列资料和判断标准，又可拟订未来旅游地中旅游资源结构（主次关系）和新旅游资源的开发计划。

3. 提供开发利用的科学依据

通过区域旅游资源及开发利用条件综合评价，为合理利用资源，发挥整体宏观效应提供经验，为确定不同旅游地的建设顺序、步骤和重点等准备条件，为制定旅游发展规划奠定基础。

总之，旅游资源评价应着眼于现有开发程度、吸引能力和开发潜力，为进一步的旅游开发提供依据和可行性论证，为发展旅游业服务。

（二）旅游资源评价的原则

旅游资源的评价是一项极为复杂的工作。旅游资源包罗万象，旅游资源评价涉及自然、历史、地理、气候、经济、科技、文学、艺术等各方面的知识。为了使旅游资源评价做到公正、客观，其结果准确、可靠，必须遵循以下基本原则：

1. 全面系统原则

旅游资源是多种多样的，它的价值和功能是多方面、多层次、多形式、多内容的。就其价值而言，有观赏价值、历史价值、科考价值和社会文化价值；就其功能而言，有观光、度假、娱乐、健身、休憩、探险、科考等功能。旅游资源开发涉及自然、社会、经济、生态环境和投资、客源、市场等问题。这就要求在旅游资源评价时，不仅要注重对资源本身的成因、特色、质量、功能等方面的评价，而且要把旅游资源所处区域的区位、环境、交通、客源、经济发展水平、基础设施现状等开发利用条件，作为外部条件纳入评价的范畴，综合衡量，全面评价，准确地反映旅游资源的整体价值。

2. 动态发展原则

旅游资源的特征、开发利用价值及开发的社会经济条件都是不断变化和发展的，这就要求旅游资源评价工作不能只局限于现状，陷入僵化和形而上学，而应该用发展和进步的眼光看待变化趋势，从而对旅游资源及其开发利用前景作出积极、全面、正确的评价。

3. 客观实际原则

旅游资源是客观存在的事物，其价值表现、特点、内涵、功能也是客观存在的，评价时应从客观实际出发，对旅游资源的形成、本质、属性、价值、功能等核心内容，作出实事求是的评价，既不能任意夸大也不能低估，要做到恰如其分。

4. 综合效益原则

旅游资源评价是为其开发利用服务的。开发利用的目的既要取得经济效益，也要取得社会效益和环境效益。所以，在旅游资源开发利用效益评价时，要兼顾经济效益、环境效益和社会效益，既要保证增加经济收入，促进当地经济发展，又要做到美化环境，为人们提供一种有利身心健康的空间场所，为旅游地提供文明、健康的生活环境和蓬勃发展的社会环境。

5. 力求定量原则

旅游资源评价总的来说，可分为定性评价和定量评价。在资源评价方法日臻完善的今天，为了避免主观色彩、个人感情色彩的出现，必须坚持定性与定量评价相结合、力求定量评价为主的原则，既从理论方面进行深入全面的论证分析，又要根据一定的评价标准和评价模型，将各种评价因素予以客观量化，定量分析比较，把定性描述用定量关系来表示，使之更具有操作性。

二、旅游资源评价的内容

旅游资源是发展旅游业的先决条件，旅游资源吸引功能的强

弱是决定旅游资源开发序位的主要依据。旅游资源吸引功能评价是旅游开发和规划的基本前提。从系统科学理论的角度来看，旅游资源个体品质评价、资源系统评价和资源开发条件评价，是旅游资源评价的主要内容。

（一）旅游资源个体品质评价

区域旅游资源评价，首先要对旅游资源个体品质进行评价（主要评价其特征、性质、状态、组成、旅游价值等），主要评价四大价值。

1. 观赏价值

美学观赏价值主要指旅游资源能提供给旅游者美感的种类和强度。旅游资源观赏价值的评价，主要分析评价景观环境与景物审美特征及价值的外部表现和内在表现，体现为对旅游资源自然美与艺术美的欣赏价值、历史感的深浅和地方色彩的浓郁程度（即其个性的强弱、艺术造诣的高低和景象的丰富与否，可以展示出不同旅游资源不同艺术欣赏价值程度）。

观赏价值评价主要评价以下三个内容：

（1）形式美的评价　重点评价景物的形态美、形式美、韵律美、动态美、色彩美、珍稀美、奇特美、嗅味美等。

（2）意蕴美　重点分析评价风景美蕴含的社会文化内涵（指具体物象所表现出来的人类文明程度。这种程度越丰厚，风景美的独特价值也就越大。如我国“五岳”名山之所以为世人推崇，除了它们有各具特色的天然胜景外，更由于有千年文化的积淀）。经过前人鉴赏、加工、艺术化了的风景美，能给旅游者观赏游览增加丰富的内容、情趣和启迪。

（3）意境美　重点分析评价景物形象或意境的象征性（这是一项最深层次的风景美的鉴赏和评价工作）。旅游资源不仅要能给游人以感官和心理上的满足，更应能使游客在思想、情感上得到启迪和升华，以达到借景抒怀、陶冶情操的更高目的。高层次的审美观，决定了旅游资源评价中需要深层次地挖掘其意境美。

2. 历史价值

主要评价旅游资源（如历史文化古迹及其风景名胜区中的楹联、诗画、匾额、题记、碑刻等）的历史久远性、独特性、保存完好性等。评价旅游资源历史价值时要特别注意以下两个问题：一是旅游资源是否与重大历史事件、历史人物有关及其遗存文物古迹的数量与质量；二是旅游资源是否具有或体现了某种文化特征，是否与某种文化活动有密切关系，或者是否有与之直接相关的文学艺术作品和神话传说等因素。一般说来，旅游资源类型越多，产生年代越久远，保存越完好，就越珍贵，其历史价值就越大。

3. 科考价值

主要分析评价旅游资源自然科学或社会科学研究价值、科学知识普及与教育功能和所反映的现代科学技术成就，对不同专业科教工作者进行研究考察的价值。对自然保护区、特殊自然环境区域、地质地貌旅游资源、历史古迹类旅游资源、历史文化名城类旅游资源、古典园林类旅游资源、宗教文化类旅游资源、民族民俗风情类旅游资源，特别要注意对其科考价值的评价。

4. 社会文化价值

主要分析评价旅游资源在表现社会发展状况、独特的民族文化和生产、生活方式上具有的价值。这一价值在人文旅游资源中广泛存在（如人类历史文化遗产、古代建筑、古代陵墓、历史文物、历史文化名城、民族民俗风情），在许多自然旅游资源中也同样存在。

（二）旅游资源系统评价

仅仅对旅游资源个体品质的评价，还难以考察各种旅游资源在整个区域的组合关系，所以必须进行旅游资源系统评价。旅游资源系统评价，主要分析评价旅游资源个体在区域旅游资源系统

中的地位（资源个体与区域内同类资源相比所具有的重要程度）、类型组合（资源个体同区域内其他资源个体的关联性与功能互补性）与地域组合的级别配置关系（资源个体在区域内的空间配置关系，如空间的集中性、分散性与交通联系的便达性等）。

旅游资源个性在区域旅游资源系统中的地位，是指某一旅游资源在景区（点）中的知名度、魅力度、稀有度情况。旅游资源类型组合与地域组合的级别配置关系，是指自然旅游资源与人文旅游资源要素的组合与协调情况；核心旅游资源与辅助旅游资源（即知名度高的重点旅游资源与知名度低的一般旅游资源）的结合与补充情况；旅游资源的聚集情况，等等。在一定区域内，旅游资源类型多，密度大，搭配协调，形成了一定规模的旅游资源，才具有较高的旅游价值。

不同性质或不同风格的旅游资源地协作联合，可以起到扬长避短、相互促进，形成共同的区域旅游网络的作用。如果旅游资源与相邻旅游地旅游资源雷同，类型相似，在开发利用中就会丧失很多能动作用。这就要求在旅游资源评价中，要加强旅游资源与相邻地区之间旅游资源价值特征互补或替代关系的评价。

在旅游资源“四大价值”评价中，主要涉及“六个条件”：其一是地理区位与可进入性（因为区位优劣直接影响客源市场）；其二是景象景点地域组合度（资源分布的集群性、配合性和结构上的协调性影响开发的价值）；其三是旅游环境结构（社会经济环境结构和投资环境直接影响资源的现实性价值）；其四是自然条件（土地负荷能力和气候条件制约环境容量及景区游客容量条件，决定资源价值的发挥程度）；其五是市场客源条件（客源数量是维持和提高旅游景区经济效益的重要因素）；其六是旅游地基础设施（内部基础设施与外部联系基础设施影响游客的心理感应）。对旅游资源“四大价值”的评价，始终必须围绕经济效益、社会效益和环境效益这个中心。正因如此，在旅游资源的评价过程中，只有通过对旅游客体“物理特性”的显性吸引力和旅游主体“行动特性”、“心理特性”的隐性吸引力的客观评价，才能较好地反映区域旅游客体价值与旅游主体感应的综合性，体现旅游资源供求双方的关系，全面衡量区域旅游资源的吸引功能。旅游资源的双向评价可以通过旅游资源的“显性吸引力”和“隐性吸引力”的评价加以实现。

1. 旅游资源显性吸引力评价

对旅游资源显性吸引力的评价，旨在揭示旅游资源“物理特性”在区域空间上的向量集，深刻理解自然旅游资源（地文景观、水文景观、气候生物景观和其他自然景观）和人文旅游资源（历史古迹景观、现代建筑景观、制象人文景观和其他人文景观）的内涵（物质形态方面的客观物质性因素和超物质形态方面的主观感应性因素）与外延（基本因素和推进因素），客观评价旅游资源的容量、密度、丰度、知名度、魅力度、观赏时量度和交通畅达度，评估资源吸引力、开发潜力及在旅游景区开发中的地位，明确旅游地的性质（类型），拟订未来的旅游景区中旅游资源的结构（主次关系）和新的旅游资源的开发计划，明晰区域旅游资源开发意识，规范区域旅游开发行为。

区域旅游资源的显性吸引力评价系统是一个复杂的系统，宜采用多目标决策分析中的层次分析法，并借助于判断矩阵，通过两两比较的方式确定层次中诸因素的相对重要性，综合决策者的判断，确定方案相对重要性的总排序。首先，应确定旅游资源评价单元和指标体系，通过对区域旅游资源的全面考虑，从众多影响因子中提炼出反映旅游资源物理特性的主要因素，使各因子之间都相互具有独立性，且可按某一比率标分进行评估，构成显性吸引力评价的指标体系。然后，对指标体系进行处理，采用特尔菲法对各指标间的相对重要性进行评定，得出各指标的权重值。

显性吸引力得分的基本模型为：

$$DA_{ij} = S_{ij}W_j \quad DA_i = \sum_{i=j}^{n} S_{ij}W_j$$

式中 DA_i ——第 i 个单元综合得分；

DA_{ij}——第 i 个评价单元在第 j 个评价因子的分值；

W_j ——第 j 个评价因子的权重值；

S_{ij} ——第 i 个评价单元的模糊系数值。

旅游资源显性吸引力的评价，主要从以下五个方面进行：

（1）旅游容量评价　旅游开发规模必须以旅游容量为依据。任何一个旅游区（点）在一定的时间条件下和一定空间范围内所能承受的游客数量和旅游活动容纳能力是有限的。旅游业的综合性规定着旅游极限容量受资源容量（旅游地实际容纳游客的数量）、生态环境容量（旅游地在其生态资源免受破坏的条件下所能容纳游客的数量）、人们心理容量（当地居民心理上所能接受游客的数量和游客在心理上所能容忍一定拥挤程度的游客数量）、经济发展容量和社会地域容量等多种因素的影响。旅游开发必须充分考虑旅游资源的极限容量和不同群体对极限容量的感知的差异。目前，有些地区的旅游开发者有意识或无意识中总是期望能吸纳接待尽可能多的游客，忽视了高密度的拥挤和近距离的个人空间，会使旅游者因自己对旅游资源享受程度的降低而产生不满意心理，以及单位面积内游客密度过高对旅游资源可能造成的破坏。这种超规模的接待，不但会破坏旅游业的自然生态体系平衡，构成对自然景观的威胁，而且会使游客对该旅游景区（点）的好奇心和兴趣荡然无存，影响旅游业的整体效益。

（2）旅游丰度、密度和观赏时量度评价　一定地域里旅游资源的集中程度和不同类型资源组合的优化程度，反映出旅游密度、丰度和观赏时量度。旅游密度是度量旅游资源特性、规模和旅游接待的社会经济条件的重要指标之一。按其内容可分为资源密度（在一定地域上旅游资源的集中程度）、空间密度（在一定时间内旅游地所能接待或可能接待的游客量与其空间面积的比值)、人口密度（在一定时间内旅游地所能接待或可能接待的游客量与其接待地人口的比值）和经济密度（接待游客活动量与接待地社会经济条件和旅游开发水平之间的比值）。一定地域空间上旅游资源密度越大，游客在单位时间内所能游览的景区（点）就越多，对游客的吸引力就越大，开发的价值也就越高。区域旅游资源密度越大，其丰度和容人量也就越大，吸引游客就越多。区域旅游资源密度越大，其观赏时量和容量也就越大，游客滞留的时间就越长，旅游消费量也越多。旅游资源密度、丰度、观赏时量度大的景区（点）应该优先开发。反之，则切不可盲目开发。

(3) 资源知名度和魅力度评价　旅游资源开发的等级和序位，要以资源知名度和魅力度为标尺。旅游资源的知名度和魅力度，在很大程度上决定着景区（点）对游客的吸引力。旅游资源在游客心理的感知欲望和力度越大，吸引的游客就越多，市场就越大。自然旅游景观和人文旅游景观的兼容性、互补性好，实际价值和品位高，以及核心资源与卫星资源集群性、协调性、地域性组合好的旅游资源，其魅力度就大。资源的独特性、稀有性、无可替代性和游客认同性越高，其知名度就越大。只有具有一定知名度和魅力度的旅游资源才具有开发的价值。区域性明显的低魅力度和低知名度的旅游资源，难以构成旅游者的追求目标，一般不宜开发。

(4) 资源区位畅达度评价　旅游资源开发能否带来兴旺发达的旅游市场，不仅取决于资源本身，还取决于其空间位置与邻近区域资源的组合结构和交通区位状况。同一地区内，知名度、魅力度较低的资源一般难以发挥出应有的价值。如若再与他处雷同，则会“雪上加霜”，处于极为不利的地位。反之，资源若不属于同一类别，而且相互补充，则会产生叠加效应，提高综合吸

引力。如若两地资源价值都很高，则更会“锦上添花”，令游客“喜上加喜”，开发价值就最大。同样，资源远离客源市场，其开发价值较小，靠近客源市场，其开发价值就较大。当然，资源价值还反映于交通线路的数量、等级和畅达程度。旅游资源开发要以发达的交通作保证。旅游资源区位优劣主要依据现代旅游交通的畅达程度来反映。地理区位的优劣、旅途里程的远近、旅途滞留时间的长短和旅途舒适安全程度，直接影响旅游市场的大小和游客数量的多寡。区位居优，畅达便利，与其他旅游区联网好的资源，就是魅力度小一些，也可借助旅游热线和重点景区的连带效应适度加以开发。而资源魅力度较大，但区位居劣，可进入性差，与周边旅游市场联系性小的资源却不宜开发。那些“老、少、边、穷”地区虽然有“真山、真水、真貌、真情”的优美旅游环境，但因位置偏僻，地形阻隔，经济落后，缺“路”少“线”，难以进入，致使旅游业发展缓慢，其根本原因就在于旅游区位较差。

(5) 感知距离评价　感知距离（包括空间距离、时间距离、价格距离、心理距离）是旅游者行为决策的依据。空间距离越近，旅游者对旅游目的地的信息了解一般是越清楚，对目的地的情况也会越清楚，会给人们产生一种比实际距离更近的感觉。而空间距离越远，旅游者对旅游目的地的信息了解就越少，对旅游目的地的情况也会越模糊，感知距离会比实际距离更远。一般说来，由于经济能力、休闲时间和精力体力的原因，在大尺度的空间范围内，旅游者旅行对目的地的选择，主要遵循就近原则、高级别旅游目的地原则和个人欲望原则。在中小尺度的空间范围内游客并不总是就近选择旅游目的地。如果旅游客源地与旅游目的地之间的距离大于吸引距离（旅游者与目的地之间足以形成旅游吸引的距离），旅游者行为空间将随距离衰减；旅游客源地和目的地之间的距离，则表现出排斥力，游客对景区就可能引不起新的兴趣。不过，如果交通手段得以改进后，旅游者对空间距离的感应就会发生变化，那时，游客将会更多地考虑旅游目的地的可达性、旅行时间和旅行花费。

时间距离（有效时间和无效时间）的度量（指客源地到目的地过程所耗费的时间），包括游客在交通工具上花费的时间、中转停留的时间和旅行手续办理过程所花费的时间。

价格距离（指旅游者接近旅游目的地所需支付的费用），即是旅游的交通费用，是旅游花费中较大的一项支出，运输费用高低直接影响旅游者出游目的地远近的选择。

心理距离（最难以把握，又是极为敏感的）受政治环境、政策因素、文化关系、亲缘关系和旅游环境氛围所影响，游客在其他各项距离选择的基础上，更多地考虑各种关系和各种环境好的旅游目的地。

2. 旅游资源隐性吸引力评价

对旅游资源隐性吸引力的评价，旨在揭示旅游者对旅游资源空间偏好和环境感应的空间分布规律。它主要通过旅游者对一个地区旅游资源的真实行为表现及心理感应程度，来反映旅游资源的“行为特性”和“心理特性”，评价区域旅游资源的开发潜力。

对旅游资源隐性吸引力的评价，着重评价以下两个内容：

(1) 旅游者的旅游环境感应　旅游环境感应是旅游者对旅游环境的自然景观和人文景观、旅游信息的处理与感觉、知觉、思维、判断等认识过程。旅游者对旅游环境感应程度是旅游者对旅游资源的“心理特性”的直接反映。通过旅游者对旅游环境感应满意程度的评价，可以揭示旅游资源的开发价值。不过，由于旅游者年龄、性别、职业、性格、文化程度、民族风俗等方面的差异，对旅游环境的感应是有所不同的，应该借助问卷调查法，找出不同旅游者对区域旅游资源的共同感知点，揭示旅游者对旅游环境感知在空间上的差异性。

(2) 旅游者的旅游空间偏好　旅游空间偏好是旅游者空间行动趋向的反映，也是旅游者对旅游资源的“行为特性”的一种表征，主要表现在旅游者对旅游景区（点）出游的次数。旅游者对旅游资源的空间偏好，主要是受旅游资源质量、区位条件等资源显性吸引力和旅游者对旅游资源所拥有的信息量的影响，旅游资源的隐性吸引力越大，旅游者对旅游资源所拥有的信息量越多，旅游者对其空间偏好度就越高。旅游者对旅游资源空间偏好度可以通过旅游活动空间来揭示。旅游者对旅游景区（点）的偏好选择，在空间上表现为不同的出游率。旅游者对不同景区（点）的出游率可以通过抽样调查统计得出。

旅游者对旅游资源的空间偏好可以借用 A·卡德瓦拉德的消费者空间决策行为模型，用下列公式表示：

$$P_i = \left(\frac{A_i}{D_i}\right) \cdot I_i$$

式中　P_i——旅游者对某旅游地的空间偏好；

A_i——该景区旅游资源的显性吸引力；

D_i——到该景区的距离；

I_i——旅游者拥有关于该区域旅游资源的信息量。

根据该模型，旅游者对旅游资源的空间偏好与资源显性吸引力和信息量成正比，与距离成反比。

（三）旅游资源开发条件评价

旅游资源开发条件评价，主要是对旅游资源系统以外的制约和影响开发、利用的全部要素的分析评价。重点对旅游资源的地理区位环境、自然环境、经济环境、客源环境、政治环境及交通通讯便捷程度、城市依托关系、社会基础设施条件、开发环境容量等要素进行综合分析和动态分析，为区域旅游资源开发过程中旅游产品定位和开发战略的选择提供科学依据。

1. 区位环境评价

旅游资源所处的地理区位、交通区位和客源区位的优劣，往往影响到旅游资源的吸引力、开发规模、线路布置和利用方向。一般情况下，旅游资源开发能否带来兴旺发达的旅游市场，不仅取决资源本身，还取决于其空间位置与邻近区域资源的组合结构和交通区位状况。如果旅游资源地处偏僻，交通不便，可进入性差，那么旅游资源即使是一流的，也难以成为热点旅游地。如果旅游资源与其所在区域其他旅游资源和周边地区旅游资源形成互补关系，产生聚集效应，可以连片规模开发，起到提携作用，能够更多地吸引旅游者，开发前景乐观。反之，如果形成替代关系，则将产生相互竞争，相互取代，造成游客分流，旅游市场将会受到影响。

2. 自然环境评价

旅游资源所处地区的地形、地貌、气温、降水、植被、水文、土壤等环境要素，对资源的质量、时间节律和开发利用有着直接的影响。气候条件不但影响旅游资源开发程度、规模、利用季节，而且影响自然景观概貌和不同的观赏性动植物，从而影响旅游的淡旺季。地形、地貌、水文、气候等自然条件会影响施工环境，从而影响开发的难易程度、开发成本和受益时间。地质地貌环境脆弱的地区，可能有地震、滑坡、泥石流、崩塌等自然灾害，影响游客数量和旅游开发效益。干旱、半干旱地区水源不足，空气和水质严重污染地区，对游客都会产生影响，从而影响旅游开发。没有良好的自然环境，旅游资源价值再大，旅游市场都会受到影响，开发时必须慎重。所以，旅游资源评价时，必须对自然环境及其要素进行综合分析，并根据自然环境要素的作用机理和影响范围、深度等，预测旅游资源的演化状况和后果。全面弄清气候的舒适度、空气水质的优良度、地质地貌的稳定度和灾害性气候的影响程度。

3. 经济环境评价

旅游开发实际上就是经济开发。社会经济需求，地区经济实力，直接决定与影响着旅游资源的开发。资金是旅游资源开发的必要条件，资金来源是否充裕，财力是否雄厚，直接关系到旅游开发的深度、广度、进度和开发的可能性。劳动力条件能否满足旅游开发所必需的人力资源（包括脑力劳动和体力劳动两种人力资源）数量及质量，对旅游资源开发有着十分重要的影响。因为，使用当地劳动力既可以节省资金，又利于提高当地人办旅游的积极性。旅游资源开发所需要的各种建筑材料、设备、原材料的供给状况，直接关系到旅游开发的成本与效益。基础设施（交通、水、电、通讯、邮政等公共设施）条件的完善程度和先进程度，直接影响到旅游资源的可进入性和旅游服务质量。城镇发展水平，直接影响旅游业发展依托条件、旅游服务设施布置的凭借条件和旅游产品提供的保证程度。居民收入水平则直接影响居民出游的条件和出游的频率，从而影响旅游市场的大小。

4. 社会环境评价

旅游资源所在地改革开放程度、居民开放意识、政府及当地居民对发展旅游业的态度、地方经济发展战略、社会风俗习惯、社会治安状况、卫生保健状况、居民文化素质等因素，都直接影响旅游资源开发利用的需求、速度、质量和总体规模，应该作为评价的重大内容。

5. 客源环境评价

客源状况是决定旅游资源是否开发或开发规模的重要因素之一，没有一定数量（最低限度数量）的游客，旅游资源开发就不可能产生良好的效益。所以，对旅游资源开发后所能吸引的客源范围、客源层次、客源特点的分析研究是十分必要的。只有通过客源环境评价，才能揭示主要客源地在哪里，与主要客源地的距离及交通条件，探明主要客源地人口特征、消费水平、旅游爱好和出游时间。

三、旅游资源评价的方法

真正科学的旅游资源评价，我国只有10多年的历史，在国外也不过30多年的历史。其评价方法多以定性评价为主，定量评价至今尚未形成科学的、权威的评价模式。这里根据有关文献，简要介绍几种具有代表性的评价方法。

（一）旅游资源定性评价法

定性评价法主要凭借评价者的知识和经验，根据一定的评价体系，对旅游资源作出主观色彩较浓厚的结论性描述。定性评价法的优点在于能从客观上把握旅游资源的特色，工作量较小。其缺点是：不能量化，带有较强的主观性，缺乏科学性，不便于操作。

具有代表性的定性评价法主要有以下几种：

1．“三三六”评价法

卢云亭同志提出对旅游资源“三大价值”、“三大效益”、“六个条件”的评价体系。

“三大价值”指旅游资源的艺术观赏价值、历史文化价值和科学考察价值；

“三大效益”指旅游资源开发后带来的经济效益、社会效益和环境效益；

“六个条件”指旅游资源所在地的地理位置和交通条件、景物或景类的地域组合条件、旅游景区（点）旅游容量条件、投资条件、施工条件和旅游客源市场条件。

2．“六字七标准”评价法

黄辉实同志提出从资源本身美（旅游资源给人的美感）、古（有悠久的历史）、名（具有名声或与名人有关）、特（特有的、稀缺的、有特色的）、奇（具有新奇感）、用（具有实际开发价值）六个方面和资源所处环境的季节性、环境的质量，与其他旅游资源之间的联系性、可进入性、基础结构、社会经济和市场环境七项标准进行评价。

3. 综合评价法

魏小安同志提出对旅游资源综合评价体系。主要对以下六个方面进行评价：一是旅游地的资源构成要素种类的多少；二是要素的单项评价；三是要素的组合情况；四是可能容纳的游客量；五是人文资源的比较；六是开发的难易程度。

4. “八、六、五”评价法

北京旅游学院科研室提出对八项吸引力、六项开发条件和五项效益进行评价。

八项吸引力评价：对观赏价值、文化价值、科学价值、旅游项目、游览内容丰富程度、环境质量、季节差异、特殊价值和环境容量进行评价。

六项开发条件评价：对地区经济条件、可进入性、依托城市、通讯条件、地方积极性和已有服务设施情况进行评价。

五项效益评价：对目前年均接待游客量、开发所需投资量、投资来源、客源预测和社会效益进行评价。

5. 美感质量评价法

这是一种专业性的旅游资源美学价值的评价。通常是在对旅游者或专家体验的深入分析的基础上，建立规范化的评价模型，评价的结果多具有可比性的定性尺度或数量指标。其中对自然旅游资源的视觉美评价技术已较成熟。美感质量评价法是国外学者总结出来的，目前较公认的有四个学派：专家学派、心理物理学派、经验学派（亦称现象学派）和认知学派（亦称心理学派）。俞坚孔、保继刚等同志对其作过介绍和总结，国内一些学者也曾尝试运用过该评价方法。

专家学派认为凡符合形式美原则的风景就具有较高的风景质

量。对风景的分析重点在于线条、形体、色彩和质地四个因素，强调多样性、奇特性、协调统一性等形式美原则在风景质量分级中的主要作用。还把生态学原则作为风景质量评价的标准。评价工作都由少数训练有素的专业人员去完成，评价方法突出地表现为一系列的分级分类过程。例如，美国土地管理局的风景资源管理系统对自然风景质量评价选定 7 个因子进行分级评分（见表 14－1），然后将 7 个单项因子的得分值相加作为风景质量总分，将风景质量归为三个等级：A 级——总分 19 分以上，B 级——总分 12～18 分，C 级——总分 0～11 分。

表 14－1　风景质量分级评价

评价因素	评价分级标准和评分值		
地　形	断崖、顶峰或巨大高而垂直的地形起伏；强烈的地表变动或高冲蚀之构造（包括主要的劣地或沙丘）；具有支配性、非常显眼而又有趣的细部特征（如冰河等）(5)	险峻的峡谷、台地、孤山、火山丘和冰丘；有趣的冲蚀形态或地形的变化；虽不具支配性特征，但仍存在具有趣味性之细部特征(3)	低而起伏之丘陵、山麓小丘或平坦之谷底，有趣的细部景观特征稀少或缺乏(1)
植　物	植物种类、构造和形态上有趣且富有变化(5)	有某些植物种类的变化，但仅有一种或两种主要形态(3)	缺少或没有植物变化或对照(1)
水　体	干净、清洁或白瀑状之水流，其中任何一项都是景观上的支配因素(5)	流动或平静的水面，但并非景观上的支配因素(3)	缺乏或虽有但不明显(5)
色　彩	丰富的色彩组合；多变化或生动的色彩；岩石、植物、水体或雪原的愉悦对比(5)	土地、岩石和植物之色彩与对比具有一定程度的强度变化，但非景观的支配因素(3)	微小的颜色变化；具有对比性或尚有趣；一般而言都是平淡的色调(1)

续表

评价因素	评价分级标准和评分值		
邻近景观之影响	邻近之景观大大提升视觉美感质量(5)	邻近之景观一定程度地提升视觉美感质量(3)	邻近景观对于整体视觉美感质量只有少许或没有影响(1)
稀有性	仅存性各类非常有名或区域内非常稀少;具有观赏野生动物和植物花卉的一致机会(6)	虽然和区域内某些东西有相似之处,但仍是特殊的(2)	在某地环境内具有趣味性,但在本区域内非常普通(1)
人为改变	未引起美感上的不愉悦和不和谐;或修饰有利于视觉上的变化性(4)	景观被不和谐干扰,质量有某些减损,但非很广泛而使景观质量完全抹杀或修饰,只对本区增加少许视觉之变化或根本没有(2)	修饰过于广泛,致使景观质量大部丧失或实质上降低(0)

心理物理学派主要思想是把风景与风景审美的关系理解为刺激——反应的关系，认为风景审美是风景和人之间共同作用的过程，承认人类具有普遍一致的风景审美观，相信人们对风景的审美评判是可以通过风景的自然要素来预测和定量的，于是将心理物理学的信号检测方法应用到风景评价中，通过测量公众对风景的审美态度得到一个反映风景质量的量表，然后将该量表与各风景成分之间建立起数量关系。评价模型操作分四个步骤进行：一是测量公众的平均审美态度，以照片或幻灯作为工具获得公众对所展示风景的美感评价；二是确定所展示风景的基本要素；三是建立风景质量与风景的基本成分间的相关模型；四是将建立的数学模型用于同类风景的质量评估。

认知学派把风景作为人的认识空间来评价。强调风景对人的认识及情感反应上的意义，试图用人的进化过程及功能需要去解释人对风景的审美过程。例如，环境心理学家卡普兰夫妇开始以进化论为前提，从人的生存需要出发，提出了风景信息的观点，逐步完善了他们的风景审美理论模型。他们认为人在风景审美过程中，既注意风景中那些易于辨识和理解的特性，又对风景中蕴藏的具有神秘感的信息感兴趣。具有这两种特性的风景质量就高。后来布朗等对卡普兰理论模型做了进一步加工，形成实用模型。地理学家乌尔里希则进一步将进化论美学思想同心理学的情感学说相结合，来研究人的风景审美过程。他认为人的风景审美最初的情感反映最重要，这直接表现为赏景者对眼前风景的兴趣，在此基础上会有进一步的深入欣赏或回避行为。这一过程赏景者对风景的认识、评价及相关行为有重要的影响。

经验学派几乎把人对风景审美评判看做是人的个性及文化历史背景、志向与情趣的表现。故其研究方法一般为考证文学艺术家关于风景审美的文学、艺术作品，考察名人的日记等来分析人与风景的相互作用及某种审美评判所产生的背景。同时，也通过心理测试、调查、访问等记述现代人对具体风景的感受和评价，这些心理调查不是简单地评判优劣，而是详细描述个人经历体会及关于某风景的感受等，从而分析某些风景价值所产生的背景和环境。因为它很少能直接为风景规划及管理提供服务信息，研究结论难以为风景评价者直接应用。

（二）旅游资源定量评价法

定量评价法是通过统计、分析、计算，用具体的数量来表示旅游资源及其环境等级的方法。定量评价较之定性评价，结果更直观、更准确、更具有可操作性。定量评价法主要有单因子评价法和多因子综合量化评价法。

1. 单因子评价法

单因子评价法是评价者在进行旅游资源评价时，集中考虑

某些起决定性作用的关键因素，并对这些因素进行适宜性评价或优劣评判。这种评价的基本特点是运用了大量的技术性指标，一般只限于对自然旅游资源评价（如对风景湖泊评价、康乐气候分析、溶洞旅游资源评价等）。在此，仅对海水浴场评价和滑雪旅游资源评价做简要介绍，分别如表 14-2 和表 14-3 所示。

表 14-2　海水浴场评价标准（日本）

序号	资源项目	符合要求的条件	附　注
1	海滨宽度	30～60m	实际总利用宽度 50～100m 左右
2	海底倾斜度	1/10～1/60	倾斜度愈低愈好
3	海滩倾斜度	1/10～1/50	倾斜度愈低愈好
4	流　速	游泳对流速要求在 0.2～0.3m/s，极限流速 0.5m/s	无离岸流之类局部性海流
5	波　高	0.6m 以下	符合游泳要求的波高为 0.3m 以下
6	水　温	23℃以上	不超过 30℃，但愈近 30℃愈好
7	气　温	23℃以上	
8	风　速	5m/s 以下	
9	水　质	透明度 0.3m 以上，$COD_2\mu g/8$ 以下，大肠菌数 1000MPN/100mL 以下，油膜肉眼难以辨明	
10	地质粒径	没有泥和岩石	愈细愈好
11	有害生物	不能辨认程度	
12	藻　类	在游泳区域中不接触身体	
13	危险物	无	
14	浮游物	无	

资料来源：保继刚、楚义芳：《旅游地理学》（修订版），北京：高等教育出版社，1999 年版。

表 14－3　滑雪旅游资源的技术性评估（美国）

决定因素	评估标准与计分			
雪季长度	6个月(6)	5个月(5)	4个月(4)	3个月(2)
积雪深度	＞1.22m(6)	0.92～1.22m(4)	0.61～0.92m(2)	0.61m以下(1)
干　雪	3/4季节时间(4)	1/2季节时间(3)	1/4季节时间(2)	季节时间(1)
海　拔	＞762.5m(6)	457.5～762.5m(4)	152.5～457.5m(2)	45.75～152.5m(1)
坡　度	很好(4)	好(3)	一般(2)	差(1)
温　度	＞10℃(3)	－17.8～6.7℃(2)	＜－17.8℃(1)	
风　力	轻微(4)	偶尔变动(3)	偶尔偏高(2)	易变(1)

注：分等，A＝29～33，B＝21～28，C＝8～20。

坡度，最理想的坡度须兼具下列三等坡度：

初等坡度（10%～20%）占全区的15%～25%；

中等坡度（20%～35%）占全区的25%～40%；

高等坡度（35%～65%）占全区的30%～40%。

资料来源：保继刚、楚义芳：《旅游地理学》（修订版），北京：高等教育出版社，1999年版。

2．多因子综合量化评价法

该评价方法是在考虑多因子的基础上运用一定的数学方法对旅游资源进行综合评价。这种评价方法更具有准确性和全面性。现有的多因子综合量化评价方法很多，现选择三种予以介绍。

（1）指数表示法　其步骤分为三步：

第一步，对旅游资源开发利用现状、吸引能力及外部区域环境进行定量分析；

第二步，对旅游的需求量、旅游者的人口构成、旅游者平均逗留时间、旅游花费趋向和旅游需求结构及节律性等旅游需求要素进行调查分析；

第三步，总评价的拟订，建立表达旅游资源特质、旅游需求与旅游资源之间关系的若干量化模型。公式为：

$$E = \sum_{i=1}^{n} F_i W_i V_i$$

式中　E——旅游资源评价指数；

F_i——第 i 项旅游资源在全体旅游资源中的权重；

W_i——第 i 项旅游资源的特质和规模指数；

V_i——旅游者对 i 项旅游资源的需求指数；

n——旅游资源总数。

国外有些学者评价时，将需求指数形式与旅游者可利用程度（即供给）结合起来，把旅游点的潜在吸引力程度称做旅游资源潜力指数。公式为：

$$I = \frac{A + B}{2}$$

式中　I——旅游资源潜力指数；

A——旅游需求值；

B——旅游可得性值（即旅游供给）。

I 可表示一个旅游点的实际可利用程度，充分代表它具有的旅游吸引力，其中 B 的量化是根据人们的一般感受、观察和经验，选择季节性、可进入性、准许性、重要性、脆弱性和普及性六个反映旅游资源基本特性的标准，邀请专家学者对其判断评分，通过比较以数量形式决定六个标准的相对贡献值，并按好、中、差的等级排出其序位。

(2) 综合评分法　综合评分法的特点是博采众家之长，计算灵活简便，不足之处是主观性较强。魏小安同志是运用此方法较早的学者之一。他把评价对象分解成六个评价项目：旅游资源构成要素种类；各要素单项评价；要素组成情况；可能容纳的游客量；人文资源的比较；开发难易程度。给各项目评分时按两种方法进行：第一种是等分制评分法，即将各项目视做同等重要，每一项目所占分数均为1/6。每一项目又分解为若干因素，根据这些要素对该项目的满足程度，按100、80、60、40、20五个等级打分，然后将六个项目的得分加总，总分或平均分越高，旅游资源价值越大。公式为：

$$F\sum_{i} = \sum_{p=1}^{p} PF_i \text{ 或 } \quad F_i = \sum_{p=1}^{p} F_{pi}/P$$

式中 $F\sum$——各项目得分总和；

F ——各项目总平均分；

F_p——每项目得分数；

P ——被评价的项目数；

i ——被评价的游览地数目。

另一种方法是差分制评分法，即根据各评价项目的相对重要性给出不同权重。评分时将各评价项目初始得分进行加权处理，求得各项目最终得分，加总后即得到各游览地总分，总分越高，旅游资源价值越大。公式为：

$$F\sum_{i} = \sum_{p=1}^{p} X_p F_{pi}$$

式中 Xp——各项目权重；

其他符号同前。

路紫同志也曾提出过类似方法。不同之处是路紫同志首先将旅游资源分为风景天气气候景观、风景地质地貌景观、风景水域景观、风景动植物景观、革命纪念地和革命建筑景观、历史名胜古迹景观 7 个聚类，然后又细分为 68 个二级类。经分析依据统计原理提出与上述聚类组成形式相应的评价模型：

$$Z = \sum_{i=1}^{7} a_i$$

$$a_i = \frac{\sum_{j=1}^{k_i} B_{ij}}{k_i}$$

$$Z=\frac{\sum_{j=1}^{k_1}B_{1j}}{k_1}+\frac{\sum_{j=1}^{k_2}b_{2j}}{k_2}+\cdots+\frac{\sum_{j=1}^{k_7}b_{7j}}{k_7}$$

式中　a_i——第 i 聚类景观类型量数，取值范围 0～10，$i=1$，2，3，……7；

b_{ij}——第 i 聚类景观类型中第 j 项景观要素的量数，取值范围 0～10；

k_i——第 i 聚类景观类型中景观要素的个数。

（3）旅游地综合评估模型　旅游地综合评估的理论基础是旅游者的消费决策和行为规律，其评估模型就是基于消费者决策模型——菲什拜因—罗森伯格模型建立的，公式为：

$$E=\sum_{i=1}^{n}Q_iP_i$$

式中　E ——旅游地综合评估结果值；

Q_i——第 i 个评价因子权重；

P_i——第 i 个评价因子的评估值；

n ——评价因子数目。

各评价因子评估值的求取，亦可采用相同形式的模型。对应于旅游地综合评估，通常还有一个定名量表，即可将定量的结果转化为确定的定性结论，使决策者能方便地利用评价结果。

迄今为止，世界上许多国家对旅游地进行综合评估时，大多采用此模型。只是由于不同国家的社会经济发展水平不同，故对于旅游地的综合评估有不同的侧重点。发达国家因旅游开发的投资能力强，交通便捷，所以一般侧重于对旅游资源的综合性评价，有时将旅游资源与设施状况加在一起进行旅游地的吸引力评价；而发展中国家则主要对旅游地的旅游资源、旅游地的区域条件、区位特性进行综合评价。

总之，运用此模型时，只要所取用的评价因子权重值和评估方法适当，其结果往往具有很高的应用价值。

3. *层次分析法*（AHP）

由于旅游资源本身的复杂性和多元性，加之资源评价、开发中涉及广泛的美学欣赏和社会经济等问题，许多要素无法量化测定。因此，旅游资源定量分析不可能简单地采用严密精确的数学量算方法。为此，引入了模糊数学的概念。

所谓模糊（6Jxy）性概念是美国应用数学家查德在 1995 年首先提出的。模糊性是事物现象不确定性在整体上的总和。它是一种复杂的、不确定的概念，相对于精确的科学概念。因此，在评价、分析旅游资源的复杂运动过程时，就要借助于模糊概念。在此基础上，人们采用某一评分法（如十分制、百分制）给评价指标打分，而后再用数学模型计算其结果。基本形式为：

$$\sum_{i=1}^{n} W_i a_i$$

式中　n ——被评价对象的方面数；

W_i——权重；

a_i ——评价指标的标准值。

在旅游资源的定量评价中，最关键的问题是确定各项评价指标的重要性程度，即权重。只有当对各因素给予合乎逻辑的加权时，数量法才具有意义。为了避免由主观决定权重，塞蒂首次提出了采用层次分析法（ABP）。所谓层次分析法，就是将复杂问题中的各种因素通过划分出相互联系的有序层次，使之条理化，再根据对一定客观现实的判断，就每一层次指标的相对重要性给予定量表示，利用数学方法确定其权值，并通过排列结果，分析和解决问题。

旅游资源综合评价的数量方法，归纳为两个方面：

(1) 指标数量化　无论评价指标是单一的（如气候、生物种类），还是综合的，都设法赋予评价指标数量化特征。

(2) 评价模型化　将各指标间的关系，用数学模型表达出，通过计算获得评价结果。实际上这种函数关系十分复杂，但评价总是近似地将它归结为某种线性函数。

具体方法、步骤一般如下：

(1) 因素分解和确定层次结构　首先在对各因素做全面调查、分析的基础上形成因素分解和综合，理清脉络，简化它们之间的复杂关系，明确主要影响因素和主要项目、内容。在此基础上，再对因素分组，按其内在结构关系排列为若干层次和方面，建立起合理的评价层次结构模型。

(2) 选择评价指标，构造判断矩阵　对层次结构中每一分解因素，要选择适宜的评价指标或参数，具体视不同的内容和要求而定，例如对自然景观价值特征的评价，可按照要素组成、优美度、规模度、特殊度、科学文化价值等划分。

(3) 确定权重，建立评价指标体系　评价模型是否正确，除了评价因子设置合理与否外，权重准确与否也是一个十分重要的方面。正确的权重应该是客观性和主观性的最优体现。这就要求在确定权重的工作中，一般用公众调查和专家团判断相结合的方法，以避免片面性。

(4) 结果处理　包括层次排列的一致性检查、计算综合评价系数和计算机处理等步骤。总的目的是追求完美的结果，防止判断偏差过多。全部资料和数据最好输入计算机以备查用。

旅游资源综合评价应该视为一个相互关联、大小层次等级不同的系统工程。它们各个部分可以分开，各部分之间的相互作用也可以进行分析。

如上所述，旅游资源综合评价模型的基本层次应包括旅游资源条件、地理环境条件、旅游客源条件及旅游社会经济条件这四大方面。按此可再细分下一级层次。在这四大基本层次中，旅游资源条件的评价是主要的也是整个评价工作的基础。建立在旅游资源分类的基础上，对其数量、质量、价值特征及空间组合、分布条件进行分析与评价。旅游客源条件则着重对资源利用的行为主体作出分析和评价。地理环境条件及旅游社会经济条件，则着重于客源条件之外的地区开发利用的社会经济能力和环境条件作出分析与评估。由此建立相应的评价子系统，从而构成不同等级的全套层次评价模型体系。具体见图 14－1，其中第一层是总目标层，第二层是评价综合层，第三层是评价项关系层，第四层是评价因子层。

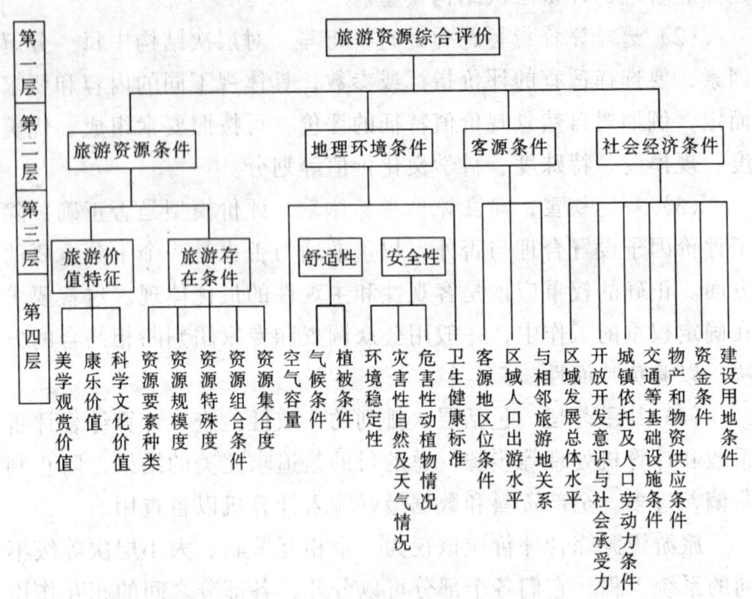

图 14－1　旅游资源综合评价体系

根据以上层次评价系统，建立起相应的评价模型和指标体系。其步骤是先按前述层次建立一级评价模型和指标体系，再具体细分建立二级或三级子模型及再低一级层次指标体系。评分法可以根据实际选用。以下引用丁季华同志主编的《旅游资源学》中的几张表格，举例介绍一些层次评价模型及参考指标表（见表14－4、表14－5、表14－6、表14－7）和规模度评价模型（见表14－8、表14－9、表14－10）。

表14－4 旅游资源条件评价模型表

评价因子	参考权重(%)	评分等级(分)				
		10～9	8～7	6～5	4～3	2～0
1. 要素种类	5	非常丰富	很丰富	比较丰富	一般	较少
2. 美学观赏价值	20	非常高	很高	比较高	一般	较低
3. 康娱价值	20	非常高	很高	比较高	一般	较低
4. 科学文化价值	20	非常高	很高	比较高	一般	较低
5. 规模度	10	宏大	很大	比较大	一般	较小
6. 特殊度	10	罕见	少见	较少	较普遍	很普遍
7. 组合条件	5	极佳	很好	较好	一般	不好
8. 集聚条件	10	极佳	很好	较好	一般	不好

表14－5 地理环境条件评价模型表

评价因子	参考权重(%)	评分等级(分)				
		10～9	8～7	6～5	4～3	2～0
1. 环境容量	30	很大	大	较大	较小	很小
2. 气候舒适度	20	极佳	优良	中等	较差	很劣
3. 植被覆盖率	15	很高(>90%)	高(>70%)	较高(>50%)	较低(<30%)	很低(<10%)
4. 安全稳定性	15	很好	好	较好	较差	很差
5. 卫生健康标推	20	极佳	优良	中等	较差	很差

表 14－6　景观美感度评价模型表

评价因子	参考权重(%)	评分等级(分)				
		10～9	8～7	6～5	4～3	2～0
1. 形态美	10	非常优美	很美	较美	一般	不美
2. 色彩美	10	非常丰富美丽	很丰富美丽	较丰富美丽	普通	单调不美
3. 音响美	10	非常悦耳动听	很悦耳动听	较悦耳动听	普通	毫无美感
4. 动态美	10	非常丰富优美	很丰富优美	较丰富多彩	一般	无
5. 嗅觉美	10	非常清香	很清香	较清香	一般	无
6. 意境美	10	非常深邃优美	很深邃优美	较深邃美好	一般	无
7. 组合美	10	非常优异	很优美	较优美	一般	无
8. 艺术美	10	非常美	很美	较美	一般	无
9. 文化内涵	10	非常丰富	很丰富	较丰富	一般	无
10. 环境协调	10	非常协调	很协调	较协调	一般	差

表 14－7　区域社会经济条件评价模型表

评价因子	参考权重(%)	评分等级(分)				
		10～9	8～7	6～5	4～3	2～0
1. 区域社会经济发展总体水平	20	很高	高	较高	较低	很低
2. 开放与开发意识及社会承受力	10	很好	好	较好	较差	很差
3. 城镇依托及人口劳动力条件	20	很好	好	较好	较差	很差
4. 交通基础设施条件	20	很好	好	较好	较差	很差
5. 物产和物资供应条件	15	很好	好	较好	较差	很差
6. 资金条件	10	很好	好	较好	较差	很差
7. 旅游地建设用地条件	5	很好	好	较好	较差	很差

表 14－8　溶洞规模度评价模型表

评价因子	评分等级(分)				
	10～9	8～7	6～5	4～3	2～0
1. 长度(km)	＞10	10－1	1－0.2	0.2－0.05	＜0.05
2. 相对深度(m)	＞1000	1000－100	100－20	20－5	＜5
3. 单个洞厅面积(m^2)	＞10000	10000－1000	1000－200	200－50	＜50
4. 单个洞厅高度(m)	＞100	100－20	20－10	10－4	＜4
5. 总面积(km^2)	＞10	10－1	1－0.2	0.2－0.02	＜0.02

表 14－9　古建筑（寺庙、宫殿）规模度评价模型表

评价因子	评分等级(分)				
	10～9	8～7	6～5	4～3	2～0
1. 总间数(间)	＞700	700－100	100－20	20－5	＜5
2. 总建筑面积(m^2)	＞10000	10000－1000	1000－300	200－50	＜50
3. 主殿高(m)	＞40	40－20	20－10	10－5	＜5
4. 主佛高(m)	＞20	20－10	10－5	5－1	＜1

层次分析得出评价模型后，在分别评分计算的基础上，可以汇总进行综合评价系数的计算。计算的基本公式仍是：$F\sum_i=\sum_{P=1}^{P}X_pF_{pi}$。关键是确定各大层次的权重，现提出如下参考数据供计算（见表 14－10）。

表 14－10　综合评价系数参考权重表

评价项目	参考权重(%)
1. 旅游资源条件(Z)	40
2. 地理环境条件(D)	10
3. 旅游市场条件(C)	20
4. 社会经济条件(J)	30
合　计	100

根据以上拟订的权重，综合评价系数的计算公式如下：

$$F\sum_{i} = \frac{1}{10}(4Z + D + 2C + 3J)$$

运算举例：设综合评价三处待开发旅游资源地甲、乙、丙，假定经过调查并已确定权重，则按评价模型列表运算如下（见表14－11）。

表14－11　旅游资源综合评价模型运算表

方面	评价因子	权重（%）	甲		乙		丙	
			记分	得分	记分	得分	记分	得分
旅游资源条件	1. 优美度	10	8	0.80	6	0.60	3	0.30
	2. 康娱价值	8	5	0.40	8	0.64	4	0.32
	3. 科学文化价值	8	3	0.24	5	0.40	5	0.40
	4. 要素种类	2	8	0.16	8	0.16	6	0.12
	5. 规模度与特殊度	8	8	0.64	4	0.32	7	0.56
	6. 组合条件	2	8	0.16	7	0.14	6	0.12
	7. 集聚度	2	4	0.08	7	0.14	5	0.10
	小　计	40		2.48		2.40		1.92
地理环境条件	1. 空间容量	4	6	0.24	10	0.40	6	0.24
	2. 舒适性	2	5	0.10	8	0.16	4	0.08
	3. 安全性	2	7	0.14	8	0.16	9	0.18
	4. 卫生健康标准	2	4	0.08	6	0.12	8	0.16
	小　计	10		0.56		0.84		0.66
客源条件	1. 客源地区位条件	10	6	0.60	7	0.70	7	0.70
	2. 区域人口出游水平	5	4	0.20	8	0.40	5	0.25
	3. 与相邻旅游地关系	5	8	0.40	2	0.10	6	0.30
	小　计	20		1.20		1.20		1.25

续表

方面	评价因子	权重(%)	甲		乙		丙	
			记分	得分	记分	得分	记分	得分
社会经济条件	1. 区域发展总体水平	5	4	0.20	6	0.30	7	0.35
	2. 开放开发意识与社会承载力	2	6	0.12	6	0.12	6	0.12
	3. 城镇依托及人口劳动力条件	8	7	0.56	8	0.064	5	0.40
	4. 交通等基础设施条件	10	4	0.40	8	0.80	5	0.50
	5. 物产物资供应条件	2	8	0.16	3	0.06	5	0.10
	6. 资金条件	2	4	0.08	8	0.16	5	0.10
	7. 建设用地条件	1	8	0.08	9	0.09	3	0.03
	小　计	30		1.60		2.17		1.60
	全　计	100		5.84		6.61		5.43

结论为乙地最优，甲地次之，丙地最差。

思考与练习

1. 旅游资源调查应遵循哪些原则?
2. 简述旅游资源调查的内容和方法。
3. 旅游资源调查报告一般包括哪些内容?
4. 旅游资源评价应遵循哪些原则?
5. 旅游资源个体品质评价主要包括哪些内容?
6. 旅游资源开发条件评价主要包括哪些内容?
7. 进行旅游资源评价主要有哪些方法?

第十五章　旅游资源开发与旅游规划

【学习目的】　理解旅游资源开发与旅游产品开发、区域旅游开发、旅游开发的关系，掌握旅游资源开发的原则和程序，熟悉旅游规划特点、类型和内容，了解区域旅游规划报告的基本内容。

【基本内容】

• **旅游资源开发**

旅游资源开发的概念；旅游资源开发与旅游产品、区域旅游开发和旅游开发的关系；旅游资源开发原则；旅游资源开发程序。

• **旅游规划**

旅游规划的意义和目的；旅游规划的特点和要求；旅游规划的类型和内容；区域旅游规划报告的基本内容。

第一节　旅游资源开发

一、旅游资源开发的概念

旅游资源是旅游业赖以发展的物质基础，缺少旅游资源旅游业便成为无米之炊，无本之木，而未经开发的旅游资源无法直接

为旅游业所利用。在旅游业迅速发展、旅游者需求日趋多样化、个性化的今天，只有对现有旅游资源进行深层次开发，或者开发新的旅游资源，才能不断满足旅游者的需求，确保旅游业的持续发展。

旅游资源开发是指以发展旅游业为前提，以市场需求为导向，以旅游资源为核心，以发挥、改善和提高旅游资源对游客的吸引力为着力点，有组织有计划地通过适当方式，把旅游资源改造成为能为旅游业所利用的旅游吸引物的经济技术系统工程。很显然，旅游资源开发的主要目的是发展旅游业。旅游资源开发的实质在于深入挖掘旅游资源的内涵价值，提高其吸引力，使旅游资源变成现实的旅游吸引物，充分发挥旅游资源的多种旅游功能。旅游资源开发的本质是一项有组织、有计划的经济技术系统工程。

二、旅游资源开发与旅游产品、区域旅游开发和旅游开发的关系

如上所述，旅游资源开发是以旅游资源为核心的经济技术系统工程，其实质是要把旅游资源变成现实的旅游吸引物。而旅游开发是一项综合性的开发，也是一定空间范围的区域旅游开发。旅游开发就是根据当地条件，运用适当的资金、技术手段，通过科学的调查、评价、规划、建设、经营等，使未被利用的旅游资源得以利用，已被利用的旅游资源在深度和广度上得到加强，并对资源、市场、产品、商品、人才等进行综合研究，确定发展方向，搞好相应的设施配套，创造更佳的效益，使旅游业在区域内得以建立、完善、发展和提高。区域旅游开发就是在可供开发利用的旅游资源分布相对集中的区域内，以中心城市为依托，以区域自然、经济、社会、交通和区位条件出发，对区域旅游资源进行综合性的开发，以兴建旅游吸引物为主、开发旅游服务设施为辅的开发活动。区域旅游开发具有明显地理范围规定性，它只是

旅游开发中一定区域范围的开发。可见，旅游资源开发是旅游开发的核心基础，旅游资源开发只是旅游开发中的重要组成部分。旅游开发的中心也是旅游资源，不过旅游开发是一项综合性的开发，其出发点是市场，是旅游者，其目的是提供旅游、娱乐、休养等的场所。旅游开发与其他产业开发相比，具有多元性（要对行、游、食、宿、购、娱等各消费要素进行综合、充分的考虑）、多层次性（开发空间由范围大小不同的区域、景区、景点组成）和动态性（开发是一个动态的过程）等特点。

同旅游资源相比，旅游产品的内涵更加广泛。从旅游者的角度来说，旅游产品是旅游者一次旅行的整体经历；从旅游业的角度来看，旅游产品则是旅游供给商为旅游者提供的行、游、食、宿、购、娱整个旅游活动过程中所需要的有形产品和无形服务的总和。而旅游资源只是构成旅游产品的一项重要因素。旅游产品的开发结果是一条现实的旅游线路，可以直接由旅游供应商提供给旅游者的有形产品和无形服务来组合。

综上所述，旅游资源开发与旅游产品开发、区域旅游开发、旅游开发之间是各有侧重、逐步延伸的关系。旅游资源开发是旅游产品开发、区域旅游开发、旅游开发的核心基础，同时，成功的旅游资源开发必须与其他旅游相关方面的开发协调进行。

三、旅游资源开发原则

（一）独特性原则

虽然旅游资源对旅游业具有决定性的意义，但开发方式的独特性与新颖性，对旅游业的发展有着巨大的促进作用，新奇感是旅游的主要激发条件，独特优良的景区形象，是形成吸引力和竞争力的关键所在。具有吸引力和长久生命力的旅游景区（点），除了必须与相应的环境处于和谐的状况外，还必须具有鲜明的个性特色。没有个性的东西，不可能对旅游者构成足够的吸引力，缺乏特色的旅游景区（点）是没有生命力的。特色是旅游景区（点）的灵魂，独特性原则是旅游资源开发的中心原则。

个性是旅游景区（点）的生命力所在，旅游景区（点）的个性又取决于该地的旅游资源的结构。地域分异规律导致各地区在旅游资源具有差异性，从而形成各自的特点。旅游资源开发的独特性原则要求各地区在旅游资源开发过程中，应该寻求差异，突出本地特色，发挥本地优势，把挖掘当地特有的旅游资源作为出发点，把最能体现当地特色的旅游资源作为重点开发对象，尽最大可能突出旅游资源的地域特色、时代特色、艺术特色和习俗特色。

独特性原则不但要求突出旅游资源自身的特色，而且要求突出旅游资源的民族特色和地方特色，努力反映当地文化，尽可能保持资源的原始风貌。因为只有民族的旅游资源，才是世界的旅游吸引物，只有越原始、越古老的旅游资源，才越有价值。旅游资源的特色越突出，个性越鲜明，垄断性就越强，就越能吸引旅游者。

当然，独特性原则并不是要求单一性的开发，旅游资源开发在突出特色的基础上，还应具有多样化特点，以丰富旅游活动，满足游客多样化的需求。

（二）美观性原则

美是人们共同的要求，美也是吸引游客的关键。旅游者出游就是要追求美的享受和美的心灵陶冶。旅游景区（点）是一个突出美、创造美的区域。旅游资源开发应该运用美学原理，切实注意自然美、社会美和艺术美的有机结合，高起点、高标准、高档次地开发旅游资源，充分体现旅游资源的时空结构特色，合理发挥旅游资源节奏韵律，努力提高旅游资源的美感度，增强旅游资源的吸引力。

（三）文化性原则

旅游是旅游资源与文化资源、旅游经营与文化经营、旅游消费与文化消费的结合，既是经济性很强的文化事业，又是文化性很强的经济事业。旅游开发的本质是旅游文化的开发，旅游活动过程实质上是人们以货币、时间和精力的付出，去取得情景交融的休闲、身心享受的愉悦与人生气质品位的升华。在旅游产品文化性回归大潮中，追求文化品位、文化享受，感受文化氛围，接受文化熏陶，已成为人们的必然选择。所以，在旅游资源开发过程中，要精心整合和升华优秀文化，有效保护与合理开发文物古迹，发掘资源的文化内涵，丰富旅游产品的文化内容，增强景区文化的厚重感，增加旅游产品的观赏性、启迪性和参与性，塑造当代有个性的旅游文化形象，提升旅游产品的文化品位，让游客在游览观光中感受到当地文化的深厚内涵和独有韵味。

（四）综合性原则

旅游业可持续发展要求人类正确处理现实与未来、资源环境保护与旅游经济发展、开发利用与景观保护、旅游业与其他产业的关系，所以旅游资源开发必须讲究整体效益、关注生态和谐和追求社会公平，强调公平性、持续性和共同性，最终达到旅游业的全面发展。

综合性原则有两重意义，其一是旅游资源开发过程中，必须围绕重点项目进行综合开发，形成系列产品和配套服务，丰富旅游活动内容，延长游客停留时间，提高旅游经济效益，从而把旅游资源开发引向深度和广度发展。旅游资源开发必须通盘考虑旅游资源的价值、功能、规模、空间布局、开发难易程度、市场状况等诸多因素，合理配置，使之产生最佳的综合效益。必须使旅游资源与旅游服务设施相配套，协调发展，使资源的功能与游客的需求紧密结合，做到系统内各要素之间相互支持、相互配合，系统内部与外部环境协调一致。其二是旅游资源开发既要注重经济效益，也要强调社会效益和环境效益。

旅游业是一项经济产业，旅游资源开发同属于经济活动范

畴，追求经济效益是旅游资源开发的主要目的之一。因此，在旅游资源开发时，首先要在充分了解市场的基础上，对旅游资源开发项目的可行性、投资规模、建设周期、市场范围、资金回收周期等方面，进行深入的分析研究，统筹规划，分步实施，择优开发。但是，旅游开发又必须正确处理好开发与保护的关系。旅游资源和旅游环境是现代旅游活动的对象，是发展旅游业的基本条件，良好的生态环境是旅游业可持续发展的基础。只有得到精心保护、处在良性循环状态的自然环境和旅游景观，才能激发人们的旅游愿望转化为现实的旅游需求。旅游资源开发必须严格控制在环境保护法律和法规允许的范围内，切实保护目前和未来的旅游发展赖以生存的旅游生态环境质量，确保旅游资源能够永续利用，实现旅游业可持续发展。同时，旅游资源开发必须注重社会文化影响，切实遵守旅游目的地的政策法规和发展规划，切不可危及当地居民的文化与伦理、社会道德和社会生活，维护良好的社会环境，做到经济效益、环境效益和社会效益相协调，实现“生态—经济—社会”三维复合系统整体的良性互动和可持续发展。总之，旅游业可持续发展要求旅游资源开发要与旅游资源保护相协调，旅游经济发展速度要与发展质量相协调，旅游发展规模要与自然承载能力相协调，旅游经济效益要与生态效益相协调，谋求社会、经济、生态三个方面的最佳综合效益。

（五）市场性原则

旅游资源开发必须根据旅游市场的需求和变化规律，确定开发的主题、规模和层次。这是市场经济体制下的一条基本原则。市场性原则要求在开发旅游资源前，一定要进行市场调查、市场细分和市场预测，准确掌握市场需求和竞争状况及其变化规律，结合资源现状和特色寻求与其相匹配的客源市场，确定目标市场，以目标市场需求为导向，有计划地进行旅游资源开发。

开发过程中应坚持以市场为导向，针对不同客源层次的需要，注意集中优势，扬长避短，全面兼顾，分步到位，成龙配套，综合服务，做到开发一片，受益一片；既要注意求精、求新、求宜、求稳，从小规模开始，由单项开发起步，从区域性旅游着眼，又要坚持高起点、高标准、高档次，积极培育旅游业的"增长点"，充分发挥旅游业的极化效应和展开效应；要根据市场多样化、个性化、参与性、自助性、休闲化的发展趋势，大力开发特色鲜明、竞争力强、产销对路的旅游产品，深层次地挖掘本地民俗文化、独特风情、历史传统等文化特色因素，营造具有浓郁地方特色的氛围；景区内旅游产品主题要鲜明，格调品位要高，知识性、观赏性、趣味性和参与性要强，主景个性要鲜明，辅景内容要丰富而协调，核心景点和卫星景点要彼此呼应，自然景观和人文景观要兼容互补，促进旅游形象的升华和突破性的改变，满足旅游者的审美需求。

四、旅游资源开发程序

(一) 旅游资源调查与评价

旅游资源的全面调查研究和准确的分析评价，是旅游资源开发的前提。调查研究的内容主要包括旅游资源的类型、数量、分布、个性、特色等。对自然景观类旅游资源要着重弄清其成因及演变，对人文旅游资源则应查清其历史渊源及文学艺术价值等。但无论何种旅游资源都要分析其旅游价值、功能、空间组合特征及旅游容量。关于旅游资源评价问题前一章已经提及，此处不赘述。

(二) 旅游资源开发可行性论证

可行性论证主要包括三个内容：即经济可行性分析、技术可行性分析、社会环境可行性分析。

1. 经济可行性分析

主要包括市场分析、投资效益分析和经济承载力分析。市场分析主要包括市场需求与市场竞争分析，即市场规模分析、市场结构分析（从客源区位、社会人口特征、消费行为、市场竞争对手、市场发展趋势五个方面入手），搞清客源来源及其空间距离、客源地经济发展水平、潜在旅游者可支配收入和主要旅游动机、爱好、年龄构成、文化程度、消费习惯、职业、信仰等，明确客源市场分布，预测客源市场需求和客源市场的大小。投资效益分析则主要进行投资条件分析、投资环境分析和投资效益评估，确定投资开发的先后顺序（投资效益较好的旅游资源应优先开发）。

2. 技术可行性分析

主要判断开发能否达到技术上的预期目标。首先，要分析旅游资源开发的技术要求和施工难度，然后，要对一定时期内的施工条件、施工技术和工作量进行评估，提出每一项工程建设的经济技术指标，确保技术过关，资金节省，效益提高。

3. 社会环境可行性分析

主要包括社会承载力分析和环境承载力分析。社会承载力主要包括：生活方式改变与文化影响；基础设施的获取与需求；娱乐设施开发、人员雇用等。环境承载力主要指区域旅游的生态容量，即在一定时间内旅游区的自然生态环境不致退化的前提下，所能容纳的旅游活动量。社会环境可行性分析主要包括以下内容：当地居民对旅游开发的观念和态度；当地政府对旅游开发的支持力度；有关法律政策对旅游业发展的规定；旅游业可能对当地社会文化；道德生活方式带来什么影响；旅游活动可能给资源和环境造成的破坏程度等。

（三）旅游资源开发定位

旅游资源开发定位是旅游资源开发者为适应旅游者心目中的某一特定地位而设计旅游资源的开发方案及营销组合的行为。旅游资源开发定位的目的是将区域（或组织）的营销策略与竞争者区分开来，实质是制定一种比竞争者能更好地为目标市场服务的营销策略。

旅游资源开发定位按营销管理层次可分为开发目标定位、旅游功能定位和旅游形象定位、资源组合定位和组织定位三个级别。旅游资源开发定位的原则是：目标定位应当具有号召力，经过努力是可以实现的；旅游功能定位应当是可信的；形象定位应当具有独特性。

旅游资源开发定位应该遵循旅游资源开发导向模式（由旅游资源类型结构和市场需求结构层次供需矛盾所决定），充分认识我国旅游资源开发正在实现由资源导向（模式开发主要依资源而定，有什么资源就开发什么资源，很少考虑客源市场）向市场导向模式（市场需要什么就开发什么）转变的必要性，切实注意基础形象导向、总体功能导向、市场功能导向、主题导向（功能开发定位、风格导向、模式定位、次序定位）。

旅游资源的开发定位一般要经过四个步骤。一是，要根据资源的特色和市场竞争状况找出一组具有吸引的市场机会（即具有竞争优势的市场领域）；二是，对市场机会进行比较分析之后，选择出自己的目标市场；三是，制定出包括资源功能、形势、促销、营销渠道等内容的旅游资源定位策略；四是，以恰当的方法通过媒体把旅游资源定位观念传递给目标市场。

（四）旅游资源开发设计

在资源调查、评价的基础上，按照旅游资源开发的原则和已作出的定位策略，确定旅游开发的规模和开发的内容，拟订旅游景区（点）的空间布局、功能分区和总体构图，最终制定出旅游资源开发设计的总体方案。

旅游资源开发规模的确定必须充分考虑客源市场和旅游环境容量。旅游资源开发内容则是根据旅游资源的旅游功能、特性和旅游市场的需求来确定。必须对拟订要开发的各种旅游活动项目进行相关分析，以确定各种活动之间的相依或相斥关系，从而有效地进行功能分区，并在各功能分区内为各种设施、活动寻找适当的位置。旅游资源开发设计应注意其结构、物质、审美等功能的满足，考虑市场的需求及其可接受性和经济效益，协调景区（点）与交通的关系，注意资源保护，关注社区的目标及环境保护。旅游规划是旅游资源优化配置（指自然资源、人文资源、公共投资、技术与人力资源、信息宣传设施、服务设施与基础设施等旅游产业要素及相关社会经济资源的优化配置）与旅游系统合理发展（指积极影响最大、消极影响最小、持续稳定的发展）的结构性筹划（是指主要控制旅游发展的基本趋势、基本模式、基本内容框架及战略重点等）过程，是为实现既定的旅游发展目标而预先谋划的行动部署，也是一个不断地将人类价值付诸行动的实践过程。它既是社会经济发展规划的组成部分，也是发展成为国土规划、城市规划的组成部分。

第二节　旅游规划

一、旅游规划的意义和目的

（一）旅游规划的意义

旅游业要发展，规划要先行，这已成为旅游界的共识。旅游规划是旅游发展的纲领和蓝图。科学的旅游规划是实施可持续旅游的基本依据。区域旅游业可持续发展规划的过程，本身就是论证区域旅游资源开发利用和区域经济结构协调优化的过程，也是论证和挖掘区域旅游生产力持续发展的过程，不重视区域旅游规划，或编制不出科学的旅游规划，就等于丧失了可持续旅游发展的科学依据。所以在旅游资源评估和旅游景区（点）准确定位的基础上，根据国家有关规定，科学地进行旅游规划，合理确定区域旅游的性质、规模、容量，统筹安排各项设施建设用地，优化配置各项基础工程，合理组织旅游区域内各景区（点）和各项服务设施，保证各阶段发展目标、途径、程序的优化，对于实现区域旅游持续快速发展具有重要意义。旅游规划明确提出旅游发展的方向、规模、速度和目标，以及实现目标的对策和措施，它对旅游业的发展具有战略性的意义。

（二）旅游规划的目的

旅游规划的根本目的就是保证旅游业的可持续发展（既满足当代人旅游的需要，又不损害后代人满足其旅游需求能力的发展）。旅游规划要达到两个具体的目的：一是，摸清家底，扬长避短，发挥优势，统筹安排，整合配置资源，调动一切社会力量，有计划、有步骤地发展旅游业，获取最佳效益（经济、社会、环境整体效益）；二是，按照规划提出的目标，制定发展旅游业的具体措施，并组织实施，确保旅游业快速健康发展。

换句话说，旅游规划就是为区域经济、社会发展战略目标服务，实现区域国民经济和社会发展总体规划所提出的对旅游发展的要求，有计划、有步骤地发展旅游业，以减少盲目性，增强自觉性；为旅游者及当地居民提供基础设施及娱乐设施，充分发挥地区优势，确保旅游地开发类型符合社区意愿，以及当地政府及居民追求一致的开发项目得以合理开发，力求通过发展旅游业提高当地居民的生活水平。

二、旅游规划的特点和要求

（一）旅游规划的特点

1. 科学性

旅游的发展有其客观存在的规律性，不按这些规律办事，势必阻碍旅游业的发展，这些规律有自然方面的，也有社会和经济方面的，以及国家的方针政策方面的。科学的旅游规划是在了解本国、本地区旅游资源、旅游环境、服务设施等情况和了解本国、本地区所及的客源市场的需求与经济发展水平的基础上作出的。正确地处理旅游需求和旅游供给之间的矛盾、旅游开发和旅游环境保护的矛盾、旅游者和政府、居民之间的矛盾，才能使主观设计系统和客观存在的实际系统相一致。

2. 地域性

旅游规划是对一定空间范围内的旅游活动进行规划。旅游资源的分布具有明显的地域性，而旅游资源又是旅游产品的重要组成成分，旅游设施的布局和旅游服务的提供都是围绕旅游资源进行的。因此，旅游资源是旅游开发规划的重要物质基础和依据，旅游规划同样具有很强的地域性。不仅旅游规划的编制是针对某一地域范围，旅游规划的实施也不可避免地落在这一地域范围内，地域范围的大小要以保证规划对象的完整性为原则。

3. 层次性

旅游规划大到国家区域，中到市域县域，小到旅游目的地和具体项目，旅游规划应针对具体地域范围而有所不同，但各层次间是相互联系、相互转化的。

4. 前瞻性

旅游规划不仅要对目前出现的问题提出解决方案，更重要的是对未来状态的设想和对可能出现的问题作出科学预测和处理。所以，旅游规划中对未来的预测是非常重要的，正确的预测是旅游规划成败的关键。

5. 可操作性

旅游规划是理论分析研究的结晶，但最终目的还在于应用于实践，指导旅游资源开发和旅游景区的建设，使旅游开发有章可循，有据可依。这就要求旅游规划要符合实际，具有可操作性。没有可操作性的旅游规划是毫无价值的。

6. 复杂性

旅游规划是一个复杂的系统，既表现出明显的系统性，又具有层次性。它既包括旅游资源、旅游设施、客源、旅游服务、旅游环境、旅游保障系统规划等，又包括不同层次的旅游区规划，而不同层次的旅游规划又包含着上述不同系统的规划。

（二）旅游规划的要求

旅游规划应该在符合国家相关法律和规定及遵循规划的理论和原则的条件下，充分发挥规划者的聪明才智，大胆设想，标新立异，设计出既有特色又具有吸引力的旅游产品。区域旅游规划，必须根据整体性、兼容性、服务性、适当性的要求，实施“合纵横联、优势互补、深度开发、整体推进”的战略，加强区域性的旅游合作，设计组合跨地区的旅游产品，建立多元化的旅游市场网络，实现适度超前、滚动开发和快速发展。

从旅游业可持续发展的思想实质来看，旅游规划制定的前提是区域旅游发展在特定的时空尺度上的发展潜力，即区域单项和综合旅游资源的潜在保障力（它从旅游资源对旅游发展的作用方向上反映了区域旅游可持续发展潜力）、区域社会经济的潜在支撑力（从社会经济对旅游发展的作用方向上反映了区域旅游可持续发展潜力）、区域环境容量的潜在承载力（从自然环境和人文环境对旅游发展的作用方向上反映了区域旅游可持续发展的潜力），着眼于区域旅游资源的合理利用和区域旅游经济结构的协调优化，谋求区域社会、经济、生态三个方面的最佳综合效益。制定长期、中期旅游规划要高度重视发展旅游业和保护生态环境的关系，坚持“全面规划、严格保护、合理开发、永续利用”的原则，既要充分考虑生态环境对旅游业发展规模、档次的承载能力和旅游业与经济社会发展水平相协调，又要综合分析旅游业自身各要素（如旅游资源的结构、等级、客源市场等）和旅游相关产业的基本情况，使旅游业保持适度发展规模，促进旅游业

协调、稳步发展。制定地方旅游规划，不但要有合理利用资源、正确安排项目、争取永续发展的考虑，而且要有通过搞好规划、执行规划，把各有关部门、有关方面的积极性进一步组织和调动起来，形成各有关方面齐心协力办旅游的深层次的考虑；不但要考虑本地区的利益，而且要考虑其他地区及全国的利益，从中国国情和本地旅游资源实际出发，为旅游业崛起腾飞描绘蓝图。

总之，旅游规划要树立大规划意识（即旅游规划是各级政府的规划，不仅仅是各级旅游行政管理部门的规划）、协调意识（即各级旅游行政管理部门在规划制定和实施过程中的作用是协调人、解释人的角色）和配合意识（即旅游规划制定和实施必须调动社会各方面的积极性，得到各方面的支持和配合），坚持长短结合原则（即长期规划与年度计划相结合），虚实结合原则（即原则、指导思想等虚的内容与项目开发等实的内容相结合）、时空结合原则（即时间安排与空间布局相结合）、动静结合原则（规划指标是静态的，规划是动态的，要根据发展的实际情况及时修改规划指标，使之更切合实际）和定量与定性相结合原则，按照营造大环境、着眼大区域、发展大旅游的思想，深入进行资源分析（资源评价与产品转化）、市场分析（旅游产品的弹性与旅游者的产品选择偏好）和产品分析（产品创新与空间分布），突出区域特色，强调区域联合，实施综合开发，形成以点带线、点线结合、线线联网的旅游布局格局，真正做到有计划、有步骤、有实效地进行资源开发和旅游景点、旅游设施的建设，真正做到旅游规划能体现新世纪、新体制、新形势、新机遇的特征，体现大力培育旅游业新经济增长点的主题，体现综合性、全局性、前瞻性和科学性的统一，体现规划宏观性、战略性和政策性的结合，体现规划思想、内容、形式和方法上的创新精神。

一般来说，旅游规划包括三个方面的内容：一是发展战略，主要对旅游业发展具有战略性、全局性和指导性的内容作出具有前瞻性的规划，如指导思想、发展目标、发展方向、发展原则等；二是旅游行业发展，即纵向发展规划（如旅行社发展规划、饭店发展规划等），主要包括历史回顾、现状分析、存在问题、发展方向、实施措施等内容，针对行业中存在的问题提出具有的解决方法；三是旅游开发规划，即横向规划，强调区位、布局，阐明旅游功能分区和具体开发项目。不过，不同类型的旅游规划，其内容是有所不同的。

三、旅游规划的类型和内容

国内外旅游规划的类型、内容千差万别。但是其最终目的均在于对旅游系统的发展进行合理的引导与调控。因此，旅游规划可以按其发挥的作用的范围大小和程度强弱之差异进行分类。据此，旅游规划可分为战略规划、总体规划、项目规划三大层次。在每一规划层次上，根据规划对象的特点和组织重点之不同，又可细分为几种类型。它们既有共同点又有不同点，通过相互衔接，形成从区域旅游战略，到具体旅游项目开发的完整规划体系。

（一）战略规划类型和内容

1. 战略规划的内涵

战略规划是对一个较长历史时期内、较大（通常跨地区）的旅游系统的发展总目标及其实现方式的纲要性谋划过程。它具有纲领性、政策指导性、操作灵活性、对策关键性四大特点。它的任务是结合社会经济长远规划、区域规划和旅游发展政策，根据区域旅游资源和市场形势，确定旅游系统的发展目标和战略部署。即通过目标市场合理定位；旅游产品质量与结构优化，地域间、部门间、生产力要素间的协调发展，来增强旅游系统市场竞

争功能和后续发展实力，实现旅游业持续快速发展。

2. 战略规划的类型

战略规划可分为行政区旅游发展战略规划和旅游区旅游发展战略规划。行政区旅游发展战略规划主要有省、市（地区）两级。它们通常沿用国家旅游规划体例，习惯以“发展规划为主”。随着我国旅游发展逐步与国际接轨，以及旅游市场竞争的加剧，这种以行政区为地域范围的旅游规划，虽然易于进行规划组织，有利于实施“滚动规划”，但它因受行政范围的限制，无法进行真正意义的合理规划。

在现代旅游市场激烈竞争的条件下，地区或市域旅游规划，应该致力于为本地发展旅游而综合解决旅游系统的关键性、整体性问题（如资源环境保护、交通、信息、市场管理等旅游市场本身难以解决的具体问题），从而为培育、支持地方旅游经济迅速增强市场竞争力而创造实在的、关键性的条件，重点解决市场经济本身无法解决的问题，因市场经济而加剧的问题，以及区域规划难以深化的问题。

旅游区旅游战略规划是一种突破行政边界，按旅游经济地理特征来划分规划范围的旅游战略规划。这类旅游战略规划的重点是改善交通联系、联合促销、统一管理标准、联系环境治理、协调信息系统工程、进行资源整合、产品创新，有利于集中反映旅游经济发展、生态环境演变的固有规律和客观格局，故越来越受到国际国内旅游界的重视，有条件的地区采用这类规划较为合理。

3. 战略规划的内容

战略规划的内容主要包括以下几个方面：

（1）简述自然、历史、经济、社会现状。

（2）调查与评价旅游资源在区域中的地位。

（3）论证旅游市场及社会、经济发展条件。

(4) 阐明旅游在规划区经济发展中的地位。

(5) 预测旅游发展规模。

(6) 确定规划期内旅游发展目标。

(7) 确定旅游系统的结构布局。

(8) 确定各旅游区、旅游带、旅游中心城市的性质和特色。

(9) 确定发展重点和促销形象。

(10) 进行战略部署，综合解决旅游交通网络、资源保护标准、资金筹措、市场管理、管理体制等问题。

(二) 总体规划类型和内容

1. 总体规划的内涵

总体规划是一个地域综合体内旅游系统的发展目标和实现方式的整体性部署过程。总体规划一旦被相关政府审批后就成为该区各类部门规划和旅游开发项目规划的依据。总体规划的主要任务是，以区域旅游战略规划为依据，结合社会经济发展规划、国土规划和城市规划，综合研究旅游资源、市场形势和发展条件，确定旅游在本地国民经济中的地位和发展目标，并对如何实现目标作出整体部署。

2. 总体规划的类型

总体规划主要包括市域（地区）和县域总体规划、都市旅游规划、旅游度假区总体规划、风景名胜总体规划和乡镇旅游规划等。总体规划涉及区域城镇体系、交通系统、基础设施、生态环境、风景及人文旅游资源开发计划、综合安排；确定区域范围、重点区域和各分区范围；对外交通系统的结构和布局、道路系统规划；确定需要保护的自然地带、风景名胜、文物古迹、传统民居保护范围及措施；开发建设规划、目标、内容和措施。

3. 总体规划的内容

总体规划主要包括以下一些内容：

(1) 规划编制的依据。

（2）现状概要（自然条件、历史沿革和社会文化、社会经济现状、旅游发展现状）。

（3）旅游资源评价。

（4）旅游市场分析（区位分析、市场预测、综合分析）。

（5）目标制定与战略部署（旅游产业定位、旅游区定性、指导思想、发展目标、发展规模、发展重点）。

（6）旅游区区划与功能布局（旅游区区划、空间布局、功能组合）。

（7）旅游产品体系（旅游项目策划、游览观光体系规划、娱乐体系规划、服务体系规划、旅游线路规划、形象策划与传媒宣传规划）。

（8）旅游支持体系（土地利用、道路交通、服务设施规划；投资分析与资金筹措计划；劳动教育与科技计划）。

（9）旅游保障体系规划（容量规划与旅游调节、环境保护与生态保育规划、文化保护与社会发展规划、安全防灾措施、旅游市场维护与管理）。

（10）规划实施措施（近期规划项目与投资匡算，规划管理机制）。

实际上，旅游规划的类型可按不同标准分出许多不同的类型：

（1）按性质可分为：总体规划、专题规划（土地利用、景区旅游功能布局、旅游设施、环境保护、旅游交通绿化、旅游线路、资金投入、旅游市场、旅游产品营销、旅游人力资源开发规划等）。

（2）按层次可分为：国家级旅游规划、区域旅游规划、地区旅游规划、旅游区规划等。

（3）按可操作性可分为：客观规划和实施规划。

（4）按发展速度可分为：初期开发规划、接力开发规划和后续发展规划。

（5）按旅游区类型可分为：都市旅游区规划、度假旅游区规划、自然保护区规划、森林公园旅游区规划、主题公园规划、历史城镇旅游规划、城市公园规划、园林规划和旅游附属体系规划（如旅游产品体系规划、旅游支持体系规划、旅游保障体系规划、旅游环境保护规划）等。

（三）项目规划

项目规划是根据分区规划和小区详细规划的要求，对具体开发项目的标准、规划、性质、特点和开发进度等作出规划。

四、区域旅游规划报告的基本内容

（一）旅游业发展现状

1. 发展概况（发展条件：前景、潜力、基础条件、现有水平）

2. 存在问题（制约要素）

（二）旅游业发展指导思想、战略目标（总目标和分期目标）和规划依据

（三）旅游资源与特色旅游产品开发

1. 旅游资源分析

2. 旅游区域功能定位

3. 旅游目标定位

4. 旅游容量测算

5. 旅游服务功能定位

6. 开发思路（含旅游资源开发工作思路和旅游产品开发思路）

7. 旅游中心、重点景区、重点旅游产品（含专项旅游产品）、旅游线路开发与建设

8. 国内国外旅游市场和入境客源市场开发

（四）旅游基础设施和旅游服务设施建设

1. 旅游基础设施和旅游服务设施开发的工作思路

2. 交通配套要求

3. 邮电通讯配套要求

4. 能源和水资源配套要求

5. 旅游饭店建设（建设控制规模、总体档次结构、旅游饭店布局、旅游饭店软件建设、完善旅游饭店功能、娱乐设施建设、购物设施建设、旅游信息网建设等）

（五）旅游市场开发

1. 开发格局

2. 开发思路（国内、国际旅游市场开发思路）

3. 开发措施

（六）旅游人力资源开发与管理

1. 旅游人力资源现状分析与需求预测

2. 旅游人力资源开发与管理的指导思想和具体措施

（七）旅游信息网络开发

1. 旅游信息网络工程规划

2. 旅游信息网络开发的策略

（八）旅游投入产出分析

1. 重点项目的资金投入（含景区景点、星级饭店、旅游交通和其他旅游设施等）

2. 经济效益的预测（间接效益、国内旅游市场间接收入、带动效益、其他效益评估）

（九）实现规划目标的保证条件和政策措施

思考与练习

1. 试述旅游资源开发与旅游产品开发、区域旅游开发和旅游开发的关系。
2. 旅游资源开发应遵循哪些原则？

3. 简述旅游资源开发的程序。

4. 你是如何理解旅游规划目的的。

5. 旅游规划有何特点?

6. 旅游规划有何要求?

7. 试述旅游战略规划的内涵、类型和内容。

8. 试述旅游总体规划的类型和内容。

9. 你认为区域旅游规划报告应包括哪些基本内容?

第十六章　旅游资源环境保护与旅游业可持续发展

【学习目的】　了解旅游资源环境的概念，认识旅游资源环境保护的必要性，掌握旅游资源环境保护的措施，理解旅游业可持续发展的实质和目标。

【基本内容】
- **旅游资源环境保护**
  旅游资源环境的概念；破坏旅游资源环境的因素；旅游资源环境保护的必要性；旅游资源环境保护措施。
- **旅游业可持续发展**
  旅游业可持续发展的提出；旅游业可持续发展的实质；旅游业可持续发展的目标；旅游业可持续发展的衡量。

第一节　旅游资源环境保护

一、旅游资源环境的概念

（一）旅游资源环境的分类

旅游资源环境是以旅游者为中心，以旅游资源为根本，以旅游目的地为基础，并由自然生态环境和人文社会环境共同构成的旅游活动特定区域范围复合环境系统。

旅游资源环境所包含的内容较多，具有不同的划分方法。目前学术界认识较为一致的划分方法有以下几种。

1. 以旅游者为中心划分

以旅游者为中心可划分为旅游资源本身环境、旅游自然生态环境、旅游人文社会环境、旅游气氛环境等。

（1）旅游资源本身环境　一般认为旅游资源环境是指可供人类进行旅游活动（或称为可供人类旅游享用）的各类环境，分为自然旅游资源环境和人文旅游资源环境。实际上，不论是自然旅游资源环境，还是人文旅游资源环境，它们本来就是整体环境的组成部分。

（2）旅游自然生态环境　一般是指由旅游目的地（也含旅游依托地）的地形、地貌、气温、降水、空气、水体、生物等组成的综合体。它对旅游者来说，有时并不是直接的旅游对象或旅游吸引物，而只是一种起承载作用的外在环境或基础环境，但恰恰是由它构成了旅游业生存、发展的基础，直接关系到旅游业的成败兴衰。

（3）旅游人文社会环境　一般是指旅游目的地（含旅游依托地）的政治局势、社会治安、经济水平、社会习俗、卫生健康、旅游服务和当地居民对外来游客的态度等，从多方面影响旅游者对旅游目的地的选择。

（4）旅游气氛环境　一般是指旅游者在旅游过程中，对周围“物”（自然旅游资源和人文旅游资源）和人（旅游目的地的居民、旅游经营者、其他旅游者）所形成的特定环境的感受，热情程度、服务态度、服务质量和环境容量等现场旅游气氛对旅游者的心理影响是明显的，影响旅游者的满足程度和对旅游地的评价。

2. 以旅游资源为中心划分

旅游资源总是以旅游区（点）的形式表现出来。旅游区

（点）又可归纳为自然旅游环境、人文旅游环境和综合的旅游环境，但都是以自然生态环境和人文社会环境为基础的。然而，自然旅游资源或旅游区（点）多与自然生态环境有关（自然生态旅游资源有许多就是自然生态环境的组成要素），而人文旅游资源或旅游景区（点），不仅存在于一定的自然生态环境之中，而且与社会经济环境有很密切的关系。为此可以采取以下一些划分法。

（1）按旅游资源属性划分 自然旅游环境（含自然旅游资源和自然生态环境）和人文旅游环境（含人文旅游资源和旅游人文社会环境）。

（2）按旅游资源要素划分 自然旅游环境可细分为旅游空气环境、旅游水体环境、旅游地形地貌环境、旅游生物环境等；人文旅游资源环境也可细分为文物古迹环境、民俗风情环境等。

（3）按旅游资源地理空间或物质范围划分 某个旅游点的旅游环境、区域旅游环境、地区旅游环境等。

（4）按旅游资源的思维空间范围划分 直接利用的旅游资源环境和间接利用的旅游资源环境，或狭义旅游资源环境（只指能够吸引游客的各类旅游资源）和广义旅游资源环境（既包括能够吸引游客的种类旅游资源，还包括与其有关的或其周围的自然生态环境和人文社会环境）。

（二）旅游资源环境的特点

旅游资源环境与一般环境相比，具有以下一些特点：

1. 环境质量更好

具有很强的吸引力，不仅能满足人们较高的生理需求，而且更能满足人们的心理和审美需求。

2. 具有鲜明特色

各个地方的旅游环境都有其强烈的地方色彩、历史色彩和文化色彩，能够满足人们的特殊要求。

3. 更具有脆弱性

许多旅游资源环境一旦遭受破坏就难以恢复，或失去旅游吸引力。

4. 空间结构多维性

旅游资源环境的空间范围大、中、小不等，人类的旅游活动也在不断地扩展旅游资源环境的空间范围。

5. 具有时间的多变性

旅游资源环境因人为或非人为因素的影响，随着时间的推移而变化。如若人类能够按照自然规律和经济规律去开发、保护旅游资源及环境，就能使优美的旅游资源环境越来越好，并长期得到利用。否则，旅游资源及环境可能遭到破坏，如果超出其自身自我调控能力，有些不可再生性旅游资源可能消失，有些旅游环境可能无法恢复，旅游业将会失去持续发展的物质基础。

6. 供给的有限性

旅游资源环境中直接供旅游者享用和被旅游经营管理者利用的部分的旅游资源的供给总是有限的，不可能随着人类对旅游需求的增长而同步增加。旅游环境为人类提供的旅游活动的基本条件也是无法取代的。况且，旅游资源还将受到人为或非人为因素的破坏而减少，尽管人们可以建造各式各样的人造景观或修复部分毁坏的旅游资源，但必究没有原有的自然和真实，失去原始性和久远性的价值。

二、破坏旅游资源环境的因素

我们应该清醒地看到，旅游业在受到高度重视和高速发展的同时，已经受到来自环境和社会的巨大压力。我们透过现代旅游业快速发展的光环，冷静地观察其发展背面，就不难发现许多触目惊心、必须引起高度重视的问题。长期以来，人们随心所欲地在自然界开展旅游活动，破坏自然规律和法则，造成严重的后果。个别旅游景区（点）或旅游经营者掠夺式地利用天赋的旅游资源获取局部或个人利益的同时，肆无忌惮地消耗或破坏了那些不可替代的或不可再生性的旅游资源和人类历史文化遗产，贪婪地将后代应该享有的那份权益提前享用了，盲目开发造成旅游资源耗竭日益严重，各种环境污染日益突出，产品间的恶性竞争加剧，旅游经营管理粗放，旅游业的综合效益低，对旅游业的可持续发展构成严重威胁。

研究旅游环境保护，离不开对旅游环境存在破坏因素的分析。只有全面深入地探讨旅游环境质量下降以及遭到破坏的主要原因，才能寻求合适的防范对策与措施，最终达到妥善保护旅游环境的目的。

破坏旅游资源环境的因素是多方面的，从宏观角度可以将诸因素归为两大类：一类是自然环境变化带来的破坏；另一类是人为因素带来的破坏。

（一）自然环境变化带来的破坏

自然旅游资源是地理环境的有机组成部分，其存在和发展不可避免地会受到自然环境变化的影响。人文旅游资源必须处在一定的自然环境中，自然环境的任何现象和变化，都会对其产生影响。如地震的发生、火山的爆发、洪水的浩劫、海啸的破坏、飓风的袭击、风沙的侵蚀、干旱及气候变迁等，对各类自然旅游资源环境和人文旅游资源环境都有着直接的影响。气候骤变造成一些珍稀观赏植物和观赏动物濒于灭绝。我国西北部气候干燥沙漠化使一些历史文化古城、寺院、城堡、风景植物埋于沙漠中。大地震的破坏使西安小雁塔塔身中裂，塔顶残毁。石壁渗水的浸泡和严重的风化，使山西大同云冈石窟大部分洞窟的外檐塌裂，使许多雕像面目全非。雷电使一些古树名木和寺院被烧毁。洪水使历史文化名城、历史古迹等被毁。

(二) 人为因素带来的破坏

1. 经济活动对旅游资源环境的破坏

随着经济活动范围、规模的日益扩大，人为因素对旅游资源环境的破坏也越来越大，甚至常酿成灾难性的后果。最令人心痛的是，不少未曾毁于战火和风雨侵蚀的宝贵的文化遗产和自然景观，却在今天的经济活动中被人为地破坏了。在工业生产中，人们环保意识差，往往片面强调生产，忽视环境保护，工业发展产生的“废水、废气、废渣”及农业生产、工程建设、城市化发展对旅游资源环境产生直接的破坏。如富春江沿江的小化肥厂、造纸厂、农药厂对秀丽的富春江旅游区造成严重威胁。济南城市及工农业用水剧增，深层地下水过量开采，导致地下水位下降，大部分泉水断流，甚至枯竭。

落后的农业生产方式，乱砍滥伐、滥捕乱猎和开山造田，不仅破坏了旅游环境，甚至对重要旅游资源本身直接造成危害。开山炸石使一些景点被炸得“体无完肤”。工业企业占用旅游景区（点）有关设施，使这些景区（点）严重毁坏。开山造田严重破坏植物。城市建设公然拆毁历史街区、古居老宅、名人故宅、寺庙、城墙，砍伐古树名木，一些极富特色的历史街道也被开膛破肚改造为商业街，历史文化名城珍贵的人文环境被搞成一片空白，丧失了它们的灵气、个性和历史文化的依托，破坏了旅游景观。

2. 旅游活动本身对旅游资源环境的破坏

部分游客文化素质低，缺乏审美及保护意识，在景区中随意攀折花木，随手乱涂乱画，随地乱丢生活废弃物，甚至偷猎珍稀动物、盗窃重要文物、毁坏景观建筑物等，给旅游资源环境带来严重破坏。一些生活在自然景区的居民由于缺乏环保意识，对自然资源掠夺性开采造成的破坏也令人触目惊心。

旅游经营者素质不高，旅游发展片面追求数量，注重经济效益和地区经济目的，忽视质量，不顾整体社会效益和环境效益；片面追求速度，无制约地发展忽视客观条件和统筹规划，协调发展；热衷于放肆的促销手段，单一化的经营竞争，过度的基础设施的使用，无计划的市场空间拓展，无限制地满足旅游需求，贪婪地追求高额利润，忽视科学管理、产品特色和资源保护，结果低级粗糙的商业化景观泛滥，旅游资源受到严重破坏，饭店、餐馆经营不善，管理不严，污水、垃圾随处排放，环境受到严重污染。

决策者、投资者和经营者的思想意识偏差，对旅游经济特征的错误认识和片面理解，出现了许多决策失误，给旅游资源环境带来极大的破坏。

“低投入、高产出”论既导致旅游业投入的严重不足，又误导引发了一哄而上办旅游的现象，使我国旅游企业出现了“散、小、差、弱、低”的局面，走上了一条低层次的数量扩张的发展道路，造成了旅游资源的严重破坏和旅游生态环境的不断恶化。“低投入”出现的经费短缺，使旅游整体形象、旅游企业形象和旅游资源环境保护等方面的宣传严重滞后，影响了我国旅游业在国际上知名度的提高。利益驱动带来的短期行为严重危及旅游资源生态的良性循环。“高产出”激发了人们追逐高回报的冲动，旅游区的政府和企业为了本地和集体的利益，而不顾自然环境和社会经济文化环境的实际承受能力，采取了掠夺性的粗放型的开发经营方式，贪婪地获取局部的短期的利益。有的把国家风景区和世界遗产当做野外游乐场和“吃喝玩乐综合体”进行开发，结果造成风景自然度、美感度和灵感度的下降，原貌严重受损，使那些传世数千年的名山风景区遭到破坏。有些地方的风景资源依然面临着日益增长的过度开发和进一步“城市化、商业化、人工化”的趋势，面临着失去本来面目的严重威胁。失控、过热的旅游开发虽然带来一时的旅游经济的高速增长和暂时的表面的繁荣，但伴生的往往是旅游资源的严重浪费和旅游环境的不断恶化。

“非耗竭性消费”论误导了旅游资源的盲目开发，加重了资源供需的失衡、生态系统的破坏和整体环境的退化。“旅游业是无烟产业，不会对环境造成污染”论误导了人们的思维，造成了资源的破坏和环境的污染。由于错误思想的指导，有些地区旅游业虽然有所发展，但蓦然回首，曾经锦绣的山川秀水，如今还有几条清澈的江河，几个碧波荡漾的湖泊。为了再造一个秀美的山川和家园，我们为之又要付出昂贵的代价。

三、旅游资源环境保护的必要性

旅游资源是人类共有的资源，从国家和人民的全局长远利益出发，保护它不至于遭受无可挽回的破坏，使之可持续开发利用，充分发挥其整体效益，是各国政府和每一位公民的共同责任。

（一）保护旅游资源就是发展旅游业

旅游资源是旅游开发的必备条件之一，是构成旅游产品的重要组成部分。没有丰富的旅游资源和优美的旅游环境，就没有旅游业的生存和发展。然而，旅游资源在经过开发成为旅游产品后，若没有注意进行有意识的保护就会受到不同程度的影响和破坏，从而降低或失去自然旅游资源的美学特征及观赏性，使人文旅游资源丧失历史文物价值及文化内蕴，最终减弱旅游资源对旅游者的吸引力，甚至缩短旅游资源“重复使用性”的时限，严重地影响旅游业的发展。因此，从这一角度上讲，保护旅游资源环境就是发展旅游业。

（二）保护旅游资源就是保护生态环境

旅游资源既包括自然界赋予的山川、江河、湖泊、动物、植物等自然旅游资源，又包括人类活动所创造的历史古迹、宗教建筑、历史文化名城等人文旅游资源。前者是生态环境的重要组成要素，后者是重要的文化遗产。保护好旅游资源，就能保护好生

态环境和旅游地文化。

四、旅游资源环境保护措施

（一）增强公众环境意识，倡导科学文明旅游

旅游业属于资源型产业，是一个依靠自然禀赋和社会馈赠的产业，优良的自然旅游资源环境和人文旅游资源环境是旅游业赖以生存和发展的重要根基，保护旅游资源环境就是保护旅游业，保护旅游资源环境就是旅游业可持续发展的重要保障。保护旅游资源环境，必须塑造人类与地球的新型关系，培养人们对后代的责任感，努力使旅游与人类的自然、文化和生存形成一个和谐优美的整体。

人们思想境界的高低和环境意识的强弱直接影响到旅游资源环境（一个不文明的游客对旅游环境造成的不良影响，要超过十多个文明游客的承载量）。游人不文明行为是造成旅游环境污染与生态破坏的一个不可忽视的原因。必须加强对游人进行广泛的、有效的环保宣传教育与管理，规范游人的文明行为，增强游客的主人翁责任感，提高旅游伦理水平，实现科学文明旅游。

教育旅游者、旅游企业从业人员和当地居民承担各自保护生态环境的责任，是促进旅游业健康发展的关键。旅游对环境的破坏是“人为”的破坏，要实现旅游业可持续发展必须进行“人为”的努力，加强对游客及旅游地居民的教育，宣传环境保护的重要性，全面提高人们的旅游伦理水平，使自觉保护旅游资源环境成为一种良好的社会风尚。

旅游伦理是人们在旅游活动中所应遵循的道德规范的总和，人们在旅游活动过程中，必须正确处理人与自然、人与文物古迹和游伴之间等一系列复杂的关系，通过道德规范给人们的旅游行为指示道德方向，并内化为人们旅游行为的习惯。

尊重爱护自然，实现人与自然的和谐，是旅游伦理的一个基本规范，旅游本是拉近人与自然距离的有效途径，人们通过对美好山水风光的欣赏，可以萌生对自然的热爱，从而更加尊重自然、爱护自然。然而，有部分游客在旅游中虽然身体融进了自然，心灵却没有与自然沟通。人们要亲近自然，回归自然，则应当在旅游中尊重自然，保护自然，实现与自然的高度和谐。

尊重保护文物古迹，实现人与历史的和谐，是旅游伦理又一个基本规范。为了创造更辉煌的明天，人们需要通过游览名胜古迹，观赏历史文物来感受历史，了解历史，以便更好、更从容地面对现实，迎接未来。要真切地感受历史，充分地了解历史，则应尊重和保护浓缩着历史精华的文物古迹。尊重保护文物古迹就是尊重保护历史。我们要保护旅游资源和旅游环境，更要保护老祖宗留给我们的炎黄文化的精髓，负责任传给下一代。中国传统的文化和建筑是我们民族千年流淌的血液，失去了历史文化的依托便失去了一个民族的生命根基和一个民族的历史记忆，失去了我们走向未来的精神支柱。一个没有文化的景区（点）是一个没有品位的景区（点），要使旅游景区（点）保持经久不衰的审美价值和文化精神，必须把保护历史文化古迹放到十分重要的位置。

相互尊重、相互关心、相互帮助，实现人际关系的和谐，是人们用来调节旅游活动中人与人关系的道德规范。旅游活动既是个体行为，也是群体行为，在旅游活动中人们都要面对和处理一系列的人际关系，处在高度紧张、竞争激烈、人情淡漠状态中的人们，在旅游活动中不仅要去亲近自然，回归自然，感受历史，了解历史，而且要去追求人际关系的轻松、愉快和温馨。可见，提高人们的旅游伦理水平和道德素养，增强公众环保意识，实现科学文明旅游，是旅游资源环境保护的基本保障。

（二）正确处理旅游资源开发与环境保护的关系

旅游资源开发与保护二者是相辅相成、有机联系的矛盾统一体，二者不能割裂开来。旅游资源保护得好才具有开发价值，而开发利用又能推动和促进保护工作的开展，在开发旅游资源过程中，应当把保护工作提到更重要的地位上来，并将保护意识始终贯穿于这一过程中，做到旅游资源的开发规模和旅游业的发展速度，与现存的自然资源和生态环境相适应，谋求区域社会、经济、生态三个方面的最佳综合效益。

旅游资源绝大多数是不可再生的，特别是对世界遗产和国家级的风景名胜区、自然保护区、森林公园、历史文化名城、重点文物保护单位的开发利用，必须坚持“严格保护、合理开发、永续利用”的原则，要对祖先和子孙后代负责。保护利用好自然文化遗产和景观旅游资源，必须严格实行功能分区原则。风景区内的核心区严禁进行经济性开发和商业性建设，切实保护景观的自然与历史文化原作的真实性、完整性及风景区的自然度、美感度和灵感度，为游客提供最佳的景观，最大限度地满足旅游者精神文化消费需求。风景区的控制区要限制经济性开发，尽量把旅游服务设施减少到最低限度。风景区外围开发区要积极开发旅游服务设施，大力发展第三产业，为核心区和控制区提供最好的食、住及娱乐服务，充分满足游客各方面的需求，形成景区内外功能分区明确、协调发展的格局。迅速改变目前错位开发，超载接待的状况。

同时，要严格执行风景名胜区管理者与经营者角色的分离。管理者只能充当管家或服务员的角色，而不能充当业主的角色。管理机构应是非营利性机构，对景区旅游景观只有监督保护的义务，而没有随意支配的权利，任何个人、单位或地方政府，都无权把国家风景名胜区等旅游景区（点）作为自己的摇钱树。经营者必须在有关法规的规范内进行独立经营，并接受地方政府和景区管理者监督和指导，严格规范经营行为，自觉保护旅游资源环境，把青山、绿水、蓝天留给子孙后代，把凝聚在旅游资源中的优秀传统文化传给子孙后代。切实做到有能力开发的就要很好地开发，暂时没有能力开发的，要很好地保护起来，等待后人去开发。

(三) 加强旅游法规建设，健全资源环境保护法规

保护旅游资源环境除了加强宣传教育、强化人们旅游生态环境意识和共同美化环境意识外，需要利用法律的强制力来进行约束，对破坏旅游资源环境者实行强制干涉和必要惩罚。这就要求健全和完善旅游资源保护法规，真正做到有法可依，违法必究，执法必严，坚决杜绝人为因素对旅游资源环境的破坏，切实保持目前和未来旅游发展赖以生存的旅游生态环境质量，促进自然美的深化和自然美与人工美的完善结合，高层次地实现人类与自然界的共同进化，确保旅游资源的永续利用和旅游经济产业的高效运转与持续发展。

(四) 采取有力措施，强化旅游管理

旅游业行业管理的宏观调控，统筹规划职能的充分发挥，对发展旅游、规范市场竞争、提高旅游资源配置效益极为重要。但目前旅游行业管理体制仍然不适应旅游经济发展的需要，旅游主管部门权威性不强，企业之间不正当竞争的现象依然存在，有些地区旅游业发展处于无序和混乱的状态，强化旅游行业管理势在必行。

旅游管理是对旅游活动区社会经济行为进行的管理。它涉及受旅游活动影响的各个方面。如对旅游者活动的管理，对风景旅游区的管理，对旅游资源环境的管理等。各级政府、各有关部门，特别是旅游主管部门，要采取必要的管理手段和措施，切实强化旅游行业管理。要加强法制建设，提高“依法治旅”的水平，建立统一开放、竞争有序的旅游大市场，保障大旅游、大产业的健康发展。要加强执法队伍建设，规范执法行为，强化有关部门的联合执法，要建立环境保护的规章及惩罚制度，以制度形式制止破坏旅游环境行为的发生（如禁止践踏草地、严禁采集动植物标本等)。要采取各种措施解决旅游超载。旅游超载是污染破坏旅游环境的主要原因之一，可通过调整门票价格或采取相应的市场对策来控制游客数量和引导游客流向，有效地控制游客的旅行方式，从而减轻旅游景区（点）的环境压力。在主景区要实行必要的交通管制，以实现减少交通拥挤、减少噪声和废气污染。在旅游区要建立完善的排污系统，采用先进的废物处理技术，使旅游活动产生的各种垃圾能迅速地得以处理解决。

（五）强化旅游资源环境保护的理论与应用研究

要切实有效地保护旅游资源环境，加强旅游资源环境保护的理论与应用研究是十分必要的。当前，应着重研究以下几个问题：

1. 旅游资源环境保护与相关因素关系研究

旅游者、旅游活动、旅游资源环境、旅游业四者的相互关系，主要包括旅游业对旅游环境的依赖程度，旅游业发展对旅游资源环境的破坏程度，旅游环境容量对旅游活动的制约程度，旅游者在旅游活动过程中对旅游资源环境可能造成的破坏程度等。

2. 旅游资源环境保护对策研究

旅游资源环境保护对策研究，就是针对一个时期带有普遍性的环境问题制定相应的政策，为政府决策部门提出对策咨询。

3. 旅游资源环境保护方法论研究

旅游资源环境保护方法论研究，就是具体的旅游资源环境保护方法研究，如旅游资源环境质量标准体系（水体质量、大气质量、环境噪声等）研究，质量综合评价研究和旅游开发的环境影响评价研究。

（六）采取技术工程保护措施

旅游资源环境保护是一项复杂的系统工程，涉及众多的学科和大量的具体工程技术问题。如历史文化名城规模要扩大，老城区如何保护；室内要搞现代化装修，而古色古香的外形风格如何做到保持不变；应该采用什么办法才能使文物古迹修复后在形式、结构、材料、工艺等方面都与原建筑风貌一致，做到“整旧如故”；景区内修路、架桥、修宾馆、建索道，应该采取什么措施才能对旅游资源环境不造成较大的破坏；景区（点）最大游客容量的合理确定；各种垃圾处理的技术研究等。

第二节　旅游业可持续发展

一、旅游业可持续发展的提出

可持续发展是各地区实现资源环境与社会经济协调发展的最佳切合点，是人类就生存与发展而提出的自然—社会—经济复合生态系统有序高效的最佳运行模式和最高目标，是人类发展观念的重大变革，也是人类社会进步和发展的永恒主题。可持续发展的实质是经济、社会、资源和环境的协调发展。其核心是在资源可持续利用和生态环境优化的前提下，实现各国各地区经济和社会的共同全面发展，即可持续发展是既满足当代人需要，又不损害后代人满足自身需要能力，既符合局部地区居民利益，又符合全球居民利益，既共同开发、保护资源，又共同享受资源，既有发展势头、发展速度，又有发展后劲、发展质量的发展。可持续发展理论含义深刻，内容丰富，是人地关系协调发展的规范。可持续发展的关键在于正确认识人与自然和人与人的关系，要求人类以高度的智力水准与泛爱的责任感，去规范自己的行为，去创造和谐的世界。这意味着人类社会在空间上应遵守区域间互利互补的原则，在时间上遵守“只有一个地球”、“人与自然平衡”、“平等发展权利”、“共建共享”等原则，承认世界各地“发展的多样性”，以体现高效和谐、循环再生、协调有序、运行平稳的良性状态。因此，可持续发展被明确地表述为一种“正向的、有益的”过程，并强调发展的不可逆性、广泛性以及关联到自然—社会—经济的复合性。它主要包含四个重要论点：一是要求正确处理局部利益与整体利益、短期利益与长期利益、经济效益与生态效益的关系，强调当代人公平、世代人公平、地区间公平；二是要求人类在一切经济活动中必须坚持人与自然相和谐，切实保护环境，保持生态平衡，实现社会公平和世代昌盛；三是要求任何地区、任何时候人们所追求的经济高速发展，都必须控制在生态资源允许的范围内，强调可持续发展时间维与空间维相协调，经济、社会发展与资源、环境的承载力相协调，经济增长与社会平等相协调；四是要求共同遵循公平性和持续性精神，共同保护环境，共同发展经济，共同富裕。可持续发展理论的诞生和发展，标志着人类在理解经济发展与环境承载能力之间的关系方面，已发生了观念上的根本性改变，使得多年来人们追求区域经济协调平衡发展道路的梦想成为可能。旅游业作为一个兼具经济、社会、环境和文化四大功能的现代综合性朝阳产业，无论是理论研究还是实践工作，引入可持续发展理论都具有十分重要的意义。

可持续发展理论是国际社会20世纪90年代提出的一种积极的发展思想。全球经济从低发展阶段到高发展阶段，取得了极大的发展。但当代人类经济活动的不断扩大和对自然资源需求的迅速增加，实际上已超过了自然资源的再生能力，造成了人类经济活动要求的无限扩大与生态系统负荷过重而供给能力相对缩小之间的矛盾日益尖锐，造成人类经济活动日益严重的生态环境污染与生态系统净化能力及环境承载力下降的矛盾日益尖锐，造成了全球性的资源破坏和环境恶化，严重地危及到人类发展赖以支持的系统。人类在大自然连续不断报复面前，开始深刻地反思，认真寻求人与自然协调进化的发展道路，提出影响的论断，如

1972 年斯德哥尔摩第一次人类环境会议上发出“只有一个地球”的呼吁；1980 年国际自然与资源保护同盟在其制定的世界自然保护大纲中首次提出全新的可持续发展概念，发出要“确保地球的持续发展”的呼吁；1987 年联合国世界环境与发展委员会发表了“我们共同的未来”的宣言，首次提出了以可持续发展原则来迎接人类面临的环境与发展问题的挑战，对持续发展做了较深入的论述和较具体的要求，极大地推动了可持续思想的发展。此后不久，世界资源研究所（WRL）、国际环境与发展研究所联合声称：“以可持续发展作为我们的指导原则。”1992 年，在里约热内卢召开的联合国环境与发展大会上，包括中国在内的全球 100 多个国家的政府首脑通过了《里约热内卢宣言》，共同签署了生物多样性公约和《21 世纪议程》（也就是著名的《地球宣言》等重要文件），向全世界宣布，各国人民将为遵循可持续发展的模式而采取一致行动。从此，关于“持续发展”问题逐渐引起人们普遍的重视和广泛的讨论。

发展旅游业不仅是现代人的需要，而且是未来人的需要。然而，旅游业是一项对自然环境、人文环境、人类遗产和现代文明依存程度很高的产业，旅游活动与生态环境密切相关，无论是对宏观生态环境还是微观生态环境的破坏，对旅游业所产生的不利影响都比其他产业更为直接，更为显著。旅游业发展对人类自然遗产的密切依赖性和对生态系统影响的深刻性，旅游需求对现代人类和未来人类基本需求的重要性，旅游开发和旅游活动过程本身所涉及界面的广泛性和复杂性，以及当前旅游业迅速膨胀业已形成对旅游环境破坏的严重性，都表明了实施旅游业可持续发展战略的必要性和紧迫性。1980 年 7 月在菲律宾马尼拉召开的世界旅游会议上发表的《马尼拉世界宣言》，1982 年 8 月在墨西哥阿卡普尔科城召开的世界旅游会议发表的《阿卡普尔科旅游宣言》和 1989 年 4 月在荷兰海牙召开的“各国议会旅游大会”发

表的对世界旅游业发展具有深远影响的《海牙旅游宣言》，都涉及了旅游可持续发展的内容。1990年在加拿大召开的全球可持续发展国际大会上通过了《旅游持续发展行动战略》中尖锐地指出："低水平规划的旅游开发会损害赖以吸引游客的自然和人文环境"。1995年世界旅游组织通过了《可持续旅游发展宪章》与《可持续发展行动计划》，强调旅游业发展要与经济发展目标和社会目标相结合，保证资源的可持续利用，为各国建立一个符合人类愿望的可持续发展的旅游业提供了一整套行为规范和具体操作程序。1997年6月在联合国大会第九次特别会议上散发由世界旅游组织（WTO）、世界旅游理事会（WTTC）、地球理事联合会（Earth Council）联合制定的《关于旅游业的21世纪议程——实现与环境相适应的可持续发展》（"Agenda 2l For The Travel & Tourism Industry——Towards Environmentally Sustainable Development"）提出了"可持续旅游发展是在保护和增强未来机会的同时满足旅游者和东道区域的需要"，并严肃地指出："旅游业面临着一个严峻的抉择，立即采取行动，保证旅游业的可持续未来；或坐等观望，任环境和经济衰退毁灭其赖以生存的资源"，明确提出开展行动的基本要求、实现目标和行动纲领，制定了行动框架、总目标和优先领域等，规定了世界各国政府部门、国家旅游管理机构和有代表性的行业组织的责任和应采取的行动。旅游行动委员会提出了旅游发展行动战略草案，从国家和地区的角度提出旅游业可持续发展的目标、政策、措施，以及政府和企业的任务。1998年10月，亚洲和太平洋地区25个国家的议员在中国的桂林召开亚太议员第六届环发大会，深入讨论了旅游业可持续发展所面临的挑战及有关的战略行动，通过了《桂林宣言》，确认了旅游业的可持续发展是本地区经济可持续发展不可缺少的组成部分，呼吁各国政府制定和实施旅游业可持续发展的战略和政策，使旅游业的发展同本国社会、经济和环境保护的总目标相适应，造福于当地人民。WTO一直倡导旅游业要坚持可持续发展的原则，在实现旅游业快速发展的同时，必须对环境加以保护（不仅包括自然环境，而且包括当地社会结构和文化遗产）。WTO还与联合国环境署（UNEP）合作举办各种活动以引起各国政府对旅游可持续发展的重视。2000年12月在由WTO和UNEP以及中国国家旅游局、海南省政府联合举办的亚洲—太平洋地区岛屿可持续旅游业国际会议上通过的《海南宣言》（草案）指出："旅游业可持续发展是旅游业必须遵循的原则，通过旅游业我们可以促进互动和友谊，提高环境保护意识并促进世界未来的和平。"联合国已经将2002年定为"国际生态旅游年"，联合国可持续发展委员会要求国际机构、各国政府和私人企业都要行动起来，支持这一活动。可见，实施可持续旅游是现阶段旅游业发展的必然选择。因为传统的旅游发展观一直是以游客作为惟一至上的主体，一味地把旅游人数和旅游收入的增长作为区域旅游发展的全部指标，结果导致相关部门在经济利益的驱使下过度开发甚至破坏旅游资源，或使自然景区城市化，这是一种片面的发展观。可持续旅游发展规则强调以全球整体环境为中心来平衡人在生态系统中的生存位置，强调在自然环境中保持生物的多样性、原生性和自然景观资源的原始性，在文化遗产环境中延续文化的多样性、原始性，强调旅游资源开发利用的丰富性、延续性。现阶段区域可持续旅游理论是旅游业开发与经营的理论指导，是促进旅游环境改善和旅游资源优化利用的惟一选择。

我们应该清醒地看到，旅游业在受到高度重视和高速发展的同时，都已经受到来自环境及社会的巨大压力。我们透过现代旅游业快速发展的光环，冷静地观察其发展的背面，就不难发现许多触目惊心、必须引起高度重视的问题。个别旅游景区或旅游经营者掠夺式地利用天赋的旅游资源获取局部或个人利益的同时，肆无忌惮地消耗或破坏了那些不可替代的或不可再生性的旅游资源和人类历史文化遗产，贪婪地将后代应该享有那份权益提前享用了，造成旅游资源匮乏和环境恶化，严重地危及到人类旅游业发展的支持系统，把旅游业推向了不可持续发展的边缘。中国虽是旅游资源总量大国，但是旅游资源人均占有量的小国，开发利用与管理上的弱国。为了保证有限的旅游资源的分配和使用，既能满足当代人需要又不危害后代人满足自身需要能力的发展，既符合局部人口利益又符合全球人口利益，实现旅游资源的优化、高效、可持续利用和旅游业发展与资源、环境承载能力相协调，促进旅游景区（点）环境的改善和旅游业发展质量的提高，确保旅游业持续快速发展，满足所有旅游者多样化的需求，旅游业发展必须切实遵循可持续发展这一原则。

二、旅游业可持续发展的实质

旅游业的可持续发展是在全球旅游业急剧膨胀、繁荣背后的危机日益暴露的现实下提出的，并迅速得到了广泛的接受。旅游业可持续发展涉及自然生态、人类社会、经济发展、社会制度和技术革新等多个方面，并影响到人类今天与明天行为选择的最高发展目标。旅游可持续发展强调人类应该与自然和谐共存，保护人类赖以生存的物质基础，要求旅游经济发展不能超越生态承载力、心理承载力、社会承载力和经济承载力。旅游业的可持续发展涉及产业发展的经济、文化、环境以及旅游经济内部各个环节，应建立在经济增长方式的转变上，实现旅游经济由以数量和速度为主的特征向适当速度、精品质量和协调发展的方向转变，确保旅游资源的可持续利用、旅游经济高效运转、旅游地经济的持续发展及社会、文化与伦理、道德的继承和发展。旅游可持续发展思想是一种公平发展的思想，人类与自然界共同进化的思想。旅游业可持续发展是指以旅游资源（旅游景点和旅游产品等资源吸引物）为基础的综合旅游系统的持续良性运行和发展，以及旅游资源经济效益的持续产出。它涉及旅游经济可持续发展(既重视旅游经济增长数量，更要追求旅游经济发展质量)、旅游生态环境可持续发展（旅游业发展要与自然承载能力相协调）和旅游社会可持续发展（社会公平、当代公平、世代公平）三个基本内容（旅游经济可持续发展是基础，旅游生态可持续发展是条件，旅游社会可持续发展是目标)，强调旅游资源的开发规模和旅游业的发展速度必须与现有自然资源和生态环境相适应，谋求区域社会、经济、生态三个方面的最佳综合效益，反对为了谋取短期、局部利益而掠夺式开发、破坏旅游资源，确保不可更新资源的消耗最小化和可更新资源的持续利用。因此，旅游业可持续发展作为一种全新的发展思想、发展模式和发展战略，其实质是要求旅游与自然、社会、文化和人类的生存环境成为一个整体，以协调和平衡彼此间的关系，实现经济发展目标和社会发展目标的统一，造就一种旅游可持续发展能力，保证整个旅游业具有长期的发展潜力。其本质是既要考虑当前旅游经济发展的需要，又要考虑未来旅游经济发展需要，不能以牺牲后代人的利益为代价来满足当代人的利益。其核心问题是核心的旅游经济活动与旅游经济发展不能超越区域旅游资源的潜在保障力（包括旅游资源的丰度、区位条件等因素共同组成的潜力系统)、区域社会经济的潜在支持力（以人的能力、技术等人为条件为依据）和区域环境容量的潜在承载力（潜在承载力就是在不对旅游资源产生永久性破坏的前提下所能容纳的旅游活动的最高限量)，以及生态承载力（地区环境问题产生的限度）和心理承载力（游客在转向另外的目的地前，在该地期望得到的最低娱乐程度)。强调旅游经济活动和发展行为的生态合理性，实现旅游与自然、文化和人类生存环境和谐相融，使我们取得的旅游经济发展既满足我们当代人的需要，又不危害子孙后代满足他们自己需求的能力，既满足局部地区利益，又符合全球利益，既满足游客的需求，又满足旅游地居民的需求。总之，旅游业可持续发展要求人类正确处理生存与发展、现实与未来、机会与公平、资源环境保护与经济社会发展、开发利用与景观保护、经济效益与社会效益、旅游业与其他产业的关系，发展旅游业必须讲究整体经济效益、关注生态和谐和追求社会公平，强调公平性、持续性和共同性，最终达到人类的全面发展。

旅游业可持续发展强调公平性是旅游资源合理利用得以实现的根本目标，是社会可持续发展的保证。旅游业可持续发展的公平发展思想强调当代人公平（通过旅游资源开发发展旅游业，满足各国各地区旅游者的需要，促进经济落后的国家或地区经济发展，逐步消除两极分化现象）、隔代公平（在开发旅游资源满足当代人旅游发展需求的同时，给后代人发展旅游业留下优越的条件）和有限旅游资源分配使用的公平［各国各地区享有按照本国（地区）环境与发展政策开发利用本国旅游资源的主权，并负有确保其管辖范围内或其控制下旅游活动不致损害他国旅游环境的责任］。要求人们树立“有序发展”或“适度发展”的旅游发展观，切实做到现时的发展不危及子孙后代的长期发展。现实的所有变化，必将影响未来的发展。当代人能为后代人留下什么样的基础，是当代人的崇高责任，是我们必须严肃对待的重大问题。现实的发展应该为未来的发展提供更具发展潜力和空间的基础。

旅游业可持续发展强调持续性是旅游资源有效保护得以实现的重要措施，是生态可持续发展的保证。旅游资源和旅游环境是现代旅游活动的对象，是发展旅游业的基本条件，保护和优化旅游资源和旅游环境是旅游业可持续发展的基础。旅游业可持续发展的思想，强调旅游资源开发要与旅游资源保护相协调，旅游经济发展速度要与发展质量相协调，旅游发展规模要与自然承载能力相协调，旅游经济效益要与生态效益相协调，实现“生态—经济—社会”三维复合系统整体的良性互动和可持续发展。旅游业的发展是一项复杂的系统工程。区域旅游发展与旅游资源、社会经济、环境容量的相互作用关系是衡量区域旅游业持续发展的关键。任何超越客观条件的超前发展和人为限制旅游业发展的滞后性做法，都会阻碍旅游业可持续发展的实现。旅游业与环境保护的关系，是良性的互动的关系。良好的生态环境是旅游业可持续发展的物质基础。只有得到精心保护、处在良性循环状态的自然环境和人文景观，才能激发人们的旅游愿望转化为现实的旅游需求。因此，环境保护为旅游业的可持续发展提供了基础。同时，旅游业的健康发展，也可推动环境保护的发展，可以实现部分自然资源的永续利用，减少资源开发造成生态破坏。为此，既要提倡积极发展旅游业，在发展中提高发展质量，又要强调在资源开发中，坚持保护与开发并重，合理开发，优化利用。对多数旅游资源富集且具备发展条件的地区，应通过积极发展旅游业促进资源保护；对少数生态环境脆弱、敏感的地区，实行封闭式的保护管理。那种绝对的保护、纯自然主义的方式，既不利于环境与资源的保护，也不利于旅游业的发展。旅游业可持续发展要以保护自然旅游资源和旅游环境为基础，同旅游资源与旅游环境的承载力相协调。旅游可持续发展的思想实质是要求人们放弃传统的高消耗、高增长、高污染的旅游发展方式。旅游业可持续发展的核心是人类的全面发展。

旅游业可持续发展强调共同性是人类之间及人与自然之间和谐相处得以实现的基本要求，是旅游经济可持续发展的保证。旅游业可持续发展的共同发展思想，强调旅游资源和自然美景是世界人民共同的财富，应供全球共同享受。发展旅游业是全人类的共同利益和共同需求，保护旅游资源和美化自然环境是全人类的共同责任，应该采取国际统一行动，世界各国应该共同遵循旅游业可持续发展的公平性和持续性原则，各国发展旅游业必须坚持人类与自然界共同进化。

三、旅游业可持续发展的目标

旅游业可持续发展要增进人们对旅游所产生的环境效应与经济效应的理解；强化其生态意识、未来旅游需要意识、整体开发意识、文化内涵意识；促进旅游的公平发展；改善旅游接待地区居民的生活质量；向旅游者提供高质量的旅游经历；保护未来赖以开发的环境质量。区域旅游业可持续发展研究的着眼点应该是旅游活动在时间和空间上有机联系的作用规律和发展机制。从时间维度方面，旅游业可持续发展强调旅游资源的世代公平分配、旅游过程的顺畅运行、旅游发展的稳定、健康，强调人类在旅游发展上的伦理道德与责任感。从空间维度方面，旅游业可持续发展强调产业结构的均衡协调，强调旅游管理的整体有序。具体地说，其主要目标如下：

（一）保护环境

强化人们旅游生态意识和共同美化环境意识，合理开发、利用、美化旅游资源环境，切实保护目前和未来旅游发展赖以生存的旅游生态环境质量，促进自然美的深化和自然美与人工美的完美结合，高层次地实现人类与自然界的共同进化，确保旅游资源的永续利用（旅游资源的开发建设必须在旅游生态环境容量许可范围内）和旅游经济产业的高效运转与持续发展。

（二）公平发展

促进旅游的公平发展，确保当代人和世代人都能享有优美的旅游环境、高效的旅游经济效益和充分满足的旅游需求；确保各国各地区旅游资源的合理分配和公平使用，鼓励各国各地区充分发挥各自的旅游资源优势，开发各具特色的旅游产品，增加资源类型和旅游产品互补概率，共同保护、美化旅游环境，共同为各国各地区旅游者提供高质量的旅游服务，共同享受全世界的自然美景和人类文明，并通过旅游活动，实现旅游资源互补和旅游消费更加多样化和高级化。同时，通过国际旅游增进友好往来，促进国际间经济、文化、科技交流，推动区域经济平衡发展和共同富裕，加强各国人民之间的相互了解，加深各国人民的友谊，实现人类和睦相处和整体进步，推进人类文明。

（三）提高效益

增进人们对旅游所产生的环境效应与经济效应的理解，树立新的旅游资源观和旅游资源忧患意识，合理确定旅游客容量，适度控制旅游发展规模，切实保持旅游容量动态平衡，高效地利用旅游资源，不断地推出高品位旅游产品，高水平地进行经营管理，从而在不冲击环境生态效益和不损害下一代人利益的基础上，实现旅游经济的高效益和旅游效益与生态效益的相协调，保证旅游业在有序的市场环境中运行和旅游地社会、文化与伦理、道德的继承发展。

（四）在向旅游者提供高质量的旅游经历的同时，改善旅游接待地居民的生活质量

四、旅游业可持续发展的衡量

旅游业可持续发展是一种对所有资源的管理方式，通过这种管理方式，人们可以实现既满足自身的经济、社会、审美的需要，又保持自然生态、历史文化的完整性和原始性。为此，资源的管理、经济行为、社会责任、审美的吸引力、生态因素、生物的多样性和生活支持系统七个方面，在旅游业发展中必须引起特别的关注，切实做到人与自然的和谐发展。

衡量旅游业可持续发展的模型应主要包含两大系统、八个量度目标和八项指标。

（一）两大系统

人文系统和生态系统的不断优化是旅游业可持续发展的根本和基本要求。为了衡量旅游区人文系统和生态系统状况，可从人文系统的政治、经济、社会、文化、产业、技术、行政管理和生态系统的自然环境等方面进行衡量。

（二）八个量度目标

可持续发展策略是为了促进人与人之间及人与自然资源之间的协调一致；其最终目的在于提高人类生活与环境的质量，所以旅游业可持续发展的量度目标应该是：人们是否履行了保护自然环境的责任；旅游企业是否让旅游者获得了最大的满足；旅游部门是否实施有效的旅游政策；政府和旅游部门是否能确保旅游者的安全；旅游业发展是否提高了旅游地居民的生活质量；旅游产品的文化含量、科技含量是否得以提高；旅游业发展是否实现了社会、经济、环境效益的同步发展；旅游企业是否实施了促进投资、管理和需求预测的可持续发展模式。

（三）八项指标

政治量度指标（如旅游者的安全保证程度、公众参与决策程度）；经济量度指标（如旅游地经济状况、居民生活水平等）；社会文化量度指标（如社会风气、文化水平、社会治安等）；产业量度指标（如旅游六要素发展水平、质量等）；技术量度指标（如产品科技含量、管理现代化水平等）；自然环境量度指标（如生态环境、文物保护等）；行政管理量度指标（如制度体系、运行机制、法律体制等）；国际量度指标（如与国际旅游市场接轨状况、国际市场开拓力度等）。

思考与练习

1. 与一般环境相比，旅游资源环境有何特点？
2. 破坏旅游资源环境的因素有哪些？
3. 你认为保护旅游资源环境的主要措施有哪些？
4. 旅游业可持续发展的实质是什么？
5. 试述旅游业可持续发展的目标。

附录一 我国国家地质公园一览表

第一批国家地质公园一览表

序号	国家地质公园名称	主要地质特征 地质遗迹保护对象	主要人文景观
1	云南石林国家地质公园	碳酸盐岩溶峰丛地貌,溶洞	哈尼族民族风情,歌舞
2	云南澄江国家地质公园	寒武纪早期(5.3亿年前)生物大爆发,数十个生物种群同时出现	
3	湖南张家界国家地质公园	砂岩峰林地貌,柱、峰、塔锥上植物奇秀,附近有溶洞和脊椎动物化石产地	土家族民族风情
4	河南嵩山国家地质公园	完整的华北地区地层剖面	7000年华夏文化,文物、寺庙集中,少林寺,嵩阳书院
5	江西庐山国家地质公园	断块山体,江南古老地层剖面,第四纪冰川遗迹	白鹿洞书院,世界不同风格建筑,中国近代史重大历史事件发生地
6	江西龙虎山国家地质公园	丹霞地貌景观	古代道教活动中心之一,并有悬棺群和古崖葬遗址
7	黑龙江五大连池国家地质公园	火山岩地貌景观、温泉	中国最近的火山喷发(1712~1719)
8	四川自贡恐龙国家地质公园	恐龙发掘地多种恐龙化石密集埋藏	世界最早的超千米盐井

续表

序号	国家地质公园名称	主要地质特征地质遗迹保护对象	主要人文景观
9	四川龙门山国家地质公园	四川盆地西缘巨大推复构造,飞来峰	寺庙
10	陕西翠华山国家地质公园	地震引起的山体崩塌堆积	古代名人碑刻
11	福建漳州国家地质公园	滨海火山岩,玄武柱状节理群火山喷气口,海蚀地貌	沙滩,海滨休闲区,古炮台,寺庙

第二批国家地质公园一览表

序号	国家地质公园名称	主要地质特征地质遗迹保护对象	主要人文景观
1	安徽黄山国家地质公园	花岗岩峰丛地貌	历代名人踪迹
2	安徽齐云山国家地质公园	丹霞地貌,崖谷寨柱峰洞	方腊寨
3	安徽淮南八公山国家地质公园	7亿～8亿年的淮南生物群,晚前寒武——寒武纪地层,岩溶	肥水之战古战场,古寿州城,刘安墓
4	安徽浮山国家地质公园	火山岩风化作用形成特有洞崖	古寺庙
5	甘肃敦煌雅丹国家地质公园	雅丹地貌,黑色戈壁滩	千佛洞石窟,月牙泉
6	甘肃刘家峡恐龙国家地质公园	恐龙化石和足印	刘家峡电站及水库
7	内蒙克什克藤国家地质公园	花岗岩峰林地貌,沙漠与大兴安岭林区接壤地,草原,达里湖,云杉林	金边堡,岩画,蒙古族风情

续表

序号	国家地质公园名称	主要地质特征 地质遗迹保护对象	主要人文景观
8	云南腾冲国家地质公园	近代火山地貌,温泉,生物多样性	古边城,少数民族风情
9	广东丹霞山国家地质公园	丹霞地貌命名地	
10	四川海螺沟国家地质公园	现代低海拔冰川	藏族风情
11	四川大渡河峡谷国家地质公园	雄奇险峻的大渡河峡谷及支流形成的峡谷,大瓦山及第四纪冰川遗址	藏族风情
12	四川安县国家地质公园	成片硅质海绵形成生物礁	庙宇
13	福建大金湖国家地质公园	湖上丹霞地貌	
14	河南焦作云台山国家地质公园	丹崖赤壁,悬崖瀑布,水利工程,岩溶	竹林七贤居地,寺,塔,古树
15	河南内乡宝天幔国家地质公园	变质岩结构,构造	生物多样性
16	黑龙江嘉荫恐龙国家地质公园	恐龙发掘地	中国最北部的自然景观
17	北京石花洞国家地质公园	石灰岩岩溶洞穴,各类石笋,石钟乳,房山北京人遗址	北京西郊大量人文遗址
18	北京延庆硅化木国家地质公园	原地埋藏的硅化木化石	延庆具有大量人文遗迹,如:古崖居
19	浙江常山国家地质公园	奥陶系达瑞威尔阶层型界线(GSSP)礁灰岩岩溶	太湖风景名胜
20	浙江临海国家地质公园	白垩纪火山岩及风化成的洞穴	东海海滨地球风情

续表

序号	国家地质公园名称	主要地质特征 地质遗迹保护对象	主要人文景观
21	河北涞源白石山国家地质公园	白云岩,大理岩形成的石柱,峰林地貌,泉,拒马河源头	古寺,古塔,长城,关隘
22	河北秦皇岛柳江国家地质公园	华北北部完整的地层剖面,海滨沙滩,花岗岩峰丘,洞穴	长城,度假区
23	河北阜平天生桥国家地质公园	阜平群(28亿～25亿年)地层产地	二战和国内革命战争遗址
24	黄河壶口瀑布国家地质公园	壶口瀑布	
25	山东枣庄熊耳山国家地质公园	灰岩岩溶地貌,洞穴,峡	古文化遗址,古战场
26	山东山旺国家地质公园	第三纪湖相沉积,脊椎、昆虫、鱼等多种化石	
27	陕西洛川黄土国家地质公园	中国黄土标准剖面,黄土地貌	洛川会议,黄土风情,风情文化
28	西藏易贡国家地质公园	现代冰川,巨型滑坡,堰塞湖	藏族风情,青藏高原南部风情
29	湖南郴州飞天山国家地质公园	丹霞地貌,崖,天生桥,洞,峡	寺庙,碑刻,悬棺
30	湖南莨山国家地质公园	丹霞地貌	古代名人和战争遗址
31	广西资源国家地质公园	丹霞地貌	瑶族风情
32	天津蓟县国家地质公园	中国北方中晚元古界标准剖面	长城黄崖关,古塔,庙宇
33	广东湛江湖光岩国家地质公园	火山地貌,马尔湖	古代人文,名人碑刻

第三批国家地质公园一览表

序号	国家地质公园名称	主要地质特征 地质遗迹保护对象	主要人文景观
1	河南王屋山国家地质公园	地质构造和地层遗迹	小浪底水利工程
2	四川九寨沟国家地质公园	“层湖叠瀑”景观	扎如寺，达吉寺
3	浙江雁荡山国家地质公园	火山地质遗迹	寺庙
4	四川黄龙国家地质公园	以露天钙化景观为主的高寒岩溶地貌，冰川	宗教寺庙，藏族风情，革命遗址
5	辽宁朝阳古生物化石国家地质公园	古生物化石，凤凰山地质构造	槐树洞，热水汤，古人类遗址
6	广西百色乐业大石围天坑群国家地质公园	岩溶地貌，天坑群，溶洞，地下暗河	少数民族风情
7	河南西峡伏牛山国家地质公园	恐龙蛋集中产地	
8	贵州关岭化石群国家地质公园	关岭古生物群，小凹地质走廊	布依族、苗族风情
9	广西北海涠周岛火山国家地质公园	火山，海岸，古地震遗迹，古海洋风暴遗迹	天主教堂，圣母堂，三婆庙
10	河南嵖岈山国家地质公园	花岗岩地貌	历史名人(施耐庵等)
11	浙江新昌硅化木国家地质公园	硅化木	
12	云南禄丰恐龙国家地质公园	古生物遗迹	古人类文化遗址，少数民族风情
13	新疆布尔津喀纳斯湖国家地质公园	冰川遗迹，流水地貌	蒙古族人图瓦文化，图鲁克岩画

续表

序号	国家地质公园名称	主要地质特征 地质遗迹保护对象	主要人文景观
14	福建晋江深沪湾国家地质公园	海底森林,海蚀地貌	
15	云南玉龙黎明—老君山国家地质公园	高山丹霞地貌,冰川遗迹	民俗文化
16	安徽祁门牯牛降国家地质公园	花岗岩峰丛,怪石,岩洞及水文地质遗迹	千年古村,根据地遗址
17	甘肃景泰黄河石林国家地质公园	黄河石林,融合峰林,雅丹和丹霞等地貌特征	明长城,五佛寺
18	北京十渡国家地质公园	峡谷,河流地貌	
19	贵州兴义国家地质公园	贵州龙动物群化石,岩溶地貌	古人类文化遗址,布依族、苗族风情
20	四川兴文石海国家地质公园	岩溶地貌,古生物化石	苗族风情
21	重庆武隆岩溶国家地质公园	岩溶地貌,天生桥群,洞穴,天坑,地缝,峡谷	古崖新栈,吊脚楼,清代古墓
22	内蒙古阿尔山国家地质公园	火山,温泉,地质地貌	战争遗址,蒙古族风情
23	福建福鼎太姥山国家地质公园	火山,海蚀地貌	客家文化
24	青海尖扎坎布拉国家地质公园	丹霞地貌	宗教,藏族风情
25	河北赞皇嶂石岩国家地质公园	构造地貌	
26	河北涞水野三坡国家地质公园	构造—冲蚀嶂谷地貌	明、清长城摩崖石刻
27	甘肃平凉崆峒山国家地质公园	丹霞地貌,斑马山	道教发源地,佛教圣地

续表

序号	国家地质公园名称	主要地质特征 地质遗迹保护对象	主要人文景观
28	新疆奇台硅化木—恐龙国家地质公园	硅化木,恐龙化石,雅丹地貌	古遗址,古地貌
29	长江三峡(湖北、重庆)国家地质公园	河流、岩溶、地层	长江文明
30	海南海口石山火山群国家地质公园	火山、岩溶隧道	火山文化,田园风光
31	江苏苏州太湖西山国家地质公园	花岗岩、湖泊地貌	江南刺绣
32	宁夏西吉火石寨国家地质公园	丹霞地貌,地史遗迹,水文景观	石窟
33	吉林靖宇火山矿泉群国家地质公园	火山,温泉	近代人文景观
34	福建宁化天鹅洞群国家地质公园	岩溶洞穴	
35	山东东营黄河三角洲国家地质公园	河流三角洲地貌	胜利油田
36	贵州织金洞国家地质公园	岩溶地貌,织金洞,峡谷	苗族风情
37	广东佛山西樵山国家地质公园	粗面质火山遗迹,明代采食遗迹,古文化遗址	佛家文化遗址
38	贵州绥阳双河洞国家地质公园	喀斯特洞穴	公馆桥,金钟山寺
39	黑龙江伊春花岗岩石林国家地质公园	花岗岩地貌	
40	重庆黔江小南海国家地质公园	地震灾害遗迹,岩溶地貌	革命历史遗址
41	广东阳春凌霄岩国家地质公园	岩溶地貌,地层及构造遗迹,古人类洞穴遗址	摩崖石刻,碑帖,民族风情

附录二　我国国家4A级旅游区（点）名录表

2001年第一批国家4A级旅游区（点）名单（187家）

北京（10家）

1. 天坛公园　2. 明十三陵　3. 颐和园　4. 北京海洋馆
5. 八达岭长城　6. 北海—景山公园　7. 中华民族园
8. 中国科学技术馆　9. 北京动物园　10. 北京植物园

天津（2家）

1. 天津黄崖关长城风景游览区　2. 天津海滨旅游度假区

河北（9家）

1. 清东陵　2. 山海关旅游景区　3. 承德避暑山庄
4. 承德市普宁寺 5. 秦皇岛野生动物园 6. 普陀宗乘之庙
7. 吴桥杂技大世界　8. 秦皇岛新澳海底世界　9. 清西陵

山西（3家）

1. 五台山旅游区　2. 云冈石窟旅游区　3. 晋祠旅游区

内蒙古（3家）

1. 内蒙古格根塔拉草原旅游中心　2. 成吉思汗陵旅游区
3. 满洲里中俄互市贸易旅游区

辽宁（9家）

1. 沈阳市植物园　2. 大连森林动物园

3. 大连金石滩国家旅游度假区　4. 鞍山玉佛苑
5. 大连圣亚海洋世界　6. 大连虎滩乐园
7. 沈阳棋盘山国际风景旅游开发区　8. 沈阳故宫博物馆
9. 大连冰峪省级旅游度假区

吉林（4家）

1. 吉林省北大湖滑雪场　2. 长春净月潭国家森林公园
3. 长白山国家级自然保护区　4. 吉林松花湖风景名胜区

黑龙江（2家）

1. 亚布力滑雪旅游度假区　2. 二龙山旅游风景区

上海（6家）

1. 上海金茂大厦88层观光厅　2. 上海博物馆
3. 上海东方明珠广播电视塔　4. 上海野生动物园
5. 上海豫园　6. 上海佘山国家森林公园

江苏（12家）

1. 苏州市拙政园　2. 苏州市虎丘山风景名胜区
3. 苏州乐园．周庄古镇游览区　4. 南京中山陵风景名胜区
5. 无锡市灵山景区　6. 江苏省天目湖旅游度假区
7. 无锡市太湖鼋头渚风景区　8. 南京雨花台风景名胜区
9. 扬州市瘦西湖公园　10. 无锡中视股份三国水浒景区
11. 镇江市金山公园　12. 南京夫子庙秦淮风光带

浙江（10家）

1. 宋城　2. 淳安县千岛湖风景区　3. 溪口风景区
4. 绍兴柯岩风景区　5. 宁波滕头生态旅游示范区
6. 天台山风景名胜区　7. 金华市双龙风景旅游区
8. 仙都风景名胜区　9. 普陀山风景名胜区
10. 横店集团八面山影视城

安徽（5家）

1. 九华山旅游区　2. 黄山风景区

3. 天柱山国家级风景名胜区　4. 滁州琅琊山旅游区
5. 广德太极洞风景区

福建（8家）

1. 厦门鼓浪屿旅游区　2. 泰宁金湖　3. 永安桃源洞旅游区
4. 武夷山风景名胜区　5. 泉州开元寺　6. 福州国家森林公园
7. 厦门园林植物园　8. 连城冠豸山

江西（4家）

1. 庐山风景名胜区　2. 井冈山风景区
3. 龙虎山风景旅游区　4. 滕王阁

山东（11家）

1. 曲阜孔庙　2. 孔府　3. 孔林旅游区
4. 崂山风景名胜区　5. 泰山风景名胜区
6. 蓬莱阁旅游区　7. 烟台南山旅游区
8. 灵岩寺旅游区　9. 刘公岛风景名胜区
10. 青岛海滨风景区　11. 济南跑马岭旅游区

河南（6家）

1. 洛阳龙门石窟　2. 洛阳白马寺院　3. 关林景区
4. 清明上河园　5. 嵩山少林风景区　6. 开封包公祠

湖南（8家）

1. 武陵源风景名胜区　2. 刘少奇同志纪念馆
3. 长沙世界之窗　4. 南岳衡山风景名胜区
5. 长沙岳麓山风景名胜区　6. 岳阳楼旅游区
7. 张家界黄龙洞旅游区　8. 韶山毛泽东故居景区

湖北（8家）

1. 武汉市东湖风景区　2. 黄鹤楼　3. 归元禅寺
4. 长江三峡工程坛子岭旅游区　5. 隆中风景区
6. 湖北省博物馆　7. 荆州博物馆　8. 武当山风景区

广东（11家）

1. 珠海圆明新园　2. 肇庆星湖风景名胜区

3. 深圳华侨城旅游度假区　4. 深圳观澜湖高尔夫球会
5. 丹霞山风景名胜区　6. 阳江海陵岛大角湾风景名胜区
7. 广州白云山风景名胜区　8. 清新温矿泉旅游度假区
9. 广州香江野生动物世界　10. 孙中山故居
11. 西樵山风景名胜区

广西（7家）

1. 七星景区　2. 芦笛景区　3. 漓江景区
4. 北海银滩旅游区　5. 南宁青秀山风景旅游区
6. 象山景区（原象山公园、滨江公园）
7. 桂林世外桃源旅游区

海南（3家）

1. 三亚南山文化旅游区　2. 三亚亚龙湾国家旅游度假区
3. 天涯海角风景区

四川（9家）

1. 峨眉山风景名胜区　2. 都江堰景区　3. 青城山景区
4. 乐山大佛景区　5. 九寨沟风景名胜区
6. 黄龙风景名胜区　7. 广汉三星堆博物馆
8. 宜宾蜀南竹海风景名胜区　9. 泸定海螺沟冰川森林公园

重庆（4家）

1. 丰都名山　2. 巫山小三峡—小小三峡
3. 大足石刻艺术博物馆　4. 奉节白帝城—瞿塘峡

贵州（4家）

1. 黄果树瀑布　2. 龙宫　3. 黔灵公园　4. 红枫湖

云南（5家）

1. 云南世界园艺博览园　2. 云南民族村
3. 丽江玉龙雪山旅游度假区　4. 云南石林风景名胜区
5. 中科院西双版纳热带植物园

西藏（5家）

1. 西藏博物馆　2. 西藏布达拉宫　3. 西藏大昭寺

4. 西藏罗布林卡　5. 西藏林芝巴松措旅游区

陕西（9家）

1. 秦兵马俑博物馆　2. 华清池　3. 华山风景名胜区

4. 乾陵博物馆　5. 茂陵博物馆　6. 大慈恩寺大雁塔风景区

7. 法门寺旅游区　8. 太白山国家森林公园

9. 陕西历史博物馆

甘肃（4家）

1. 嘉峪关文物景区　2. 敦煌鸣沙山－月牙泉风景名胜区

3. 崆峒山风景名胜区　4. 麦积山风景名胜区

青海（3家）

1. 格尔木昆仑旅游区　2. 互助土族故土园旅游区

3. 塔尔寺旅游区

宁夏（2家）

1. 沙湖生态旅游区　2. 沙坡头旅游区

新疆（2家）

1. 天山天池风景名胜区　2. 吐鲁番葡萄沟游乐园

2001年第二批国家4A级旅游区（点）名单（43家）

北京（7家）

1. 北京香山公园　2. 北京世界公园　3. 北京房山云居寺

4. 北京八大处公园　5. 北京石景山乐园

6. 北京红螺寺旅游度假区　7. 北京慕田峪长城

河北（6家）

1. 石家庄天桂山景区　2. 石家庄抱犊寨景区

3. 石家庄苍岩山景区　4. 正定隆兴寺

5. 野三坡百里峡景区　6. 安新白洋淀景区

黑龙江（1家）

1. 哈尔滨金源文化旅游区

江苏（8 家）

1. 苏州同里古镇旅游区　2. 苏州甪直古镇旅游区

3. 扬州大明寺　4. 常州天宁寺

5. 徐州淮海战役烈士纪念塔园林　6. 虞山—尚湖风景区

7. 镇江茅山风景区　8. 宜兴善卷洞风景区

湖南（1 家）

1. 常德桃花源风景区

江西（3 家）

1. 三清山风景区　2. 赣州通天岩景区

3. 上饶弋阳龟峰景区

广东（1 家）

1. 梅县雁南飞度假村

海南（1 家）

1. 兴隆热带植物园

四川（4 家）

1. 自贡恐龙博物馆　2. 雅安碧峰峡　3. 大邑刘氏庄园

4. 小金县四姑娘山

重庆（3 家）

1. 忠县石宝寨　2. 江津聂荣臻元帅陈列馆

3. 武隆芙蓉洞风景区

云南（7 家）

1. 昆明金殿名胜区　2. 宜良九乡风景区

3. 西双版纳傣族园　4. 西双版纳原始森林公园

5. 大理南诏风情岛　6. 泸西阿庐古洞景区

7. 陆良彩色沙林景区

新疆（1 家）

1. 布尔津县喀纳斯风景名胜区

2002年第一批国家4A级旅游区（点）名单（40家）

北京（5家）

1．雁栖湖旅游区　2．居庸关长城风景区　3．九龙游乐园

4．陶然亭公园　5．石花洞风景区

上海（5家）

1．上海城市规划展示馆 2．陈云故居暨青浦革命历史纪念馆

3．上海大观园 4．上海世纪公园 5．上海太阳岛旅游度假区

河北（1家）

1．河北天下第一城

山西（7家）

1．祁县乔家大院旅游区　2．灵石王家大院旅游景区

3．浑源恒山旅游区　4．洪洞大槐树寻根祭祖园旅游景区

5．阳城皇城相府旅游景区　6．永济普救寺旅游区

7．吉县黄河壶口瀑布旅游区

内蒙古（1家）

1．包头五当召

辽宁（3家）

1．鞍山千山风景名胜区　2．本溪水洞风景名胜区

3．本溪关门山国家森林公园

江苏（2家）

1．常州中华恐龙园　2．连云港花果山风景名胜区

浙江（1家）

1．杭州西湖风景名胜区

福建（4家）

1．安溪清水岩　2．莆田湄州岛国家旅游度假区

3. 东山风动石景区　4. 厦门海沧大桥旅游区

广西（5家）

1. 北海海底世界　2. 柳州龙潭景区　3. 柳侯公园

4. 柳州立鱼峰风景区　5. 桂林冠岩景区

海南（1家）

1. 海南热带海洋世界

重庆（1家）

1. 重庆武隆天生三桥风景区

陕西（4家）

1. 西安碑林博物馆　2. 秦始皇陵　3. 西安城墙

4. 骊山森林公园

2002年第二批国家4A级旅游区（点）名单（30家）

北京：（1家）

1. 中央广播电视塔

河北：（2家）

1. 抚宁南戴河国际娱乐中心 2. 秦皇岛燕塞湖风景旅游区

黑龙江：（2家）

1. 镜泊湖风景名胜区　2. 黑龙江扎龙国家级自然保护区

浙江：（10家）

1. 温岭长屿硐天　2. 安吉竹子博览园　3. 杭州乐园

4. 杭州未来世界　5. 乌镇古镇景区　6. 瑶琳仙境旅游区

7. 桐庐垂云通天河景区　　8. 临海江南长城旅游区

9. 诸暨五泄旅游区　10. 新昌大佛寺

河南：（9家）

1. 郑州黄河游览区　2. 林州红旗渠游览区

3. 濮阳绿色庄园景区　4. 开封龙亭公园
5. 开封相国寺　6. 济源五龙口风景名胜区
7. 洛阳龙峪湾国家森林公园　8. 洛阳鸡冠洞风景名胜区
9. 三门峡虢国博物馆

广东：（3家）

1. 河源新丰江国家森林公园　2. 广州中山纪念堂
3. 广东美术馆

福建：（3家）

1. 厦门集美嘉庚园　2. 三明格氏栲国家森林公园
3. 三明梅列瑞云山

2002年第三批国家4A级旅游区（点）名单（27家）

北京：（2家）

1. 银山塔林景区　2. 龙庆峡风景区

黑龙江：（4家）

1. 哈尔滨黑龙江电视塔（龙塔）旅游区
2. 哈尔滨太阳岛公园　3. 大庆铁人王进喜纪念馆
4. 伊春五营国家森林公园

辽宁：（3家）

1. 沈阳“九·一八”历史博物馆　2. 抚顺赫图阿拉城
3. 沈阳绿岛旅游度假区

河北：（1家）

1. 石家庄天山海底世界

湖北：（7家）

1. 武汉辛亥革命武昌起义纪念馆（红楼）
2. 武汉中国科学院武汉植物园
3. 神农架天燕原始生态旅游区

4. 神农架神农顶风景区 5. 神农架红坪景区

6. 巴东神农溪旅游区 7. 洪湖蓝田生态旅游风景区

山东:(2家)

1. 乳山银滩旅游度假区 2. 荣成市成山头风景名胜区

广东:(2家)

1. 广州番禺宝墨园 2. 广州番禺莲花山旅游区

广西:(2家)

1. 桂林乐满地休闲世界 2. 玉林容县“三名”旅游景区

上海:(2家)

1. 上海市动物园 2. 东平国家森林公园

甘肃:(2家)

1. 西汉酒泉胜迹 2. 兴隆山国家级自然保护区

2002年第四批国家4A级旅游区(点)名单(33家)

河北(4家)

1. 石家庄西柏坡纪念馆景区 2. 承德塞罕坝国家森林公园

3. 丰宁京北第一草原 4. 秦皇岛集发农业观光园

辽宁(1家)

1. 桓仁五女山风景区

江苏(3家)

1. 连云港连岛旅游度假区 2. 南通狼山风景名胜区

3. 南通濠河风景名胜区

内蒙古(2家)

1. 阿拉善盟贺兰山南寺生态旅游区

2. 鄂尔多斯响沙湾旅游区

浙江(4家)

1. 雁荡山风景名胜区 2. 楠溪江风景名胜区

3. 天目山风景名胜区　4. 温州江心屿旅游区

河南（1家）

1. 焦作云台山风景名胜区

湖南（4家）

1. 株洲炎帝陵旅游区　　　2. 郴州东江湖风景旅游区

3. 郴州苏仙岭风景名胜区　4. 长沙海底世界

广东（5家）

1. 江门圭峰风景区　2. 江门开平立园

3. 江门金山温泉旅游度假区

4. 汕头中信高尔夫海滨度假村　5. 汕头岩石风景名胜区

重庆（5家）

1. 歌乐山森林公园　2. 万盛石林风景区

3. 重庆人民大礼堂及人民广场

4. 缙云山国家级自然保护区　5. 重庆北泉风景区

陕西（4家）

1. 西安翠华山旅游风景区　2. 延安黄帝陵旅游区

3. 延安革命纪念馆　　　　4. 延安枣园革命旧址

2003年第一批4A级旅游区（点）名单（26家）

江苏（7家）

1. 苏州盘门景区　2. 苏州西山景区　3. 苏州木渎古镇

4. 苏州市狮子林　5. 苏州市网师园　6. 苏州市留园

7. 无锡市锡惠园林文物名胜区

浙江（1家）

1. 浙西大峡谷

安徽（5家）

1. 颍上八里河风景区　2. 淮南八公山风景区

3. 西递古民居景区　4. 宏村景区
5. 马鞍山采石风景名胜区

福建（4家）

1. 永春牛姆生态旅游区　2. 永泰青云山风景名胜区
3. 泉州惠安崇武古城风景区　4. 天福茶博物院景区

山东（3家）

1. 济南大明湖公园　2. 济南趵突泉公园
3. 济南红叶谷生态文化旅游区

河南（5家）

1. 鹤壁淇县云梦山风景名胜区　2. 鹤壁浚县大伾山风景区
3. 平顶山石人山风景名胜区　4. 焦作沁阳神农坛风景名胜区
5. 焦作博爱青天河风景名胜区

宁夏（1家）

1. 银川市镇北堡华夏西部影视城

2003年第二批国家4A级旅游区（点）名单（57家）

北京（3家）

1. 京东大溶洞风景区　2. 潭柘戒台风景区
3. 中国紫檀博物馆

河北（1家）

1. 山海关长寿山风景旅游区

内蒙古（1家）

1. 阿尔山海神圣泉旅游度假区

辽宁（8家）

1. 丹东五龙山风景区　2. 丹东鸭绿江国家风景名胜区
3. 锦州北普陀山风景名胜区　4. 锦州市博物馆
5. 沈阳怪坡风景区　6. 大连现代博物馆

7. 大连世界和平公园 8. 旅顺东鸡冠山景区

吉林（2家）

1. 长春伪满皇宫博物院 2. 长春世界雕塑公园

上海（1家）

1. 上海共青森林公园

江苏（5家）

1. 南京总统府景区 2. 南京阅江楼景区
3. 镇江宝华山国家森林公园 4. 镇江焦山风景区
5. 连云港孔望山风景区

浙江（5家）

1. 衢州龙游石窟旅游区 2. 宁波天一阁博物馆
3. 宁波松兰山海滨旅游度假区 4. 杭州雷峰塔景区
5. 杭州野生动物世界

福建（3家）

1. 福清石竹山风景名胜区 2. 永定客家土楼民俗文化村
3. 龙岩龙硿洞风景名胜区

山东（5家）

1. 淄博聊斋城 2. 淄博原山国家森林公园
3. 潍坊沂山风景区 4. 临沂蒙山旅游区
5. 日照五莲山旅游风景区

河南（3家）

1. 安阳殷墟博物苑 2. 林州太行大峡谷风景名胜区
3. 嵖岈山风景名胜区

湖北（2家）

1. 鄂州莲花山旅游区 2. 荆州古城历史文化旅游区

湖南（3家）

1. 张家界土家风情园 2. 张家界宝峰湖风景区
3. 张家界江垭温泉度假村

广东（3家）

1. 湛江湖光岩风景名胜区　2. 惠州西湖风景名胜区

3. 东莞鸦片战争博物馆

广西（2家）

1. 桂平西山风景名胜区　2. 桂林愚自乐园艺术园

重庆（4家）

1. 重庆野生动物世界　2. 重庆万盛黑山谷生态旅游区

3. 重庆南山植物园　4. 重庆歌乐山烈士陵园

云南（5家）

1. 大理三塔（崇圣寺三塔）　2. 罗平九龙瀑布群风景区

3. 腾冲热海国家重点风景名胜区

4. 建水燕子洞风景名胜区　5. 大理宾川鸡足山景区

西藏（1家）

1. 日喀则扎什伦布寺

2004年国家4A级旅游景区（点）名单（43家）

天津（5家）

1. 天津热带植物观光园　2. 天津水上乐园

3. 天津天塔湖风景区　4. 天津盘山风景区

5. 天津蓟县独乐寺

上海（1家）

1. 上海朱家角古镇旅游区

河北（6家）

1. 邯郸娲皇宫景区　2. 临城崆山白云洞旅游区

3. 平山驼梁山风景区　4. 灵寿五岳寨风景旅游区

5. 遵化万佛园景区　6. 保定满城汉墓景区

内蒙古（1家）

1. 通辽大青沟国家级自然保护区

辽宁（8家）

1. 沈阳张氏帅府博物馆　2. 沈阳航空博物馆
3. 抚顺雷锋纪念馆　4. 新宾猴石国家森林公园
5. 丹东凤凰山国家风景名胜区　6. 宽甸天华山风景名胜区
7. 宽甸天桥沟国家级森林公园　8. 本溪关门山水库风景区

江苏（2家）

1. 常州亚细亚影视城　2. 连云港渔湾景区

浙江（7家）

1. 绍兴鲁迅故里　2. 杭州双溪竹海漂流景区
3. 杭州东方文化园　4. 建德大慈岩风景区
5. 临安大明山风景旅游区　6. 湖州南浔旅游区
7. 湖州太湖旅游度假区

江西（2家）

1. 景德镇陶瓷历史博览区　2. 婺源江湾景区

河南（2家）

1. 郑州嵩阳书院　2. 濮阳戚城文物景区

湖北（3家）

1. 宜昌西陵峡口风景名胜区　2. 宜昌车溪民俗风景区
3. 宜昌三峡人家风景区

广东（4家）

1. 广州西汉南越王博物馆　2. 广州黄花岗公园
3. 梅县华银雁鸣湖旅游度假区　4. 汕头南澳岛旅游区

四川（1家）

1. 广安邓小平纪念园

云南（1家）

1. 德宏南甸宣抚司署

附录三　我国优秀旅游城市一览表（共205个）

一、直辖市（共4个）

北京市、上海市、天津市、重庆市、

二、副省级市（共15个）

深圳市、杭州市、大连市、南京市、厦门市、广州市、成都市、沈阳市、青岛市、宁波市、西安市、哈尔滨市、济南市、长春市、武汉市

三、地级市（共117个）

无锡市、扬州市、珠海市、肇庆市、苏州市、黄山市、桂林市、昆明市、威海市、烟台市、秦皇岛市、海口市、长沙市、岳阳市、南宁市、绍兴市、合肥市、三亚市、承德市、镇江市、泰安市、北海市、郑州市、咸阳市、中山市、乐山市、佛山市、福州市、江门市、泉州市、汕头市、徐州市、金华市、惠州市、开封市、丹东市、柳州市、石家庄市、吉林市、玉林市、南昌市、宜昌市、鞍山市、马鞍山市、嘉峪关市、乌鲁木齐市、宝鸡市、安庆市、常德市、芜湖市、银川市、张家界市、濮阳市、牡丹江市、抚顺市、太原市、贵阳市、荆州市、十堰市、伊春市、本溪市、大同市、大庆市、包头市、拉萨市、九江市、常州市、锦州

市、淄博市、三明市、洛阳市、韶关市、清远市、阳江市、温州市、梧州市、廊坊市、保定市、呼和浩特市、呼伦贝尔市、葫芦岛市、齐齐哈尔市、南通市、连云港市、湖州市、嘉兴市、漳州市、赣州市、潍坊市、聊城市、日照市、三门峡市、安阳市、焦作市、鹤壁市、襄樊市、荆门市、鄂州市、郴州市、东莞市、潮州市、湛江市、河源市、绵阳市、广安市、自贡市、延安市、天水市、邯郸市、赤峰市、辽阳市、临沂市、济宁市、许昌市、兰州市、西宁市、克拉玛依市

四、县级市（共69个）

峨眉山市、都江堰市、亳州市、敦煌市、曲阜市、武夷山市、吐鲁番市、韶山市、库尔勒市、景洪市、井冈山市、大理市、瑞丽市、昆山市、南海市、江阴市、吴江市、宜兴市、常熟市、临安市、诸暨市、济源市、句容市、琼山市、阿城市、永安市、儋州市、建德市、蓬莱市、登封市、文登市、锡林浩特市、荣成市、崇州市、钟祥市、绥芬河市、胶南市、都匀市、青州市、东阳市、桐乡市、涿州市、永济市、满洲里市、扎兰屯市、临海市、温岭市、乳山市、灵宝市、新郑市、赤壁市、开平市、琼海市、格尔木市、喀什市、阿尔山市、兴城市、蛟河市、集安市、铁力市、溧阳市、富阳市、海宁市、资兴市、桂平市、阆中市、凯里市、潞西市、哈密市

参考文献

1. 傅文伟．旅游资源评估与开发．杭州：杭州大学出版社，1994
2. 陈福义，范保宁．湖南旅游业可持续发展研究．长沙：湖南地图出版社，2001，(1)
3. 丁季华．旅游资源学．上海三联书店，1999，(1)
4. 保继刚，楚义芳，彭华．旅游地理学．北京：高等教育出版社，1993，(1)
5. 刘伟，朱玉槐．旅游学．广州：广东旅游出版社，1999，(1)
6. 甘枝茂，马耀峰．旅游资源与开发．天津：南开大学出版社，2000，(1)
7. 苏文才，孙文昌．旅游资源学．北京：高等教育出版社，1998，(1)
8. 周进步，庞规荃，秦关民．现代中国旅游地理学．青岛：青岛出版社，1998，(1)
9. 庞规荃．中国旅游地理．北京：旅游教育出版社，2001，(1)
10. 刘振礼，王兵．中国旅游地理．天津：南开大学出版社，1996，(1)
11. 杨载田．中国旅游地理．北京：科学出版社，1999，(1)
12. 辛建荣．旅游区规划与管理．天津：南开大学出版社，1999，(1)
13. 谢彦君．基础旅游学．北京：中国旅游出版社，1999，(1)
14. 徐进，李先钊等．旅游开发规划及景点景区管理实务全书．1999，(1)
15. 方如康等．中国地形．北京：商务印书馆，1995，(1)
16. 《中国古镇游》编采组．中国古镇游．西安：陕西师范大学出版社，2002，(1)
17. 以文等编．中国名胜大观．北京：知识出版社，2000，(1)